BIBLIOTHECA PALATINA

Bibliotheca Palatina

Ausstellung der Universität Heidelberg
in Zusammenarbeit mit der
Bibliotheca Apostolica Vaticana

Im Auftrage des Rector magnificus
Prof. Dr. Gisbert Freiherr zu Putlitz
durchgeführt von Elmar Mittler
unter Mitwirkung von
Karl Heinrich Hall, Ronald M. Schmidt
Vera Trost, Markus Weis

BIBLIOTHECA PALATINA

Katalog zur Ausstellung
vom 8. Juli bis 2. November 1986
Heiliggeistkirche Heidelberg

Bildband

Herausgegeben von Elmar Mittler
in Zusammenarbeit mit
Vera Trost, Markus Weis

Edition Braus Heidelberg

Heidelberger Bibliotheksschriften 24

Impressum

Konzeption und Leitung der Ausstellung
Prof. Dr. Elmar Mittler
in Kooperation mit Kardinal Alfons Stickler
und Präfekt P. Leonard Boyle
unter Mitwirkung von Dr. Karl-Heinrich Hall,
Dr. Ronald M. Schmidt, Dr. Vera Trost,
Markus Weis

Palatina-Kommission
Prof. Dr. Walter Berschin, Prof. Dr. Klaus Beyer, Prof. Dr. Reinhard Düchting, Prof. Dr. Johann Michael Fritz, Prof. Dr. Hans Armin Gärtner, Prof. Dr. Herwig Görgemanns, Dr. Karl-Heinrich Hall, Dr. Dorothea Hauck, Dr. Helga Kaiser-Minn, Dr. Rudolf Kettemann, Prof. Dr. Raif Georges Khoury, Dr. Theodore Kwasman, Prof. Dr. Jürgen Miethke, Dr. Renate Neumüllers-Klauser, Prof. Dr. Anton Schall, Dr. Heinz Scheible, Prof. Dr. Dr. Heinrich Schipperges, Dr. Ronald M. Schmidt, Ludwig Schuba, Prof. Dr. Gottfried Seebaß, Dr. Joachim Telle, Dr. Vera Trost, Markus Weis, Dr. Wilfried Werner
Ständiger Gast: Pfarrer Eschel Alpermann
Vorsitz: Prof. Dr. Elmar Mittler

Palatinastab
Dr. Ronald M. Schmidt, Dr. Vera Trost, Markus Weis.
Unter Mitarbeit von:
Georgia Ehbrecht, Birgit Krebs, Andreas Mühlbach, Renate Müller, Rosamunde Neugebauer, Rainer Stock

Koordinatoren des Kataloges
Prof. Dr. Walter Berschin (C)
Prof. Dr. Jürgen Miethke (B)
Prof. Dr. Elmar Mittler (A, E 1–13, 20–25, F, G, H)
Prof. Dr. Gottfried Seebaß (D)
Dr. Vera Trost (S, T)
Dr. Wilfried Werner (E 14–19)

Katalogredaktion
Dr. Angelika Günzburger, Dr. Vera Trost,
Dr. Dorothea Walz, Markus Weis
unter Mitwirkung von:
Eva Erdmann, Maren von Holt, Birgit Krebs, Axel Manter, Andreas Mühlbach, Renate Müller, Claus Munder, Rosamunde Neugebauer, Tini Tan, Achim Weuthen

Katalogisierung der Druckschriften
Ingo Kölln

Abbildungsnachweis
Folgende Institutionen und Bibliotheken stellten Abbildungsvorlagen für den Bildband zur Verfügung:

Augsburg, Universitätsbibliothek E 4.7

Karlsruhe, Generallandesarchiv A 2.1, A 2.2

London, British Library S 1.1, S 1.4

London, Victoria and Albert Museum C 4.1

München, Bayerische Staatsbibliothek E 3.9, E 4.6, H 4.4, H 5.6, H 5.7

München, Bayerisches Hauptstaatsarchiv H 1.1

München, Bayerisches Hauptstaatsarchiv, Geheimes Hausarchiv
(veröffentlicht mit Genehmigung
S. K. H. Herzog Albrecht von Bayern) A 2.3, H 2.3

Rom, Collegio Greco
(Foto: Nomi Baumgartl) F 4.5, H 2.1

Heidelberg, Universitätsbibliothek
(Foto: Roland Zachmann) E 7.6, E 10.7, G 1.6

Alle übrigen Vorlagen fertigte Enzo Valci (Bibliotheca Apostolica Vaticana) an.

Dritte verbesserte Auflage 1986

Verlag
Edition Braus, Heidelberg

Umschlagbild
Initiale aus: Cod. Pal. Lat. 204
Augustinus, Enarrationes in Psalmos
aus Frankenthal, 12. Jahrhundert

Kataloggestaltung
Jan Neuffer

Satz
Brausdruck GmbH, Heidelberg

Reproduktion
Fotolito Longo, Frangart

Druck
Brausdruck GmbH, Heidelberg

Verarbeitung
Sigloch GmbH + Co., Künzelsau

Papier
Phönix Imperial halbmatt Elfenbein
Scheufelen GmbH & Co, Lenningen

ISBN 3-921524-88-1

Wir Ludwig von gots gnaden Pfalczgraue by Rine des heiligen Romschen Riche Erczruchsses vnd herczog in Beyern, Bekennen vnd
tün kunt offenlich mit disem Brieffe aller den die yn sehent oder horent lesen, Das wir dem Almechtigen gote zu lobe vnd
zu eren, vnd vnser Sele heil, Vnd zu vnser ewigen gedechtniß willen zu meter firmen vnd besserung vnßs Stiffts der
kirchen zum heiligen Geist zu Heidelberg gesagt vnd gewidemt han Segen auch vnd orden mit crafft diß brieffe, Das alle
vnßer Bücher die vnßer sin in den dryen faculteten der heiligen schrifft des rechten beyde in geistlichen vnd werntlichen rechten
vnd in der Arczeny, vßgenomen allein die groß Bibel, die mit der großen texture in eynem Buche ganz ist, ane den Salter
die wir mit dem von parise vß francmuren bracchen, Die andern alle nach vnßerm tode dem vorgent Stifft zu den heiligen
Geist zu gehoren, vnd sin eygen sin sollen, vnd in die liberen zu demselben stifft gehorent gelegt sollen werden, Vnd auch
zu ewigen zyte dusinne verliben, Also die alle personen des obgent Stiffts vnd auch die meyster vnd Studenten vnßers
Studiums zu Heidelberg derselben Bücher gemessen vnd gebruchen vnd zu ine studiern mogen in der liberen, wann sie des
gelanget zu ewigen zyten, Weres aber das Dechen vnd Capitel gerraden vnd gut duchte, derselben Bücher eyn teil eyne
oder me den personen des vorgent Stiffts oder Studiums oder der liberij zulihen, so sollen sie des eynen erkantniß brieff
von den nemen, den sie solche Bücher lihen wurden, Vnd off auch sust als wol versehen, das der Bücher keynes verloren
werde, Auch so haben wir dem hochgebornen fursten vnßerm lieben Sone herczog Fryrecht vnd sinen erben pfalczgrauen
by Rine das recht an denselben Büchern behalten, das er vnd sin erben als dicke des not geschient wirdet das sie derselben
Bücher eyne oder me bedorffen, das sie dann dieselben, der sie als bedorffen werden oder der liberen nemen mogen, Vnd die
mogen als lange yn des not wirt sin, Vnd wann sie der mit me bedorffen, So sollen sie dieselben Bücher wieder in die liberen
des obgent Stiffts antworten, Doch also das sie der keyns oder ein ganz Janz by in behalten sollen, ane geuerde, Wir haben
vns auch wollen geuallt vnd ganze macht behalten alle obgeschriben vnßer sagunge vnd ordenunge zu wiederruffen, zu
mynnern vnd zu meren, wie vns das dann aller bast fuegen wurde, Vnd des zu urkunde so haben wir vnß Ingesiegel an
disen brieff tün hencken, Der geben ist in dem Janz Als man schreib nach Crist geburte vierczehenhundert zwenzig vnd
ein Jare, Vff den Sontag sant Laurencij tage des heiligen merteleres

Pfalz Spec.
Conc.

Stiftungsurkunde Ludwigs III. für die Bibliothek des
Heiliggeiststifts 10. August 1421
Karlsruhe, Badisches Generallandesarchiv 43/79

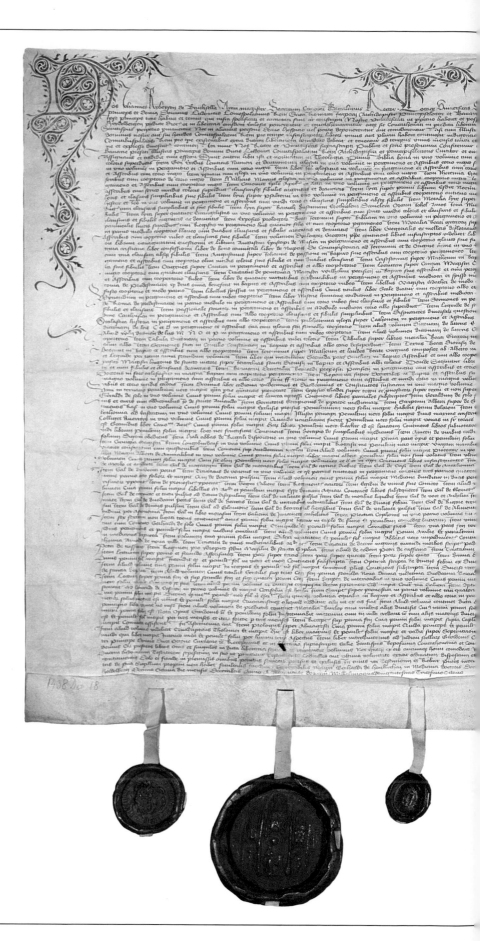

Urkunde zur Bestätigung des Empfangs
der von Ludwig III. gestifteten Bücher durch die Universität
18. Dezember 1438
Karlsruhe, Badisches Generallandesarchiv 43/79

...ceri Wormacien Dioc · Notum facimus Tenore presencium universis · Sicut dudum felicis recordacionis Illustris
...rimine propicietur amen. Dum adhuc in humanis esset In Testamento suo seu Codicillis vel in ultima sua voluntate Omnes libros suos quos
Voluitque tunc et ordinavit prefatus princeps Ut memorati libri omnes et singuli post decessum suum in Collegiata Regali Ecclesia Sancti Spiritus
utilitate comodo et usu Dominorum Doctorum Magistrorum Studenciumque dicte universitatis nostre Ac etiam personarum ipsius Regalis Ecclesie Collegiate
Dominus Dominus Ludovicus Comes palatinus Reni Sacri Romani Imperii Archidapifer Princeps elector et Dux Bavarie suus Natus
...sum et illum vel illos a nostra universitate petiit sibi comodare Extunc dicta universitas nostra huiusmodi desideratos et petitos libros ipsis
...madmodum liquet in Instrumentis et litteris Testamenti Codicillorum seu ultime voluntatis eiusdem Illustris principis domini Ludovici Testatoris ple...
...m prefati domini ducis Ludovici felicis recordacionis Testatoris Illustris princeps et dominus Dominus Otto Comes palatinus Reni et Dux
...em libros sic ut premittitur legatos Nobis dedit Et iuxta ordinacionem et modum ultime voluntatis sepedicti domini ducis Ludovici Testatoris
...o corio superducto Item alia biblia in tribus voluminibus in pergameno et asseribus quorum duo volumina corio blauco Tercium vero volumen corio viridis
quatuor libri Regum glosati in uno volumine in pergameno et asseribus corio glauci seu fusci coloris superducto Item liber paralippomenon glosatus
psalterium cum glosa ordinaria in uno volumine in pergameno et asseribus cum corio nigro Item libri sapienciales glosati in uno volumine in pergameno
...glosa in uno volumine in pergameno et asseribus cum coopertorio de corio nigro Item prophete minores glosati in uno volumine in pergameno et as...
...annes glosati in uno volumine in pergameno et asseribus cum coopertorio nigro Item Epistole pauli cum glosa ordinaria in uno volumine in p...
Sequitur Lyra Primo Nicolaus de lyra super Gen Exo Levit Numeri Deutro Iosue Iudicum Ruth et Regum in uno volumine in pergameno et
...de Esdre proverbia Salomonis Ecclesiasten Canticacanticorum et Ecclesiasticum in uno volumine in pergameno et asseribus cum coopertorio viridis co...
...n clausuris simplicibus et absque fibulis Item liber super Machabeorum primum et secundum super Thobiam Iudith paralippomenon primum et secundum Super
...gameno et asseribus cum coopertorio rubeo Item Lyra super ysaiam et Ieremiam prophetas in uno volumine in pergameno et asseribus corio viridi super
Baruch Sophoniam Aggeum Zachar et Malach in uno volumine in pergameno et asseribus viridi corio superducto cum clausuris simplicibus et absque fi...
...[illegible] Item lyra super Epistolas pauli Actus Apostolorum Canonicas Epistolas et Apok in uno volumine in pergameno et asseribus cum serico viridi et
...rio viridi cum clausuris et sine fibulis Sequuntur alii libri in Theologia Item quatuor volumina equalia de Vita cristi in pergameno et asseribus
...olumine in pergameno et asseribus continens libros parciales [illegible] Item Omelie Gregorii pape super Evangelia in pergameno et asseribus
Gregorii pape Item Nicolaus Gorram super penthateucum in uno volumine Item Exposicio Gregorii pape in Ezechielem prophetam in pergameno et
...os de trinitate quindecim Boecii de Trinitate Librum de fide cristiana Boecii Boecium de duabus naturis in una persona cristi Librum Enchiridi...
...a Gregorii pape ad Recaredum Regem in pergameno et asseribus cum coopertorio nigro sine fibulis et cum una clausura Item Augustinus de doc...
...gameno et asseribus corio glauco coopto Item alius libellus Augustini de doctrina cristiana in asseribus et pergameno cum rubeo coopertorio et
De Civitate dei in pergameno et asseribus glauco superducto corio et cum fibulis Item Epistole beati Bernardi ad Robertum Nepotem suum in per...
...s cum coopertorio rubeo et clausuris sine fibulis Item Textus Sentenciarum in uno volumine in pergameno et asseribus cum corio blauco et clausu...
...nhusen in pergameno et asseribus cum coopertorio rubeo et fibulis Item Wilhelmus parisien de universo in magno volumine papiro et asseribus
...o Item Racionale divinorum in pergameno et asseribus cum coopertorio fusci coloris Item Thomas de Aquino super Iohannem in pergameno
...corio Item liber Theologice veritatis in pergameno et asseribus in mediocri modulo et albo coopertorio Item libellus Magistri Mathei de Cra...
...nicando in pergameno et asseribus cum corio rubeo superductus Item libellus super exposicione oracionis dominice in pergameno sine asseribus in
sine fibulis scilicet Exposicio Simboli Apostolorum Item alius liber cuius Rubrica incipit Adamas colluctancium aquilarum Editum per Magistrum
coopertorio rubeo Item Liber inquisicionis heretice pravitatis in pergameno et asseribus cum corio fusci coloris clausuris et sine fibulis Item Egidius
asseribus fibulis et clausuris cum rubeo coopertorio Item libellus qui passagium petri intitulatur in pergameno cum coopertorio rubeo sine asseribus
...m cum Soliloquio Beati Bernardi Abbatis in pergameno et asseribus parvo modulo scripture [illegible] et cum coopertorio albo Item liber de Or...
Theologia in tribus voluminibus equalem habentes proporcionem in magnitudine et sunt in papiro cum asseribus et corio rubeo desuper ductis Item
...um in uno volumine Item volumen dictionarii de litteris A et B in pergameno et asseribus cum glauco coopertorio seu [illegible] Item aliud volumen
...gameno et asseribus cum rubeo coopertorio Item aliud volumen dictionarii de litteris J K et L in pergameno et asseribus cum blauco coopertorio Item
...gameno et asseribus etiam cum coopertorio rubeo Item aliud volumen dictionarii a T littera usque ad finem in pergameno et asseribus cum rubeo co...
...betum in pergameno cum rubeo coopertorio fibulis et clausuris Item historia Lombardica de legendis sanctorum in pergameno et asseribus cum coopto...
et Duplex lectura Alberti Episcopi Ratisponen tam de sanctis quam de tempore in papiro et coopertorio [illegible] Item Cassianus in decem collacionibus
...n Epo in papiro cum asseribus et albo coopertorio Item prima pars Omeliarum hyemalis in papiro et asseribus cum albo coopertorio Item Omelie
...melie et Legende per totum annum et hoc est primum volumen in albo coopertorio de papiro et in asseribus Item de tempore celebraciones Can... Et [illegible]
...o Item Decretum in magno volumine cum asseribus et albo corio superducto Item Decretales in magno volumine cum asseribus Corio rubeo superdu...
...sueris Item Sextus Decretalium in pergameno sine apparatu cum asseribus et antiquo tegumento Item ordo iudiciarius domini Egidii Decretor...
...in mala littera Item libellus quatuor similium arborum in pergameno et asseribus cum rubeo corio. In iure vero Civili Item ff vetus in
...natum in magno volumine in pergameno et asseribus cum nigro corio Item novem libros Codicum in magno volumine in pergameno cum asse...
...asseribus cum viridi corio Denique in medicina Primo Questiones Consiliator petri paduanen in uno volumine cuius primum folium incipit
...o volumine Cuius primum folium incipit Quoniam omne bonum de sursum est penultimum vero folium incipit [illegible] Item Introductorium Iuvenum in pract...
...[illegible] Item Antidotarium clarificatum Arnoldi de Nova villa Item Dinum de florencia quem nominat Antidotarium in Cirugia Item [illegible] de medi...
...a Item Mineralia Alberti Item de distancia locorum Alberti Item Septem libros Alberti de vegetabilibus et plantis Item Novem primi libri totaus con...
libri totaus continent Ras in uno volumine Cuius primum incipit [illegible] pilos penultimum vero folium incipit et folle Thaurino Item Galienus de fle...
...bros parciales infrascriptos Item Galieni de noticia tumorum preter naturam Item Gal Terrapentice de febribus et Apostematibus ad Glauconem Item
...s parciales sequentes Item de viribus cordis Avicenne Item Gal de flebothomia ad Erasistratum Item Gal de Sompnis Item aliud volumen et
...Can Avicen Item Quartum Can Avic Item Quintum Can Avic Item Synonima Avic Item aliud volumen Cuius primum folium incipit post...
...rdialibus Item practica Bartholomei [illegible] a capite usque ad pedes in uno volumine Cuius primum folium incipit Oportet eum qui esse vult et penulti...
...[illegible] Item primum Theorice et practice in uno volumine Cuius primum folium incipit [illegible] Et penultimum incipit eiusdem [illegible] melio...
...d volumen Cuius primum folium incipit Capillus ex fumo penultimum vero incipit indigesta nam materia Et continet hos libros videlicet Comentum super
...ultimum folium incipit [illegible] sub nomine et continet hos libros Item Cirurgiam Allefranci de villa Mediolanen Item Racagines Galieni Item Octo
libri Alberti magni de animalibus in uno volumine Cuius primum folium incipit Cum animal notum est et penultimum folium incipit in aqua sub terra Item aliud
...t Item Gal de Complexionibus Item Gal de simplici medicina Item Gal de malicia complexionis diverse Item Galienus de Iuvamentis membrorum Item Galie...
...u pulsus Item Gal de utilitate pulsus Item Gal de morbis [illegible] et [illegible] Item Gal de voce et anhelitu Item Gal de [illegible] Item Gal de Spermate
folium incipit veneni est res et cor et penultimum folium incipit [illegible] Item Tractatus de pulsibus [illegible] et de urinis eius in uno volu...
...t dampnaque et causant Continens libros subsequentes Item Iohannicium Item Philaretum de pulsibus Item Theophilus de urinis Item septem libros Affo...
...m folium incipit In primis deo gracias et penult folium incipit ipsa sumitur Continens primo Item Can Avicenne primum Item Tercium Can Avic Item aliud vo...
...plexionibus Item Gal de simplicibus medicinis Item Gal de malicia complexionis diverse Item Gal de Iuvamentis membrorum Item Gal de ingenio sanitat...
...membrorum Item Gal de morbo et accidente Item Gal de megategni Item Gal de interioribus Item Gal de creticis diebus Item Gal de Crisi Item Gal de Sper...
Item Gal de Regimine sanitatis Item Gal de flebothomia Item Gal de simplici farmacia Item Comentum vel introductorium pulsuum Item Gal de caus pul...
...simplicibus medicinis Item Gal de simplicibus medicinis oculus Item Comentum Iohannicii Item Gal de Dynamidia [illegible] Item Gal de iudicio [illegible]
Item Novem primi libri totaus continent Ras in uno magno volumine cuius primum folium incipit Exclusis prorsus et penultimum folium incipit [illegible]
...compositione quadrant Item aliud volumen cuius primum folium incipit In nomine dei misericordis et penult fol incipit [illegible] Item Viaticus Consta...
...ematibus et pustulis Cuius primum folium incipit Iam locuti sumus Et penultimum folium Ossibus istis Item Platearius Cuius primum folium incipit [illegible]
...diane ut Cassiafistula Item Antidotarius qui incipit Aurea Allexandrina Et penultimum eius folium incipit Lupus mortificato Sequuntur alia volumina
...scriptos Item Tractatum de urinis secundum M Gordonii Item Tractatum de pulsibus Item questiones [illegible] super prima fen quarti Can Item Tractatum de flebo...
...[illegible] in Arte Cirurgie Item practica puerorum Item Tractatum de modo regendi [illegible] per medicina Item Tractatum de pestilencia
...as conceptis Item aliud volumen Cuius primum folium incipit Circa librum Afforismorum Et penultimum folium incipit [illegible] Continens in se p...
...infirmitatum causis et curis in uno volumine Cuius primum fol incipit Deus ante creacionem mundi penultimum vero fol incipit [illegible] Item aliud volumen
...tore et deficit unus quaternus in principio Item [illegible] super quarto Can et de lepra Item Albertus de [illegible] de lepra bona script...
...egritudinum in quatuor sexternis super nono Almansoris petri de [illegible] Item sexternus unus de diversis recept [illegible] Anthonii Item practica febrium Marsilii
...[illegible] et de aliis [illegible] notabilia compendiosa et cuius primum folium incipit [illegible] penult vero folium [illegible]
...[illegible] penult vero fol [illegible] Item aliud volumen quod intitulatur Wilhelmus de universo Cuius primum fol incipit [illegible] de universo penult...
...[illegible] eiusdem voluminis primum folium incipit De libro signorum penult vero Aliud et debent esse Item Compendium de terminis
...utilitate veritate et eius comoditate in uno parvo volumine quod incipit Cum Nobilium Item diversa collecta [illegible] in uno volumine cum asseribus
...scripsit in parte Magister Burkardus Doctor medicine Et unum volumen est nova Theorica cum aliis diversis Cuius primum fol incipit Quia in theorica pla...
...a cum aliis eciam diversis Cuius primum folium incipit Cum vis facere aliquam ymaginem per similitudinem vel egritudinem Et penultimum folium incipit Nota p...
...phus in [illegible] Et penultimum folium leges habent potenciam coactiva Item aliud volumen de predictis continet opus [illegible]
...ultimum predictorum voluminum Continet diffiniciones Geometrie cum multis aliis diversis Cuius quidem primum folium est punctus est illud cuius pars non
...Et penultimum fol incipit Et [illegible] sunt de materia subtili Item Ioh de sancto paulo cuius primum folium incipit Assiduis peticionibus et penult folium
...modernum partes Item Egidius de Thebaldis Cuius primum fol incipit Scire et intelligere glosium Et penultimum fol incipit Et in quarta linea in figura [illegible]
...olis de lineis Cuius primum fol incipit secundum Tholomeum Et penult folium incipit [illegible] natum temporis Item Summa iudicialis de accidentibus
...incipit In nomine domini nostri Ihesu cristi Et penultimum folium incipit [illegible] explicando Suprascriptos libros omnes et singulos a prefato Illus...
...us temporibus Ibidem permansuros modo et forma supra expressatis Promittimus quoque pro nobis et Successoribus nostris ac bona fide adhibemus et spon...
...lat Rem pro tempore ut suprascriptum est Nec de illis libris observare et facere omni modo via et ordine quibus hoc per Illustrem principem dominum
...huiusmodi ordinacionem seu disposicionem quovis etiam quesito colore directe vel indirecte per Nos Successores nostros aut alios quoscumque nostro nomine
...universitatis prefate Venerabilis Magistri Iohannis de Frankfordia Sacre theologie Doctoris Decani et nomine facultatis eiusdem eo quod eadem facul...
...ultatis eiusdem eo quod eadem facultas similiter proprio Sigillo de presenti caret Et facultatis Artistarum Sigillorum fecimus appensione communiri Dat...

Pfalz Spez. Conv.

Winand von Steeg, Gutachten zum Bacharacher Zollstreit
1. Hälfte 15. Jahrhundert
Bildnisse des Bischofs Thomas von Chichester, Johannes de Noët und Dietmar Treisa,
München, Geh. Hausarchiv, Handschrift 12, Fol. 3 v

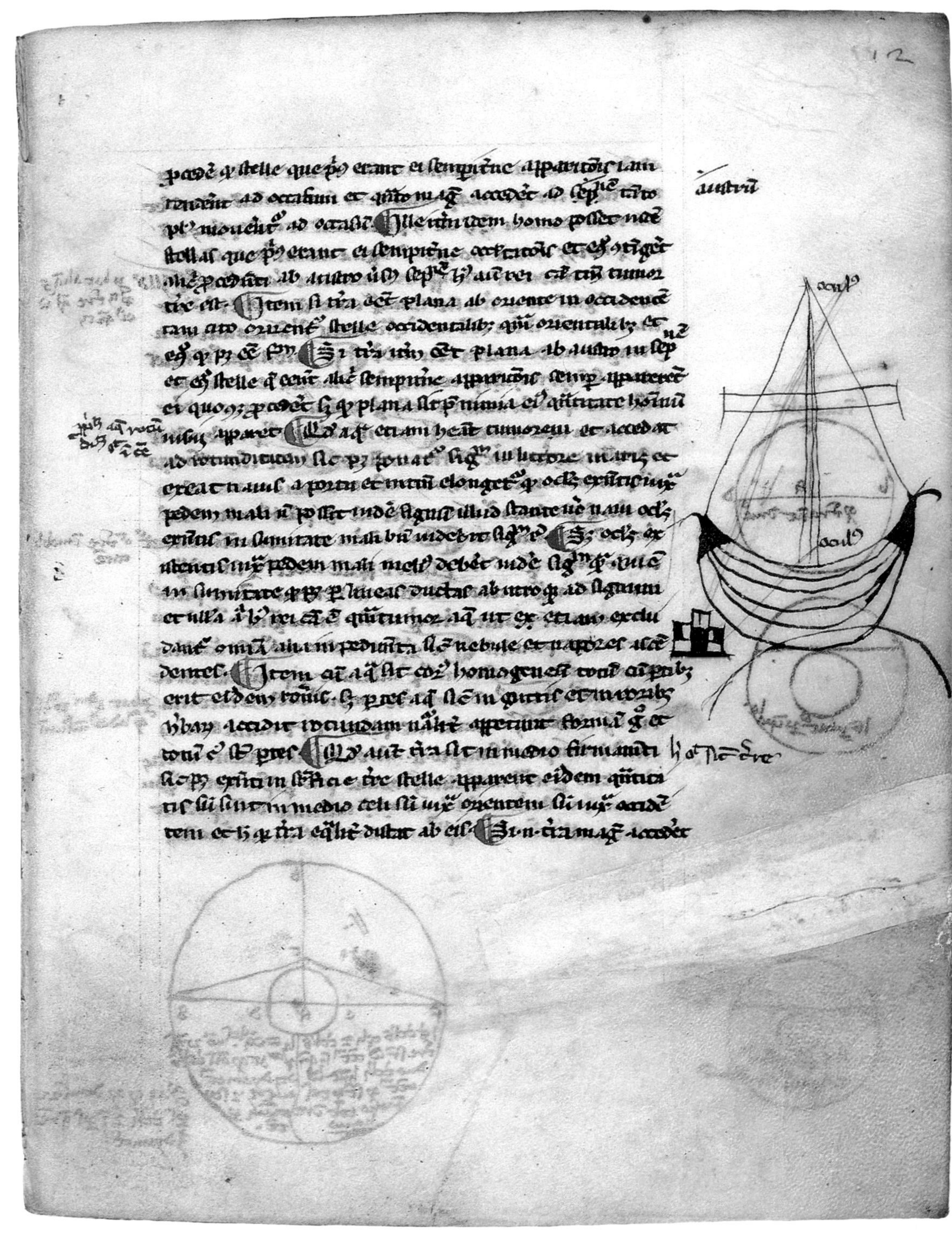

Johannes de Sacrobosco, Mathematisches Lehrbuch
Ende 13. Jahrhundert
Cod. Pal. Lat. 1400, Fol. 12 r

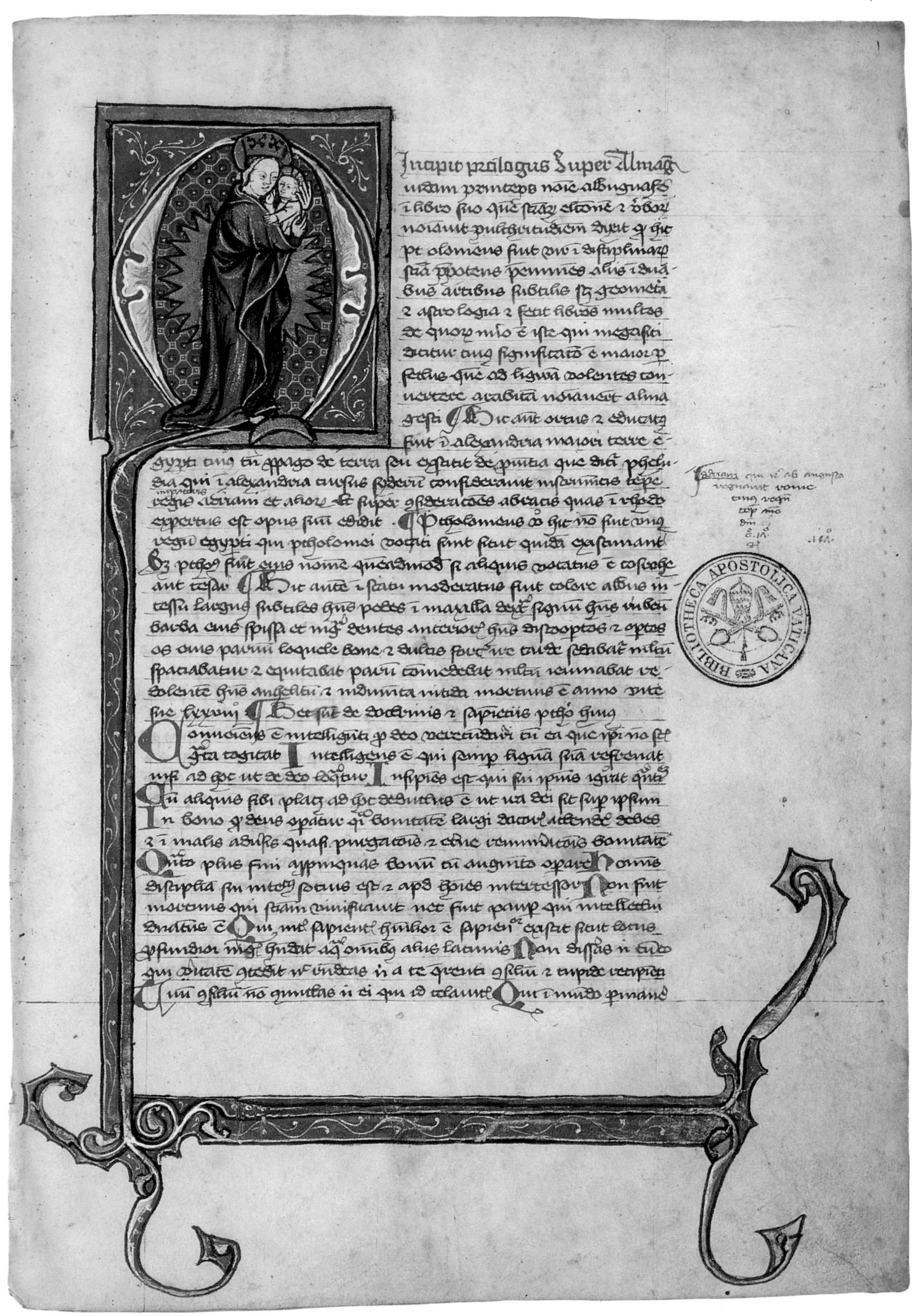

Ptolemaeus, Almagest
Frankreich, 1385
Initialseite mit Darstellung der Maria
Cod. Pal. Lat. 1365, Fol. 1 r

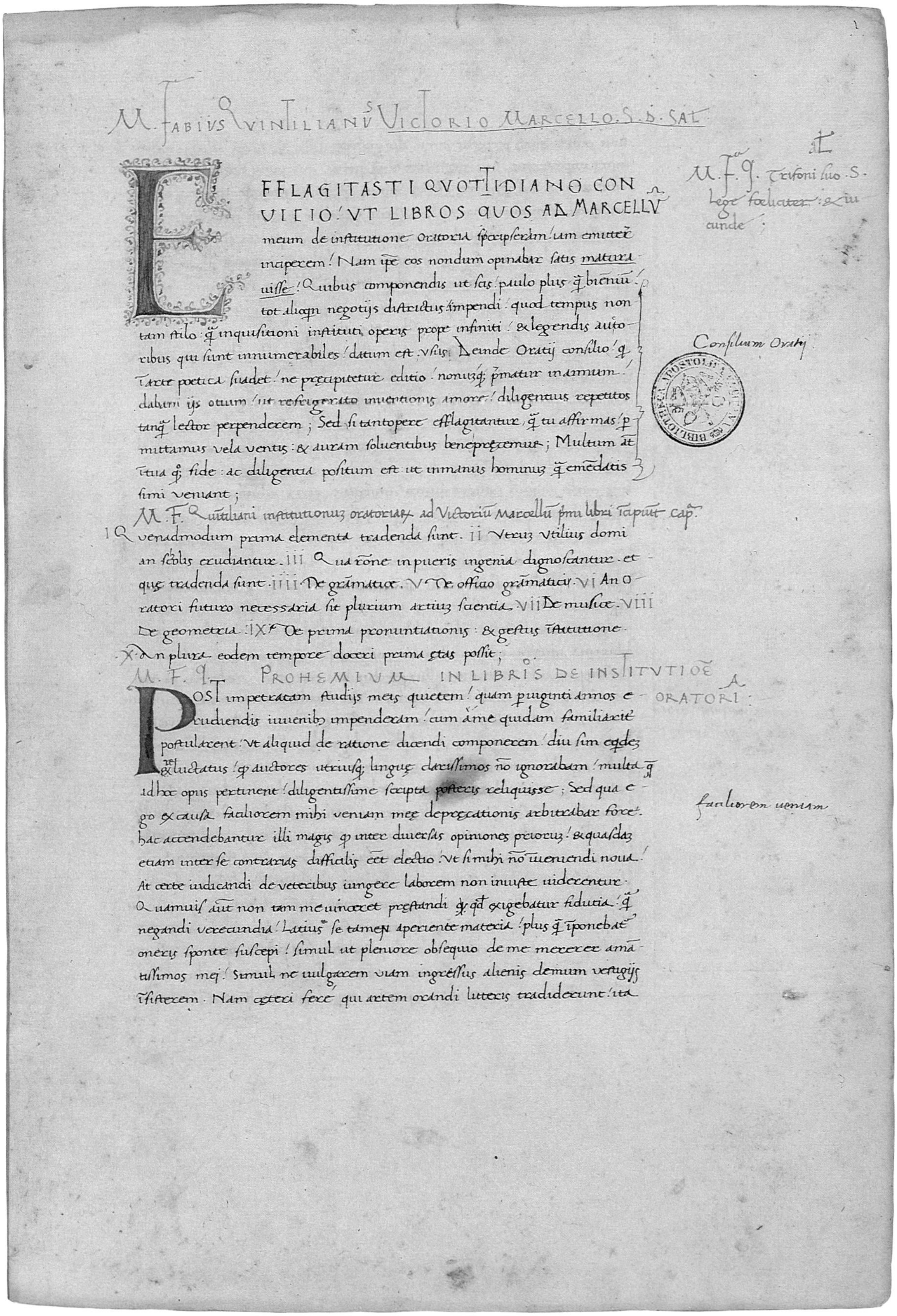
M. FABIVS QVINTILIANVS VICTORIO MARCELLO. S. D. SAL

M. F. Q. Trifoni suo S.
Lege foeliciter: & iu-
cunde;

EFFLAGITASTI QVOTIDIANO CON
VICIO: VT LIBROS QVOS AD MARCELLV
meum de institutione oratoria scripseram: iam emittere
inciperem: Nam ipse eos nondum opinabar satis maturu-
isse: Quibus componendis ut scis: paulo plus quam biennium:
tot alioqui negotijs districtus impendi: quod tempus non
tam stilo: quam inquisitioni instituti operis prope infiniti: & legendis auctoribus qui sunt innumerabiles: datum est: Usus: Deinde Oratij consilio: qui
in arte poetica suadet: ne precipitetur editio: nonumque prematur in annum:
dabam ijs otium: ut refrigerato inventionis amore: diligentius repetitos
tanquam lector perpenderem; Sed si tantopere efflagitantur: quam tu affirmas: per-
mittamus vela ventis: & auram soluentibus bene precemur; Multum autem
in tua quoque fide: ac diligentia positum est ut in manus hominum quam emendatis-
simi veniant;

Consilium Oratij

M. F. Quintiliani institutionum oratoriarum ad Victorium Marcellum primi libri capitula cap.

I Quemadmodum prima elementa tradenda sint. II Verum utilius domi
an scolis erudiantur. III Qua ratione in pueris ingenia dignoscantur. et
que tradenda sint. IIII De grammatice. V De officio grammatici. VI An o-
ratori futuro necessaria sit plurium artium scientia. VII De musice. VIII
De geometria. IX De prima pronuntiationis: & gestus institutione.
X An plura eodem tempore doceri prima etas possit;

M. F. Q. PROHEMIVM IN LIBRIS DE INSTITUTIONE ORATORIA:

POST impetratam studijs meis quietem: quam per viginti annos e-
rudiendis iuvenibus impenderam: cum a me quidam familiariter
postularent: Ut aliquid de ratione dicendi componerem: diu sum equidem
reluctatus: quod auctores utriusque lingue clarissimos non ignorabam: multa quae
ad hoc opus pertinent: diligentissime scripta posteris reliquisse; Sed qua e-
go ex causa faciliorem mihi veniam mee deprecationis arbitrabar fore:

faciliorem veniam

hac accendebantur illi magis quod inter diversas opiniones priorum: & quasdam
etiam inter se contrarias difficilis esset electio: Ut si mihi non inveniendi nova:
At certe iudicandi de veteribus iniungere laborem non iniuste viderentur.
Quamvis autem non tam me vinceret prestandi quod exigebatur fiducia: quam
negandi verecundia: Latius se tamen aperiente materia: plus quam imponebatur
oneris sponte suscepi: simul ut pleniore obsequio de me mererer ama-
tissimos mei: simul ne vulgarem viam ingressus alienis demum vestigijs
insisterem. Nam ceteri fere qui artem orandi litteris tradiderunt: ita

Quintilian, Rhetorik
Italien 15. Jahrhundert
Cod. Pal. Lat. 1556, Fol. 1 r

Oppositionem uero sic inuenies. habita quantitate coniunctionis addas super ea
istam numerum puta 1e · 18 · 22 · 1 · 31 · Et si ex tali additione plures dies
prouenerint quam iste mensis habet in suis diebus fiut quartus tunc reinciat
numerum dierum usualium eiusdem mensis residuum uero computet
a primo mensis sequentis et habebit quod petit ·)

Possibilitatem eclipsis solis et lune sic inuenies. Quere
argumentum latitudinis lune ad tempus coniunctionis medii. si queris
possibilitatem eclipsis solis · Vel quere argumentum ad tempus
oppositionis medie si queris possibilitatem eclipsis lune. Opere
secundum motum ea dictum in canone. de medijs motibus planetarum
Et si argumentum latitudinis fuit nichil in signis · Et minus 12 in
gradibus. uel 2 signa et plus es in gradibus vel quatuor
in signis et plus es in gradibus Vel tria signa et
minus 12 in gradibus dic eclipsim fore possibilem ·) finis ·

Mathias kemnatensis Ex rogatu quorundam die Veneris hora duarum
incipiet resumere et practicare Spericam descriptoire scientie de in-
tegris et radiis extractis Aduocatis regulis generalibus et specialibus
uniuscuiusque spere Regulas figuras et questiones aba... In geometria
mensuracie longitudines latitudines profunditates singularum rerum mensurabilium
uasorum et aliorum planarum / mediante virga quadrante vel instrumenti quadrati
geometrici Conficiens horas et instrumentorum praxim instruet · In Astronomia
motus omnium planetarum Coniunctionum oppositionum et aspectuum possibilitatem eclipsium per
instrumenta et per tabulas edocebit · Tabulas Alphonsii regis et astronomorum optimi
Abbatis de reychenbach. Johannis de lyneriis Aut per tabulas magnas sicut alloquar
Infallibiliter instruet · Quomodo Visus oculorum status globosus
directus retrogradatus Vespertinus aut matutinalis planetarum sint defacili ad
austrabit · Judicia iterum astrologie secundum primum principem astrologie et secundum
albabiorum dorotheum dorothium altimidim domar strego Hali abenragel
Judicaberunt dabit Composicio instrumentorum instruet torum dabit uid3 Astrolabij
quadrantum et diuersorum Spere solide / Saphee Quadrati geometrici
Equatorum Albionis Spere materiales Torqueti et aliorum plurimorum ·)

Matthias von Kemnat, Ankündigung einer mathematischen Lehrveranstaltung
Heidelberg, um 1455
Cod. Pal. Lat. 1381, Fol. 123 r

OPVS
PALATINVM
DE
TRIANGVLIS
A
GEORGIO IOACHIMO
RHETICO COEPTVM:
L. VALENTINVS OTHO
PRINCIPIS PALATINI
FRIDERICI
IV. ELECTORIS
MATHEMATICVS
CONSVMMAVIT.
AN. SAL. HVM.
CIↃ· IↃ· XCVI.
PLIN. LIB. XXXVI. CAP. IX.
RERVM NATVRÆ INTERPRETATIONEM ÆGYPTIORVM OPERA PHILOSOPHIÆ CONTINENT.
CVM PREVILEGIO
CAES. MAIES.

G. J. Rhaeticus, Mathematisches Lehrbuch, Titelseite
Neustadt 1596
Stamp. Pal. I 169, Titelblatt

Matthias Widmann von Kemnat, Astronomisch-Astrologischer Sammelband
Heidelberg, 14./15. Jahrhundert
Spalte 2: Kometengedicht, Autograph Matthias Widmanns, 1472
Cod. Pal. Lat. 1370, Fol. 136 v

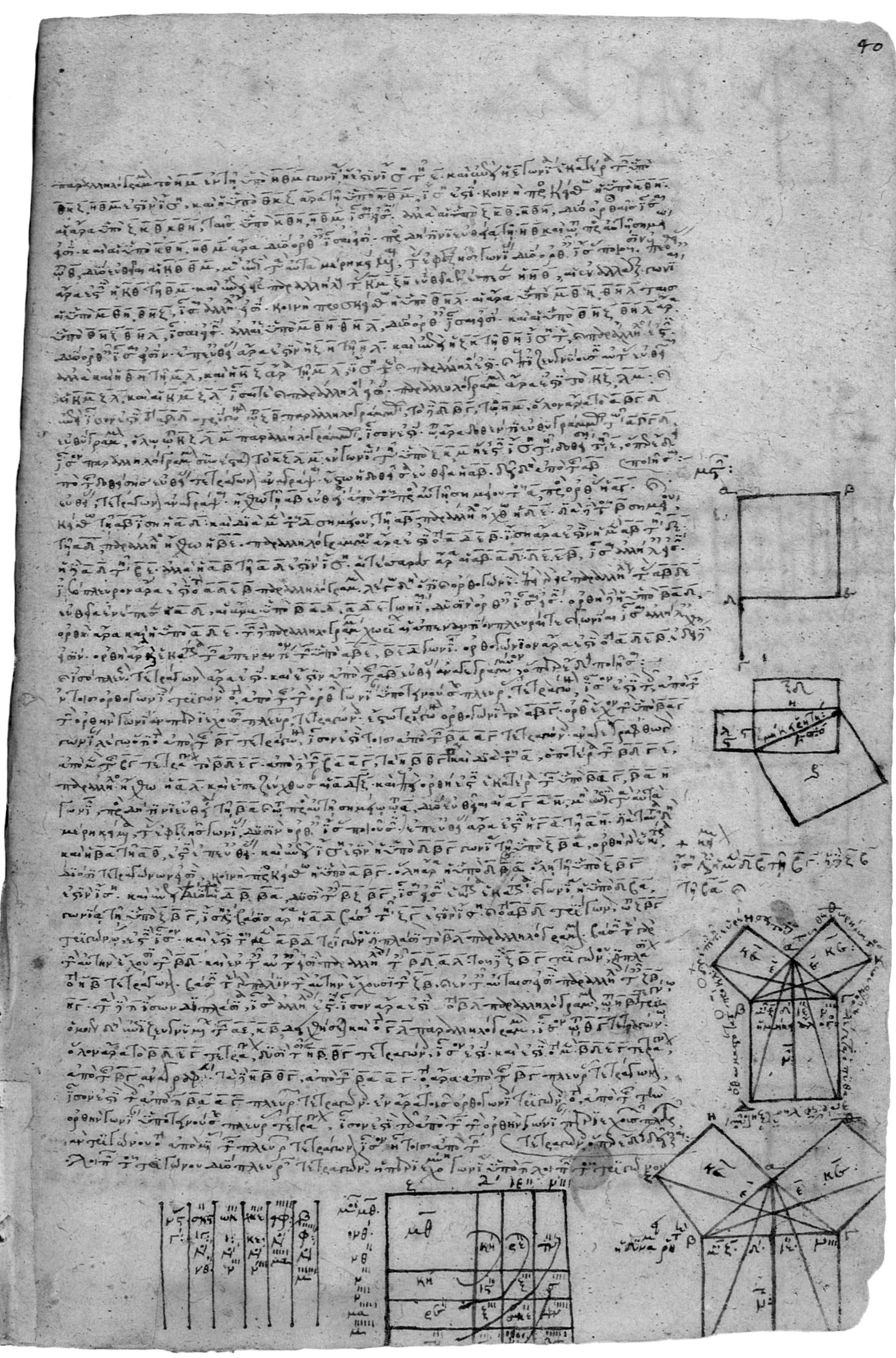

Mathematische Sammelhandschrift
Byzanz, 13./14. Jahrhundert
Lehrsatz des Pythagoras
Cod. Pal. Gr. 95, Fol. 40 r

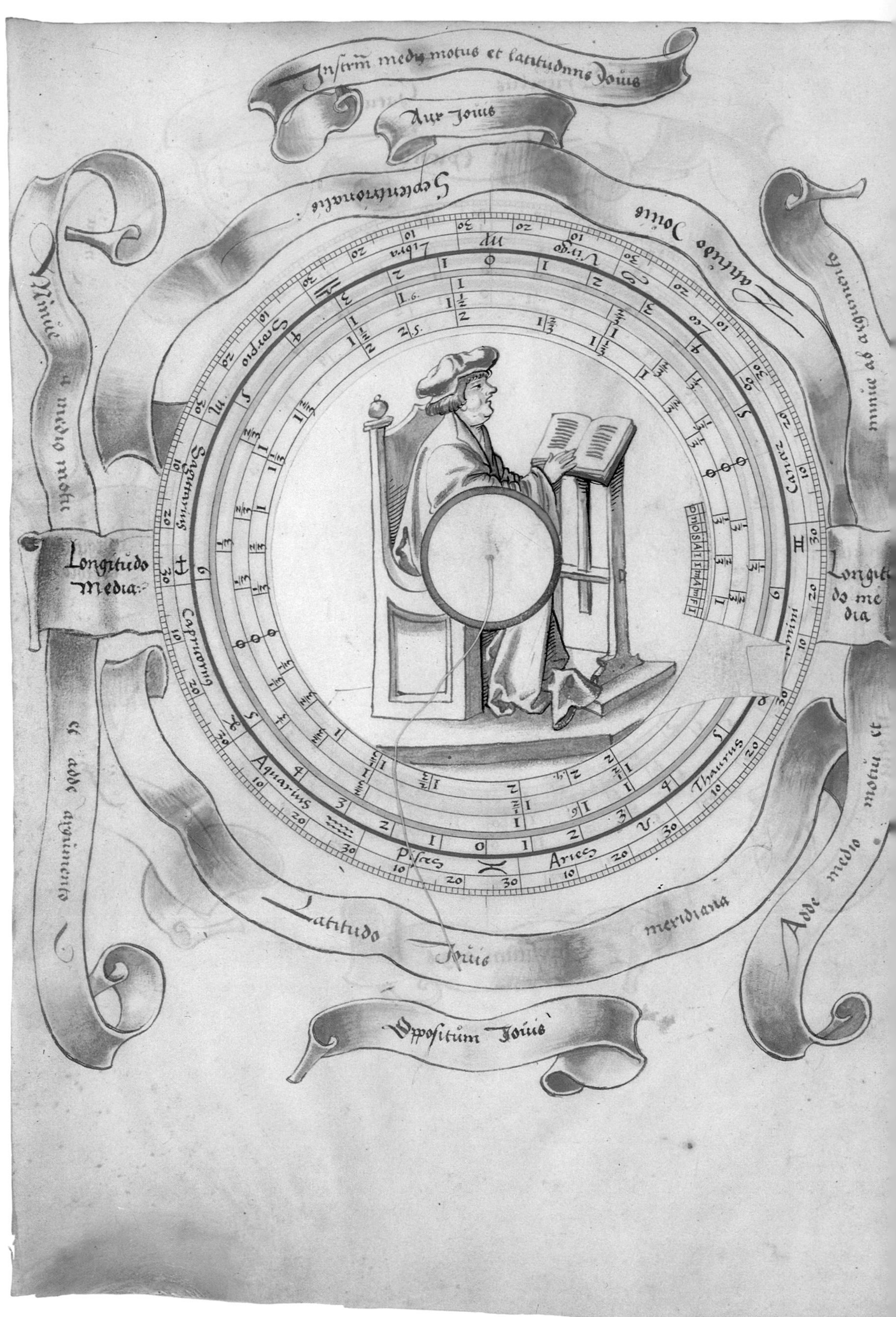

Sebastian Münster, Astronomisch-Astrologischer Sammelband
Heidelberg, 1522, Professor und Studenten
Cod. Pal. Lat. 1368, Fol. 2 v/3 r

Epicyclus Jouis
Aux Epicycli
Adde medio motui
Longitudo media:
Minuē a medio motui
Oppositum augis
Januarius
Februarius
Marcius
Aprilis
Maius
Junius
Julius
Augustus
September
October
November
December

Konrad von Diefenbach, Fixsternliste nach Ptolemäus
Worms um 1426, Abb. von vier Tierkreiszeichen
Cod. Pal. Lat. 1368, Fol. 53 r

ΑΡΙΣΤΟΤΕΛΟΥΣ ΦΥΣΙΚΩΝ

Inapit lib phyeor sin anditus ii
phia d ente mo. cui lib pm e d
pricipis entis mo inge hi Tract
tatus pm d ordie precededi i scia
nah. cui. c. p. q icapiedu e aqsa
drato pn
[...] intelligere
et scire con
tigit eta oe
scia quaru
suit pnapia
aut cause aut ela ex hor cog
ne. Duc ei arbitni coglsce
unuqz cu cas coglam pmas
et pnapia pma et usq ad ela
Maisestu qd q et q se eta pn
scie que de na e pus dimia
re teptadu La. 2. q icapiedu est
a pnapius uliorib. q d toe 7 tp se
Innata aut e nob ua ex
notiorib et certiorib imcer
tiora ne et notiora. Non ei ea
dem u nota nob et simple. Un
qdes sin hic modu nece e pro
cede ex icertorib ne. nob aut
etuorib. i euoza ne 7 notiora se
a nob maisesta pmu 7 eta cof
usa mag. Posterius a ex huis
suit nota ela. et pn dicetub
Un exilib or i siglaria pueie
Totu ei notius e q sin sensu.
Sle a totu qda e. Multa ero
cophedit ule ut pte Sustine
nt a his qda mo 7 noia ad roes
Totu ei quoda 7 idistictu sigsi
cat ut oculus. Dissinito a ipui
didit i singlaria. Et pmu

qd pueri appellat oes uiro pa
tres et seinas matres. posthus
a dimat hor unuq. Tractat
2. d opioib antiq ea pn coia en
tis mo 7 d repbatoe eau. La p d diu
sis opioib ca pn ne 7 q qda eau p
seq no spetat siplr ad nilem. in
Necesse e a aut unu ee pn
aut pla sh unu. au imo
ble sic diat pmeides 7 mellisu
au moble un sic diut phia hu
qde aere dute ee. alu uo aqua
pn pm. Si q pla au suita au
isita. 7 si sita pla d uno au duo
au ta au quatuor au sm aliu
aliq nuim. 7 si isita au sic sic
dmoe. gn un figua i au spe dia
au nua Stra gnit 7 q se. que
te 7 quot se. Er qb ei se q se q
ut pm h. utru un au pla si
ulia. au sua au isita. qd pn 7
elm qnit uni au ulia Id qde
g si un 7 imoble sit. qd e irede
n e d na itede Sie ei geome
tre sin amp ro e ad destruere pn
Si au altius sae. au oib coia. i
Sie nr ro huic d pnapiis. No ei
amp pn e si unu soli e sic unu
e i imoble. pn ei eela au qru
das Sile q irede e si sic un
e 7 ad alias pom qlib disputa
re. 7 g. ducit ut eradeana au
si aliqs dicat hoi un q e ee au
solue roes litigiosas q sane utq
hnt roes. melisli 7 pmen 7 eu
fla recipim. 7 n sillogisitel se
Mag a mellisli honerob ro 7 n
hns dsectu. h uno icoueie datu
alia ntiguit h a n dissiale No

[Greek marginal text in right column and bottom margin — heavily abbreviated Greek minuscule, largely illegible]

Aristoteles, Libri naturales
Italien, Anfang 14. Jahrhundert
Am Rand griech. Text der Physik in der Hand des Giannozzo Manetti
Cod. Pal. Lat. 1033, Fol. 1 r

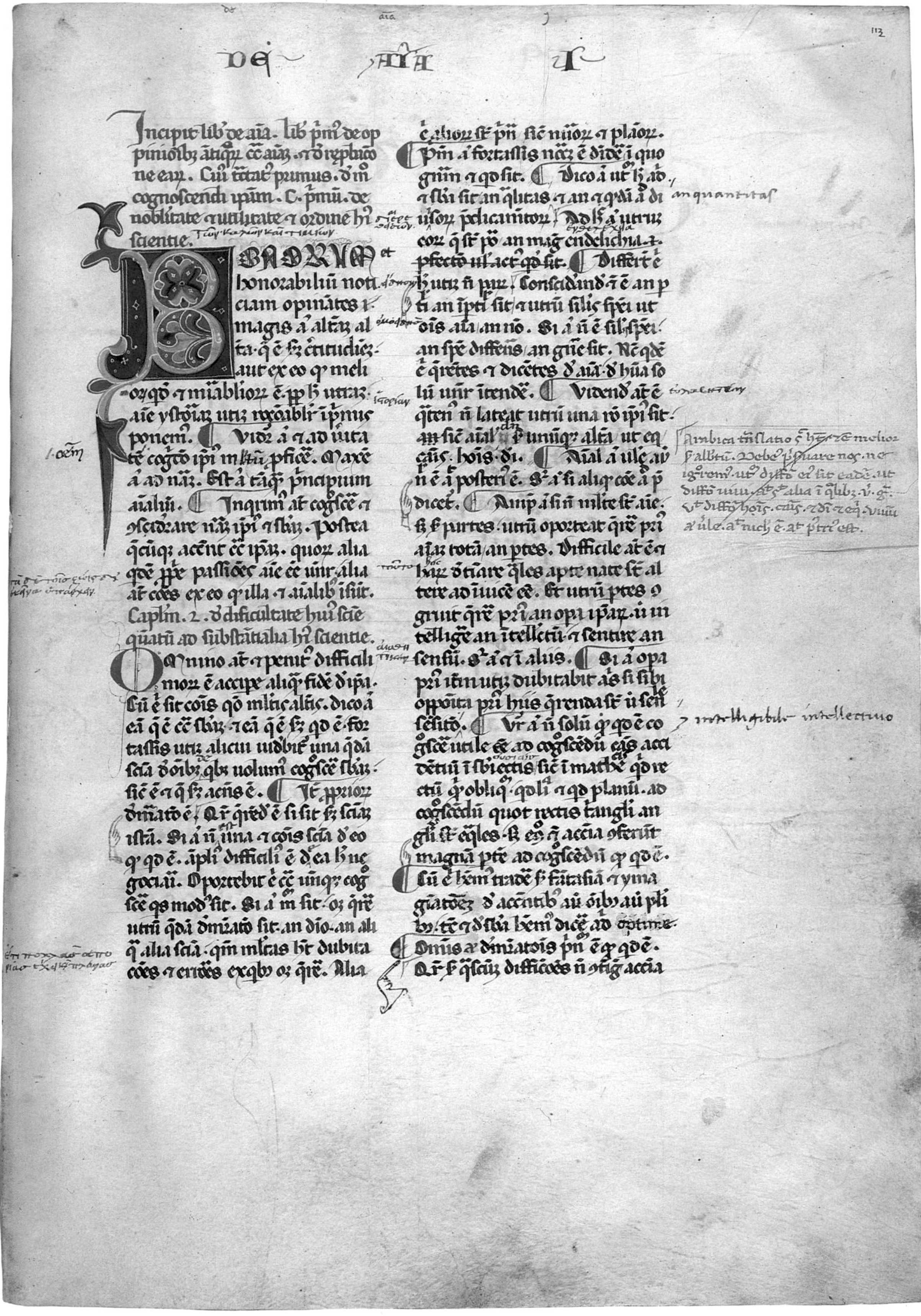

Aristoteles, Libri naturales, Anfang des Buches „De anima"
Italien, Anfang 14. Jahrhundert
Cod. Pal. Lat. 1033, Fol. 113 r

Aristoteles, Organum und Ethik
Frankreich, Ende 13. Jahrhundert
Cod. Pal. Lat. 988, Fol. 21 v

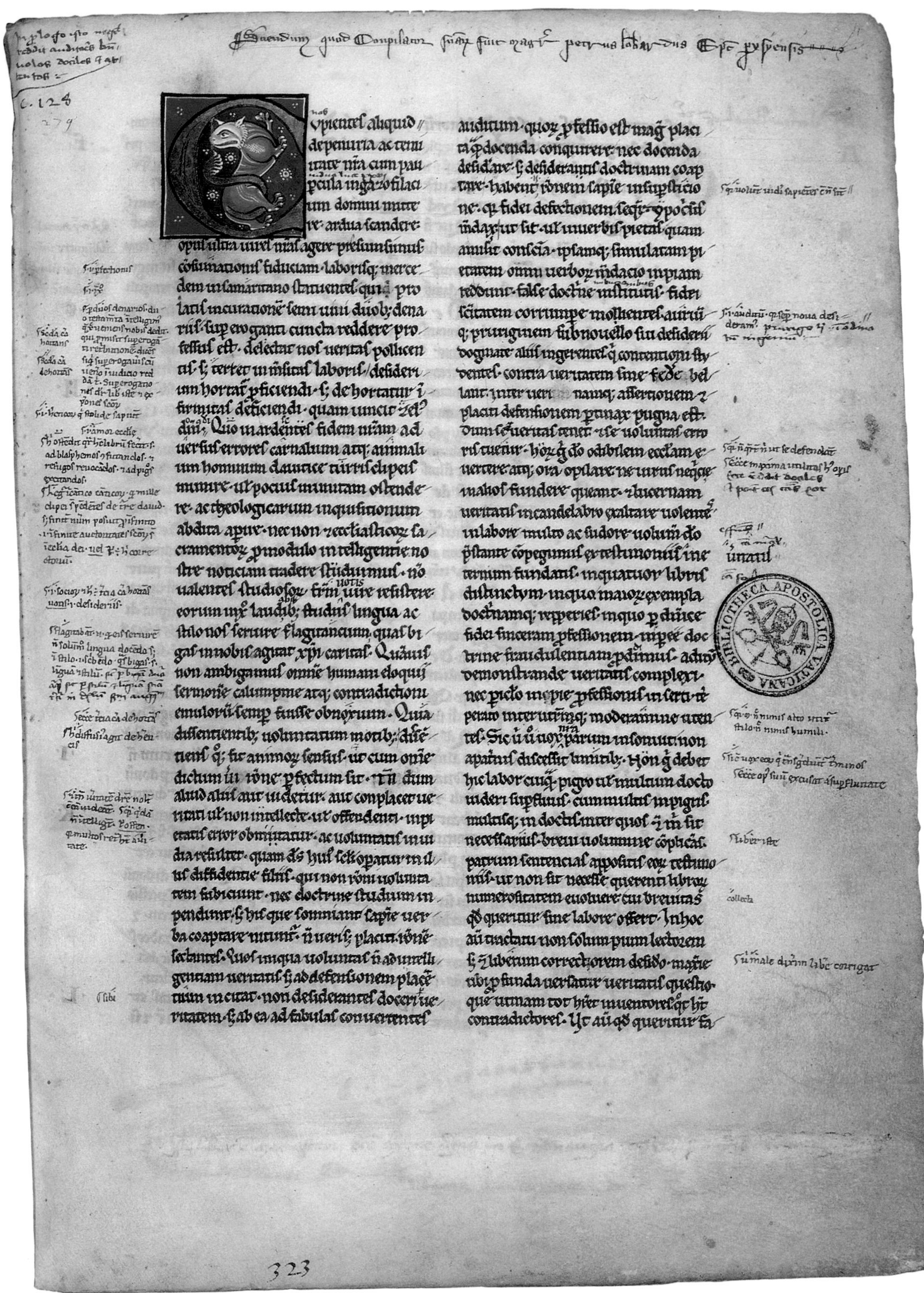

Petrus Lombardus, Sentenzenkommentar
13. Jahrhundert
Cod. Pal. Lat. 323, Fol. 1 r

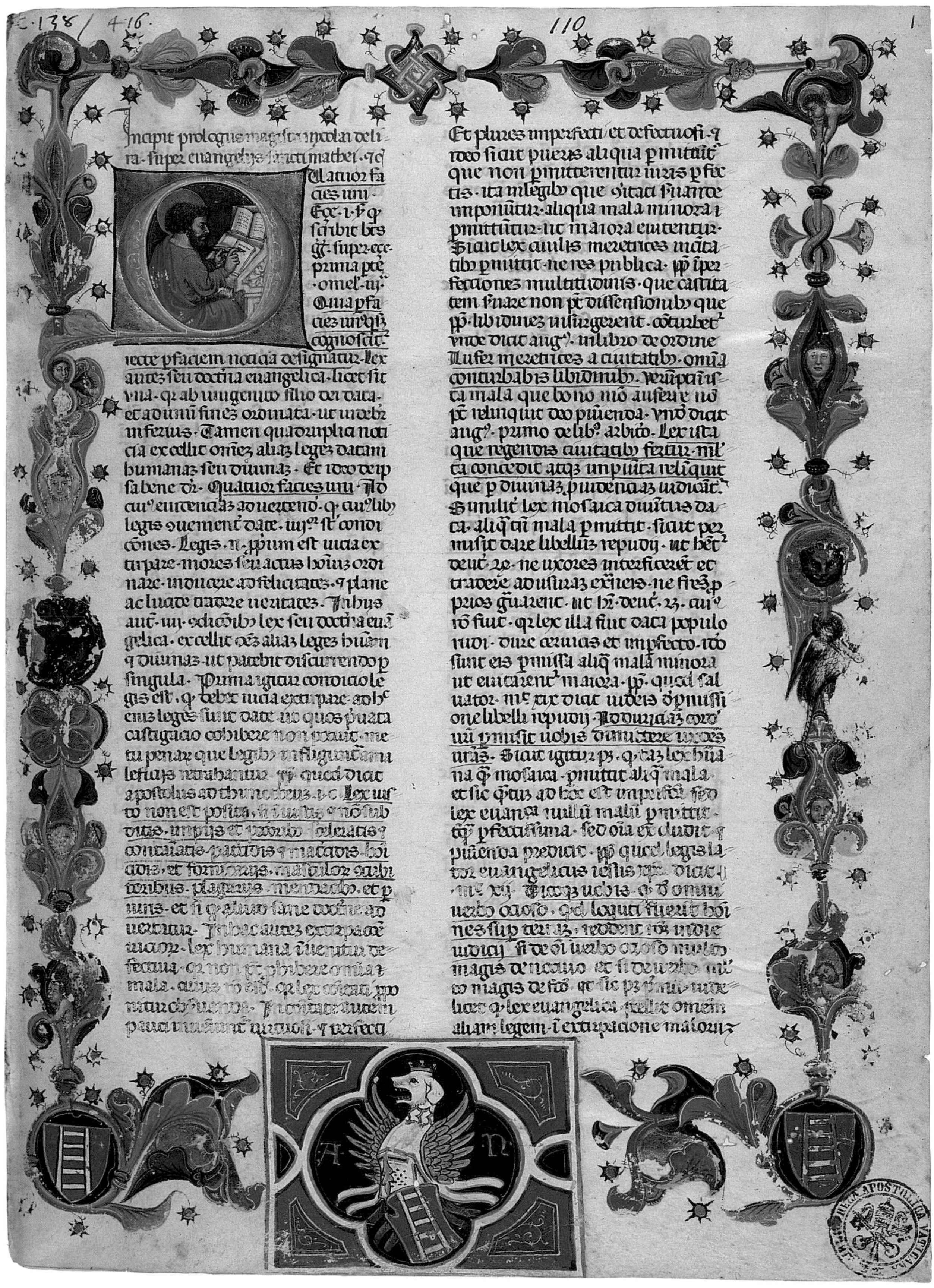

Nicolaus von Lyra, Evangelienkommentar
Italien, 14. Jahrhundert
Initialseite, Evangelist Matthäus
Cod. Pal. Lat. 110, Fol. 1 r

Nicolaus von Lyra, Evangelienkommentar,
Italien, 14. Jahrhundert
Cod. Pal. Lat. 110, Fol. 140 v

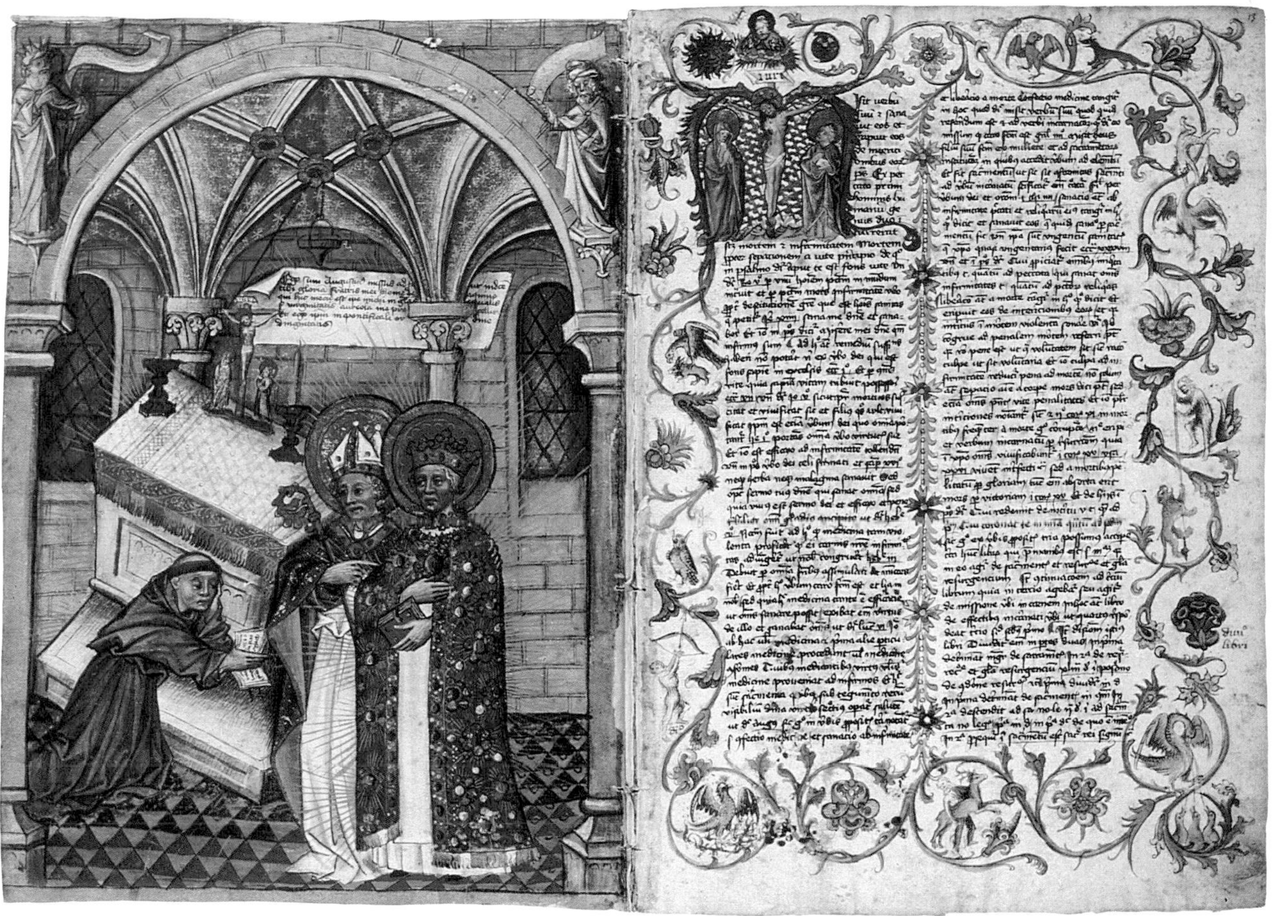

Thomas von Aquin, Sentenzenkommentar
15. Jahrhundert
Cod. Pal. Lat. 361, Fol. 12 v/13 r

Johannes Wenck, Kommentar zu Dionysius Areopagita
Heidelberg, Mitte 15. Jahrhundert
Cod. Pal. Lat. 149, Fol. 24 r

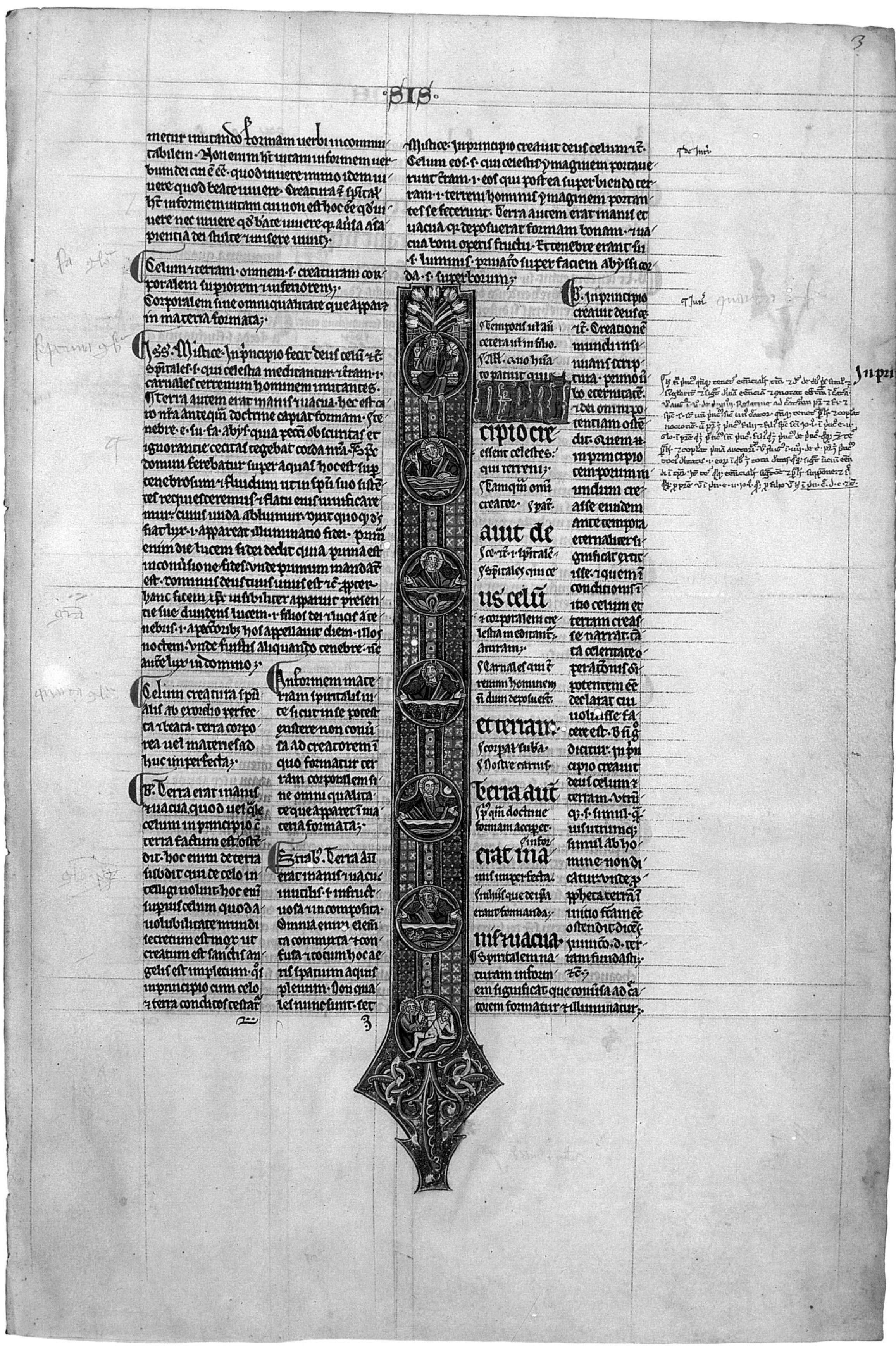

Bibel, Altes Testament
Frankreich, 13. Jahrhundert
Cod. Pal. Lat. 59, Fol. 3 r

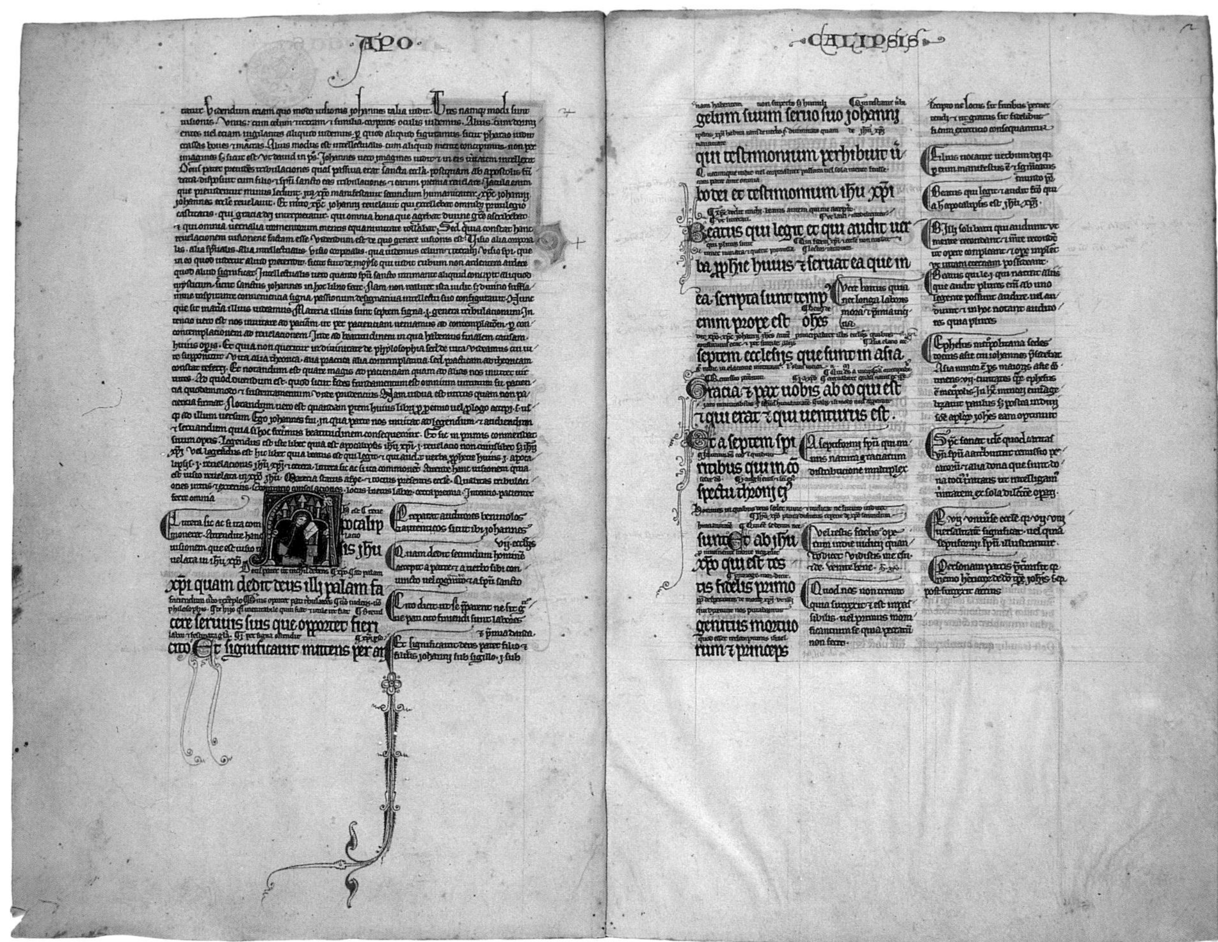

Bibel, Neues Testament, Frankreich
13./14. Jahrhundert
Cod. Pal. Lat. 95, Fol. 1 v/2 r

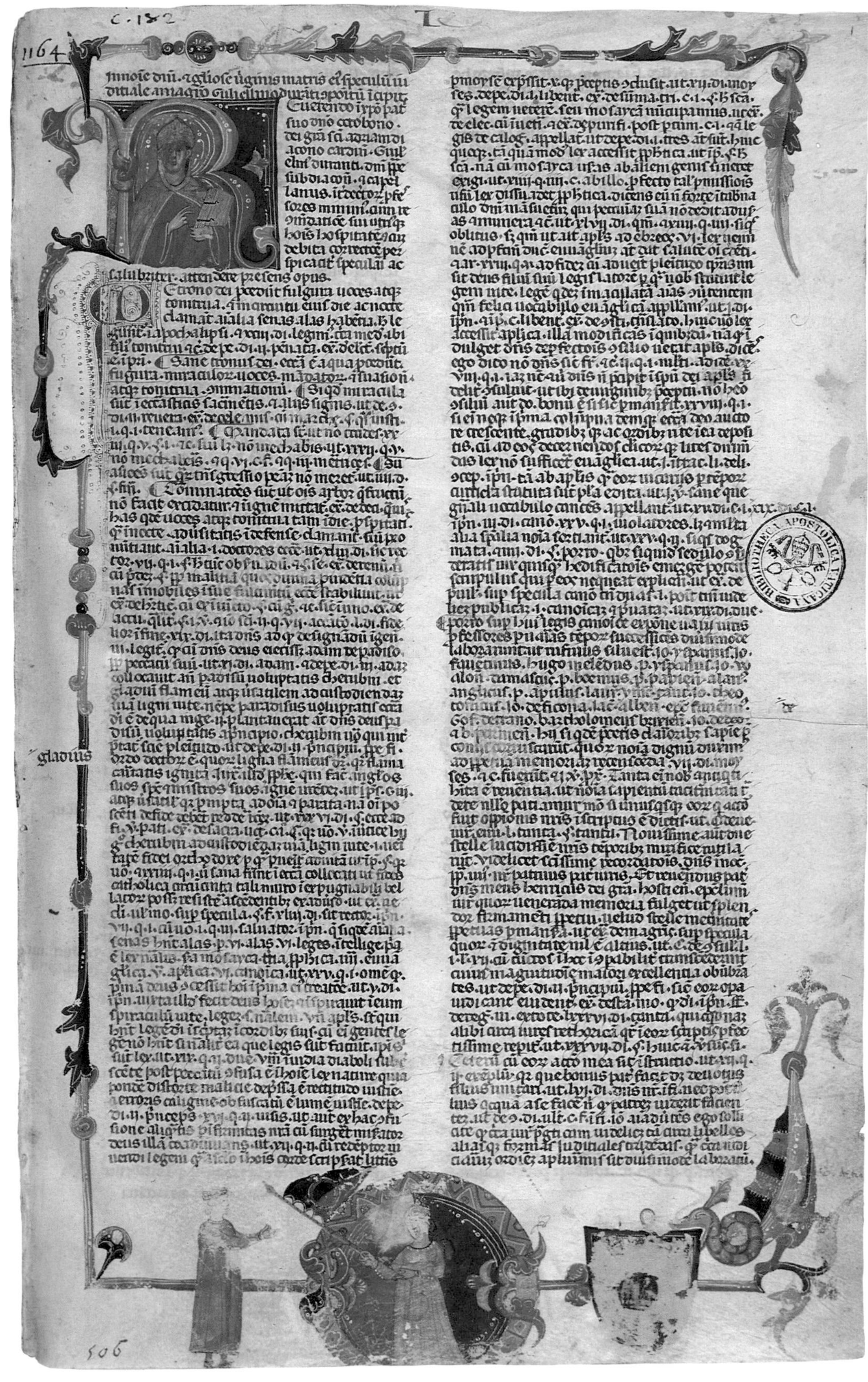

Guilelmus Duranti, Speculum iudiciale
Italien, 14. Jahrhundert
Cod. Pal. Lat. 792, Fol. 1 r

Decretales Papst Gregors IX.
Bologna, 14. Jahrhundert
Cod. Pal. Lat. 629, Fol. 72 r

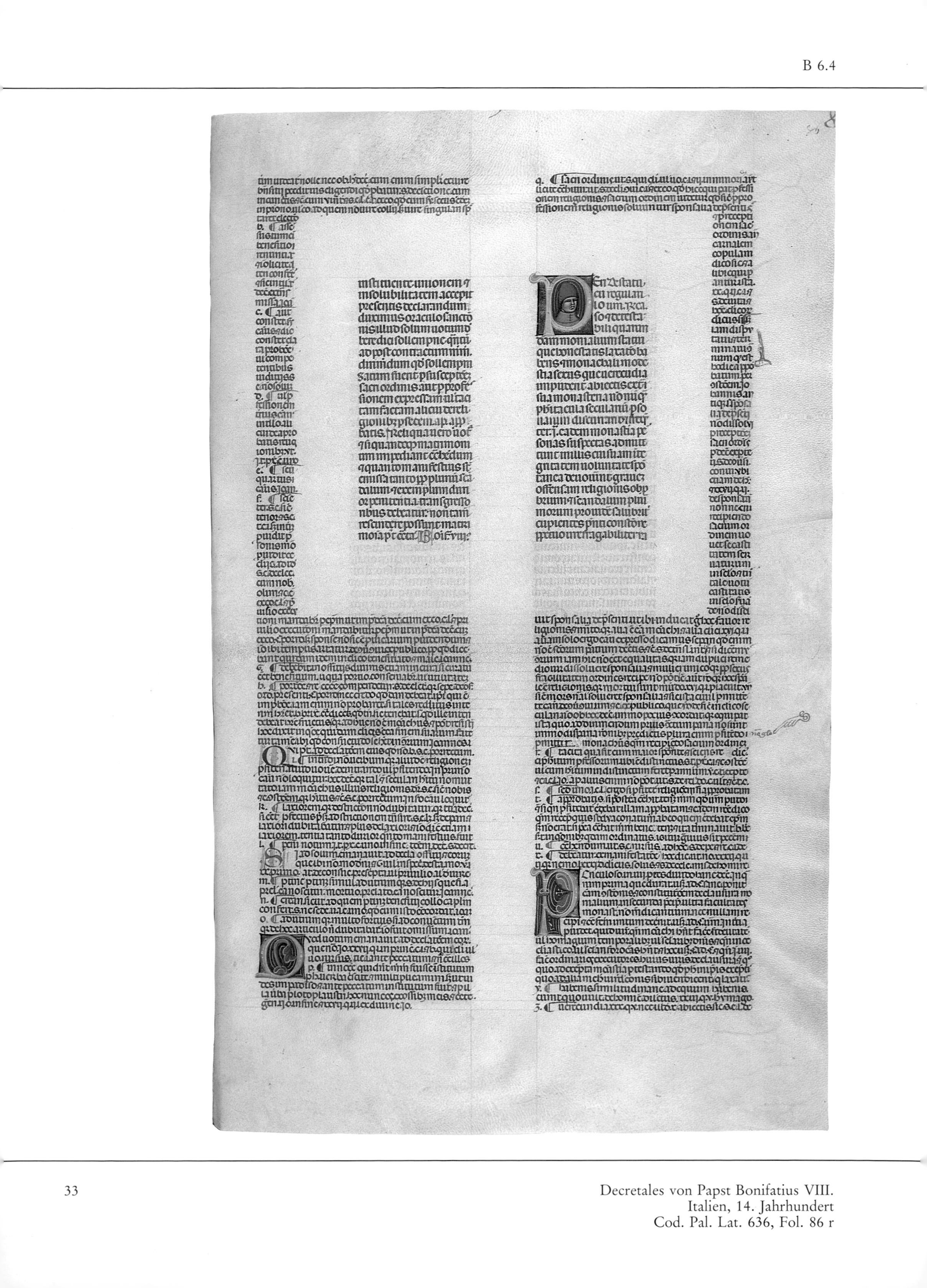

Decretales von Papst Bonifatius VIII.
Italien, 14. Jahrhundert
Cod. Pal. Lat. 636, Fol. 86 r

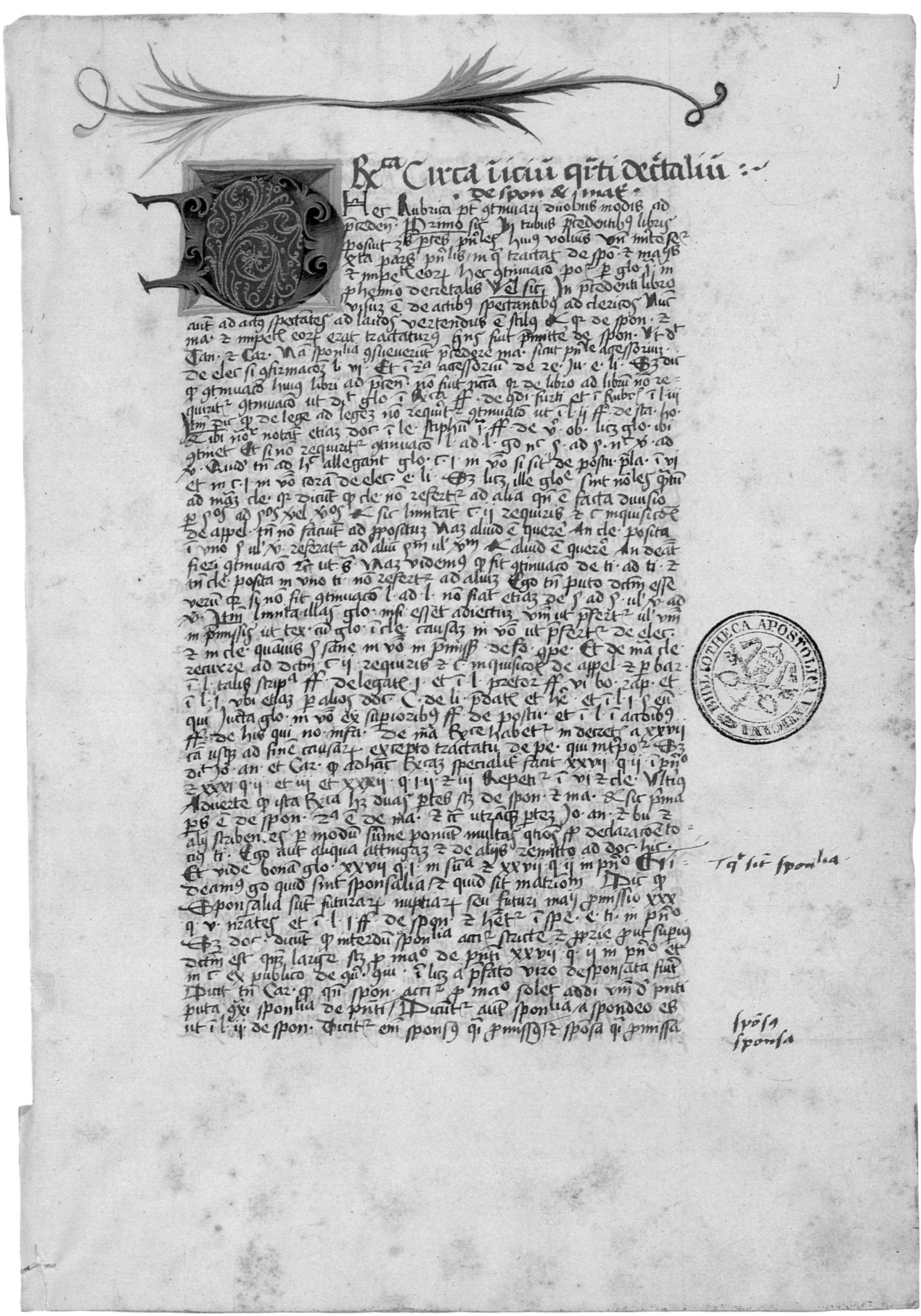

Alexander de Nevo, Vorlesung zu den Decretales
Heidelberg (?), 1466
Cod. Pal. Lat. 659, Fol. 1 r

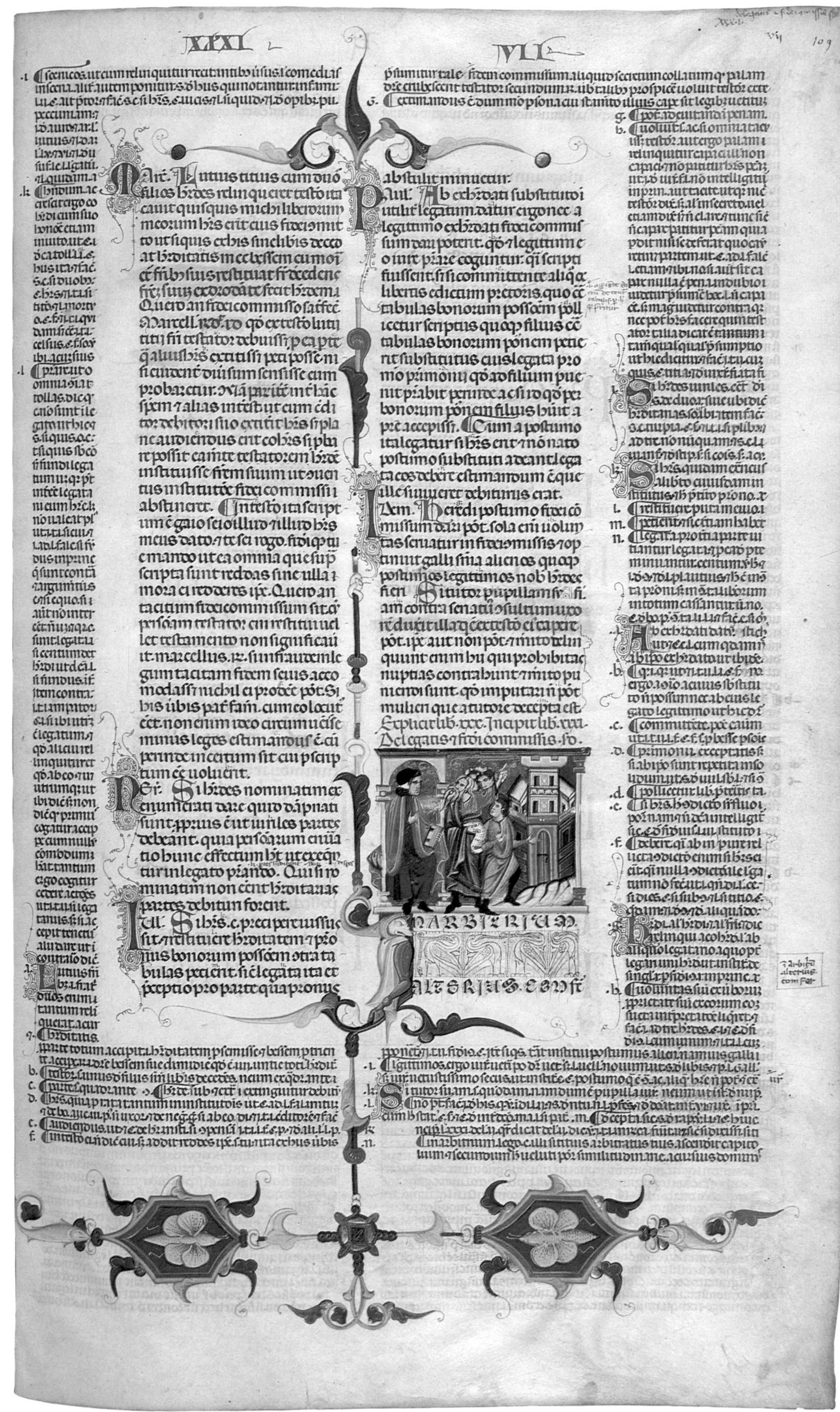

Infortiatum
Italien, 14. Jahrhundert
Cod. Pal. Lat. 742, Fol. 109 r

Petrus de Vinea, Briefsammlung
14. Jahrhundert
Cod. Pal. Lat. 972, Fol. 56 v

forte re
gtwo

Magro massarior suor in Apulia et de ipoz reformatie.

Libri Aristotel de Regno et Hebraico litarah

Dicit magnis Scolax Bonomen libros Aristotilis de Regno et ebrayco ĩ latinũ p eum nouiter traslatos.

Reprehendit iustis et acerbe minat eidem qʒ minus tepide se gerit in officio ē omisso.

Responsiua Justi ad Impatorem et excusat se de obiectis.

Panormitan fidelibus suis significat letitiam de nato filio

Eidem de nata filia Senator et aʒ roman ut mictant ĩsules suos ad eum qbus honores et officia uult conferre.

Significat quibusdam magnatibus si uenium ad pres eoz ꝗ roborem eos ĩ fide solita.

Sig Cremonen fidelibus suis processum suum de Regno in Romaniolam ꝗ se libauit ee.

Reguntiam Ciuitati qʒ eligerint familiarem suum ĩ potatem et suu uicarium.

Ciuitati qʒ pareat nuncios remicendos Cremonam ubi intendit Curia celebrare

Rex Conradus

Rex Conradus significat aduetu suu de Alamaia in Regnu eũ magnati et aitia

Item sigʒ se inturu ꝗ rebelles et aiat ĩ sue fideles narratio mag sue regendam fugie exercitus. Item sigʒ Cremonen se regmi pacifice possidere et se inium ĩ lombadia ut peant uicario. Item sigʒ Ciuitati ut faciant guerram Mediolan tonec uicit ad eos cum paciis sit ad iter. Magr P. de Vineis magro V. ut uadat ad Cur.

Aretinensibus fidelibus suis ut pareat se armis et equis cum expeditis iam negotiis intendat ire in Regnu. Ciuitati ut faciant guerram Mediolan.

Eidem ut mictat quatuor de Sapientibus huis suis ad eum sup petius officiir possessos.

Capuam respondet et comendat eum de pacessi peu et instruit qualit sit pacessur.

Uicario ut diffidat ianuenses rebelles Impy qui mala sunt fidem qua promiciant.

Narrat Comitati rumores et petit ut mictat ad exercitu omes bellatores.

Sup eodem scribit Mutinen fidelibus suis

Hy debitor mox autographa legimus dum kalendarij int notiña dili gentissime psculutim et nos debitores alij euident angnoscamus et aliaz nos ee psoluam accitores. hinc est pulsatis ad hostium iur nos urget insta na ne senore pʒuineri. hinc ad exactiem debitor mtoz pacila pruciens nego tis moz uos pruocat ne ipe peant accires ab illo naqʒ bono patre sanuibus pu nius et instanter a nob exigiat debitum q pegre pscassens pcalcum suum sollia cidini me supposiut an talentu que inidut reddere cogimur duphata. Sed et

Konrad von Gelnhausen, Epistola concordiae
Paris 1380/81
Cod. Pal. Lat. 592, Fol. 2 r

Illustri ac magnifico principi dno Ru-
perto Seniori Comiti palantino reni Sacri Imperii Comam Archida-
pifero Duci Bauarie dno meo su-
sta gratiosissimo Eius humilis Conradus Prepositus Ecclie Wormaci-
ensi decretorum doctor tantillus. Ardere

37

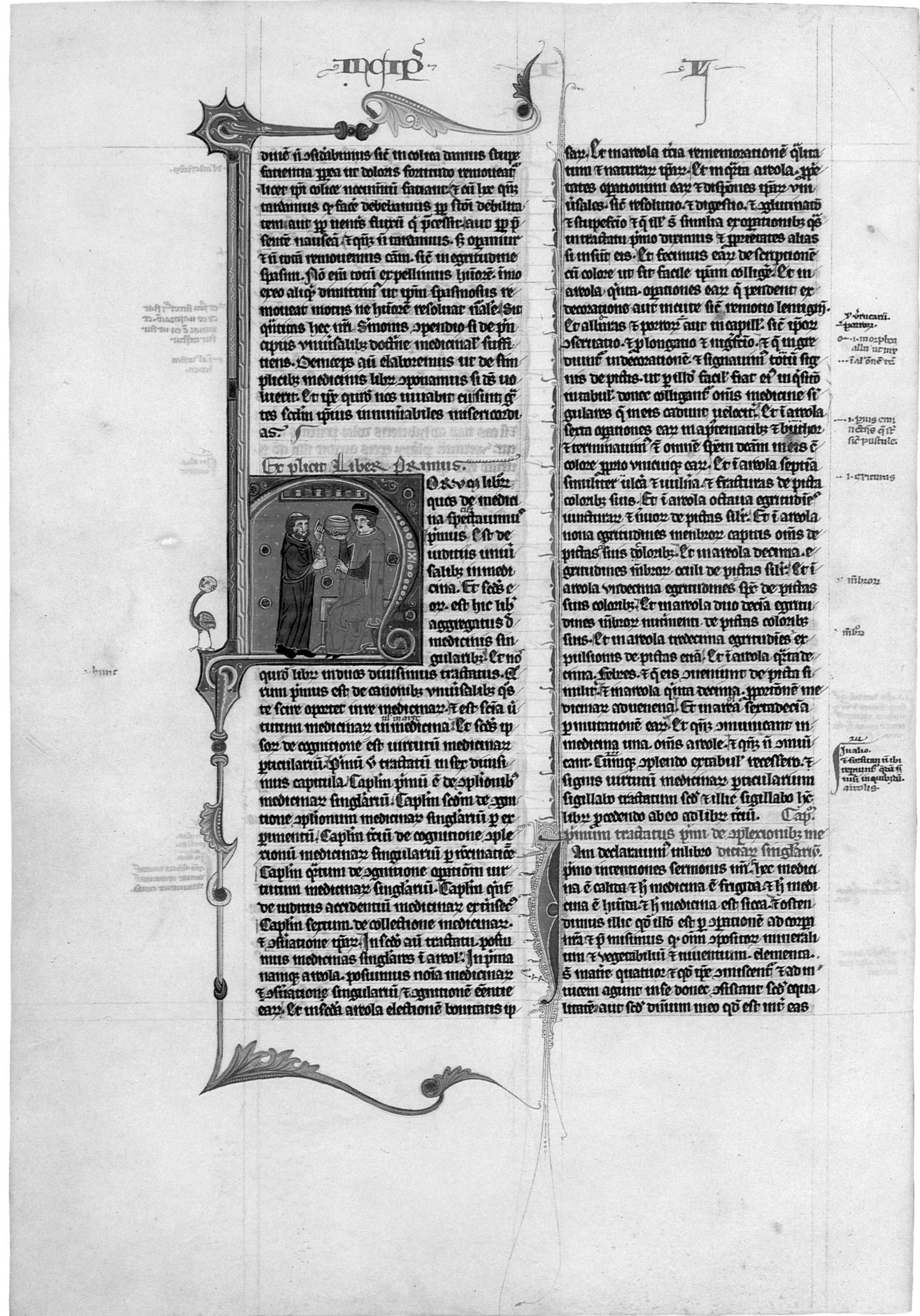

Canon Avicennae
Frankreich um 1300
Cod. Pal. Lat. 1113, Fol. 89 v

Galen, Opera Medica
Frankreich, 14. Jahrhundert
Cod. Pal. Lat. 1094, Fol. 1 r

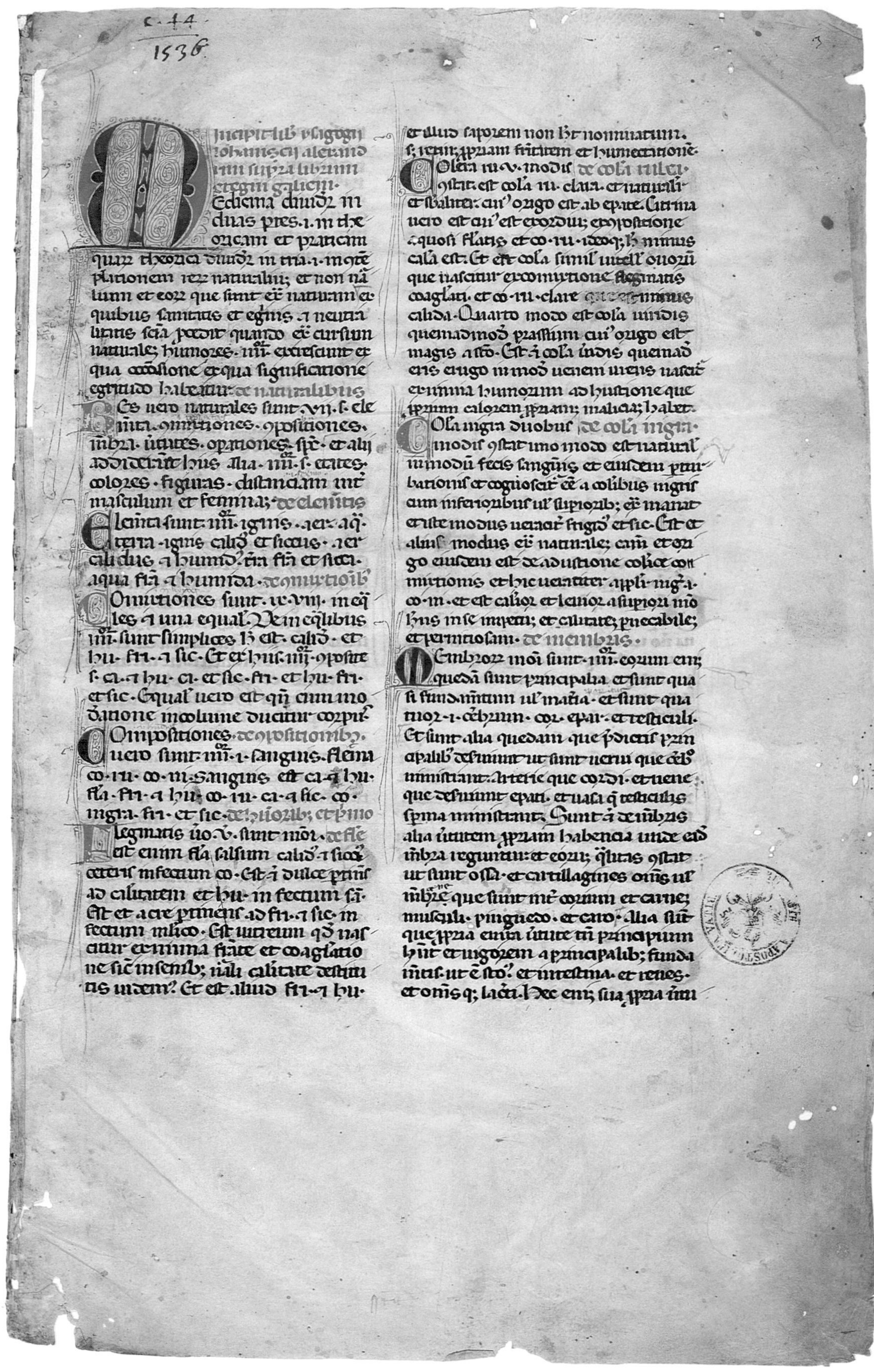

Articella (Medizinische Sammelhandschrift)
Italien, 14. Jahrhundert
Cod. Pal. Lat. 1102, Fol. 3 r

Arnaldus von Villanova, Speculum medicinae
Basel, 1440
Cod. Pal. Lat. 1818, Fol. 1 r

Rubrica In nomine celestis Agni
Incipit liber medicinalium Introductionum Qui speculum medicine Appellatur Editus a magistro Ar-
noldo de villa Nova in

De diffinicione medicine ac primarum eius par-
cium ſ Et subdivisione theorice introductionum ap-
pellantur indebite ſ Que ipſa et cetera propositorum
artis vocabula non exponit ſ Et multo minus no-
nos introducat doctrina undiqz defectiva est et
obscura ſ Tu igitur sapia eterna que ante creatures ad eam papre
dam veritatem illuminasti ſ Numquid fuus tuis introductio-
nes in medicinis digneris, ſ per quibus tu educendi clare
discant, ſ per leg et servus rectis acceder que possit ad term
nuum possint perire phisical ſ ſ concechis Autem singularitas
ostenditur igibus homo propriitatis stellas possit magni et pro-
funda piscari ſ Leve ego capiens piscari franchitos referre
voluptuosis At putat peligus ad beluas ſ sequendus ſ te
camur tunc verissime doctor atqz singularis nige ut ad
ea considerabilia que medicinale secundum integrunt nos miren
eas per dissoluciones queſita ex nocione finis cum sit doctrina
ordinaria cuius preſſu necessarium esse simus et aplicibus at
temptatu videmus sed anime aseruabit ſ Et qui scio quod ta
doctrina perducere nequit ad plenus queſiti nociciam Absqz
serrore ſua scilicet apoſitua illorum que perditiſſime ſnote et
dissolucionem inveniuntur ſic docte connecte vel apte que
dissolucio indicabit ſ In igitur qui es aseruare veritatis uſqz
ad aſtimaverem veritatis qui seque ut nimis suppliat petimus
ut quocumcqz considerabilem inuenero piſeri ita diffiniones
interserns non solu que ... fabrices debet per qua
ex premisſis accipit fabricas ut ... colligi potum
et perfector fiat medicus ſ aut memoriale fit efficax ſ precla-
mur ſ et ut que nimis breviter et obscure fuerit auctoribus
tradita plyori sermone clarius ſ Sine vero sufficienter et dif-
fuse practauerint elego moderata compendiositate priſti
gas ſ Sed quia medicinalis ſce finis ad quem doctrina

Arnaldus von Villanova, Speculum medicinae
Basel, 1440
Cod. Pal. Lat. 1818, Fol. 2 v

non tegit semp vide sed uel hoc uel abeo quiesce naturaliter
nec hoc dici potest de continente q[uod] licet corpus sanum esse nec
ars sine ornamento non tn[ame]n ornet. cu[m] [pro]ter[ea] ro[tu]ines meg[istr]in sani s[et]
mesurum corpus. Et[iam] n[on] quedam sunt [pri]ncipales queda[m] s[cund]
durie q[ue] p[ro] tanto sec[ond]arie d[icuntu]r q[uod] s[ubi]p causantur a [pri]a [pri]ncipalib[us]

Capitulu[m] ii de elementis et rebus naturalibus

P[ri]ncipales autem res n[atur]ales su[n]t septe[m] s[cilicet] Elementa, co[m]plexiones h[um]ores me[m]bra virtutes operacio et sp[irit]us sec[ond]arie uero su[n]t quatuor s[cilicet] sex[us] etas color et h[ab]itudo q[uo]d q[ui]dem s[ig]n[ific]atu[m] corporis ev[e]nerit De primis ap[er]ientibus

Elementa sunt p[ri]ma et simplicia co[m]pone[n]cia om[n]iu[m] corporu[m] co[m]mixtor[um] [et] o[r]d[ina]tur s[cilicet] co[m]pone[n]tib[us] autem co[n]sideraunt ea d[u]plicater un[o]m[odo] q[uod] s[un]t p[er]t existu[n]t res n[atur]ales i[n] delicet p[er]t su[n]t co[n]naturalia p[ri]ma p[ri]a sanabilis corpor[is] Cogit[ur] eni[m] fateri q[uod] i[n]t[er] elementa g[ene]rab[i]liu[m] et cor rupabiliu[m] reru[m] sa[n]t p[r]i[mum] eu[m] opo[n]entia et ma[teri]a[m] o[r]d[in]atu[m] subiat q[ua]litati p[ri]mariu[m] q[uod] ex c[o]loribus [com]p[re]hendit. et[iam] e[m] d[i]ci[m]us ex p[ri]ncipiorum d[o]lore[m] esse rei co[n]ve[n]ie[n]te s[en]sui consequet[ur] i[n]telligit[ur] q[uod] ille qualitates n[atur]alit[er] i[n]siu[n]t corpori q[ui]ar[um] ginue supueme[n]t[e]s i[m]mod[er]ate [et] eo causant dolore[m] Sed quele p[ri]mariu[m] qualitati i[n]ve fiat cu[m] i[d] obuiat i[n] ex[c]essu. Constat g[itur] te[m]p[us] q[uod] sanabile corp[us] n[i]si co[n] stitue[n]te p[re]suppat qualitates p[ri]mas et per co[n]s[equens] p[ri]ma co[r]u[m] subiet[ur] sine quib[us] esse non p[otes]t et i[de]o p[ri]ncipiu[m] medicoru[m] s[cilicet] ypo[critem]. eni[m] co[n]s[ider]antes elemente p[er]t sunt p[ri]ma co[m]pone[n]cia sanabil[is] corpor[is] ut est tale d[icun]t q[uod] su[n]t calid[a] frigid[a] s[ic]c[a] et h[u]mid[a] [et] i[n] hoc q[uod] s[un]t vir[tutes] h[ab]entes regulati i[n]tellem non exerbit[ur]u[n]t a termi[n]is co[n]s[ider]acio[n]is med[i]ci[n]alis. Tu[m] ut p[u]t[o] medicus n[on] ig[n]oscat ess[et] ee p[ri]ma p[ri]ncipia sanabil[is] corpor[is] n[isi] q[uod] ornitu[r]ati p[ri]mariu[m] q[ua]litatu[m] subietur. Ex orbitat g[itur] q[ui]n[qu]e loq[ue]ns decip[it] ut su[n]t res n[atur]ales diffinit sine describit ea per g[r]aue et leue. na[m] g[r]auitas et levitas no[n] co[n]venit elis. p[er]t su[n]t i[n]t[er]na p[ri]ncipia sa nabil[is] corpor[is] n[on] ut sanable[m] sed p[er]t est cor[pus] mobile ad ubi co[m]p[arative] ad medium q[uo]d co[n]s[ider]atur n[on] sp[ect]at. Si q[ui]ar[um] iste re[fe]rant[ur] ad totu[m] corp[us] Et si n[on] ad partes eiu[s] uel octo na[tura]lia corpor[is] refer[atur] utiq[ue] co[n]s[ider]atur elis. p[er]t sunt p[ri]ncipia g[r]auius et levius et tem[en]b[us] et i[n] spiritib[us] et i[n] h[u]morib[us]. Intote[m] ca[u]s[ander]dat

Constantinus Africanus, Viaticus
12. Jahrhundert
Medizin in Theorie und Praxis
Cod. Pal. Lat. 1158, Fol. 1 v

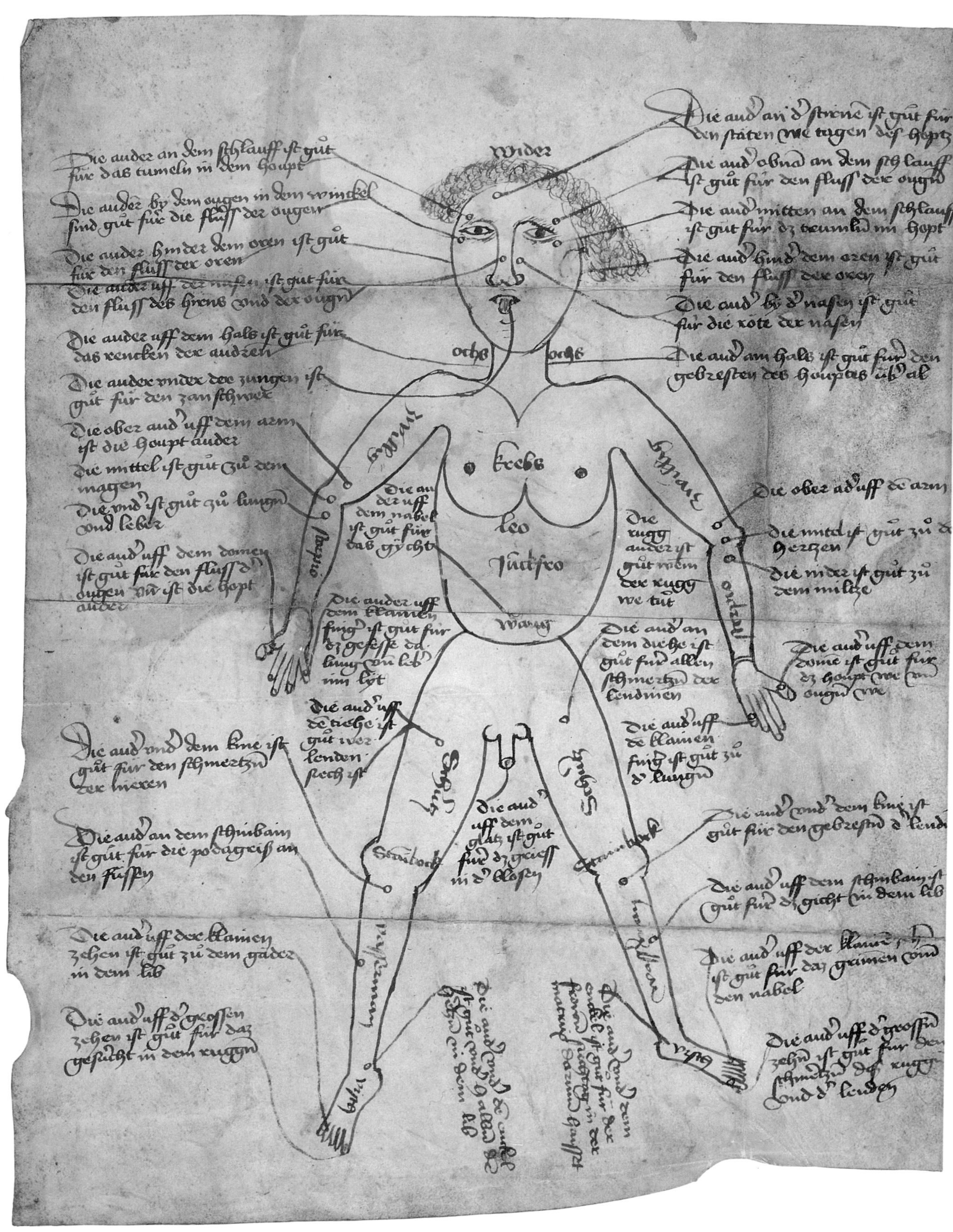

Aderlaßmann, 15. Jahrhundert
Cod. Pal. Lat. 1181, Fol. b v

Cicero, Epistulae
Italien, 15. Jahrhundert
Cod. Pal. Lat. 1508, Fol. 1 r

CICERO BRVTO SAL D

CLODI
VS TR
PL DESI
GNATVS
VALDE
ME DILI
GIT VEL VT EMΦATI
ΚΩΤΕΡ VALDE ME AMAT
QVOD CVM MIHI ITA
PERSVASVM SIT NON
DVBITO (BENE N ME
NOSTI) QVIN ILLVM
QVOQVE IVDICES A
ME AMARI NIHIL N
MIHI MINVS HOMI
nis uidetur: q̄ nō respondere in amore his a quibus

Cicero, Epistulae
Italien, 15. Jahrhundert
Cod. Pal. Lat. 1508, Fol. 1 v/2 r

prouocere. Is mihi uisus est suspicari nec sine magno quidem dolore aliquid a suis uel per suos potius iniquos ad te esse delatum quo tuus animus a se esset alienior. Non soleo mi Brute (quod tibi notum esse arbitror) temere affirmare de altero. Est enim periculosum propter occultas hominum uoluntates multiplicesque naturas. Clodii animum perspectum habeo: cognitum: iudicatum: multa eius iudicia: sed ad scribendum non necessaria. Volo enim testimonium hoc tibi uideri potius quam epistolam. Auctus Antonii beneficio est. Eius ipsius beneficii magna pars abs te est. Ita eum saluis nobis uellet saluum. In eum autem locum rem adductam intelligit (est enim ut scis minime stultus) ut utrique salui esse non possint. Itaque nos mauult. De te uero amicissime et loquitur et sentit. Quare si quis secus ad te de eo scripsit: aut si coram locutus est: peto a te etiam atque etiam mihi ut potius credas qui et facilius iudicare possum quam ille nescio quis: et plus te diligo. Clodium tibi amicissimum existima: ciuemque talem qualis et prudentissimus et fortuna optima esse debet.

CICERO BRVTO SAL.

SCRIPTA et obsignata iam epistola litterae mihi redditae sunt a te: plenae rerum nouarum maximeque mirabiles Dolobellam quinque cohortes misisse in Chersonessum. Adeone copiis abundat: ut is qui ex Asia fugere dicebatur Europam appetere conetur? Quinque autem cohortibus quid se nam facturum arbitratus est? cum tu eo quinque legiones: optimum equitatum maxima auxilia haberes? Quas quidem spero iam tuas esse: quoniam latro ille tam fuit demens. Et tuum consilium uehementer laudo quod non prius tuum exercitum Apollonia: Dyrrachioque mouisti: quam de Antonii fuga audisti Bruti eruptione populi Romani uictoria. Itaque quod scribis postea statuisse te ducere exercitum in Chersonessum: nec pati sceleratissimo hosti ludibrio esse imperium populi Romani facis ex tua

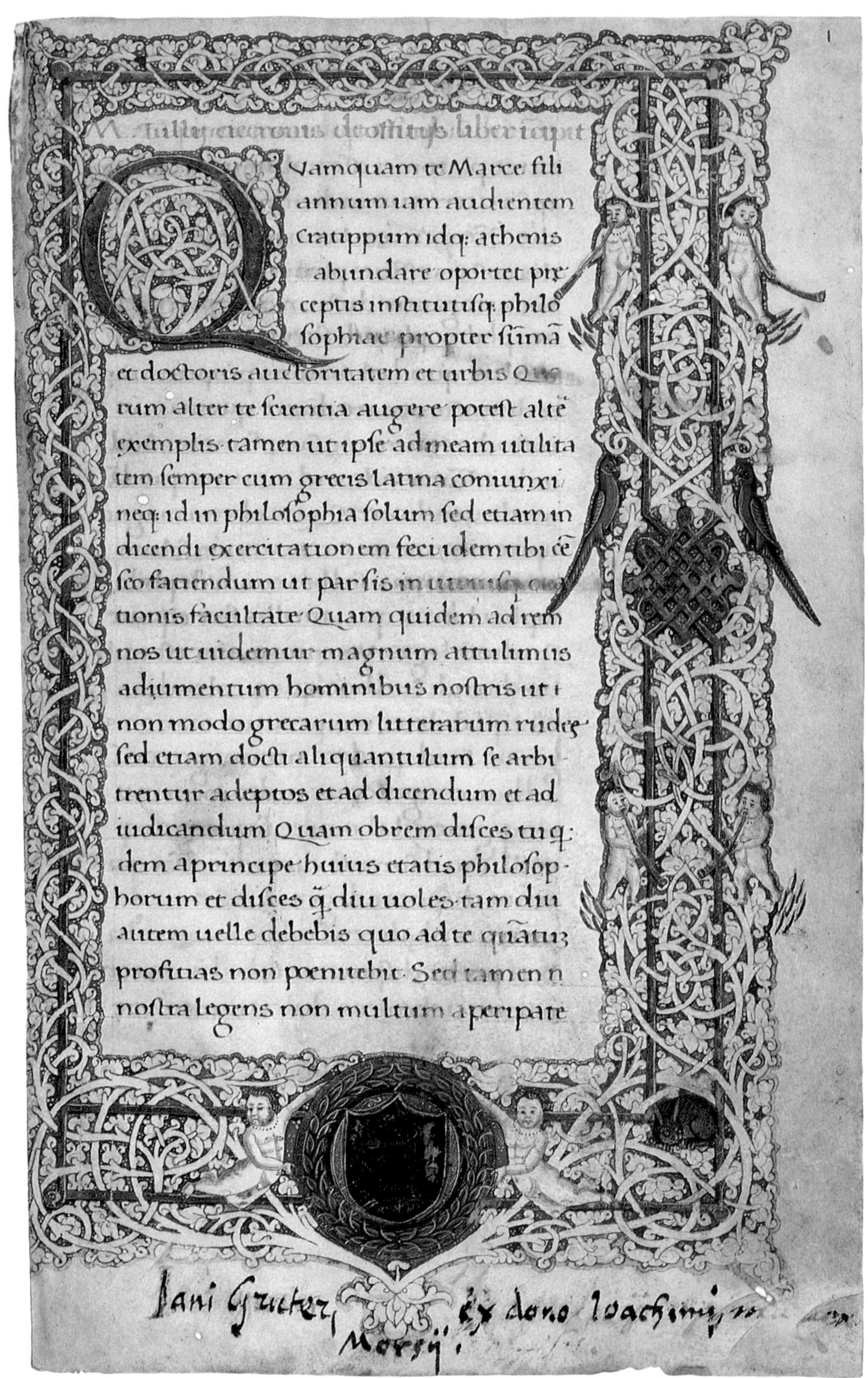
1

M. Tullii ciceronis de officiis liber incipit

Quamquam te Marce fili
annum iam audientem
Cratippum idq; athenis
abundare oportet pre
ceptis institutisq; philo
sophiae propter sũmã
et doctoris auctoritatem et urbis Quo
rum alter te scientia augere potest altẽ
exemplis tamen ut ipse ad meam utilita
tem semper cum grecis latina coniunxi
neq; id in philosophia solum sed etiam in
dicendi exercitationem feci idem tibi cẽ
seo faciendum ut par sis in utriusq; ora
tionis facultate Quam quidem ad rem
nos ut uidemur magnum attulimus
adiumentum hominibus nostris ut i
non modo grecarum litterarum rudes
sed etiam docti aliquantulum se arbi
trentur adeptos et ad dicendum et ad
iudicandum Quam obrem disces tu qui
dem a principe huius etatis philosop
horum et disces q̃ diu uoles tam diu
autem uelle debebis quo ad te quãtũ
proficias non poenitebit Sed tamen n
nostra legens non multum a peripate

Iani Gruteri, ex dono Ioachimi Morsii.

Cicero, De officiis
Italien, 15. Jahrhundert
Cod. Pal. Lat. 1534, Fol. 1 r

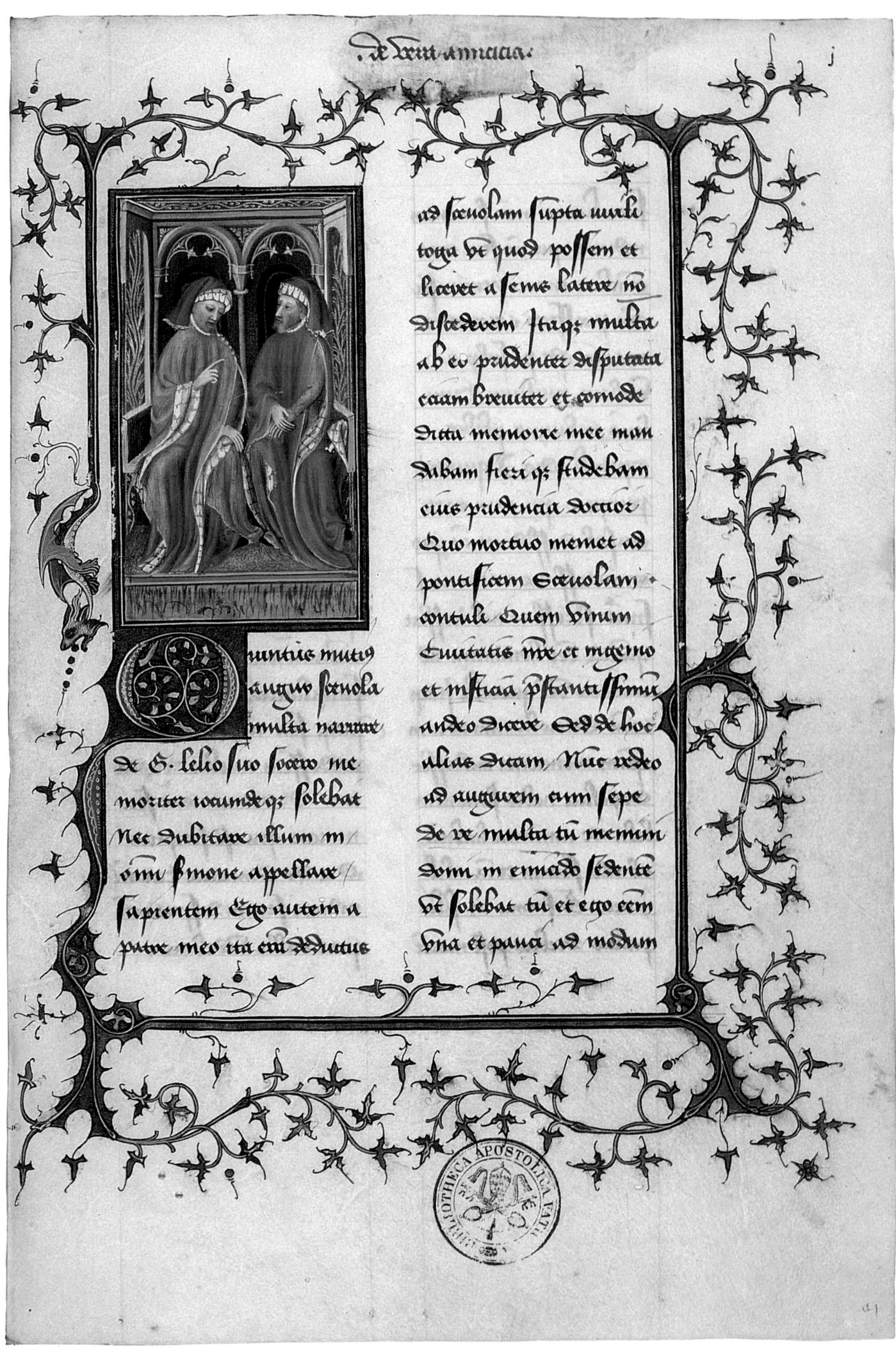

Cicero, De amicitia
Frankreich, Anfang 15. Jahrhundert
Cod. Pal. Lat. 1523, Fol. 1 r

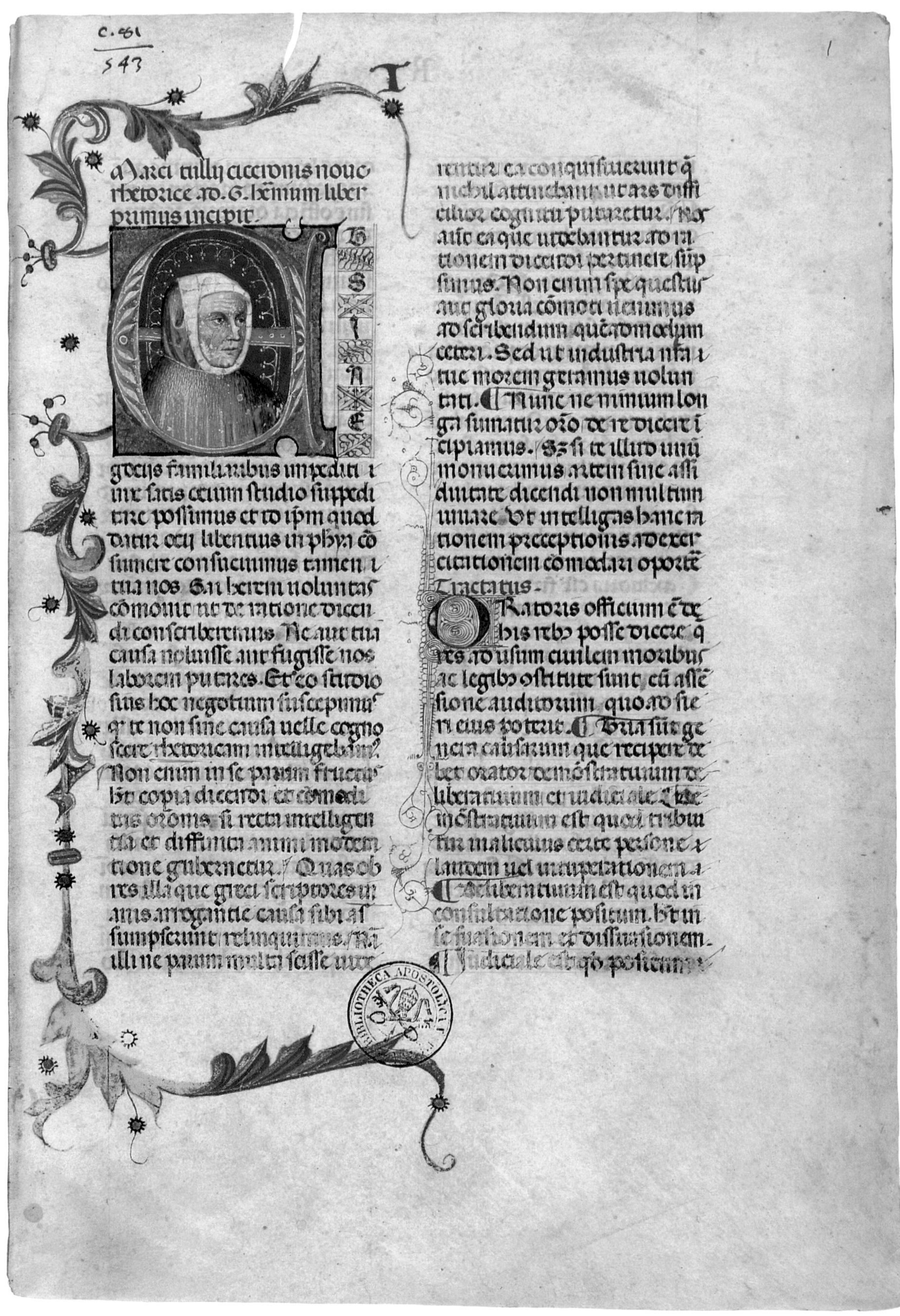

Ps. Cicero, Rhetorica ad Herennium
Italien, 14. Jahrhundert
Cod. Pal. Lat. 1459, Fol. 1 r

Terenz, Komödien
12. Jahrhundert
Cod. Pal. Lat. 1620, Fol. 35 v/36 r

extrudit. Si. Atta ista post hac coprimus manus.
cosens. quia illum perrio credis facturu chreme
nisi cum quis tuis tibi operis sit dem servus castigat
mones. CHR. Ego istuc curabo. Si. Atq nunc here
tibi servandus est. CHR. fiet. Si. Si sapies. nam minus
minusq obtepat mihi. CHR. Quid tu. quid de illo qd
dudum egi. Egistin scire. aut repperisti tibi quod placeat.
in nuou 7. Si. de fallaria tibi dicam. Inueni quandam
nup. CHR. fingies. cedo quid sit. Si. dicam uerum ut
aliud. ex alio in cidit. CHR. ita uidetur. immo si sic. hoc
nube quod inceptes facinus. fur quidam anus corinthia
hic hinc dignma argta. hec mille dederit mutuo.

pessima est hec me
retrix

CHR. Quid tu. Si. Ea mortua est. reliquid filiam adole
scentulam. Ca reliqta huic armarii est pro illo argento.
CHR. Intelligo. Si. hanc secum adduxit. ea que est hic
ab uxorem uiam. CHR. Quid ui. Si. Clinia ante sibi ut
nunc det istam. illi ui post baturum mille numum
possca. CHR. Et posset quidem. Si. hui dubitasne id.
CHR. Ego sic putaui. quid nunc facere cogitas. Sy.
Ego ne. ad mendemum ibo. dicam hanc ee captam ea aria.
item. mobilem. Si redimet magnum in ea esse lu
crum. CHR. Et ras. Si. Quid ui. CHR. fra mene demo
tibi ego nunc respondeo non emo. aut dabitur. Si. Op
ta loquere. CHR. atq non est opus. Si. Non opus est.
CHR. Non hercle uo. Si. Quid istuc miror. CHR. Iam
sciet. mane. quid ea. an olui grauit crepuit fores.
CHR. So Sta. Si. Hui.

Nescit me animus fallit hic profecto est. anuus q
ego suspicor. si qui cum eppulsisti est gnata. CHR.
Quid uult sibi sine. hy ratio. So. Quid est si ne tibi
uidetur. Hui. Dyi equidem ubi mihi ostendi
sti illic eam esse. So Sta. At ut laris modo occepta
tui mea nutrice. Hui. Sati. So. Abi istuc id uis.
atq illa filiam labierit. mihi nuntia. hic ego uuii
tam interea operibor. Si. Te uult in deas quid uelit.
nescio quid tristist est. non uenire est. metus quid eo
fuit. CHR. Quid fieri ne ista hercle magna iam
conatu magnas nugas dixerit. So. he hem mu
nur. CHR. he hem mea uxor eo. Te ipsum
quero. CHR. Loquere quid uelit. So. Primum

hoc te oro nequir credas me auersum ebrictu cui
facere esse aulam. CHR. Vis me istuc tibi ut in
credibile est credere. credo. Sy. Heia. quid pera
portat hec purgatio. Sos. Memini stu me esse q
quam imichi te maximo opere minuati. si in
ellam parerem nolle tolli. chr. Sao quid fecisti. Si.
stultis. Sy. Sic est factum dria q heius dapna aues
est. Sos. oi nunc. si peiat hec anus corinthia hous in
impuita expedit exponendam. CHR. Suppeter tu tam ne
esse in animo insania. Sos. Ferii. quid ego feci. CHR.
ita rugnas. Sos. Si peccaui mi chreme insciens feci.
CHR. id quid em ego 7 tu negies. certe scio te insciente
atq. impru dente iacere atq facere omnia tot pecca
ta in hac re ostendis. ut emm oportuit. Ho sciu
tare mortem uerbis te ipsa spe ure bare. At ut o
mitto ima animi maternus. sano. Qua bene uo
abste prospectum est quid uoluisti. cogita. Sepe
anuu praetoria abste filia est planissime. ler te ne
latu questum facere uelum uenire pala. credo
id cogitasti. quid uis. satis est uim inuiti modo.
Quid cum illa agas. qui neq. uis. neq. bonum
atq. equum seunt. Melius. peius. profit. obstet
michi ut bene nisi quod lube. Sos. Oi chreme
perui fateor unior nunc hoc te obsecro. quan
to tuis est animus natu granior. in nocentior.
Ve mee stultitie iustitia tua sit aliquui presi
mi. CHR. Silicet equidem istuc factum igno
sco uerum fol strata male uoce te mea facultas
multa. tristis quicquid e. qua hoc aequum est
causa loquere. Sos. Vt stulte uinsere omis lu
mus. Religiose cum exponendam do illi. de di
gno anulu detrao. ueum meo ut una puella
exponeret. Si ou er eui ue eget partis ee
de mis bonis. Sos. CHR. Istuc recte fecisti et
seruasti te atq. illa. Sos. hic is est anulus.
CHR. Vn habes? Sos. Quam bacini secum ad
ulescentula. Sy. h em. CHR. Quid ea uarii.
Sos. Ea lauatum du it. seruandum mihi dedit
anulum. non aduorti primo si post quam
asperi illico cognoui. abte exilui. CHR. Quid

quis tas primus si meus
inpnus exequolussess

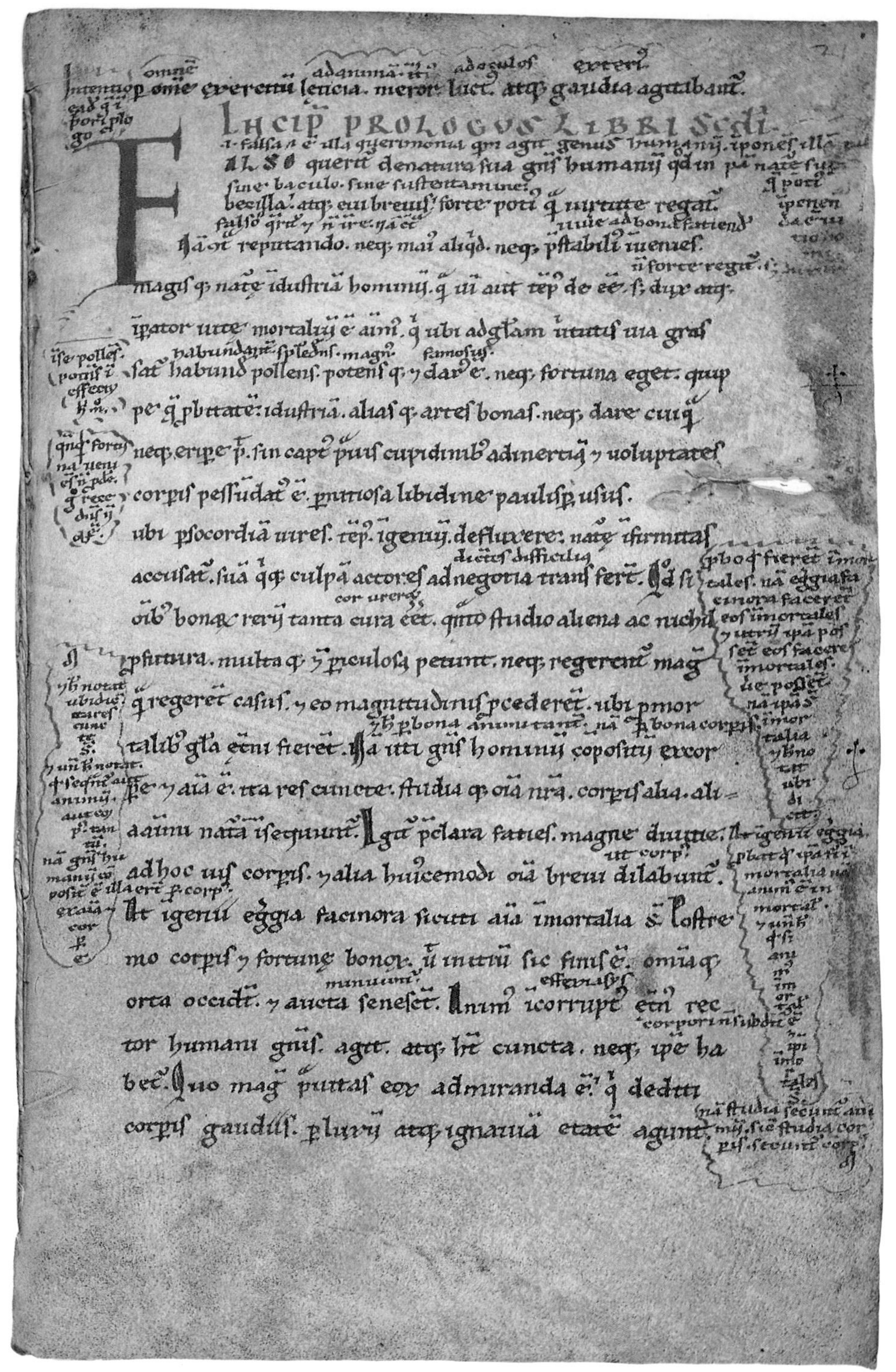

Sallust, De coniuratione Catilinae und Bellum Jugurthinum
12. Jahrhundert
Cod. Pal. Lat. 883, Fol. 21 r

Apres ce que
ou premier
livre a este
declaire la
genealogie
et les fais de saturne de
jupiter son filz du vaillant
chevalier perseus et en pa
rtie dhercules comment il
destruisist la premiere foiz
la cite de troyes et mist en
fuitte le roy laomedon. Cy apres
au plaisir de dieu veult en
ce second livre monstrer a
plain les grans fais dignes
de memoire de icellui hercu
les. Et comment il en la com
paignie de jason destruisist
la seconde foys la cite de troye
occist le roy laomedon et en
mena sa fille exione en grece
laquelle il donna a fray

Raoul Lefèvre, Geschichte des Trojanischen Krieges
Frankreich, 15. Jahrhundert
Herkules im Kampf mit den nemeischen Löwen
Cod. Pal. Lat. 1962, Fol. 135 r

152

πάσας τὰς ὁδοὺς αὐτοῦ ἐν ἔργοις·
ἐξομολογήσασθε αὐτῷ αἰνεῖτε τὸ ὄνομα αὐτοῦ·
ὁμολογοῦντες τὰς ἁμαρτίας ἡμῶν εὐχαριστήσατε ἑαυτῷ·
ὅτι χρηστὸς κύριος εἰς τὸν αἰῶνα τὸ ἔλεος αὐτοῦ·
ὅτι ἀγαθός ἐστιν κ(ύριο)ς ἀτελεύτητον τὸ ὄνομα αὐτοῦ·
καὶ ἕως γενεᾶς καὶ γενεᾶς ἡ ἀλήθεια αὐτοῦ·

ρ̄ ΨΑΛΜΟΣ ΤΩ ΔΑ(ΥΙ)Δ

Ἡ προκειμένη ἐπιγραφὴ διὰ τῆς κιννάβαρεως περιέχει ψαλμὸς τῷ Δα(υί)δ. τουτέστιν τῷ εὐαρεστοῦντι ἐν πᾶσιν θ(ε)ῷ. ἑρμηνεύεται γὰρ τὸ τοῦ Δα(υί)δ ὄνομα. τοῦτον ἐποίησα. ὡς ἂν ἦ τὸν ἐν πᾶσι θ(ε)ῷ εὐαρεστοῦντα·

ρ̄ Ἔλεος καὶ κρίσιν ᾄσομαί σοι κ(ύρι)ε·
τὴν εὐποιΐαν καὶ τὴν πίστιν σου μελετήσω κ(ύρι)ε·
ψαλῶ καὶ συνήσω ἐν ὁδῷ ἀμώμῳ πότε ἥξεις πρός με·
ψαλῶ καὶ συνήσω. ἅπερ ψαλῶ ἐν καρδίᾳ καθαρᾷ ὅταν ἐπισκηνώσει ἡ χάρις σου κ(ύρι)ε·
διεπορευόμην ἐν ἀκακίᾳ καρδίας μου ἐν μέσῳ τοῦ οἴκου μου·
διετέλουν ἐν ἀγαλλιάσει τῆς καρδίας μου ἐν μέσῳ τῶν μελῶν μου·
οὐ προεθέμην πρὸ ὀφθαλμῶν μου πρᾶγμα παράνομον·
οὐκ ἐδεχόμην ἐν τῇ διανοίᾳ τῆς καρδίας μου λόγον πονηρόν·
ποιοῦντας παραβάσεις ἐμίσησα·
ἐνθυμήσεις δαιμονικάς·
οὐκ ἐκολλήθη μοι καρδία σκαμβή·
διδασκαλία τοῦ διαβόλου·

Psalmen und Paraphrase
Monembasia (Peloponnes) 897
Cod. Pal. Gr. 44, Fol. 152 r

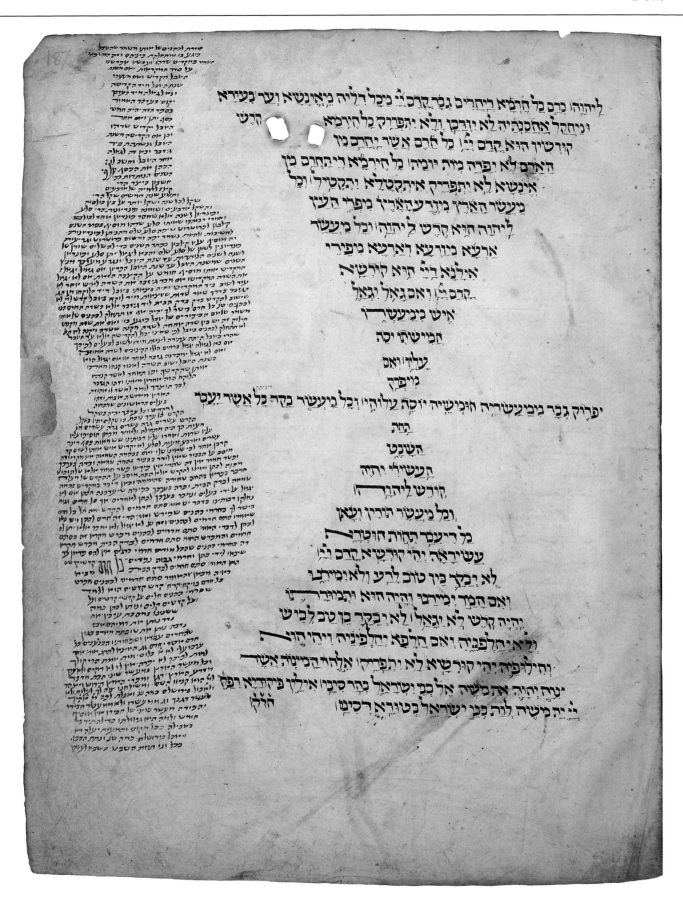

ליהוה׃ ברם כל חרמא דיחרים גבר קדם יי מכל דליה מאנשא ועד בעירא
ומחקל אחסנתיה לא יזדבן ולא יתפריק כל חרמא קדש
קודשין הוא קדם יי׃ כל חרם אשר יחרם מן
האדם לא יפדה מות יומת׃ כל חרמא דיתחרם מן
אנשא לא יתפריק איתקטלא יתקטיל׃ וכל
מעשר הארץ מזרע הארץ מפרי העץ
ליהוה הוא קדש ליהוה׃ וכל מעשר
ארעא מזרעא דארעא מפירי
אילנא דיי הוא קודשא׃
קדם יי׃ ואם גאל יגאל
איש ממעשרו
חמישיתו יסף
עליו׃ ואם
מיפרק
יפרוק גבר ממעשריה חומשיה יוסף עלוהי׃ וכל מעשר בקר כל אשר יעבר
תחת
השבט
העשירי יהיה
קודש ליהוה׃
וכל מעשר תורין ועאן
כל דיעבר תחות חוטרא
עשיראה יהי קודשא קדם יי׃
לא יבקר בין טוב לרע ולא ימירנו
ואם המר ימירנו והיה הוא ותמורתו
יהיה קדש לא יגאל׃ לא יבקר בין טב לביש
ולא יחלפניה ואם חלפא יחלפניה ויהי הוא
וחלופיה יהי קודשא לא יתפריק׃ אלה המצות אשר
צוה יהוה את משה אל בני ישראל בהר סיני׃ אילין פיקודיא דפקיד
חזק יי ית משה לות בני ישראל בטורא דסיני׃

Pentateuch mit Targum Onkelos
Deutschland, 13. Jahrhundert
Cod. Vat. Ebr. 18, Fol. 187 r

31.

אין לו בן זוג אלא שבעה זכרים ושבעה נקבות לא שאני צריך להם
אלא לחיות זרע על פני כל הארץ   כי לימים עוד שבעה אנכי ממטיר על
הארץ ארבעים יום אמר ר׳ שמעון בן יוחיי הם עיברו על התורה שעתידה
שתנתן לארבעים יום לפיכך ארבעים יום וארבעים לילה אמר ר׳ יוחנן
בן זכיי הם קילקלו את [illegible] התורה שנתנת לארבעים יום לפיכך
ארבעים יום וארבעים לילה   ומחיתי את כל היקום ר׳ ברכיה אמר
בדיפין קוומייה ר׳ אבין אומ׳ יקומיינו ר׳ לוי מש׳ ר׳ שמעון בן לקיש תלין כליפין
וביא מבול ושטפו וימח את כל היקום וגו׳   ויעש נח ככל אשר צוהו ייי
זה שוכן ... לכינוס בהמה חיה ועוף   ונח בן שש מאות שנה והמבול היה
מים עה״א ר׳ יהודה ור׳ נחמיה ר׳ יהודה אומ׳ שנת מבול אינה עולה מן
המניין אמ׳ לו ר׳ נחמיה אף על פי שאין עולה מן המניין אבל עולה היא
בתקופות ובחשבונות   ויבא נח ובניו כול׳   אמר ר׳ יוחנן מחוסר אמנה
היה נח אילולי שהגיעו מים עד קרסוליו לא היה נכנס לתבה   ויהי
לשבעת הימים מלמד שתלה להם הקבה שבעת ימי אבלו של מתושלח
הצדיק שיעשו תשובה ולא עשו   דבר אחר   ויהי לשבעת הימים אמר ר׳
יהושע בן לוי שבעת ימים נתאבל הקבה על עולמו קודם שיביא עליהם
מי המבול מה טע׳ ויתעצב אל לבו ואין עציבה אלא אבל היך מה דאת
אמ׳ נעצב המלך על בנו אמר ר׳ יוסי בן דורמסקית הם חטאו בגלגל
העין שהוא רומה לעין אף הקבה לא פרע מהן אלא במים אמר ר׳ לוי הם
קילקלו סילונות שלהם אף הקבה שינה להם סידורו של עולם דרך ארץ
המטר יורד והתהום עולה כדם הכא תהום אל תהום קורא   בעצם היום
הזה   אמר ר׳ יוחנן אם נכנס נח לתבה בלילה היו דורו אומ׳ כך וכך לא היינו
יודעים בו אילו היינו יודעים בו לא היינו מניחים אותו להיכנס אלא
המה וכל החיה
בעצם היום הזה ורצשה ליה ימלל׳
למינהו וגו׳ הם עיקר והכל טפילה להן כל צפור כל כנף אמר ר׳ אלעזר בי
ר׳ אימי להבריה פרט למרוטים ולקיטעין שהן פסולין בקרבנו׳ פשט

י׳׳ צדקות אהב ישר יחזו פנימו זה נח ויאמר י׳׳ אל נח בוא אתה וכל ביתך
י׳׳ צדיק יבחן ורש׳ ואוהב חמס שנא׳ נפש׳ אמ׳ ר׳ יונתן היוצר הזה אינו בודק
קנקנים מרועעים שאינו מספיק להקיש עליו עד שהוא שוברו כך אין
הקב״ה מנסה את הרשעים אלא את הצדיקין י׳׳ צדיק יבחן אמ׳ ר׳ יוסי בר
בן חנינה הפשתני הזה כל זמן שהוא יודע שהפשתן שלו יפה וכ
שהוא כותשה היא משבחת וכל זמן שהוא מקיש עליה היא משתמנת ר׳ ב
ובשעה שהוא יודע שהפשתן שלו רעה אינו מספיק להקיש עליה אחת
עד שהיא פוקעת מניחה כך אין הקב״ה מנסה את הרשעים אלא את
הצדיקין י׳׳ צדיק יבחן אמ׳ ר׳ יצחק אלעזר לבעל הבית שהיו לו שתי
פרות אחת כוחה יפה ואחת כוחה רע על איזו הוא נותן את העול לא
על אותה שכוחה יפה כך הקב״ה מנסה את הצדיקין י׳׳ צדיק יבחן דב׳
אח׳ י׳׳ צדיק יבחן זה נח ויאמר י׳׳ לנח בוא את׳ וכ׳ בית׳ א׳ הת׳ כי אות׳ רא׳
צדיק לפני ר׳ אלעזר בן עזריה א׳ מיכנו שאו׳ מקצת שבחו של אדם
בפניו וכולו שלא בפניו שכן הוא אומ׳ בנח כי אותך ראיתי צדיק לפני
ושלא בפניו הוא א׳ איש צדיק תמים ר׳ אליעזר בנו של ר׳ יוסי
הגלילי או׳ מיכנו שאו׳ מקצת שבחו של מי שאמר והיה העול׳ בפניו שנ׳
אמרו לאלהים מה נורא מעשי׳ ושלא בפניו הודו לי׳׳ כי טוב כי לעול׳ חסדו
מכל הבהמה הטהורה תק׳ לך שבעה שבע׳ ר׳ יודן בש׳ ר׳ יוחנן ור׳ ברכיה בש׳
ר׳ אליעזר בן יעקב דכפר חנן משם ר׳ יהושע בן לוי מיכנו שעיקם הקב״ה
שתים ושלש תיבות בתורה כדי שלא להוציא דבר טומאה מפיו מכל
הבהמה הט׳ תק׳ ל׳ ש׳ ש׳ איש ואשתו ומן הבהמ׳ אש׳ היא טמאה אין כתבן
אלא אשר לא טהורה אמ׳ ר׳ יודן בר מנשה אף כשבא לומר להם סימני
טומאה לא פתח אלא בסימני טהורה את הגמל כי איננו מפריס פרסה
אין כתבן אלא כי מעלה גרה את השפן כי איננו מפריס פרסה אין כתו
כן אלא כי מעלה גרה את החזיר כי לא גרה יגר׳ אין כת׳ כן אלא כי מפריס
פרסה הוא גם מעוף השמים שבעה אם תימר שבעה מכל מין אחד מהן

ولا الجسم يسمى اقنوما لانهما يدعيان ذوي اقنوم لان ولا في وقت من الاوقات تشخص
الواحد من الاخر ولا خلوا من الاخر والاقنوم المكون منهما كليهما هو اقنوم كليهما
فمن هذه الجهة ما يدعى بشره ربنا اقنوما لانها تدعى ذات اقنوم اذ كانت ما تشخصت
على انفرادها وقت من الاوقات لانها تشخصت في اقنوم الكلمه وحصل لها اقنوم
الكلمة اقنوما والكاين من الشخص يدل حينا على العديم ان يكون موجودا ويدل
٥ حينا على العرض

وللقديس النبيل ايضا ما به مقاله بليغ تحريرها في الامانة القويمة
٥ ذاتها

ἔκδοσις ἀκ- ριβὴς τῆς, ὀρθοδόξης πί- στεως

الباب الاول في ان الله تبارك يعجز ادراكه وفي انه ما ينبغي لنا ان نبتغي
ونبحث عما لم يسلمه الينا الانبيا القديسون والرسل المبشرون

ان الله عز وجل ما ابصره بشر قط وهذا فاخبرنا به ابنه الوحيد الذي لم يزل
في حضن ابيه فالله يعجز ان يكون موصوفا او محدودا وكذا بيان ذلك ان الاب
لم يعرفه عارف الا ابنه والابن ما عرفه عارف الا ابيه والروح القدس
قد عرف هذا المثال خفايا الله كما قد عرف روح الانسان الخفيات التي فيه
ولعمري ان بعد الطبيعة الاولى السعيدة ما عرف الله في وقت من الزمان
عارف الا من اعلن له هو معرفته ليس من الناس وحدهم بل ولا من القوات
العقليه الفايقه رتبتها اعني الكاروبيم والساروفيم باعيانهم الا ان
الله عزت كلمته ما تركنا خايبين من المعرفة به خيبة كاملة وبيان ذلك
ان المعرفة بالله موجوده قد زرعها هو بالطبع في كافة برايايه قاطبة وهذه
البرية وضبطها وسياستها تنادي بعظم الطبيعة الالاهيه وجسامتها
وبالشريعة والانبياء اولا ثم بابنه الوحيد ربنا والاهنا ومخلصنا يسوع المسيح
قد اظهر لنا المعرفة بحسب امكان ذلك عندنا فجميع ما سلمه الينا بشريعته

Al-Buḫārī, Der Gesunde Sammler
15. Jahrhundert
Cod. Vat. Ar. 249, Fol. 1 r/1*v

1. B

Liber Elbuchari Mahometis.

الجزء الرابع عشر الحادي

جمع الإمام العالم
أبي عبد الله محمد بن إسمعيل
البخاري رحمه الله
تعالى ورضي عنه ٥

249. Arab

Sanca smith

Amd recond ab omnis
que adulse illegmia e

sognom mitto volt stagooo

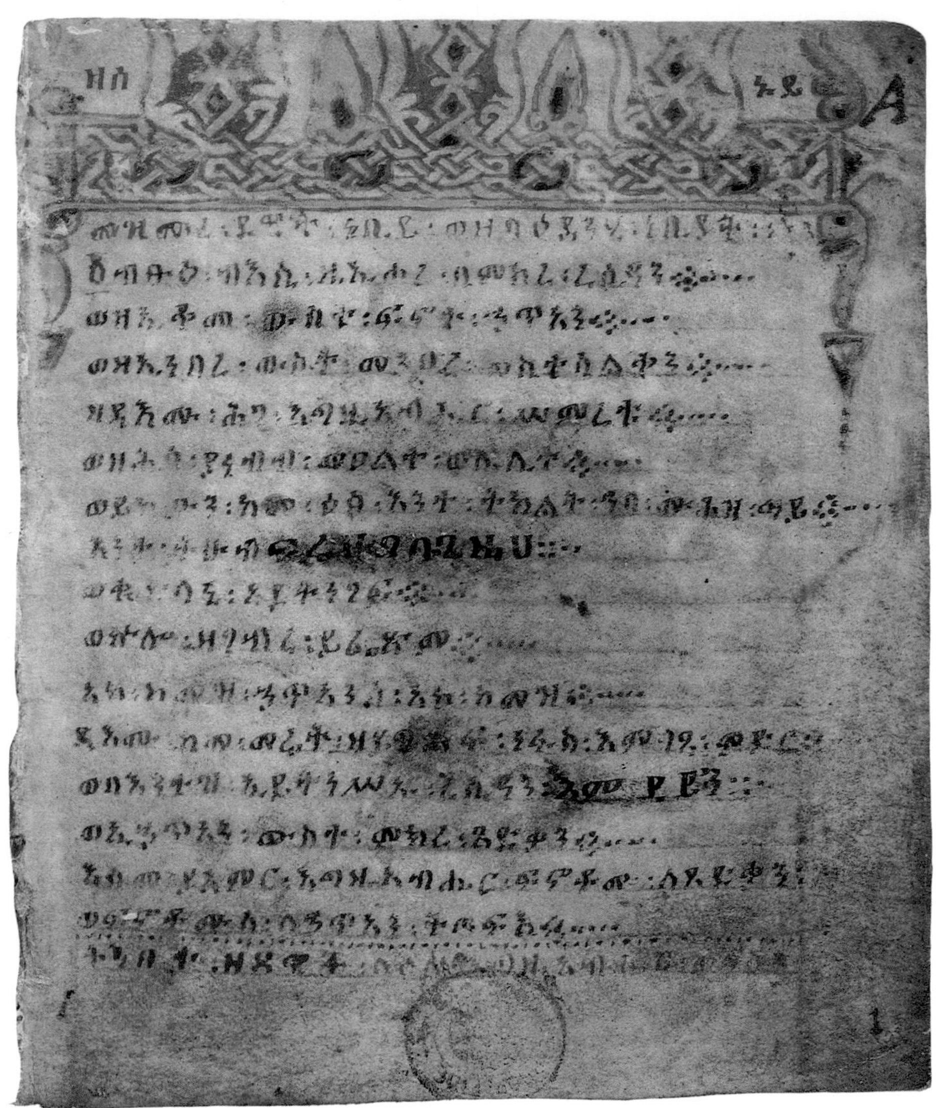

Äthiopischer Psalter
16. Jahrhundert
Cod. Vat. Etiop. 27, Fol. 1 r

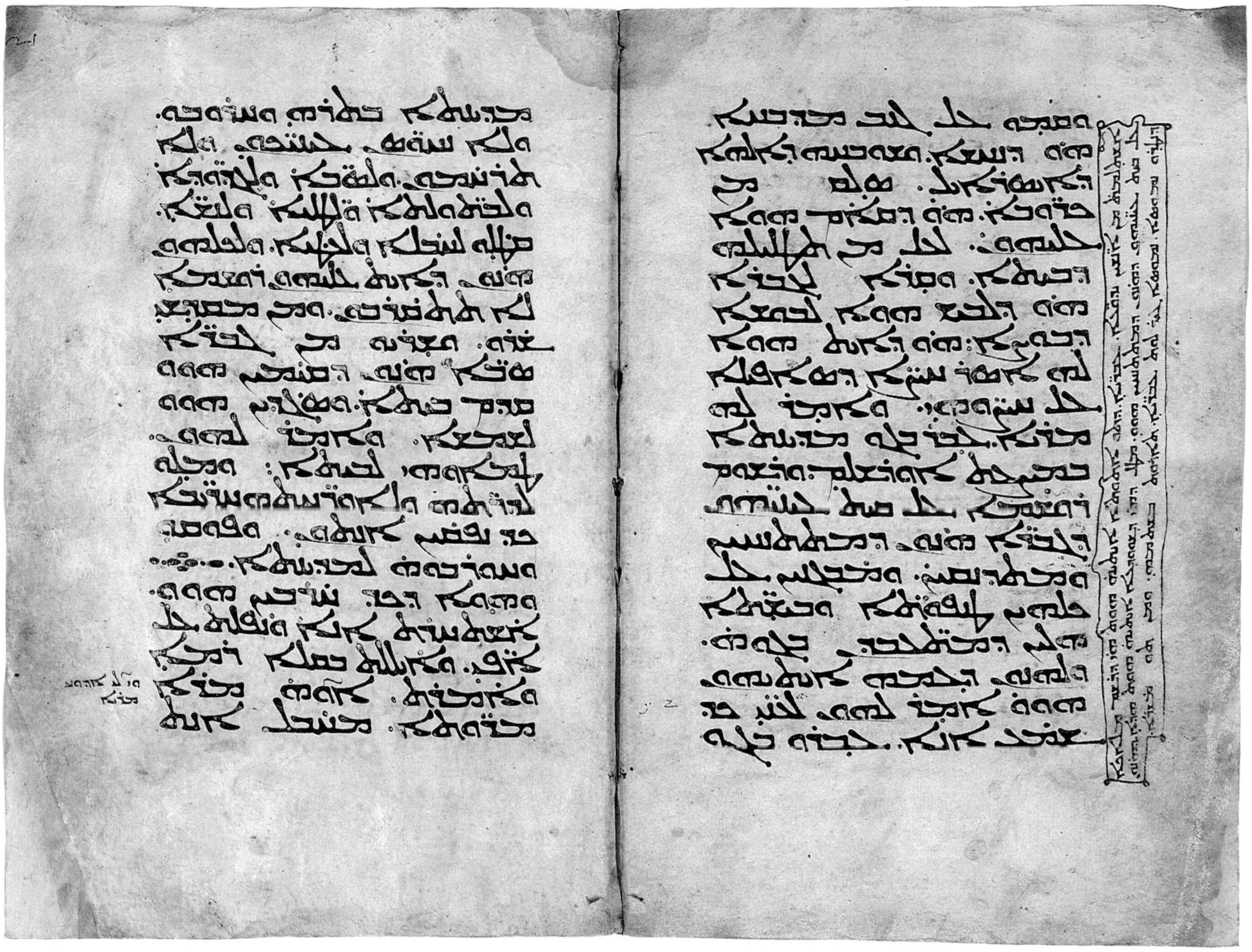

Syrische Ezechiel-Übersetzung
Skete-Kloster, Ägypten, 8. Jahrhundert
Cod. Vat. Sir. 5, Fol. 20 v/21 r

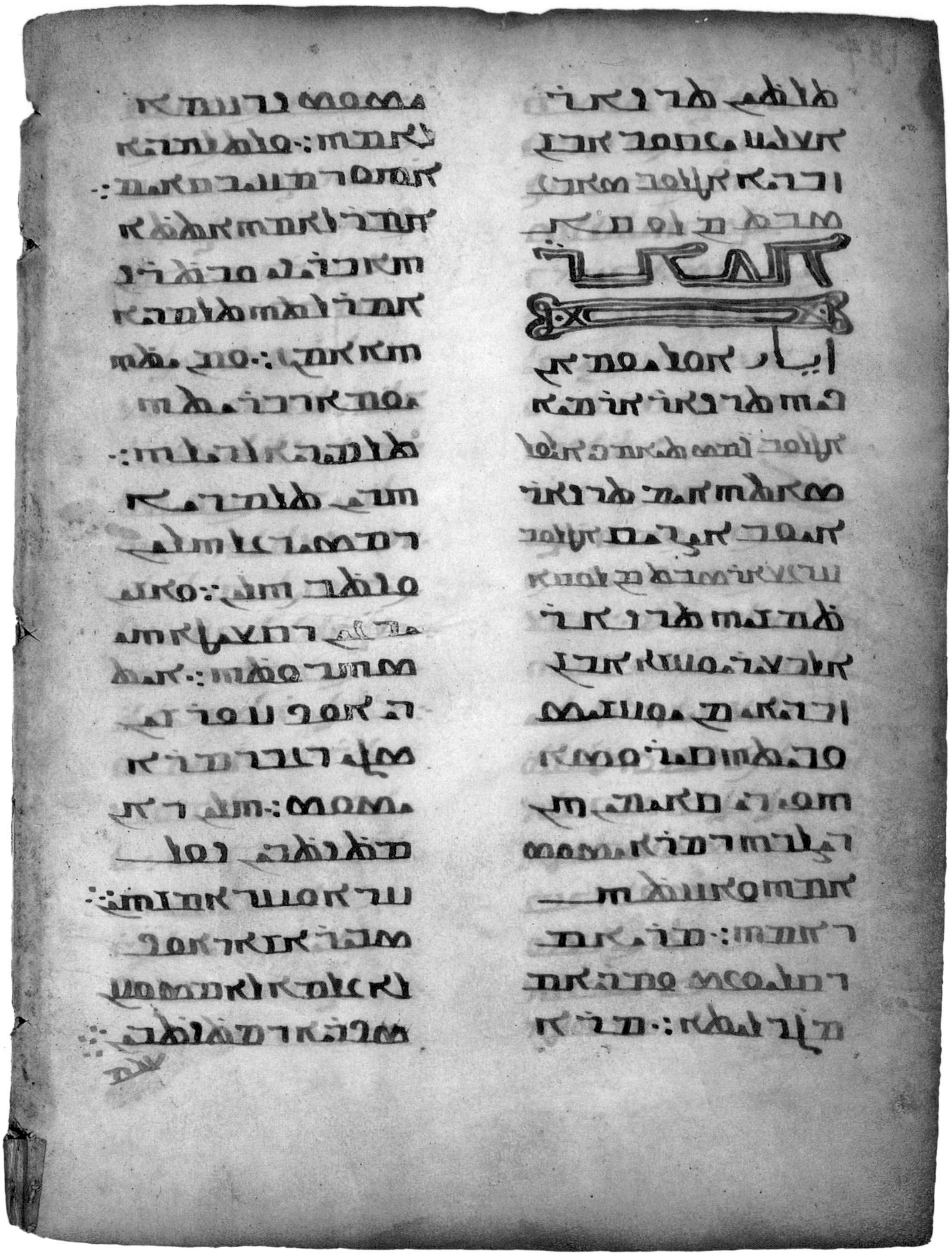

Christlich-palästinensisches Evangeliar
Palästina, um 1030
Cod. Vat. Sir. 19, Fol. 183 v

DEO OPTIMO MAXIMO
ANNVENTE.

PRAESIDE CL: VIRO D. PETRO LOTICHIO SECVNDO MEDICINAE DOCTORE, & Scholæ Heydelbergensis Profeßore Ordinario, Gulielmus Rascalonus, ad subiectas propositiones Die XXIII. Augusti, sub horam septimam antemeridianam, In Auditorio Medico publicè respondebit.

PROPOSITIO. I.

PRopria actio Ventriculi est, alimentum concoquere, cum ingenito calore ac Spiritu, tum etiam tota ipsius substantia ac proprietate quadam abdita, ac recondita.

II.

ESt autem concoctio, secundum Galenum, alteratio nutrimenti, in familiarem, eius quod nutritur, substantiam.

III.

OPinionem igitur Plistonici, qui Ventriculum per putrefactionem cibum concoquere affirmauit, repudiamus.

IIII.

ITem Erisistrati, qui atterendo alimentum mutari ac confici aßeruit. Concoctio enim fit sine motu ad locum, neq; cibus in sinu ac capacitate Ventriculi huc illuc fluitat, siquidem is secundum naturam se habeat.

V.

FInis concoctionis est nutritio, ipsiusq; alimenti in corporis substantiam conuersio atq; assimilatio, naturalium actionum maximè omnium neceßaria.

VI.

VEntriculum, etsi contrarium à Galeno literis proditum sit, non nutriri Chylo existimamus. Concedimus tamen Ventriculum, usus tantum sui gratia, circa cibos se constringere, ac concoquere, non ut reliquis partibus eos reddat accommodatos.

VII.

COncoctiones quæ se ordine consequuntur, posterior priorem emendare non potest.

VIII.

TRia uero sunt concoctionis Symptomata, quæ in genere noxæ functionum facultatis naturalis alteratricis continentur, ἀπεψία, βραδυπεψία, δυσπεψία quæ alia etiam frequenter consequuntur. Symptomata enim sæpê, aliorum etiam Symptomatum causæ sunt.

IX.

INterdum etiam Ventriculo minimè affecto, animal aut non concoquit, uel id facit tardè ac debiliter, aut deprauate.

ANNEXVM.

I.

DIuturnum ac immoderatum alui profluuium, à quo & uires confertim prosternuntur, & habitus corporis colliquatur, cohibendum, & paulatim adstringendum est. Quod si febris adsit, eius quoq; habenda diligens est cura, obstructiones aperiendæ, ac humor peccans contemperandus est.

II.

MOrbus ex morbo frequenter nascitur, & una ægritudo in aliam mutatur, eaq; mutatio interdum salutaris est, interdum fit in deterius, & exitialis existit.

Veritati Gloria.

Heydelbergæ Anno M. D. LIX.

Iohannes Carbo excudebat.

Wilhelm Rascalons Disputation über den Nierenstein
Praeses: Petrus Lotichius
Heidelberg 1559
Stamp. Pal. V 930

Der Erst-Druck des Falkenbuchs, 1596
Zwei Falkner vor dem thronenden König Manfred
Stamp. Pal. V 494

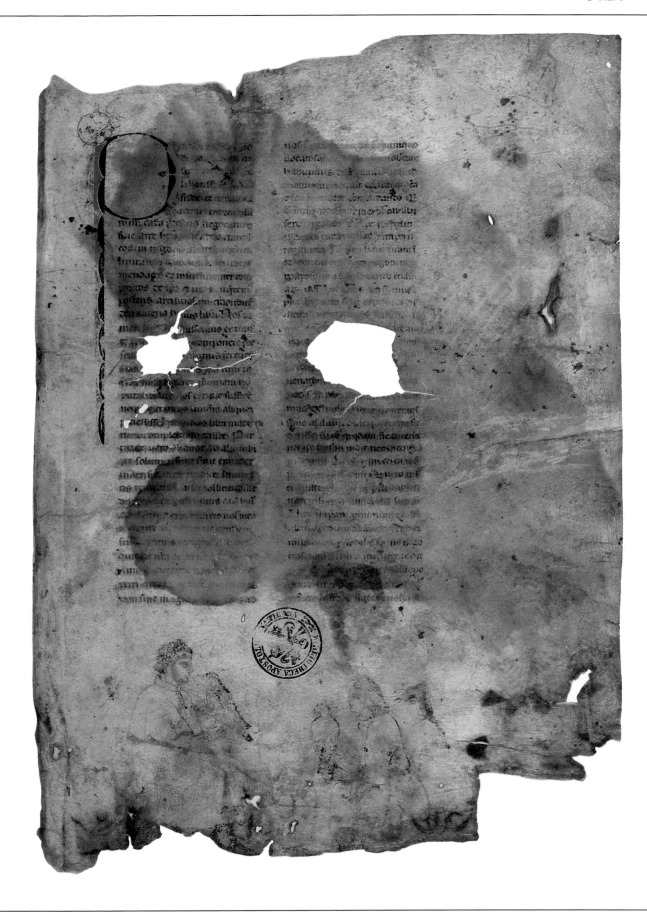

Falkenbuch Kaiser Friedrichs II.
Unteritalien, 1258–1266
König Manfred bittet kniend seinen Vater Friedrich II., das Falkenbuch zu verfassen
Cod. Pal. Lat. 1071, Fol. 1 r

Falkenbuch Kaiser Friedrichs II.
Unteritalien, 1258–1266
Herrscherbildnisse: Kaiser Friedrich II. (oben), König Manfred mit zwei Falken tragenden Falknern (unten)
Cod. Pal. Lat. 1071, Fol. 1 v

Falkenbuch Kaiser Friedrichs II.
Unteritalien, 1258–1266
Verteidigungstechniken verschiedener Vogelarten
Cod. Pal. Lat. 1071, Fol. 42 v

Das Falkenbuch Friedrichs II.
Unteritalien, 1258–1266
Verschiedene Raubvögel, die zur Wildjagd geeignet sind
Cod. Pal. Lat. 1071, Fol. 49 r

amplius pter eas diuerationi
que dicte sunt. est alia causa
quam dicemus nuc. Cum ei
oms falcones tam imansueti
qin imansueti tedio standi
sup manu cupiant recedere
d manu et ire ad sedendu. q
si n pmittant ire ad sedend
inquietabunt et diuertabit
se. Illi tam qui male portati
sunt et p longum iter affer
rant magis recedere de ma
nu ad quiescendum sup aliqua
sedem. et faciunt magis sig
na ad hoc qin ceteri falcones
digna itaq que facit falco uo
lens recedere d manu sut h
falco circa sero plus q alus
horis inquietat et diuerat
se ad hoc qin eadem hora natu
raliter et ipse ibat ad sedendu
super tamios uel alia loca alta
et uita. ideo sero respicit cirtu
circa. ut uideat locum in quo
sedere et quiescere possit si est
in domo locus aptus ad seden
dum quo uiso ad ipm de diuer
berat et si est foris similiter et
si non ponatur ad sedendum
faciet diuerberationes multas
pmre nocuias sibi. Ct his au
tem diuerberationibus. falcona
rius sic supmeniet si uiderit
signa pdca. deponet falcone
de manu ad sedendum in lo

co cōuenienti. si uō nolet ipm
ponere ad sedendum dabit s
uiratorium. ut intentus eo de
sinat uoluntates quam habet
inquietandi se. aut diueran
di. et ut placeat falcom stare
sup manu amore uiratou. p
terea recedat falconarius a
loco illo in quo est ne falco ui
deat locum cōuenientem ses
sioni sue. et ipt hoc cessabit
inquietatid falconis uolentis
ire ad sedendum. De da hatis
falcoibz q̄ ht ponat ad sedend ad
ptica. et leuent ab ea et iqetatoibz.
et lesuris eis ōfigentibz. iupa. REX.

C um non contineret in
hoc libro qualit falco de
aliatus poni debeat ad
sedendum in ptica et leuār ab
ea et ōs diuerberationibz. et lesu
ris que possent in ea cōtinge
et. esset in margine et scrip
tum. et addi deberet presens
capitulu tamq necium pre
libatis documentis d falcoibz
editis. qut melius expedire
uidimus dicimus inserend
unde si falconarius uolet ipm
ponere ad sedendum ponet eu
hoc uo locabit et ipm in ptica
alta situata. et posita. q̄d sup
eis exstitum. et cōsideret ut
lotis in quo ponitur ad se
dendum nō sit clar'. minuit

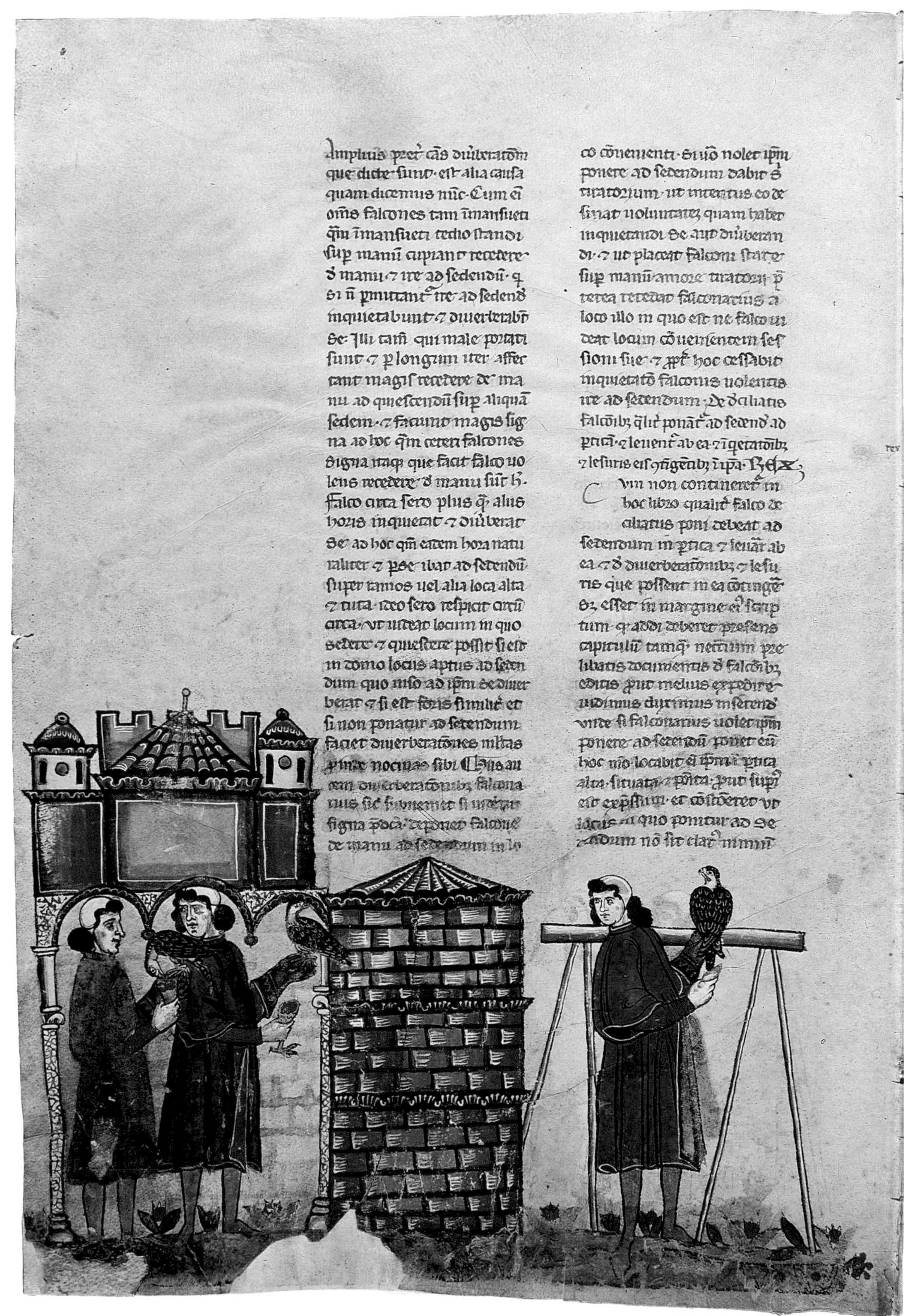

Das Falkenbuch Friedrichs II.
Unteritalien, 1258–1266
Verhalten der Falkner zur Beruhigung der Falken
Cod. Pal. Lat. 1071, Fol. 90 v

AGRICOLAEFACIENT·DAMNABISTVQVOQVEVOTIS·
QVAETIBIQVAETALIREDDAMPROCARMINEDONA·
NAMNEQ·METANTVMVENIENTISSIBILVSAVSTRI·
NECPERCVSSAIVVANTFLVCTVTAMLITORA·NECQVAE
SAXOSASINTERDECVRRVNTFLVMINAVALLES·
HACTENOSFRAGILIDONABIMVSANTECICVTA·
HAECNOSFORMOSVMCORYDONARDEBATALEXIN·
HAECDEDOCVITCVIVMPECVSANMELIBOEI·
ATTVSVMEPEDVMQVODSAEPEROGARET
NONTVLITANTIGENES·ETERATNVNCDIGNVSAMARI
FORMOSVMPARIBVSNODISATQVEAEREMENALCA

FAVNORVM SATYRORVM SILENORVM DILECTATIO — VI.

PRIMASYRACOSIODIGNATAESTLVDEREVERSV
NOSTRANEQ·ERVBVITSILVASHABITARETHALEA·
CVMCANEREMREGESETPROELIACYNTHIVSAVREM
VELLITADMONVITPASTOREMTITYREPINGVIS
PASCEREOPORTETOVIS·DIDVCTVMDICERECARMEN·
NVNCEGONAMQ·SVPERTIBIERVNTQVIDICERELAVDES
VARETVASCVPIANT·ETTRISTIACONDEREBELLA·
AGRESTEMTENVIMEDITABORHARVNDINEMVSAM
NONINIVSSACANO·SIQVISTAMENHAECQVOQ·SIQVIS
CAPTVSAMORELEGET·TENOSTRAEVAREMYRICAE·
TENEMVSOMNECANET·NECPHOEBOGRATIORVLLAEST·

8

Vergilius Palatinus
um 500, Italien
Bucolica
Cod. Pal. Lat. 1631, Fol. 8 r

CARMINATUMMELIUSCUMUENERITIPSECANEMUS·

X. CONQUAESITIO·DEAGRIS·CUM GALLO·CORNELIO·

POE EXTREMUMHUNCARETHUSAMIHICONCEDELABORUM·

PAUCAMEOGALLOSETQUAELEGATIPSALYCORIS·

CARMINASUNTDICENDA·NEGETQUISCARMINAGALLO·

·SICTIBICUMFLUCTUSSUBTERLABERESICANOS·

DORISAMARASUAMNONINTERMISCEATUNDAM·

INCIPESOLLICITOSGALLIDICAMUSAMORES·

DUMTENERAATTONDENTSIMAUIRGULTACAPELLAE·

NONCANIMUSSURDIS·RESPONDENTOMNIASILUAE·

QUAENEMORA·AUTQUIUOSSALTUSHABUEREPUELLAE

NAIDES·INDIGNOCUMGALLUSAMOREPERIBAT·

NAMNEQUEPHARNASIIUOBISIUGA·NAMNEQUEPINDI

ULLAMORAMFECERE·NEQUEAONIAEAGANIPPE·

ILLUMETIAMLAURI·ETIAMFLEUEREMYRICAE·

PINIFERILLUM·ETIAMSOLASUBRUPEIACENTEM

MAENALUS·ETGELIDIFLEUERUNTSAXALYCAEI·

STANTETOUESCIRCUM·NOSTRINECPAENITETILLAS·

NECTAEPAENITEAT·PECORISDIUINEPOETA

ETFORMONSUSOUISADFLUMINAPAUITADONIS·

UENITETUPILIO·TARDIUENERESUBULCI·

UUIDUSHIBERNAUENITDEGLANDEMENALCAS·

OMNESUNDEAMORISTEROGANT·IBIUENITAPOLLO·

Vergilius Palatinus
um 500, Italien
Bucolica
Cod. Pal. Lat. 1631, Fol. 15 v

Palimpsesthandschrift
Altes Testament, Italien 6./7. Jahrhundert,
darunter antike Texte, 4./5. Jahrhundert
Cod. Pal. Lat. 24, Fol. 123 v: Cicero, Oratio pro Sex. Roscio Amerino

Historia Augusta
9. Jahrhundert, Oberitalien
mit Randnotiz von Petrarca (oben) und Angelo Manetti (unten)
Cod. Pal. Lat. 899, Fol. 19 r

legatis idoneis prosecutus est Fuit statura eleuata decorus sed cum ea
longus et senex in curuar et urque tiliaticiis tabulis in pectore positis
fasciabatur ut rectus incederet senex iam antequam salutatores ueni
rent panem siccum comedit ad sustentandas uires Fuit uoce rauca et
sonora Cum iocunditate a senatu diuus est appellatus cunctas certa
tim adnitentibus cum omnes eius pietatem clementiam ingenium ·
scenctimoniam laudarent decreti iam sunt omnes honores qui opti
mis principibus ante delati sunt meruit et flaminem et circenses ·
et templum et sodales antoninianos solusq; omnium prope princi
pum prorsus ciuilis sanguine et hostili quantum ad se ipsum pertinet
uixit et quirite comparetur nume cuius felicitatem pietatemq;
et securitate cerimoniasq; semper obtinuit ·

VITA ANTONINI PII EXPLICIT
INCIPIT MARCI ANTONINI PHILOSOPHI
EIVSDEM IVLII CAPITOLINI

Marco antonino in omnium philosophantium uiro et qui sanctitate
uitae omnib; principibus antecellit pater annius uerus qui in
praetura decessit · Auus annius uerus iterum consul et prefectus
urbi adscitus in patricios a principibus auespasiano et tito censorib; ·
patruus annius libo consul amita galeria faustina augusta ·
Mater domitia caluilla · calbisii tulli bis consulis filia · proauus
paternus annius uerus praetorius ex succubitano municipio et y
spania factus senator ; proauus maternus catilius seuer us · bis
consul et praefectus urbi a pater rupilia faustina rupili boni
consularis filia fuere · Natus e marcus romę VI Kł. maias in
monte caelio in hortis auo suo iterum et augure consulib; ·

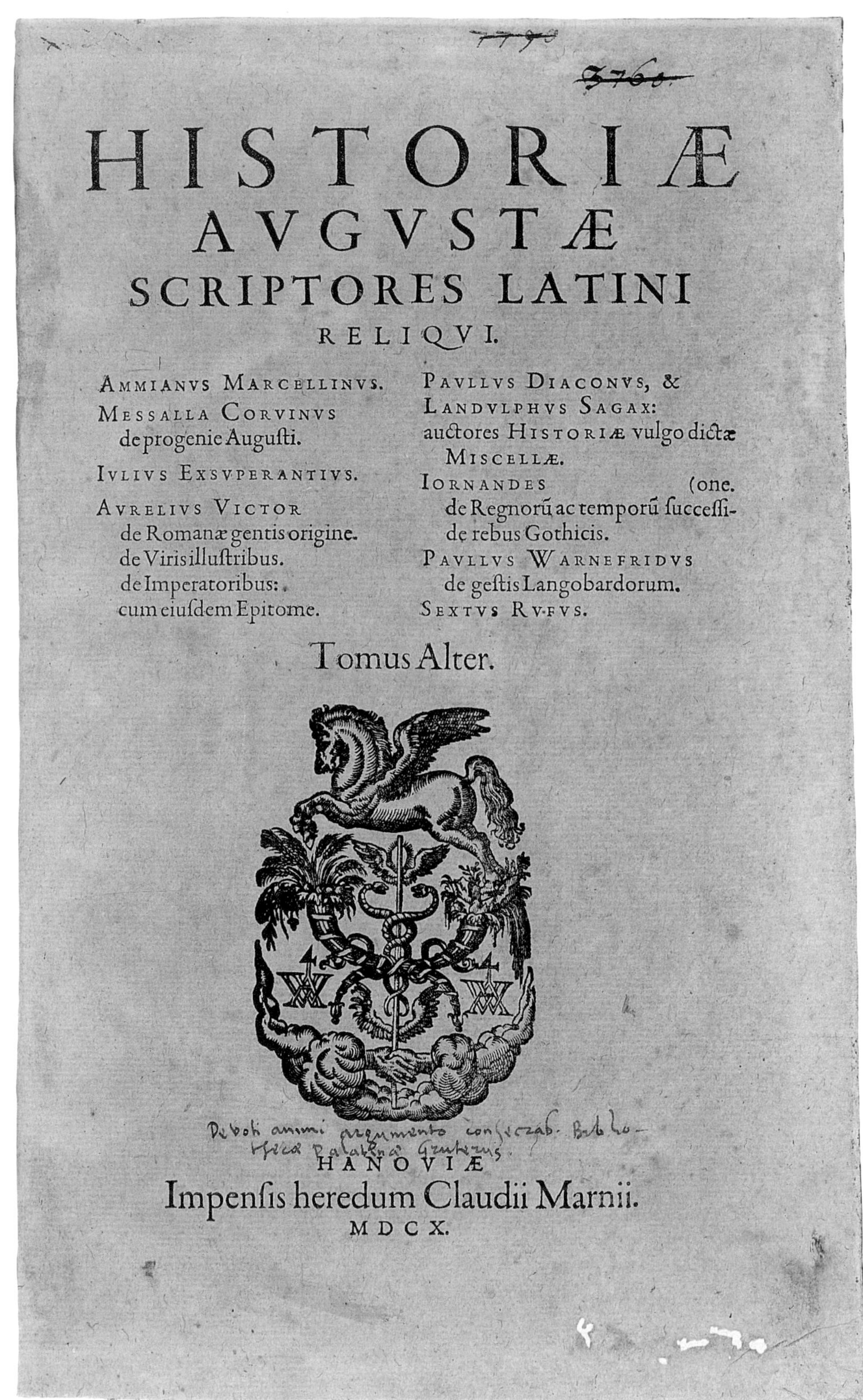

HISTORIÆ AVGVSTÆ SCRIPTORES LATINI RELIQVI.
AMMIANVS MARCELLINVS.
MESSALLA CORVINVS de progenie Augusti.
IVLIVS EXSVPERANTIVS.
AVRELIVS VICTOR de Romanæ gentis origine. de Viris illustribus. de Imperatoribus: cum eiusdem Epitome.
PAVLLVS DIACONVS, & LANDVLPHVS SAGAX: auctores HISTORIÆ vulgo dictæ MISCELLÆ.
IORNANDES de Regnorũ ac temporũ successione. de rebus Gothicis.
PAVLLVS WARNEFRIDVS de gestis Langobardorum.
SEXTVS RVFVS.
Tomus Alter.
HANOVIÆ
Impensis heredum Claudii Marnii.
MDCX.

Historia Augusta: Ausgabe von Jan Gruter
Hanau 1610–1611
mit handschriftlicher Widmung Gruters an die Bibliotheca Palatina
Stamp. Pal. II 336, Titelseite

Elfenbeineinband des Lorscher Evangeliars: Die Marientafel
Aachen, um 810
London, Victoria and Albert Museum, Inv. Nr. 138–1866

SCRIBERET INDICA
RET CONTESTANS
INSE CONPLETA ES
SE QUAE ESSENT
ABALIIS INCHOATA
CUM DEO POST BAP
TISMUM FILII DI
APERFECTIONE
GENERATIONIS IN
XPO IMPLETAE RE
PETENDAE APRIN
CIPIO NATIUITATIS
HUMANAE POTES
TAS PERMISSA EST
UT REQUIRENTIBUS
DEMONSTRARET IN
QUO ADPREHENDENS
ERAT PER NATHAN
FILIUM INTROITU
RECURRENTIS IN DM
GENERATIONIS AM
MISSO IN DISPARABI
LIS DI PRAEDICANS
IN HOMINIB XPM SU
UM PERFECTI OPUS HO
MINIS REDIRE IN SE
PER FILIUM FACERET
QUI PER DAUID PATRE
UENIENTIB ITERPR
BEBAT IN XPO CUILU
CAE NON IN MERITO

ETIAM SCRIBEN DO
RUM APOSTOLICOR
ACTUUM POTESTAS
IN MINISTERIO DATR
UT DO IN DM PLENO.
ET FILIO PRODITIONIS
EXTINCTO. ORATIONE
AB APOSTOLIS FACT
SORTE DNI ELECTIO
NIS NUMERUS CON
PLERETUR SICQ.
PAULUS CONSUMA
TIONEM APOSTOLI
CIS ACTIBUS DARET
QUEM DIU CONTRA
STIMULUM RECAL
CITRANTEM DNS
ELEGISSET QUOD ET
LEGENTIB ACREQI
RENTIB DM ET SI P
SINGULA EXPEDIRI
ANOBIS UTILE FUE
RAT SCIENS TAMEN
QUOD OPERANTEM
AGRICOLA OPORTEA
DEFRUCTIB SUIS E
DERE UITALIMUS PU
BLICA CURIOSITATEM
NE NON TAM UIOLENT
B DM UIDEREMUR
QUA FASTIDIENTIBUS

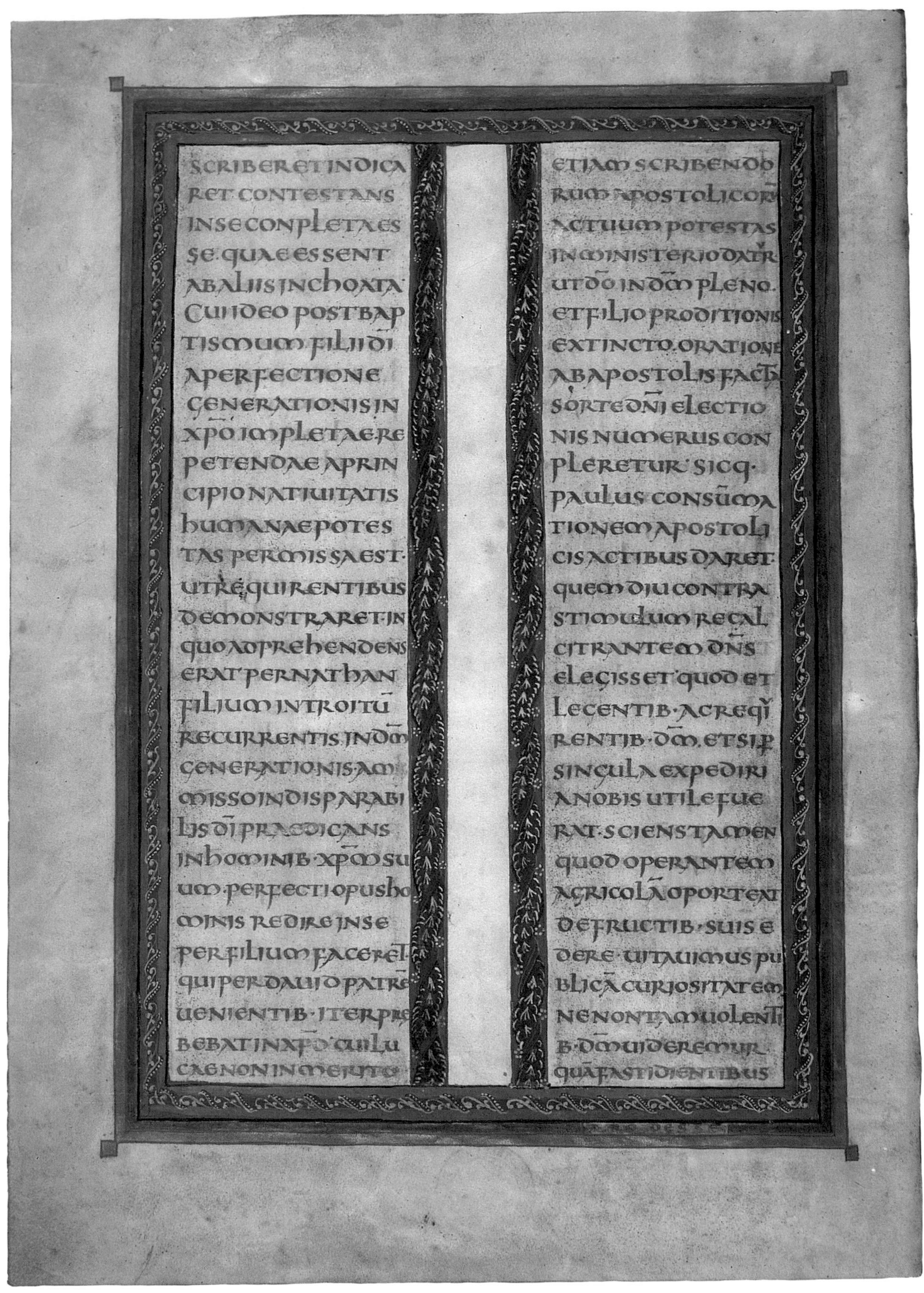

Lorscher Evangeliar aus der Hofschule Karls des Großen
Aachen, um 810
Cod. Pal. Lat. 50, Fol. 1 v

Lorscher Evangeliar aus der Hofschule Karls des Großen
Aachen, um 810
Der Evangelist Johannes
Cod. Pal. Lat. 50, Fol. 67 v

Lorscher Evangeliar aus der Hofschule Karls des Großen
Aachen, um 810
Der Beginn des Lukasevangeliums
Cod. Pal. Lat. 50, Fol. 7 v

79

Lorscher Evangeliar aus der Hofschule Karls des Großen
Aachen, um 810
Der Beginn des Lukasevangeliums
Cod. Pal. Lat. 50, Fol. 8 v

Elfenbeineinband des Lorscher Evangeliars: Die Christustafel
Aachen, um 810
Vatikan, Museo Sacro

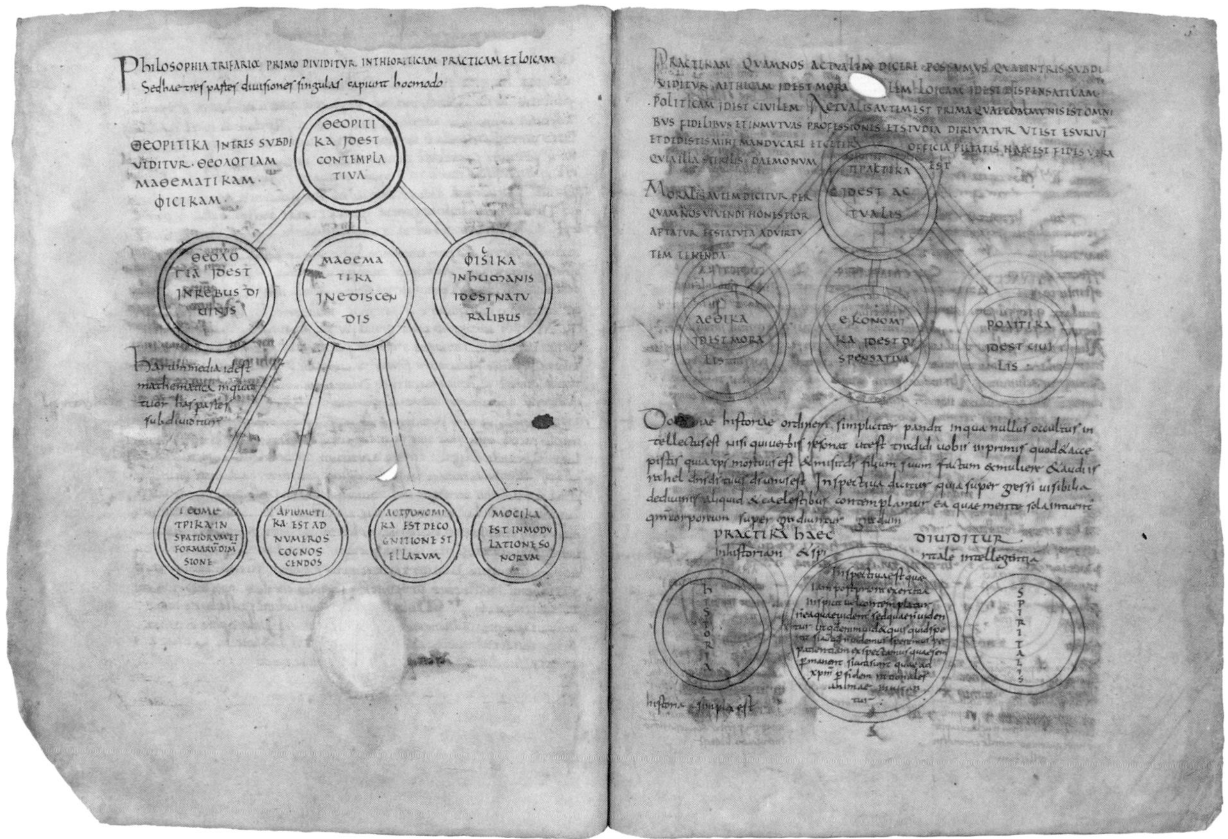

Lateinische Grammatiker
Lorsch, um 800
Stammbaum der Wissenschaften
Cod. Pal. Lat. 1746, Fol. 60 v/61 r

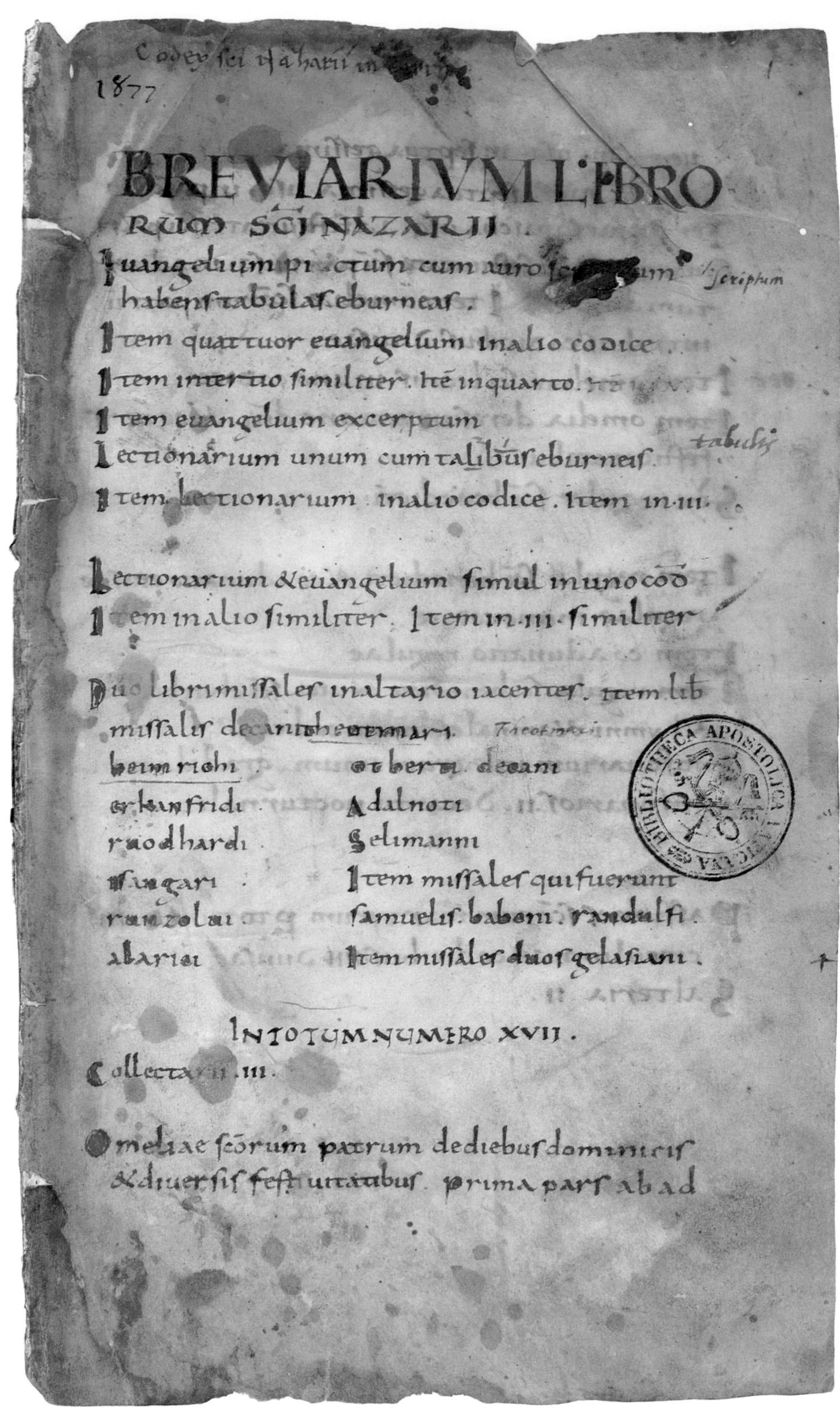

Codex sci nazarii in ...
1877

BREVIARIUM LIBRORUM SCI NAZARII

Euangelium pictum cum auro scriptum habens tabulas eburneas. scriptum
Item quattuor euangelium in alio codice.
Item in tertio similiter. Itē in quarto. Itē ...
Item euangelium excerptum
Lectionarium unum cum talibus eburneis. tabulis
Item lectionarium in alio codice. Item in III.

Lectionarium & euangelium simul in uno cod
Item in alio similiter. Item in III. similiter

Duo libri missales in altario iacentes. Item lib
missalis decani theotmari. Theotmari
heimrichi. otberti decani
erkanfridi. Adalnoti
ruodhardi. Gelimanni
Wangari. Item missales qui fuerunt
ranzolui. samuelis. baboni. randulfi.
alarici. Item missales duos gelasiani.

IN TOTUM NUMERO XVII.
Collectarii III.

Omeliae scorum patrum de diebus dominicis
& diuersis festiuitatibus. prima pars ab ad

Karolingische Bibliothekskataloge
Lorsch, 2. Hälfte 9. Jahrhundert
Verzeichnis der liturgischen Bücher aus Lorsch
Cod. Pal. Lat. 1877, Fol. 1 r

De cella paugolfi

missal ii
euangl. i.
lection. i.
genes. i
leuitic
exodus
num
deuteronom
regum
Actus apostolorum
Esaias
Daniel
Ieremias
Apocalipsis
Paralipomenon
pastoralis

mirale. i.
comite. i.
psalt. i.
omel. in ii. lib
sci aug. ptotum
circulum anni
antiphaniu. i
regula sci bene

istos lib abstulit abb inde
parabola salomonis
aeclesiastes. cantica canticorum
lib sapientiae. iob tobias.
iudith. ester genesis. exodus
leuiticus. numerus
actus apostolum. vii. epist
apocalypsin. omel faustini
antiphanariu
[...] rurest.

De ahahusu alamanniae allati sunt libri octo quid occi
id est misradis qui datur est sandrato.
lib de cura pastorali. psalterium. iudith tobias
iob. hester in codice uno. & pars antiphonari

Bücherverzeichnis des Fulda-Filialklosters Hammelburg
Cod. Pal. Lat. 1877, Fol. 35 v

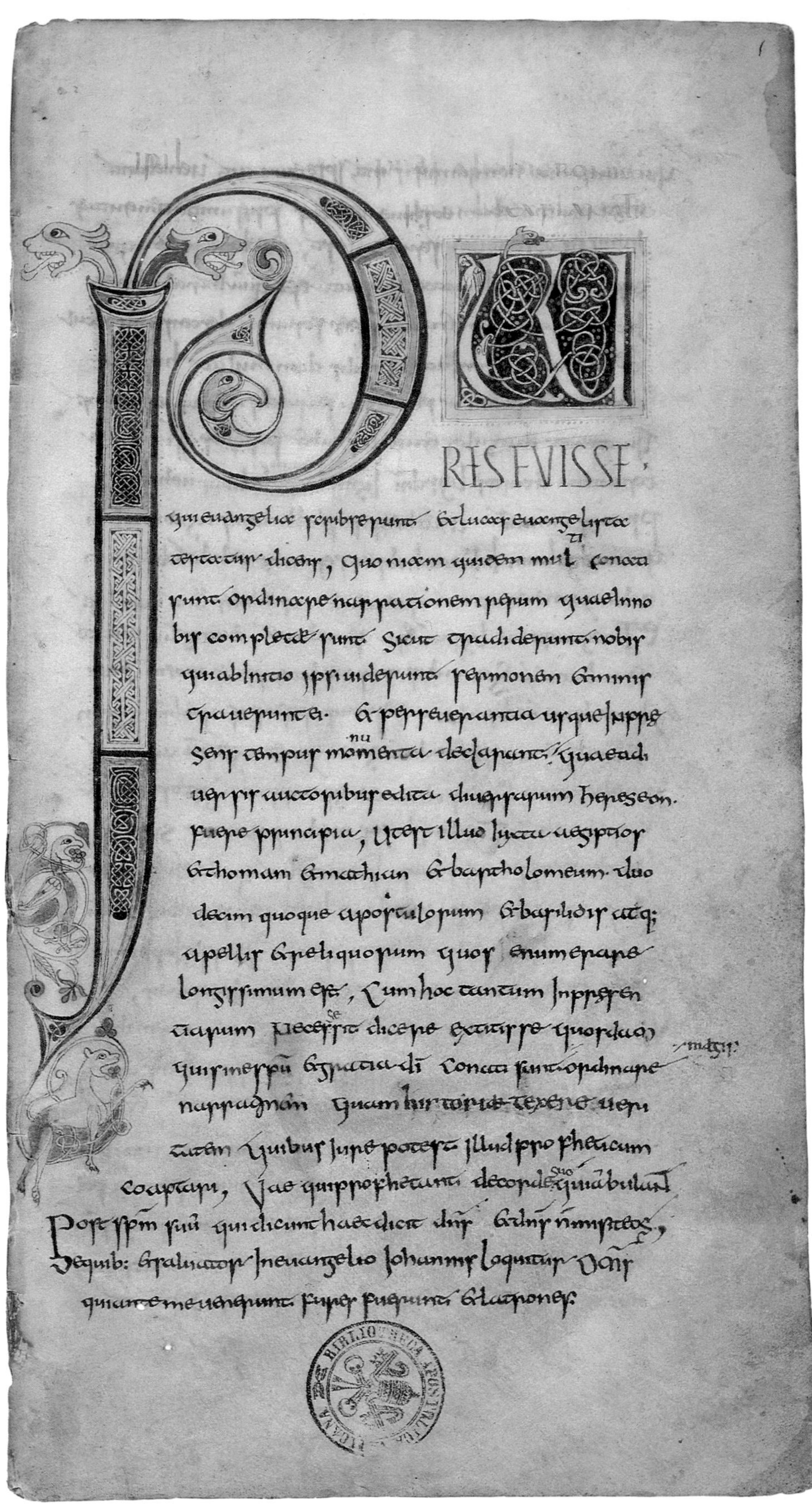

Hieronymus, Matthäus-Kommentar
Lorsch, um 800
Initialen PLURES FUISSE im angelsächsischen Stil
Cod. Pal. Lat. 177, Fol. 1 r

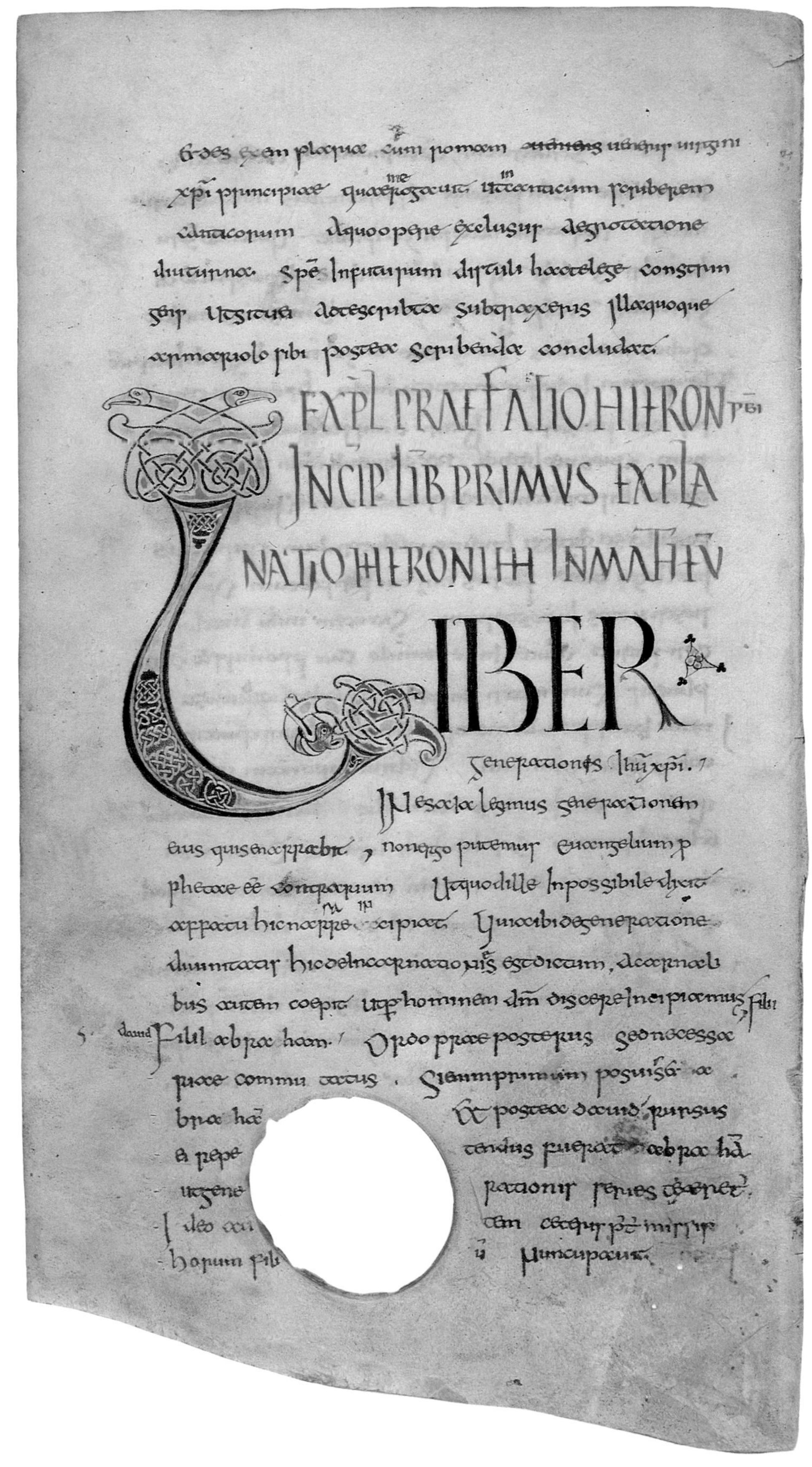

EXPL PRAEFATIO HIERONPBI
INCIP LIB PRIMVS EXPLA
NATIO HIERONIMI IN MATHEV
LIBER
generationis ihu xpi.

Hieronymus, Matthäus-Kommentar
Lorsch, um 800
Initiale, Angelsächsische Halbunziale, Capitalis rustica, Angelsächsische Minuskel
Cod. Pal. Lat. 177, Fol. 3 v

Hieronymus, Matthäus-Kommentar
Lorsch, um 800
Älterer Lorscher Stil
Cod. Pal. Lat. 177, Fol. 4 r

...uince adhos omes operatur. Dexpo repromisso
Ad cobpor hoc inzanne inquit cuo bene dicentur
omnes gentes quod est xps. Addecurus depurcecur verrecur...
cui ponem super sedem tuam. Iudeos h. tenute phorhes...
ezepram sechornecp̄q. Hoc don dum incipiar loqui.
peluccopus. Nullo gcorum delponi nevvepum...
S edeces quors scuptura pephendur ut quis propopiec
corto pes venepari. Depecco quicibus uces engo omniu
peccaro delepi q. Unde à inco pequentibus puch
moebrar ponecus. Liber pabe uicon unices q̄ ces
son cuce genure secl mon q. I steest secl non ppun
ceps quibus lud ec picut innumecur legimus q. Iopam
cuccam genure oziam. Oziors cuccam genure locccim q.
In quarto pegnorum uolumine legimur delopoc̄ Oziam
pur regene pecacum. Quomopcuo ioscebech
filia pegr iopam sopop. o ioce. Abletocep filiu prec
quis pur cecum internecioni quce exepcebacur abo
cholica subpexic q. Cui puccessit in pegni pilius q ur
Amespiar. postquem pegnocurt pilius our cecopias
q ur cppellecur boziocep. cui succes pur iocchce pili
upcup. Cepius engo quod secundum fidem hypconiae.
Tpes pegir inmedio fuepum. Quop hic cuangelium pe
myre q. Iopam quippe nongenure oziam. Sed iam
Ispeli quos quos enumepcuimus. Ut um quice
ciar gelipes proposici epur. Tres ces se pesce deca
des lud ius go ceimporum pecca ponepe. Elopam
genepi cenipcuepure. Impurrimce zezabel q. Idepneo
Usque cecepace genepcconem cui manepir colbicur
n eliscec nacuice or opcune ponepecur. Etpost
quam mizpacionem babylonir iechonicr genur

Isalathiel

In animo nisi animum. et illic
igitur tria sunt, amans
et quod amatur, et amor.
Restat etiam hinc ascendere
et superius ista quaerere
quantum homini datur,
Sed hic paululum requies-
cat intentio Non ut se iam
existimet invenisse quod
quaerit. sed sicut solet
inveniri locus ubi quae-
rendum est aliquid
Nondum illud inventum est
sed iam inventum est ubi
quaeratur. Ita hoc dixis-
se sufficerit ut tam-
quam ab articulo alicuius
exordii cetera contexamus

EXPLICIT LIBER
OCTAVUS

INCIPIT LIBER
NONUS

TRINITATEM
certe quaeri-
mus non quam libet
Sed illam trinitatem quae
deus est, verusque ac summus
et solus deus, Exspecta ergo
quisquis haec audis.
Adhuc enim quaerimus. et
talia quaerentem ne-
mo iuste reprehendit
Si tamen in fide firmissimus
quaerat, quod aut nosse
aut eloqui difficillimum
est, adfirmantem vero
cito iuste quisquis reprehendit
Quisquis melius vel vide-
vel docet. Quaerite inquit
dominum et vivet anima vestra,
et nequisquam se tamquam
adprehendisse temere gau-
deat. Quaerite inquid
faciem eius semper.
Et apostolus si quis se inquit
putat aliquid scire nondum
scit quemadmodum

Augustinus, De trinitate
Lorsch (?), um 800
Cod. Pal. Lat. 202, Fol. 107 v

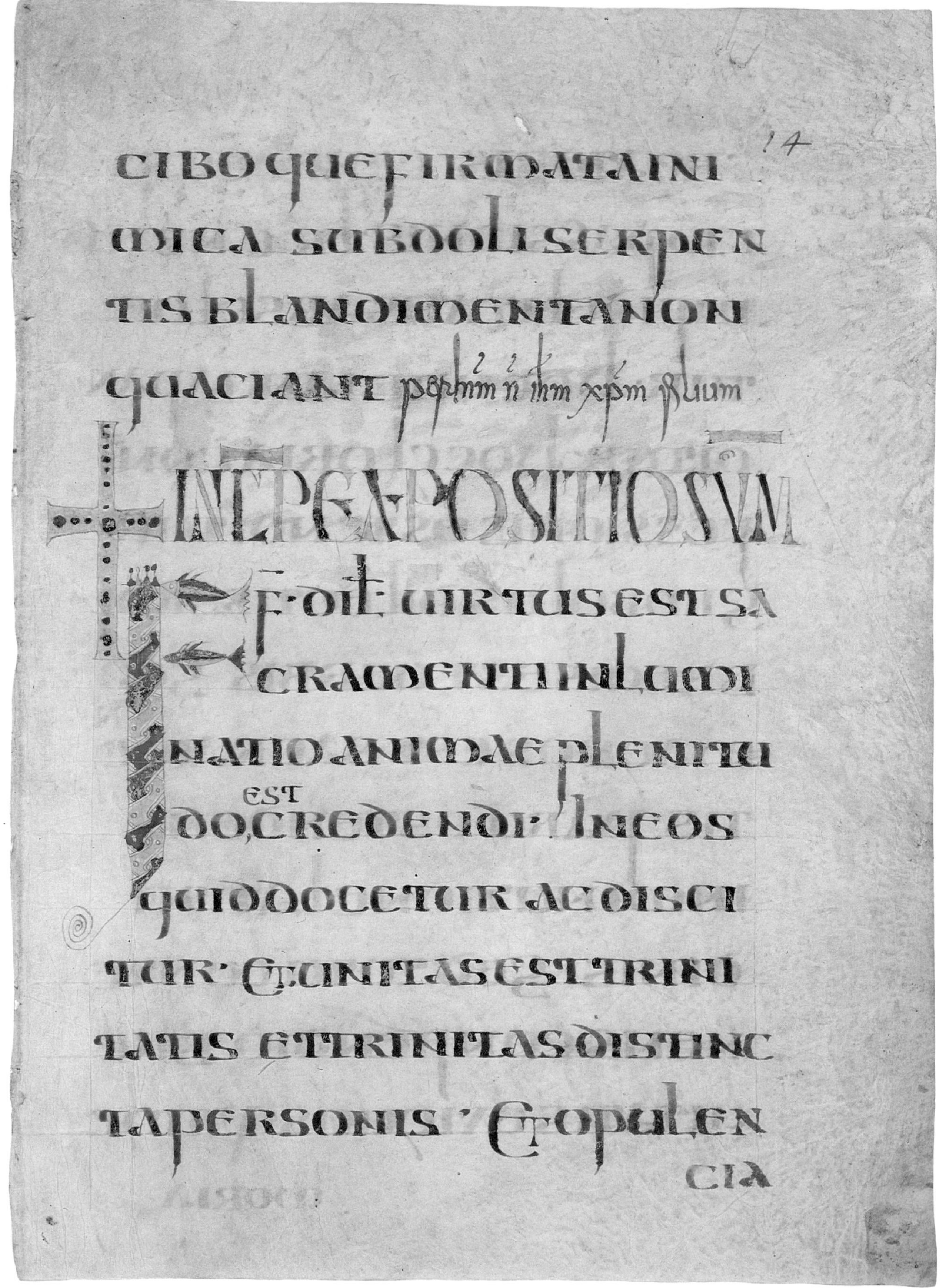

CIBOQUE FIRMATA INI
MICA SUBDOLI SERPEN
TIS BLANDIMENTA NON
QUACIANT

INCP EXPOSITIO SYM

F·DIT: UIRTUS EST SA
CRAMENTI INLUMI
NATIO ANIMAE PLENITU
DO CREDENDI EST IN EOS
QUID DOCETUR AC DISCI
TUR: ET UNITAS EST TRINI
TATIS ET TRINITAS DISTINC
TA PERSONIS ET OPULEN
CIA

Missale Gallicanum, Teil 1
Luxeuil (?), 8. Jahrhundert
Cod. Pal. Lat. 493, Fol. 14 r

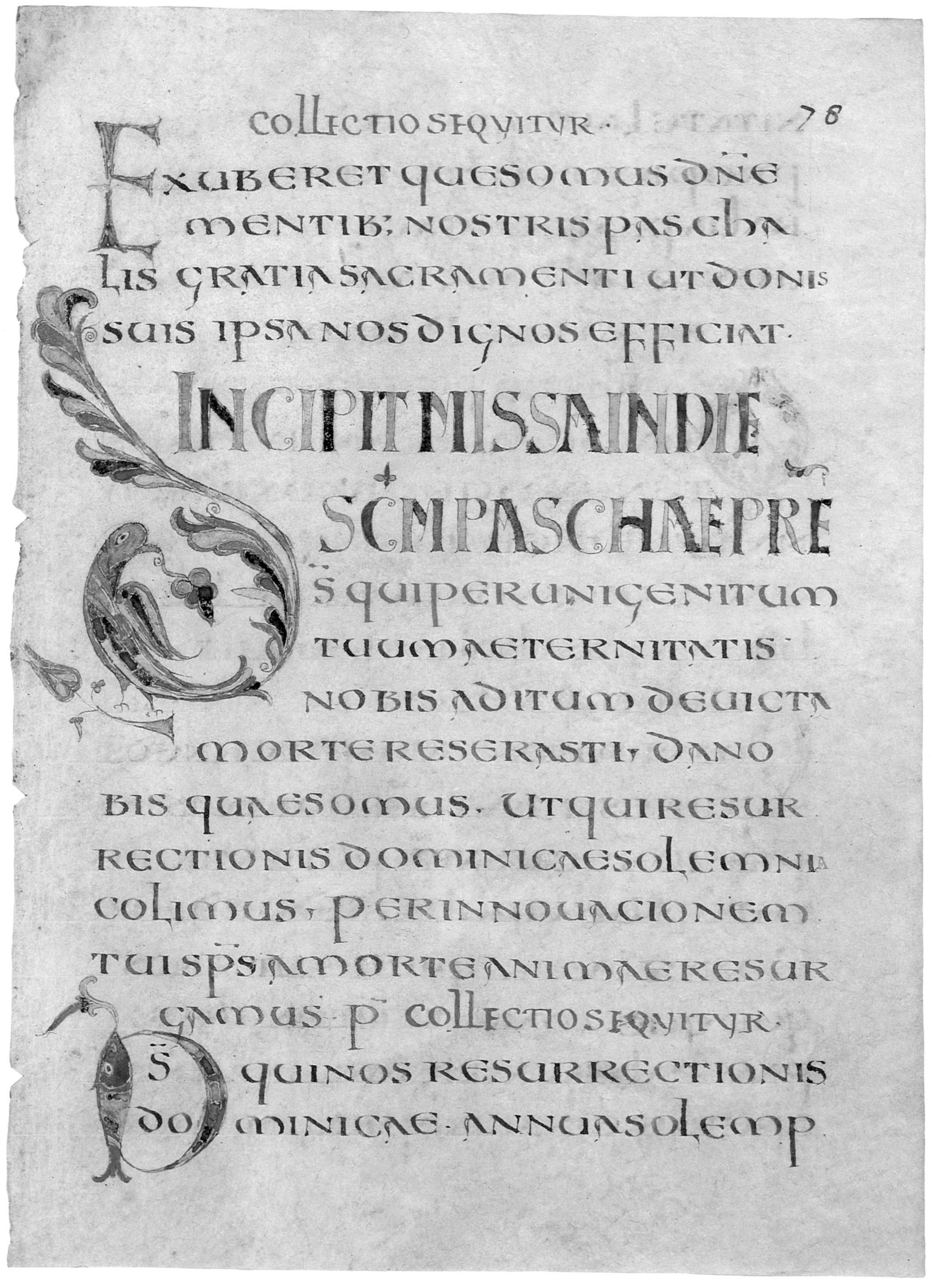

collectio sequitur · 78
Exuberet quesomus dne
mentib; nostris pascha
lis gratia sacramenti ut donis
suis ipsa nos dignos efficiat ·
INCIPIT MISSA IN DIE
SCM PASCHAE PRE
ds qui per unigenitum
tuum aeternitatis
nobis aditum deuicta
morte reserasti, da no
bis quaesomus. ut qui resur
rectionis dominicae solemnia
colimus, per innouacionem
tui sps a morte animae resur
gamus · p collectio sequitur ·
ds qui nos resurrectionis
dominicae · annua solemp

Missale Gallicanum, Teil 2
Nördliches Gallien, 8. Jahrhundert
Cod. Pal. Lat. 493, Fol. 78 r

& intercedente beata et gloriosa sem
per uirgine di genitrice maria. &
beatis apostolis tuis petro & paulo
atq; andrea & sco NAZARIO
martyre tuo cum omnib; scis da
propitius pacem in diebus nostris.
ut ope misericordiae tuae adiuti.
& a peccato simus semper liberi et
ab omni perturbatione securi.
Per dnm nrm ihm xpm filium tuum
qui tecum uiuit & regnat ds in uni
tate sps sci. per omnia saecula sae
culorum. Amen.
Pax dni sit semper uobiscum. Et cu
spiritu tuo. Agnus di qui tollis
peccata mundi miserere nobis.

sco q; michahele
archangelo tuo

Lorscher Sakramentar
Lorsch, um 980
Gebet „Libera nos" mit Hervorhebung des hl. Nazarius (Lorsch)
und des hl. Michael (Lorscher Michaelkloster, Heiligenberg)
Cod. Pal. Lat. 495, Fol. 8 r

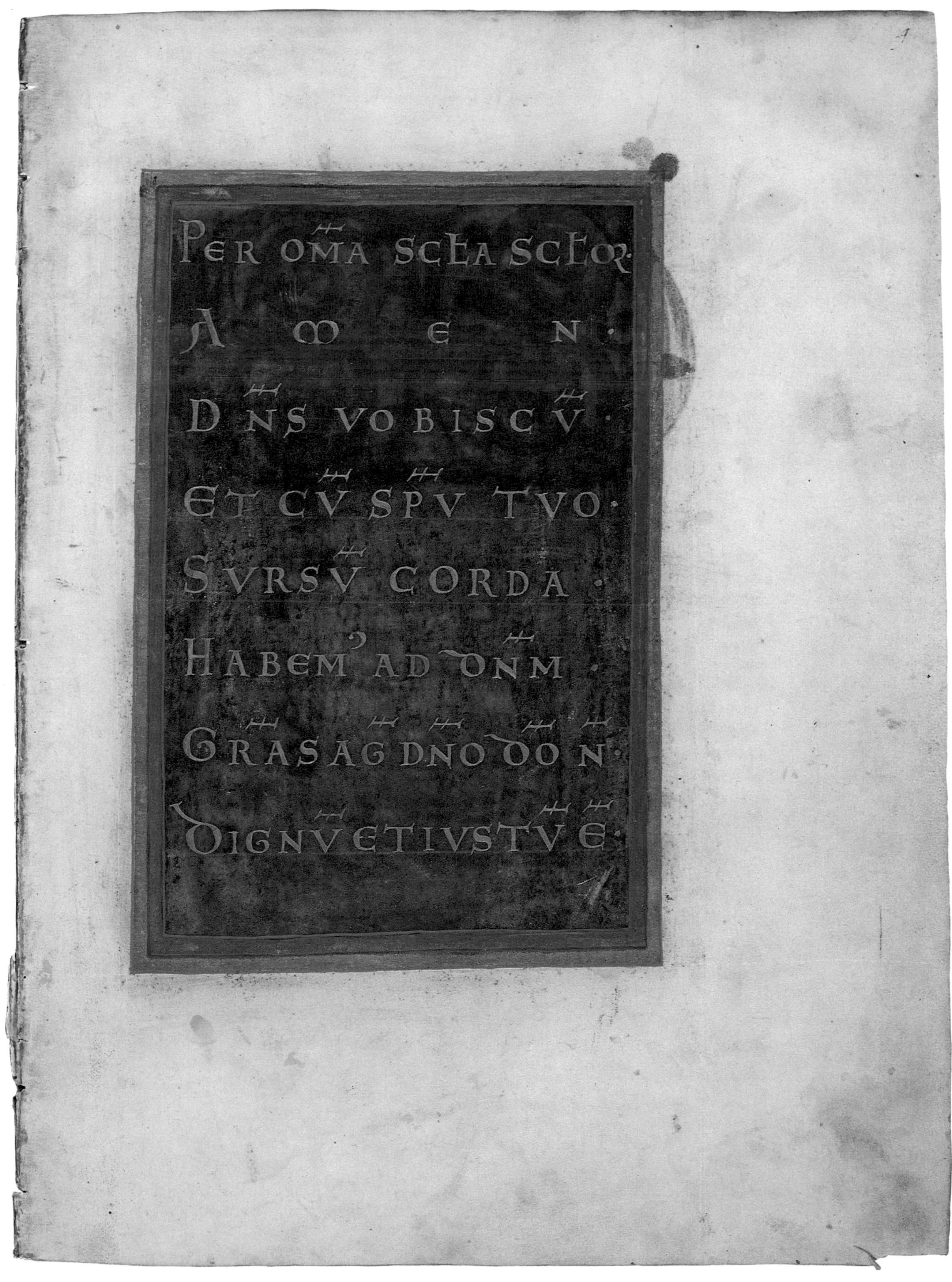
PER OMA SCLA SCLOR
AMEN
DNS VOBISCV
ET CV SPV TVO
SVRSV CORDA
HABEM AD DNM
GRAS AG DNO DO N
DIGNV ET IVSTV E

Lorscher Sakramentar
Lorsch, Mitte 11. Jahrhundert
Purpurseite mit Goldschrift
Cod. Pal. Lat. 499, Fol. 9 r

AEQUUM ET SALUTARE N OS TIBI
semper et ubiq; gras agere. D ne sce
pater omps aeterne ds Per xpm dnm
nostrum. P er quem maiestate tua
laudant angeli. Adorant dominatio
nes. Tremunt potestates. C aeli celo
rumq; uirtutes ac beata seraphyn so
cia exultatione concelebrant. C um
quibus et nostras uoces ut admitti iu
beas deprecamur supplici confessione
dicentes.

Lorscher Sakramentar
Lorsch, Mitte 11. Jahrhundert
Beginn der Praefation: V(ere) D(ignum et iustum est), AEQUUM ET SALUTARE
Cod. Pal. Lat. 499, Fol. 9 v

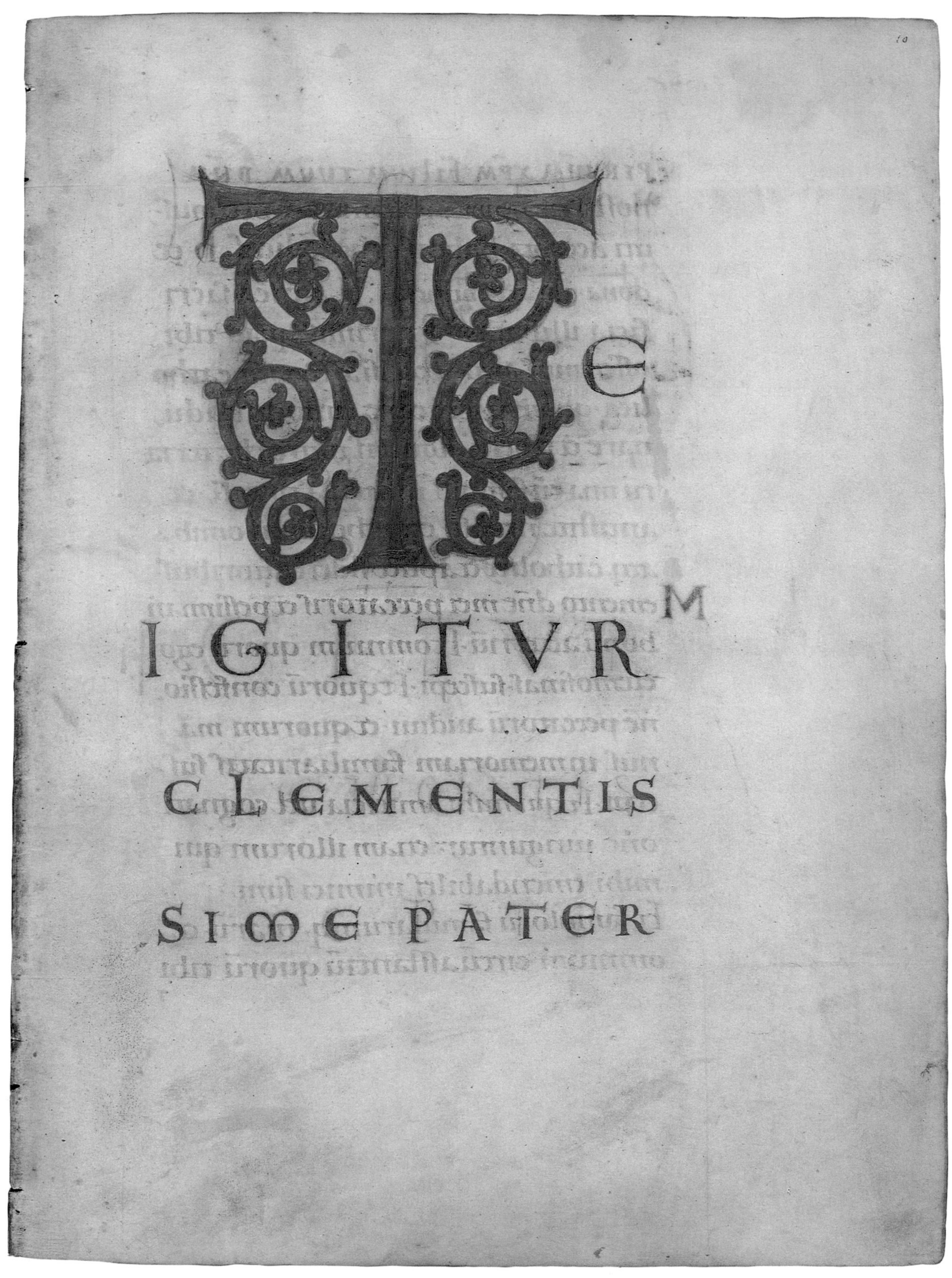

Lorscher Sakramentar
Lorsch, Mitte 11. Jahrhundert
Beginn des Canon missae: TE IGITUR
Cod. Pal. Lat. 499, Fol. 10 r

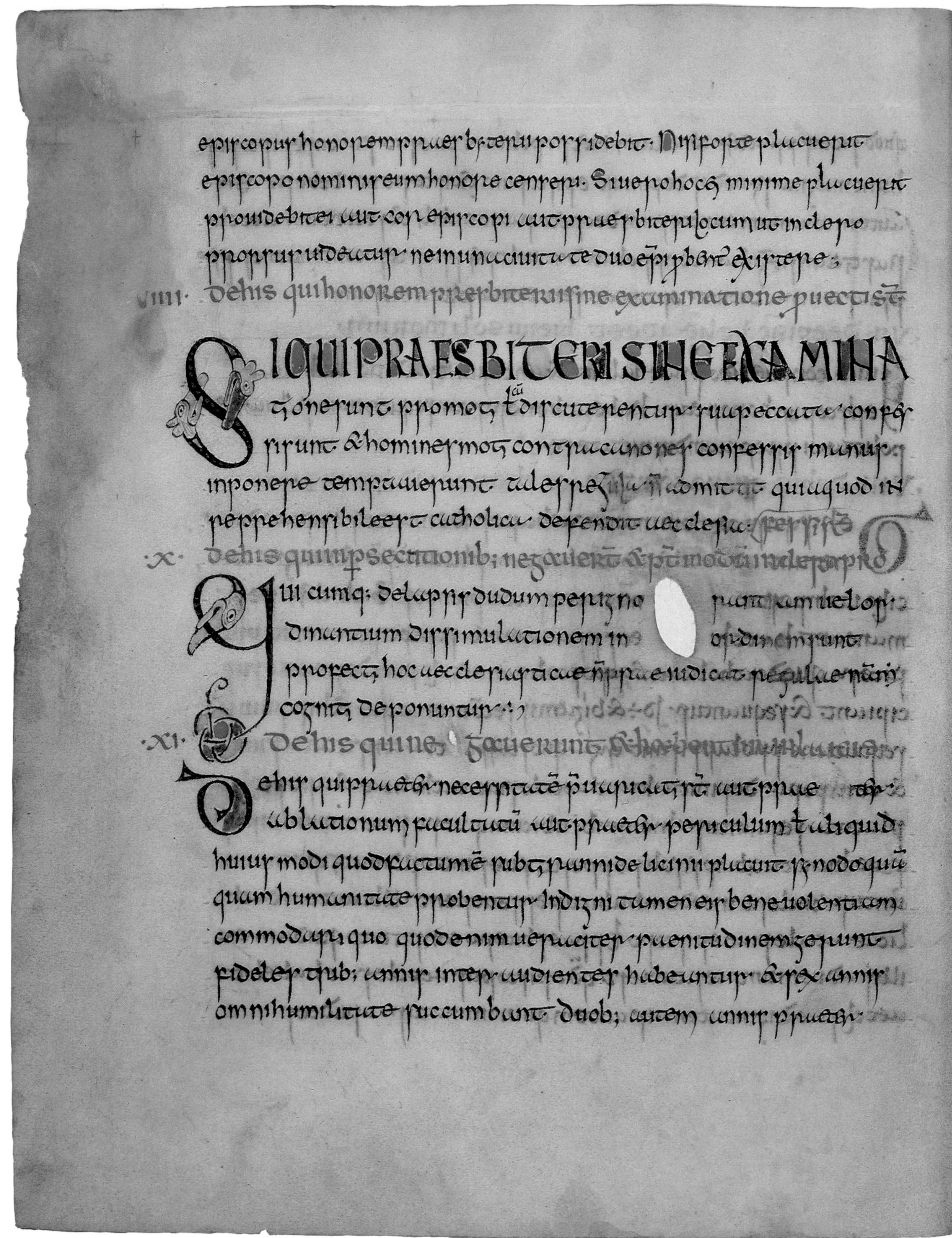

Dionysius Exiguus, Canonessammlung
Fulda (?), um 800: Angelsächsischer Schriftcharakter
Cod. Pal. Lat. 577, Fol. 26 v

epircopur honorem ppaer b; tepi porridebit· Nifforte placuepit
epircopo nominir eum honore cenrepi· Siuepo hoc̄q̄ minime placuepit
promidebitei aut cō epircopi aut ppaerbiteri locum ut in cloro
pproppiur uideatur· ne in unacuntute duo ēp̄i p̄b̄ant exirtere·

·VIIII· De his qui honorem prerbiterii rine examinatione puectir̄

SIQUI PRAESBITERI SINE EXAMINA

tioneruntr promotiq̄ diricutepentur· ruup peccatū conpē
rpiunt & homines motq̄ contrpacuinoner conferrir munur
inponere temptauerunt ualer pex . . . admittit quiuquod in
perprehenribileer̄ catholicā derendit uecclesiū . . .

·X· De his qui inp̄ sectuionib; nezotuert & ēp̄ modū in clerop̄ PRO

SIIII cumq̄ delapripr dudum perpiz no puae cum uel op̄i
dmantium dirrimulationem in ordinem runt
pprorectq̄ hoc uecclerp̄r ticae p̄ p̄raeiudicat peguilue p̄taris
cozniti deponuntur·:·

·XI· De his qui in⋅e⋅ ꝗ̄acuerunt & hac

Dehir quipp̄ aete· necerpitutē p̄ruaquia itr̄ p̄r̄ aut ppuae
ublutionum pucultutū aut ppaetr̄ periculum t aliquid
huiur modi quodpactum̄ rubtr̄ p̄unni de licinii placuit p̄ nodo quū
quam humanitate pprobentur Indizni tumen eir beneuolentiam
commodur qui quo quodenim uep̄ucitep̄ puenitudinem zepunt
pideler̄ tub; unnir inter̄ uudientex̄ habeuntur & pex annir
om̄ni humilitute puccumbunt duob; autem unnir ppuetr̄

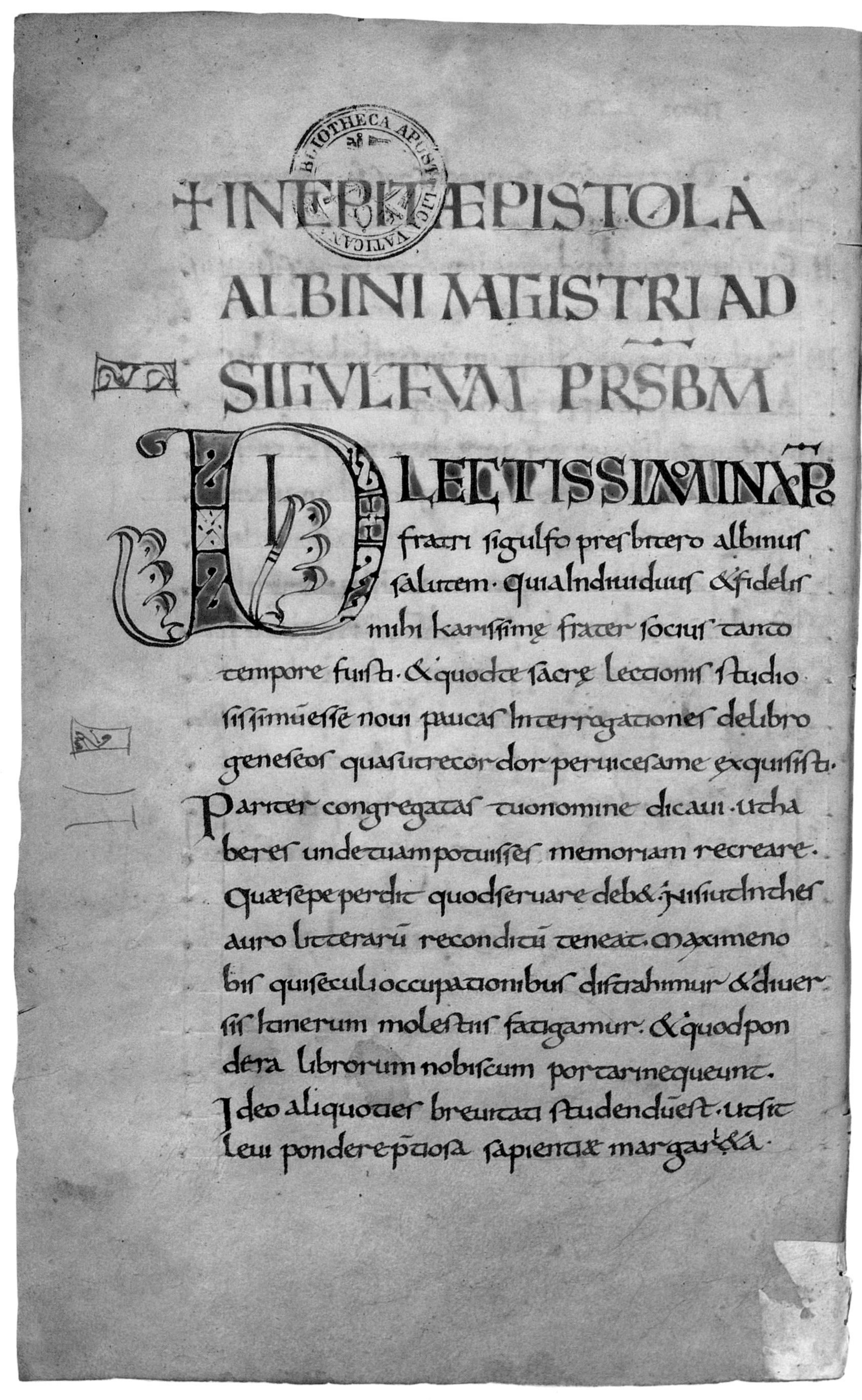

INCIPIT EPISTOLA
ALBINI MAGISTRI AD
SIGULFUM PRSBM

DILECTISSIMO IN XPO
fratri sigulfo presbitero albinus
salutem. quia indiuiduus & fidelis
mihi karissime frater socius tanto
tempore fuisti. & quod te sacrae lectionis studio
sissimū esse noui paucas interrogationes de libro
geneseos quas ut recordor per uices a me exquisisti.
Pariter congregatas tuo nomine dicaui. ut ha
beres unde tuam potuisses memoriam recreare.
quae saepe perdit quod seruare debet. nisi id in chartis
auro litterarū reconditū teneat. maxime no
bis qui saeculi occupationibus distrahimur & diuer
sis itinerum molestiis fatigamur. & quod pon
dera librorum nobiscum portare nequeunt.
Ideo aliquotiens breuitati studendū est. ut sic
leui pondere pretiosa sapientiae margarita.

Alkuin, Genesiskommentar
Mainz, um 820
Beginn mit Epistola Albini (Alkuin) ad Sigulfum presbiterum
Cod. Pal. Lat. 289, Fol. 2 v

INCIPIT UITA S(AN)C(T)I REUERENTISSIMI PATRONIS NOSTRI
MARTINI EPISCOPI ATQUE CONFESSORIS

Igitur martinus · sabariae pannoniarum
oppido oriundus fuit · Sed intra italiam ticini altus
est · parentibus secundum saeculi dignitatem
non infimis · gentilibus tamen; pater eius miles
primum · post tribunus militum fuit;
Ipse armatam militiam in adulescentia secutus ·
inter scolares alas sub rege constantio ·
dein sub iuliano caesare militauit; Non tamen sponte ·
quia a primis fere annis · diuinam potius seruitatem ·
sacra inlustris pueri inspirauit infantia;
Nam cum esset annorum decem · inuitis parentibus ·
ad ecclesiam confugit · seque caticuminum fieri
postulauit; Mox mirum in modum totus in dei ope
re conuersus · Cum esset annorum duodecim ·
heremum concupiuit · fecissetque uotis satis ·
si aetatis infirmitas non obstitisset; animus tamen ·
aut circa monasteria · aut circa ecclesiam semper
intentus · Meditabatur adhuc in aetate puerili ·
quod postea deuotus impleuit; Sed cum edictum esset
a regibus · ut ueteranorum filii ad militiam scribe
rentur · prodente patre qui felicibus eius actibus
inuidebat · Cum esset annorum quindecim raptus
et catenatus sacramentis militaribus inplicatus est ·
Uno tantum seruo comite contentus; Cui tamen uersa
uice dominus seruiebat adeo ut plerumque ei

„Martinellus": Texte zum Leben des hl. Martin
Mainz, Anfang 9. Jahrhundert
Cod. Pal. Lat. 845, Fol. 4 r

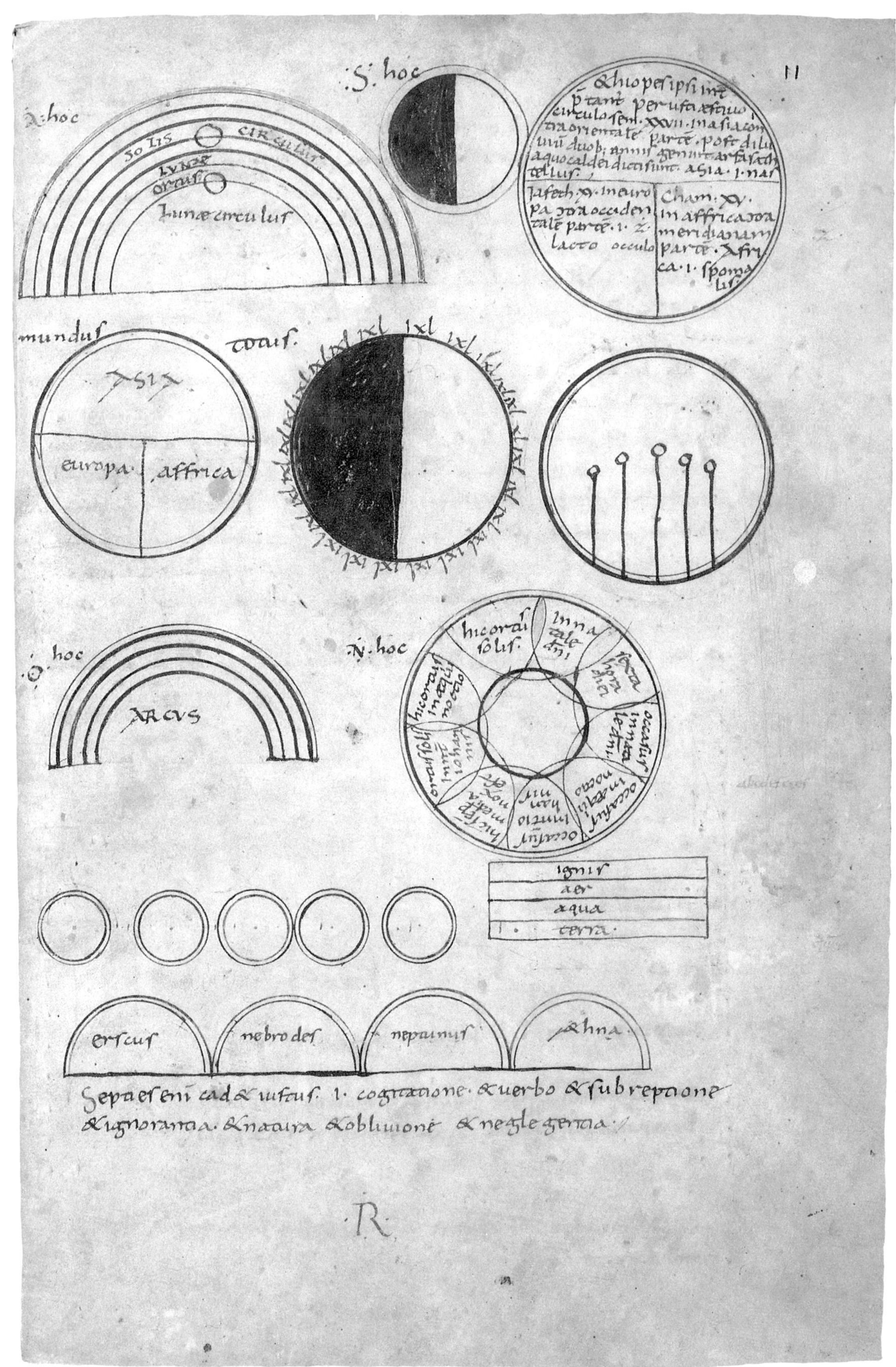

Komputistische Sammelhandschrift
Mainz, 810–813
Darstellung der Planetenbahnen, der Sonne und einer T-förmigen Erdkarte
Cod. Pal. Lat. 1447, Fol. 11 r

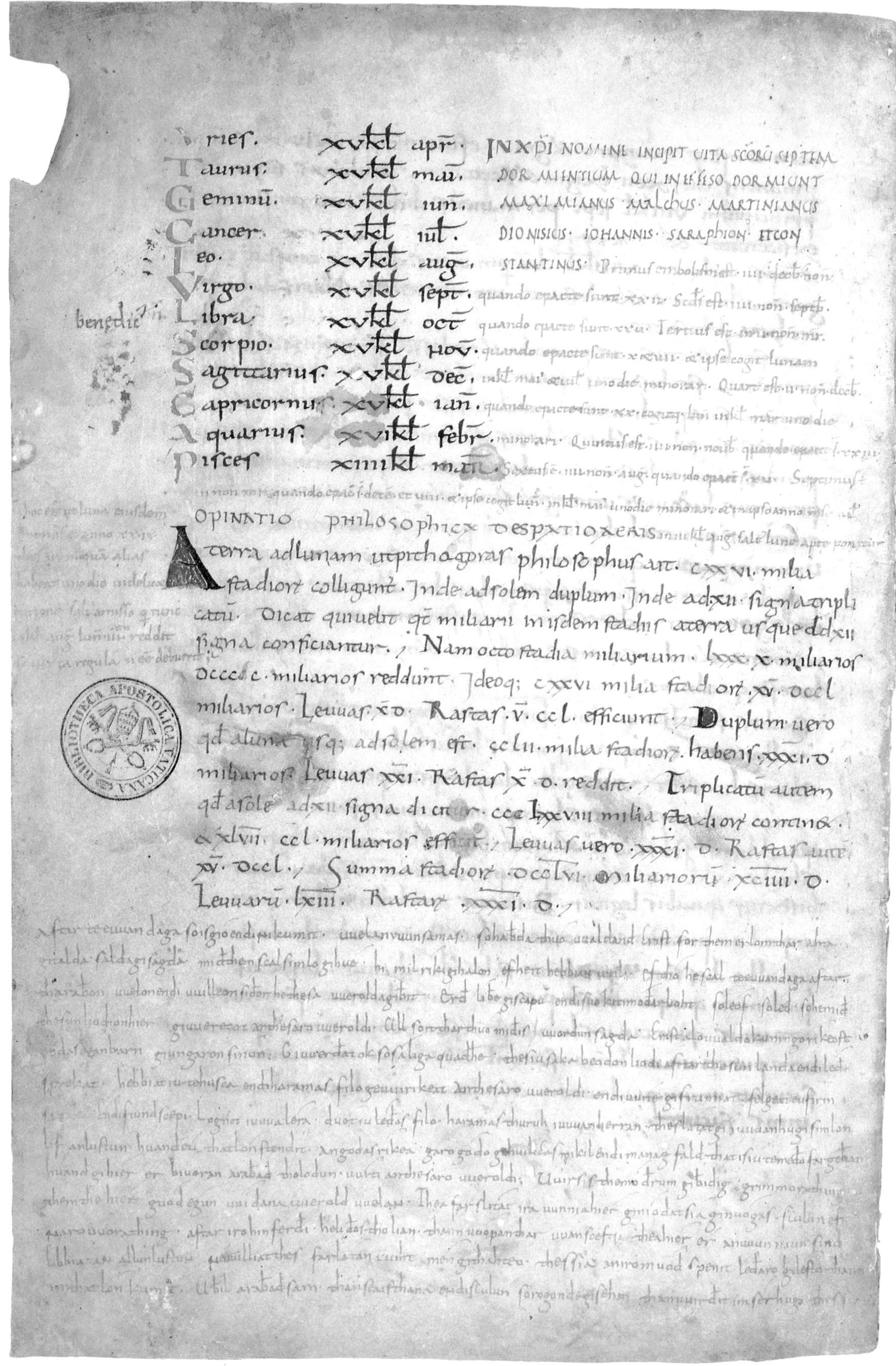

Aries. xv kl apr.
Taurus. xv kl mai.
Geminu. xv kl iun.
Cancer. xv kl iul.
Leo. xv kl aug.
Virgo. xv kl sept.
Libra. xv kl oct
Scorpio. xv kl nov.
Sagittarius. xv kl dec.
Capricornus. xv kl ian.
Aquarius. xvi kl febr.
Pisces. xiiii kl mar.

IN XPI NOMINE INCIPIT VITA SCORU SEPTEM DORMIENTIUM QUI IN EFESO DORMIUNT MAXIMIANUS MALCHUS MARTINIANUS DIONISIUS IOHANNIS SARAPHION ET CONSTANTINUS.

OPINATIO PHILOSOPHICA DE SPATIO AERIS

A terra ad lunam ut pithagoras philosophus ait. cxxvi. milia stadior colligunt. Inde ad solem duplum. Inde ad xii signa triplicatu. Dicat quiuelit qt miliarii in isdem stadiis a terra usque ad xii signa conficiantur. Nam octo stadia miliarium. lxxx. x. miliarior dcccc. miliarior reddunt. Ideoq; cxxvi milia stadiorum xv. dccl miliarior. Leuuas x. d. Rastas. v. ccl. efficiunt. Duplum uero qd a luna usq; ad solem est. cclii. milia stadior. habens xxxi. d miliarior. Leuuas xxi. Rastas x. d. reddit. Triplicatu autem qd a sole ad xii signa dicitur. ccclxxviii milia stadiorum continet. xlvii. ccl. miliarior efficit. Leuuas uero xxxi. d. Rastas autem xv. dccl. Summa stadior dcclvi. Miliarioru xciiii. d. Leuuaru lxiii. Rastar xxxi. d.

Komputistische Sammelhandschrift
Mainz, 810–813
Cod. Pal. Lat. 1447, Fol. 32 v

44

INCIPIT BREVIARIVM BEDAE PRESBITERI DE TITVLIS PSALMORVM QVOD DE CASSIODORO SVMPSIT·

Rimus psalmus ideo non habet titulum· quia capiti nro dno saluatori do quo absolute dicturus est nihil debuit preponi· Nam licet alii psalmi de ipso multa dicant· nemo tamen de eius que fuit in terris conuersatione sic loquit̅· Et quo ad hunc que dicenda sunt cuncta respiciunt· merito caput sci operis preponitur· Nam quidam tituli & prefationis locum eum tenere dixerunt· Totus psalmi huius propheta referente narrat̅ textus· In prima parte uitam scae incarnationis eius exponit· Beatus uir qui non abiit in consilio impiorum· & reliqua Secunda peccatorum nequicias in futuro iudicio debitas recipere commemorat ultiones· Non sic impii non sic· & reliqua·

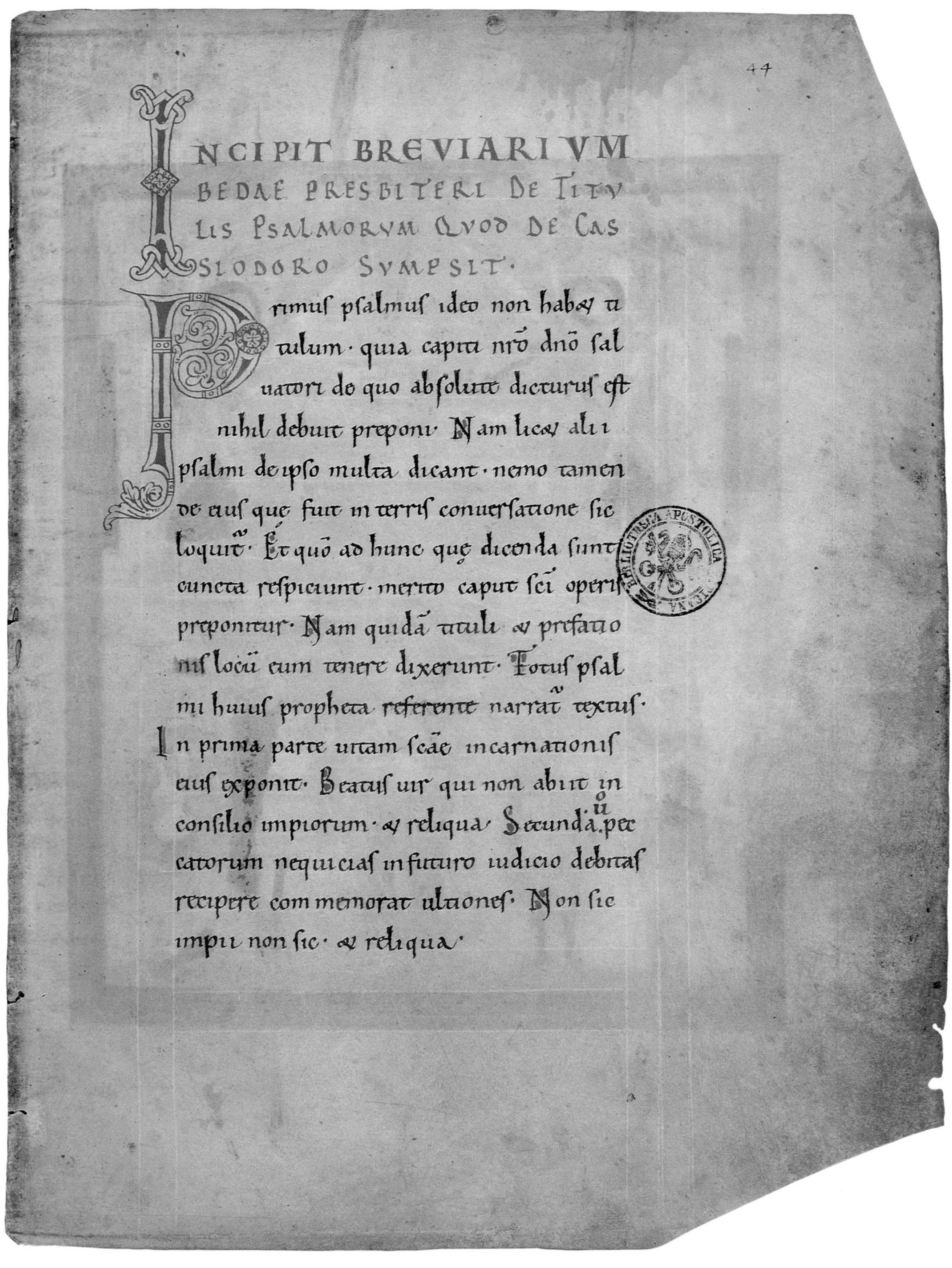

Psalterium vom Michaelskloster auf dem Heiligenberg
11. Jahrhundert
Beginn von Beda, De titulis psalmorum
Cod. Pal. Lat. 39, Fol. 44 r

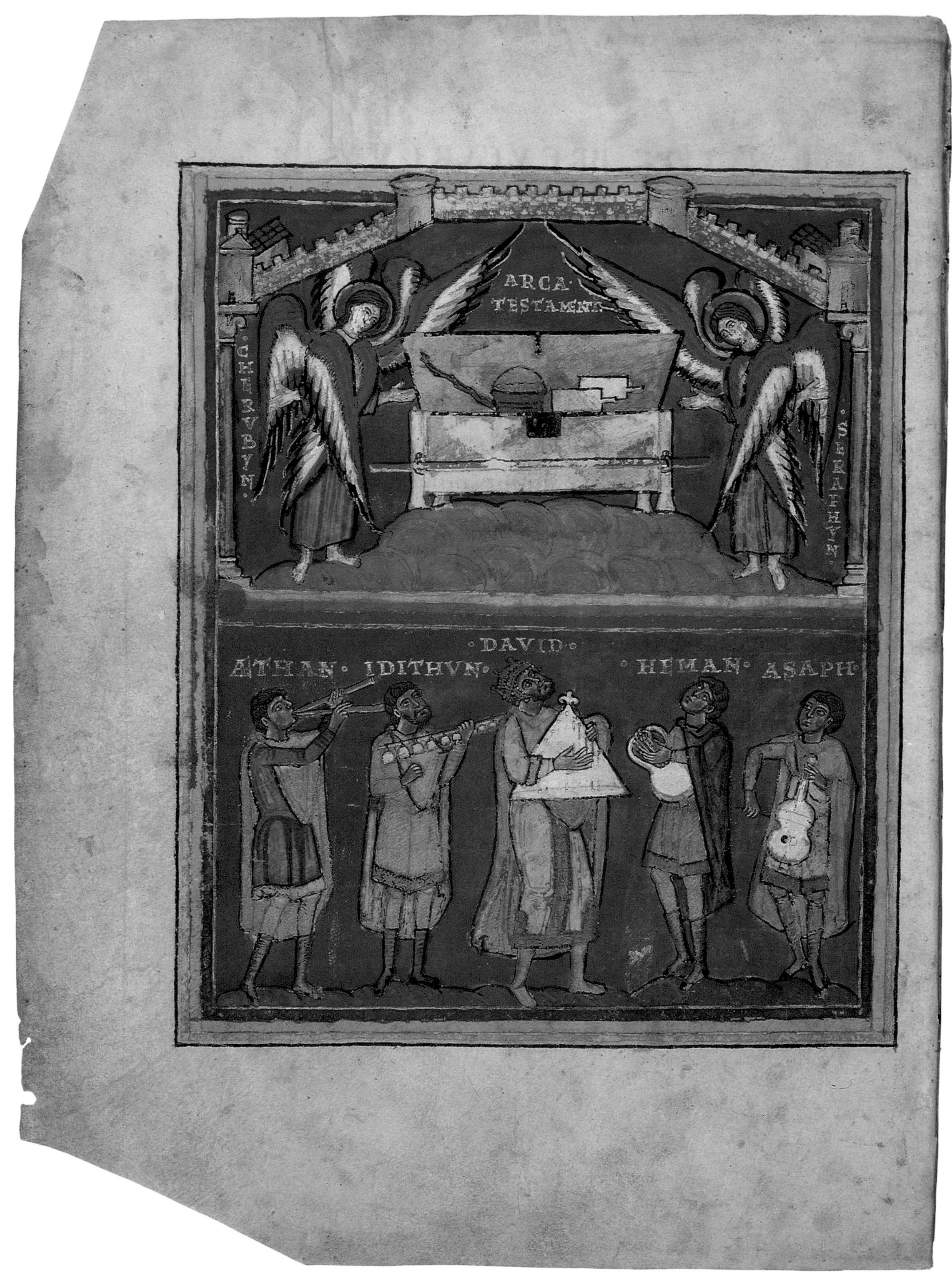

Psalterium vom Michaelskloster auf dem Heiligenberg
11. Jahrhundert
David vor der Bundeslade
Cod. Pal. Lat. 39, Fol. 44 v

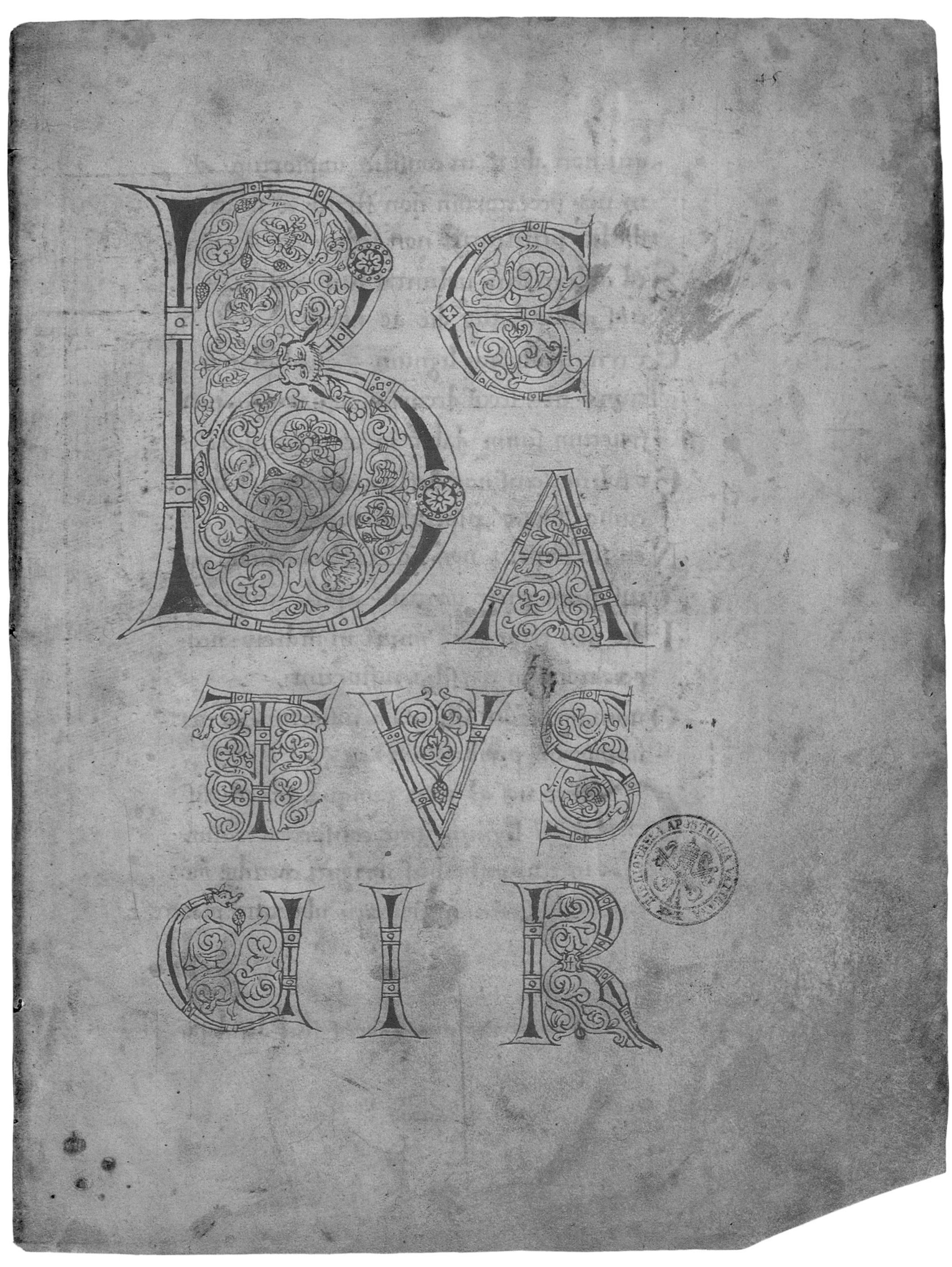

Psalterium vom Michaelskloster auf dem Heiligenberg
11. Jahrhundert
Beginn des 1. Psalms BEATVS UIR
Cod. Pal. Lat. 39, Fol. 45 r

PIVSPONTIFEX SCS MARTI
NVS DONA IN
DVLGENTIAM
hVMI LI
SERVO
TVO
EREM
BERTO
TE SVP
PLICAN
TI

Psalmen und Psalmenkommentar
Worms, 8. Jahrhundert
Bischof Erembert überreicht den Codex dem Hl. Martin
Cod. Pal. Lat. 67, Fol. 5 r

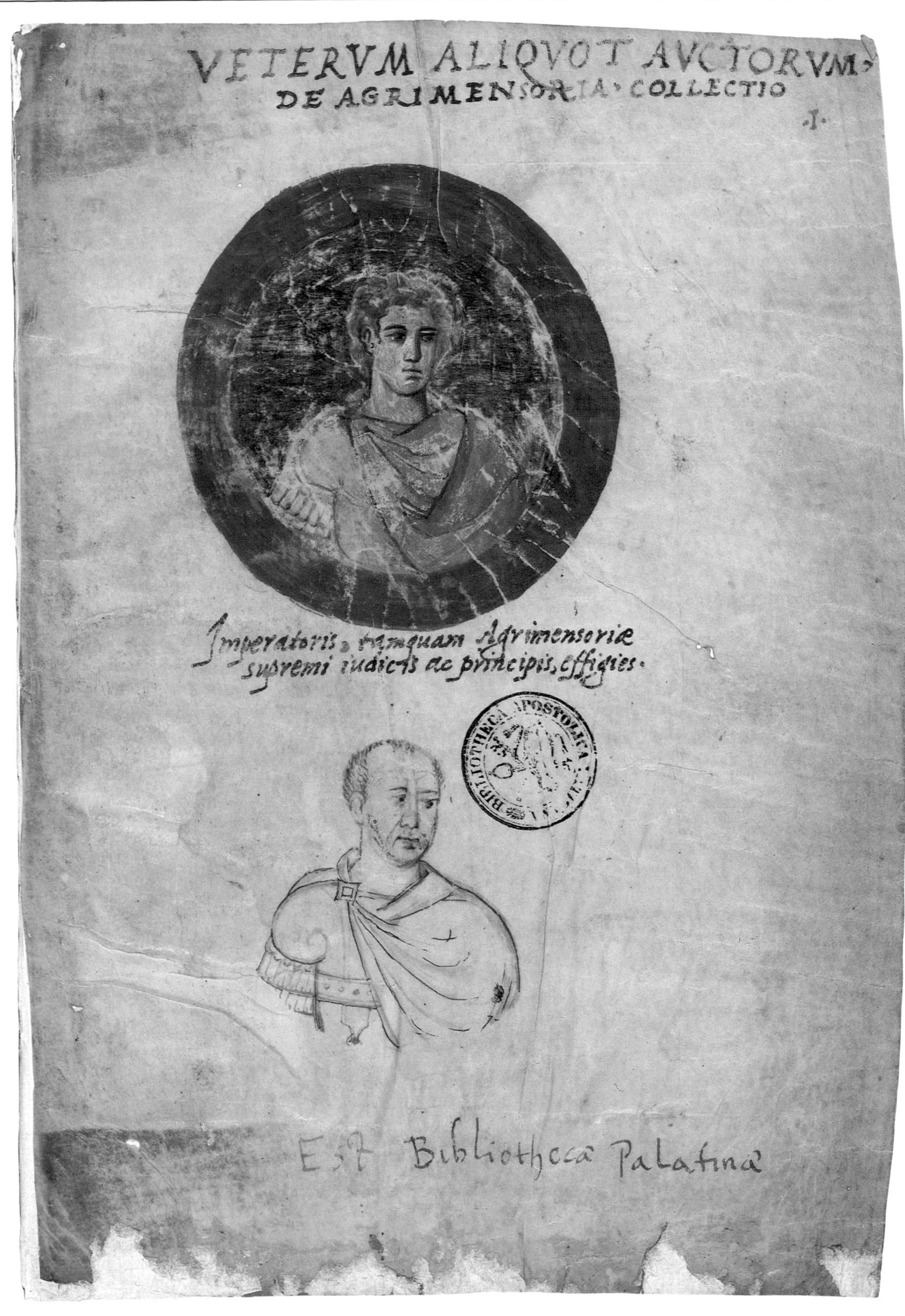
VETERVM ALIQVOT AVCTORVM
DE AGRIMENSORIA COLLECTIO
·I·
Imperatoris, tamquam Agrimensoriæ
supremi iudicis ac principis, effigies.
BIBLIOTHECA APOSTOLICA VATICANA
Est Bibliotheca Palatina

Karolingischer Agrimensorencodex
Lotharingien, 1. Hälfte 9. Jahrhundert
Medaillon eines Feldherrn nach spätantiker Kopie
Cod. Pal. Lat. 1564, Fol. 1 r

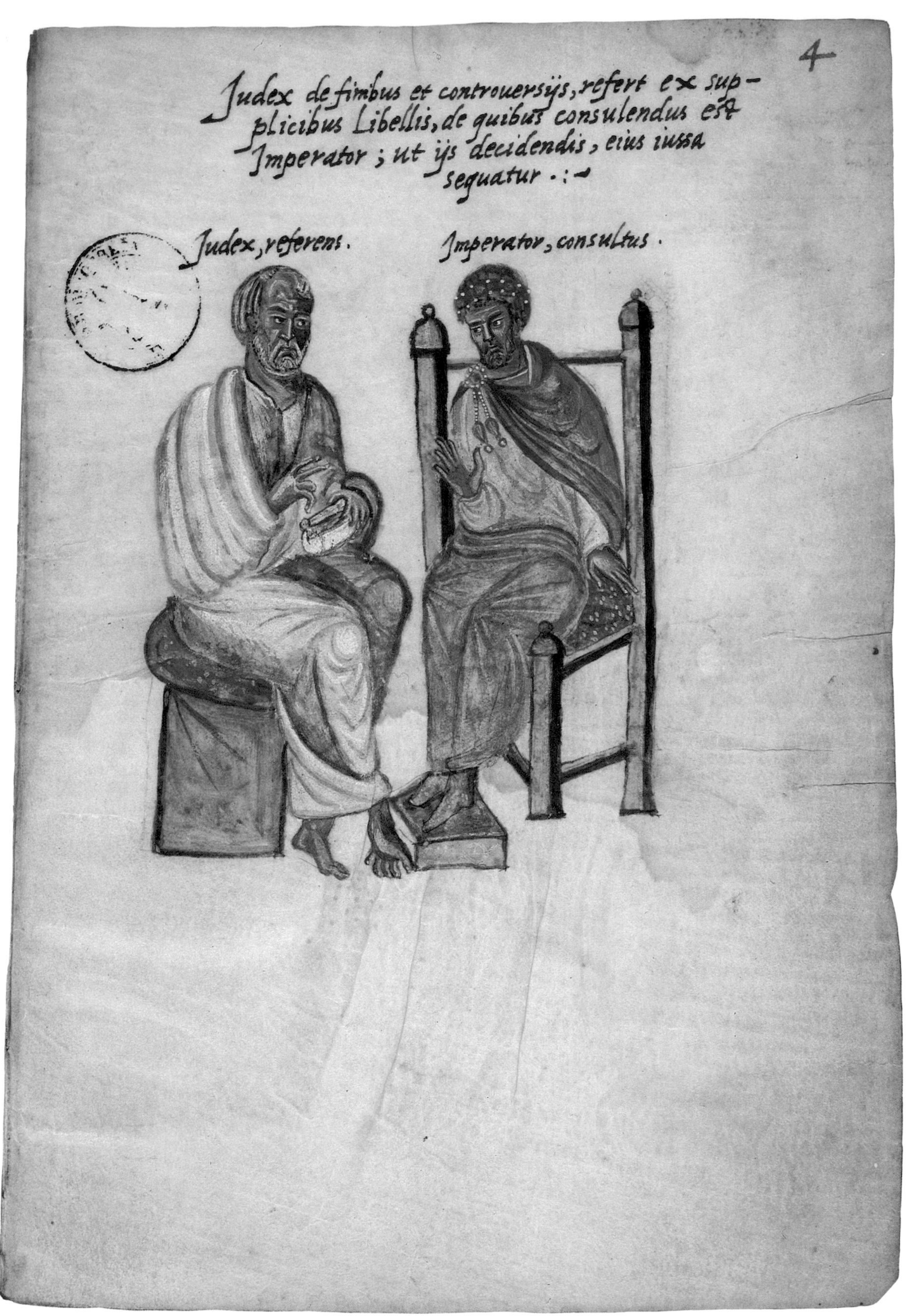

4
Judex de finibus et controuersijs, refert ex supplicibus Libellis, de quibus consulendus est Imperator; ut ijs decidendis, eius iussa sequatur .:.
Judex, referens.
Imperator, consultus.

Agrimensorencodex
Lotharingien, 1. Hälfte 9. Jahrhundert
Autorenbild: Gelehrter im Gespräch mit dem Kaiser
Cod. Pal. Lat. 1564, Fol. 4 r

miserint colonos uel ad ipsos priores municipiorum
populos cohercendos uel ad hostium incursus repellen
dos. colonias autem omnes maritimas appellauerunt
uel quod mare in his deducer&ur uel quod pluribus pla
c& maritimas appellari existimant ideo quod italia
ab alpibus in mare porrigatur atribus lateribus exte
ras gentes intueatur. a sicilia usq. ad galliam omne litus
africum est contrarium. rursus a leucop&ra pars que
ad mare attingit macedoniae & aliquã epyri partem
expectat. hadriaticum uero litus ylliricum contra se ha
b&. in his ergo litoribus romani colonos miserunt ut su
pra diximus qui ora italiae tuerentur aliae deinde
causae creuerunt. graccus colonos dare municipiis
uel ad supplendum ciuium numerum uelut supra dic
tum est ad cohercendos tumultus qui subinde moue
bantur. pra&erea legem tulit nequis in italia amplius
quam ducenta iugera possider&. intellegebat enim
contrarium esse minorem maiorem modum posside
re quam qui ab ipso possidente coli possit. ut uero ro
mani omnium gentium potiti sunt agros ex hoste
captos in uictorem populum partiti sunt. alios uero
quae est ager quaestorius agros uendiderunt ut sabinorum. Ager qui dicitur
quaestorius eum limitibus actis diuiserunt & denis
quibusdam quibusq. actibus laterculi quinquagena
iugera incluserunt atq. ita per quaestores populo ro
mano uendiderunt. postquam ergo maiores regi

Agrimensorencodex
Lotharingien, 1. Hälfte 9. Jahrhundert
Schriftseite in Karolingischer Minuskel
Cod. Pal. Lat. 1564, Fol. 29 v

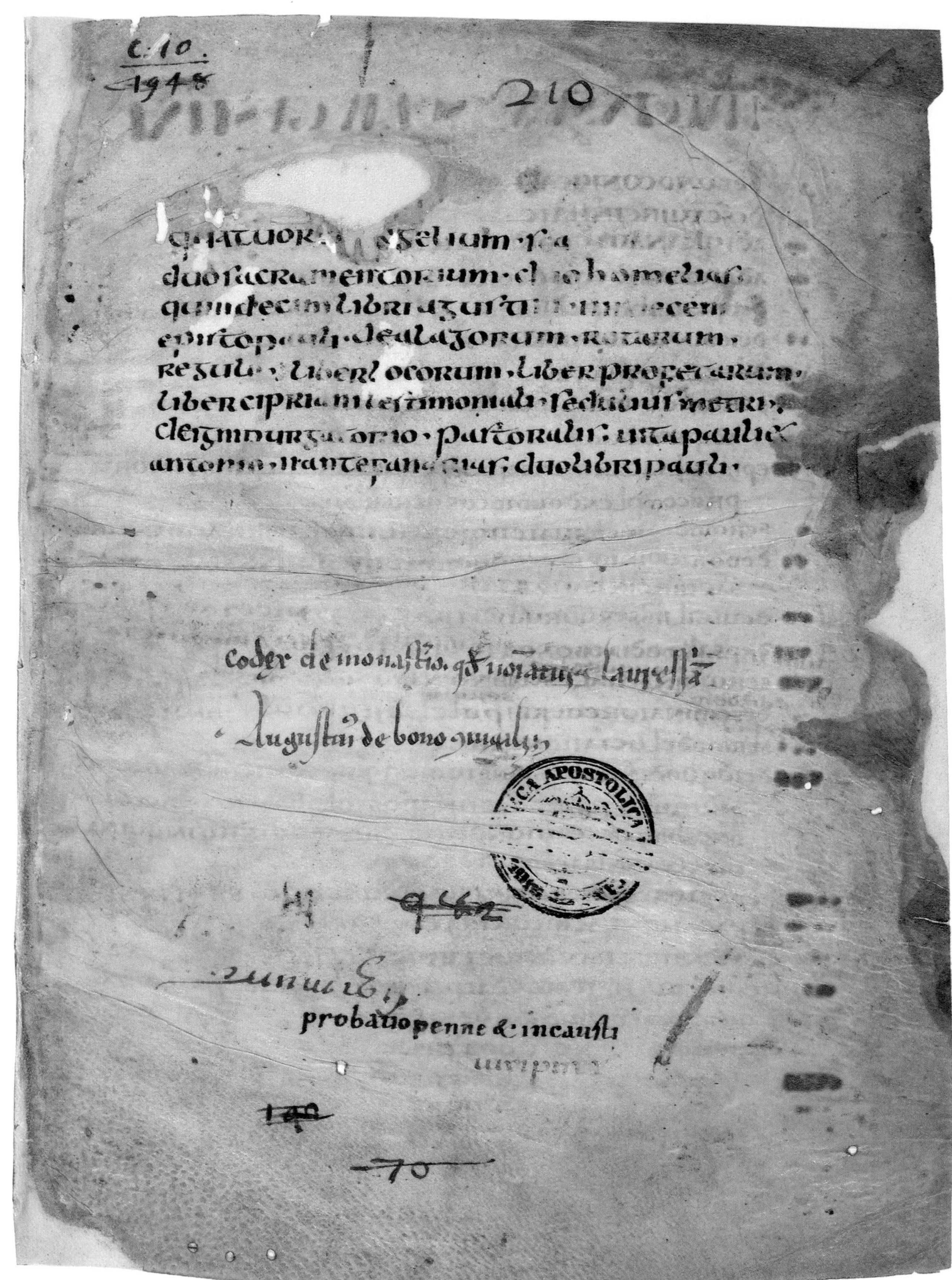

Augustinus, Opuscula
Unzialcodex aus Italien, um 600
Im 9. Jahrhundert im Besitz der Lorscher Klosterbibliothek
Cod. Pal. Lat. 210, Fol. 1 r

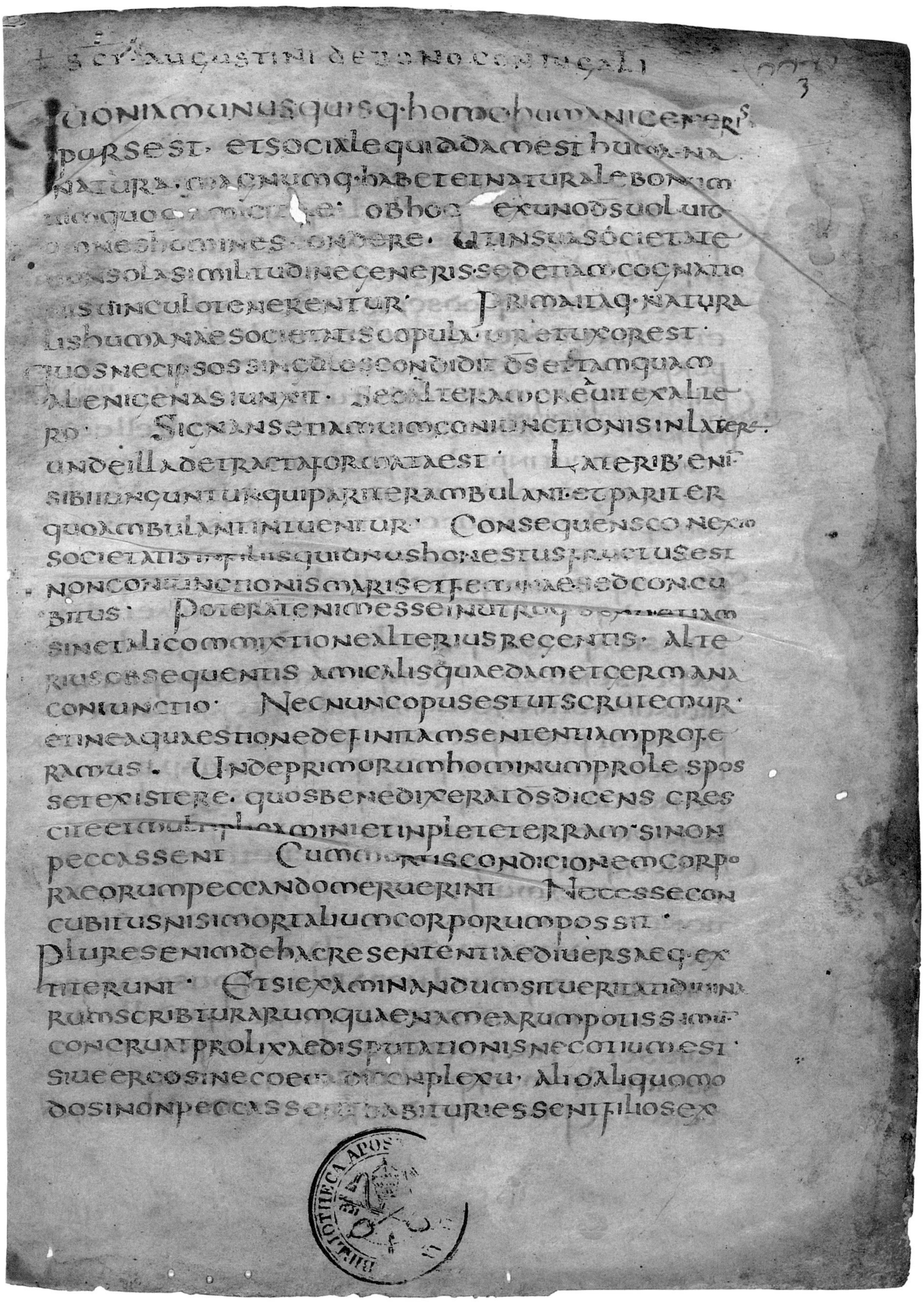
+ SCI AUGUSTINI DE BONO CONIUGALI 3
QUONIAM UNUSQUISQ· HOMO HUMANI GENERIS
PARS EST, ET SOCIALE QUIDDAM EST HUMANA
NATURA, MAGNUMQ· HABET ET NATURALE BONUM
UIM QUOQ· AMICITIAE: OB HOC EX UNO DS UOLUIT
HOMINES CONDERE. UT IN SUA SOCIETATE
NON SOLA SIMILITUDINE GENERIS SED ETIAM COGNATIO
NIS UINCULO TENERENTUR. PRIMA ITAQ· NATURA
LIS HUMANAE SOCIETATIS COPULA UIR ET UXOR EST.
QUOS NEC IPSOS SINGULOS CONDIDIT DS ET TAMQUAM
ALIENIGENAS IUNXIT. SED ALTERAM CREAUIT EX ALTE
RO. SIGNANS ETIAM UIM CONIUNCTIONIS IN LATERE
UNDE ILLA DETRACTA FORMATA EST. LATERIB· ENI
SIBI IUNGUNTUR QUI PARITER AMBULANT ET PARITER
QUO AMBULANT INTUENTUR. CONSEQUENS CONEXIO
SOCIETATIS IN FILIIS QUI UNUS HONESTUS FRUCTUS EST
NON CONIUNCTIONIS MARIS ET FEMINAE SED CONCU
BITUS. POTERAT ENIM ESSE IN UTROQ· SEXU ETIAM
SINE TALI COMMIXTIONE ALTERIUS REGENTIS. ALTE
RIUS OBSEQUENTIS AMICALIS QUAEDAM ET GERMANA
CONIUNCTIO. NEC NUNC OPUS EST UT SCRUTEMUR
ET IN EA QUAESTIONE DEFINITAM SENTENTIAM PROFE
RAMUS. UNDE PRIMORUM HOMINUM PROLES POS
SET EXISTERE. QUOS BENEDIXERAT DS DICENS CRES
CITE ET MULTIPLICAMINI ET INPLETE TERRAM. SI NON
PECCASSENT. CUM MORTALIS CONDICIONEM CORPO
RA EORUM PECCANDO MERUERINT. NEC ESSE CON
CUBITUS NISI MORTALIUM CORPORUM POSSIT.
PLURES ENIM DE HAC RE SENTENTIAE DIUERSAEQ· EX
TITERUNT. ET SI EXAMINANDUM SIT UERITATI DIUINA
RUM SCRIBTURARUM QUAENAM EARUM POTISSIMUM
CONGRUAT PROLIXAE DISPUTATIONIS NEGOTIUM EST.
SIUE ERGO SINE COEUNDI COMPLEXU. ALIO ALIQUO MO
DO SI NON PECCASSENT HABITURI ESSENT FILIOS EX

Augustinus, Opuscula
Italien, um 600
Unzialseite mit Beginn von Augustins „De bono coniugali"
Cod. Pal. Lat. 210, Fol. 3 r

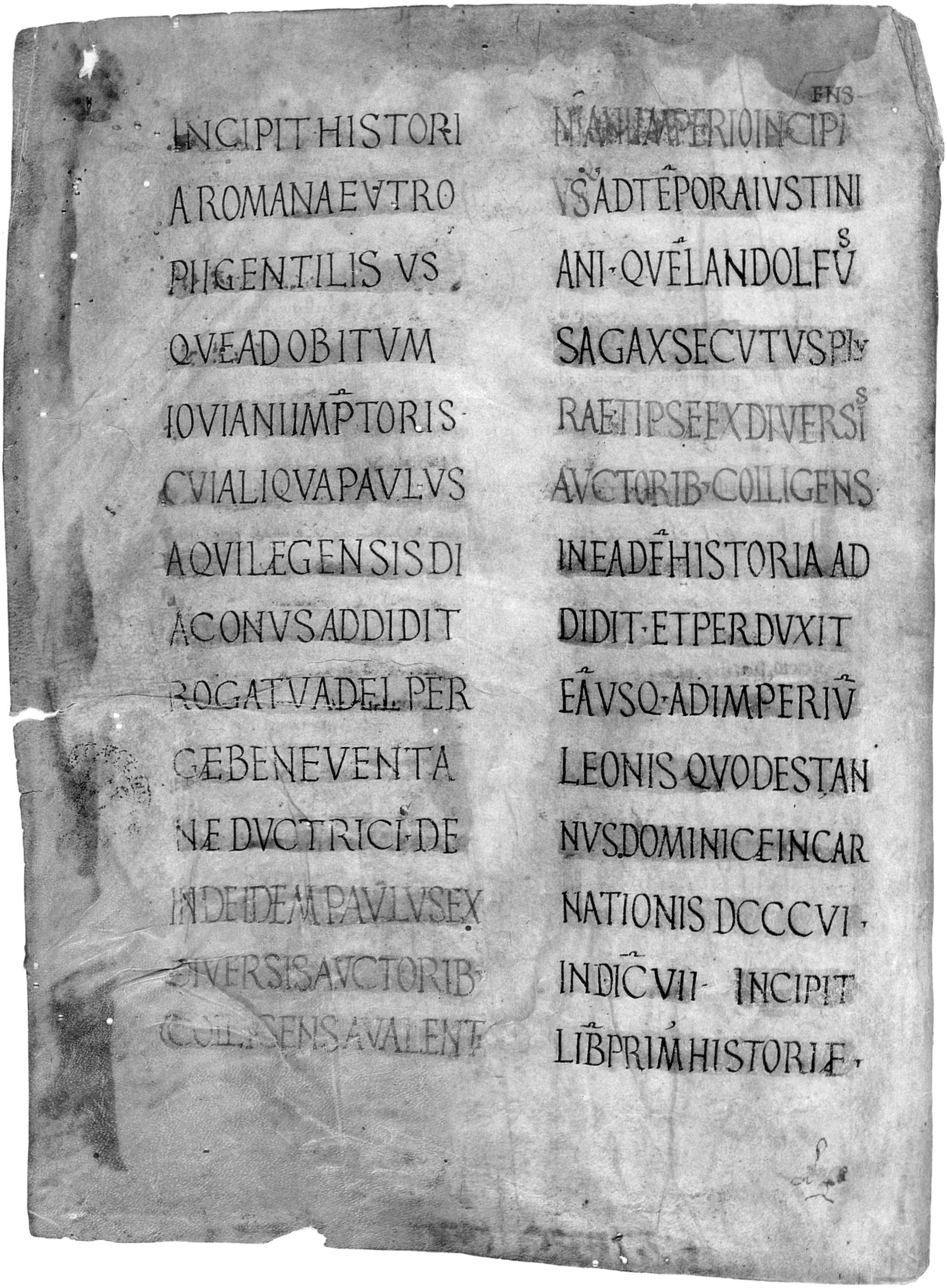
INCIPIT HISTORI
A ROMANA EVTRO
PII GENTILIS VS
QVE AD OBITVM
IOVIANI IMPTORIS
CVI ALIQVA PAVLVS
AQVILEGENSIS DI
ACONVS ADDIDIT
ROGATV ADELPER
GAE BENEVENTA
NAE DVCTRICI DE
INDE IDEM PAVLVS EX
DIVERSIS AVCTORIB
COLLIGENS A VALENT
NIANI IMPERIO INCIPI
VS AD TEPORA IVSTINI
ANI QVE LANDOLFVS
SAGAX SECVTVS PLV
RA ET IPSE EX DIVERSIS
AVCTORIB COLLIGENS
IN EA DE HISTORIA AD
DIDIT ET PERDVXIT
EA VSQ AD IMPERIV
LEONIS QVOD EST AN
NVS DOMINICE INCAR
NATIONIS DCCCVI
INDIC VII INCIPIT
LIB PRIM HISTORIAE

Eutropius, Historia Romana
Süditalien, 976–1025
Titelblatt in Capitalis rustica
Cod. Pal. Lat. 909, Fol. 1 v

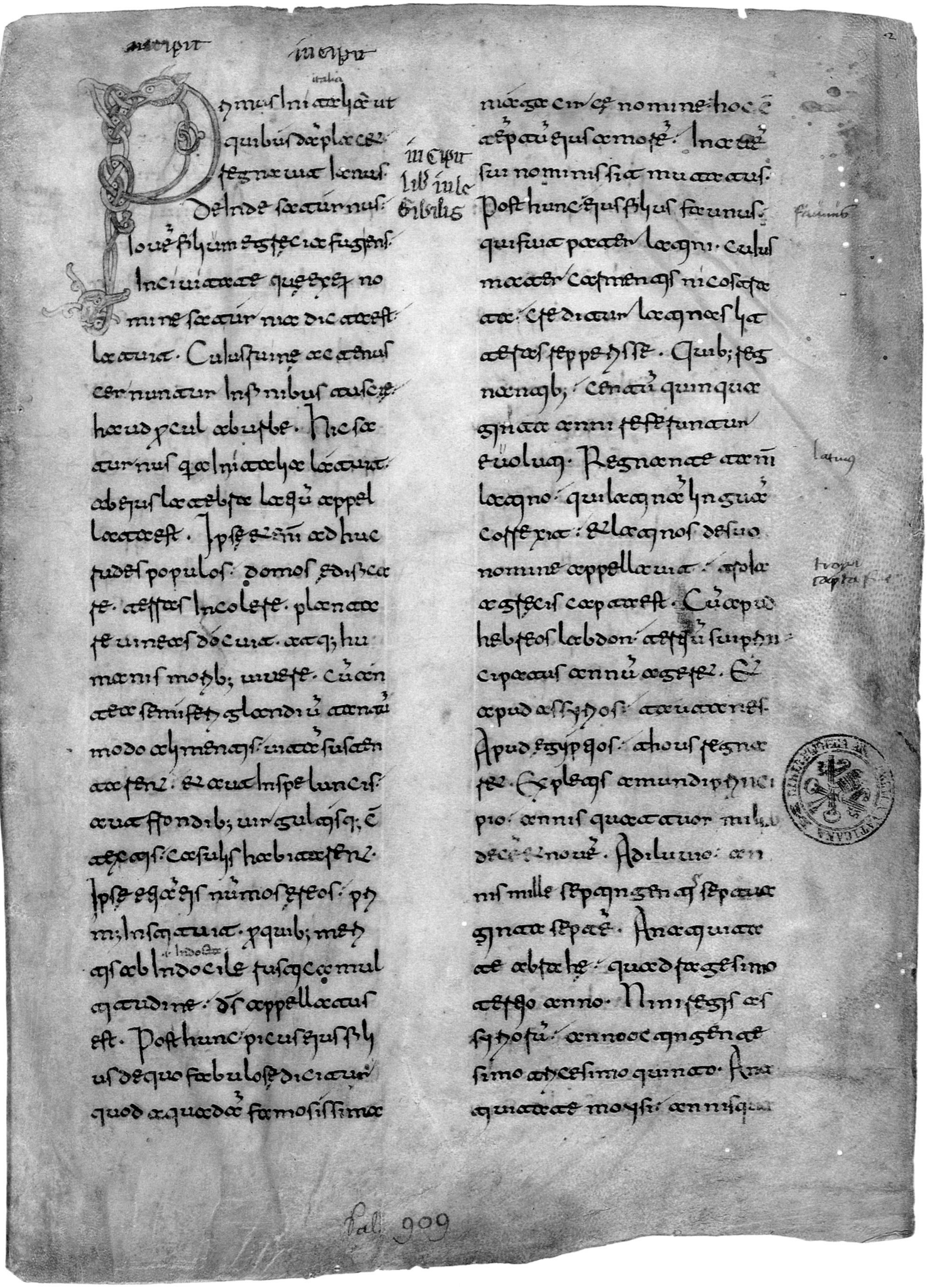

Eutropius, Historia Romana
Süditalien, 976–1025
Textseite (Beginn des Werks) in Beneventana-Schrift
Cod. Pal. Lat. 909, Fol. 2 r

ri· Hinc additur maximum commodum· quia tu instru
ctus paratusq; ordinantem & trepidum aduersarium p̄
occupas· pars enim uictoriae ē inimicum turbare antequā
dimices· XVIIII· QUIBUS REMEDIIS UIRTUTI UEL
DOLIS HOSTIUM RESISTATUR IN ACIE·
Exceptis superuentib; uel incursionib; repentinis· ex occasione
quā numquā dux exercitatus amittit, nā in itinerib; iā
fatigatis· fluminum transgressione diuisis· in paludib;
occupatis· in iugis montium laborantib;· in campis spar
sis atq; securis· in mansione dormientibus· oportunum
proelium semp̄ infertur· cum aliis negotiis occupatus ho
stis prius interimatur quam p̄parare se possit· Quod
si cauti sunt aduersarii· & insidiarum nulla sit copia·
tunc aduersus p̄sentes· scientes· uidentes· aequa condici
one pugnatur· Tam ars belli non minus in hoc aperto con
flictu· quam in occultis fraudib; adiuuat eruditos· Ca
uendū maxime· ne ab ala cornuq; sinistro quod saepi
us euenit. aut certe dextro quod licet raro contingit

Vegetius, De re militaria
Loire-Gegend, Mitte 9. Jahrhundert
Mit Capitalis Rustica des Lupus von Ferrières
Cod. Pal. Lat. 1572, Fol. 62 r

.i. De deo
.ii. De filio dei
.iii. De spiritu sancto
.iiii. De eadem trinitate
.v. De angelis

.i. De Adam
.ii. De patriarchis

.i. De pharaone
.ii. De prophetis

.i. De evangelistis
.ii. De martiribus
.iii. De ecclesia et synagoga
.iiii. De religione et fide et caritate
.v. De clericis
.vi. De monachis
.vii. De ceteris fidelibus christianis
.viii. De herese et scismate
.ix. De heresibz iudeorum
.x. De distinctionibus sectae fidei

.i. De veteri et novo testamento
.ii. De auctoritate earundem librorum
.iii. De annotatione qp continet scriptura
.iiii. De bibliotheca. nominis libris
.v. De opusculorum varietate
.vi. De canonibus evangeliorum
.vii. De canonibus conciliorum
.viii. De cyclo paschali

.ix. De officiis canonicis
.x. De hostiis olocaustis
.xi. De sacramentis divinis
.xii. De exorcismo
.xiii. De symbolo
.xiiii. De oratione et ieiunio
.xv. De penitentia satisfactione

.i. De homine et partibus eius
.ii. De situ et habitu corporis humani
.iii. Quomodo humana membra ascribantur dyabulo
.iiii. De etatibus hominis
.v. De generatione prosapia
.vi. De ordinibus filiorum
.vii. De agnatis et cognatis
.viii. De coniugiis
.ix. De morte
.x. De portentis
.xi. De pecoribus et iumentis

.i. De bestiis
.ii. De minutis animantibus
.iii. De serpentibus
.iiii. De vermibus
.v. De piscibus
.vi. De avibus
.vii. De minutis avibus

.i. De sidere et quatuor plagis mundi
.ii. De thonis
.iii. De elementis
.iiii. De celo
.v. De partibus celi
.vi. De ianuis celi
.vii. De cardinibus
.viii. De luce
.ix. De luminaribus
.x. De sole

.xi. De luna
.xii. De syderibus
.xiii. De pliadibus et arturo
.xiiii. De arturo
.xv. De orione et hiadibus
.xvi. De lucifero
.xvii. De vespere
.xviii. De aere
.xix. De nubibus
.xx. De tonitru et fulgore et coruscatione
.xxi. De arcu celesti et nacionibz
.xxii. De igne
.xxiii. De pruina
.xxiiii. De carbonibus
.xxv. De cineribus
.xxvi. De ventis
.xxvii. De aura et altano
.xxviii. De turbine
.xxix. De tempestatibus
.xxx. De procella

.i. De temporibus
.ii. De momentis
.iii. De horis
.iiii. De diebus
.v. De partibus diei
.vi. De nocte
.vii. De septem partibus noctis
.viii. De tenebris
.ix. De ebdomadibus
.x. De mensibus
.xi. De vicissitudinibus temporum
.xii. De anno
.xiii. De seculo
.xiiii. De sex etatibus mundi
.xv. De festivitatibus
.xvi. De sabbato
.xvii. De dominica die

Hrabanus Maurus, De rerum naturis
Amberg (?), 1425
Miniatur mit Maria und Jesuskind, dem knienden Stifter Kurfürst Ludwig III. und dem hl. Georg
Cod. Pal. Lat. 291, Fol. 1 r

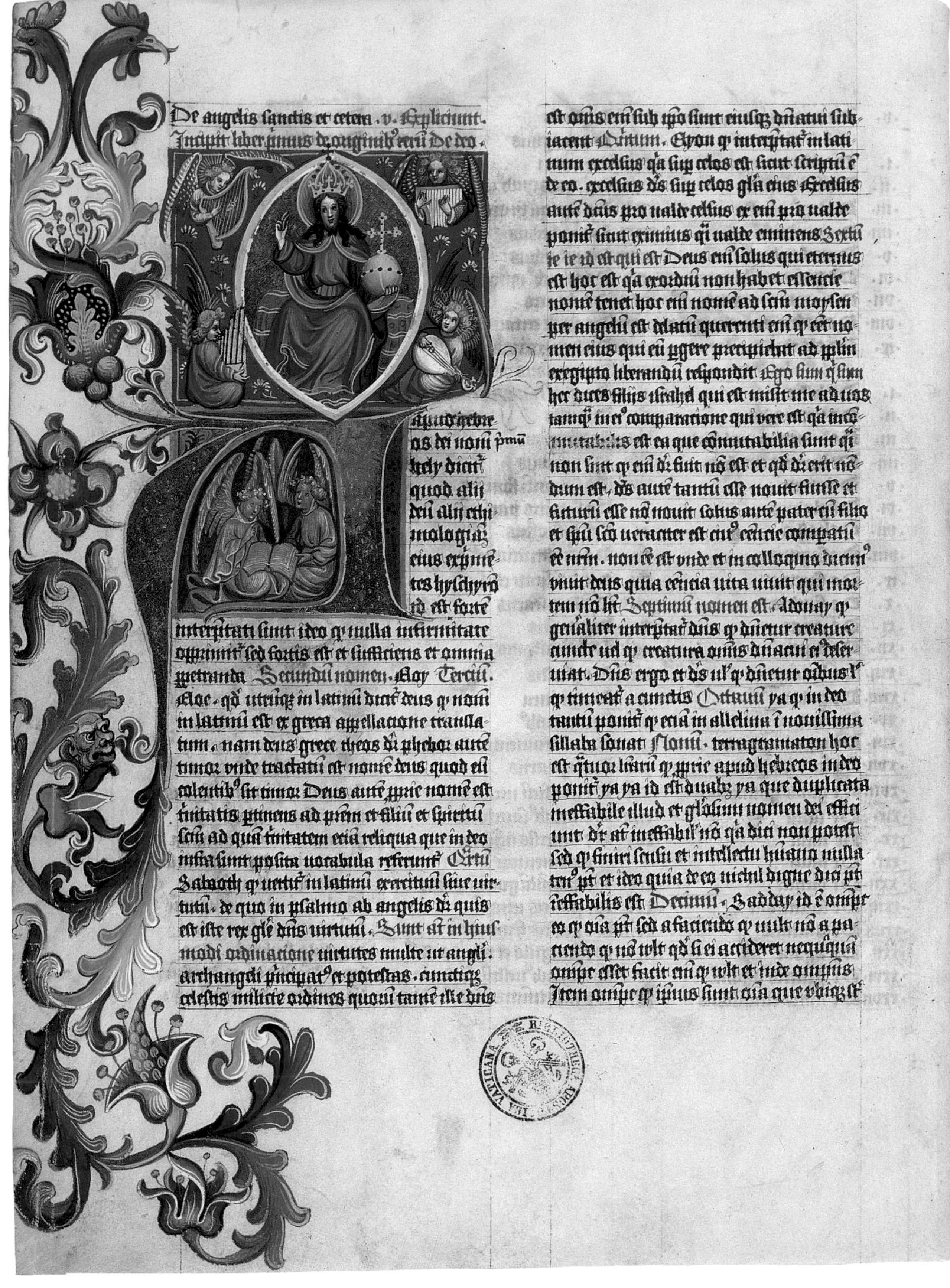

Hrabanus maurus, De rerum naturis
Amberg (?), 1425
Textbeginn mit Miniatur der Maiestas Domini, Initiale A und floralem Rankenornament
Cod. Pal. Lat. 291, Fol. 2 v

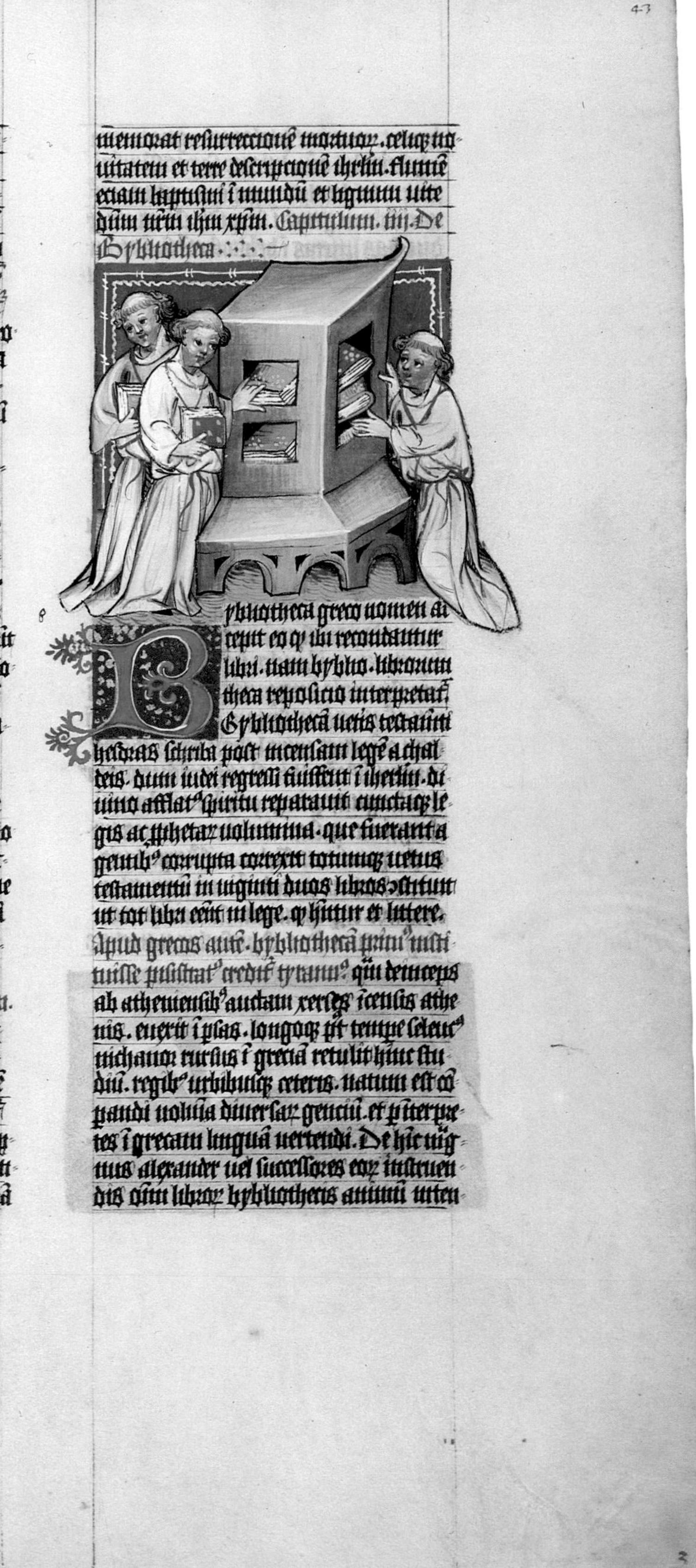

Hrabanus Maurus, De rerum naturis
Amberg (?), 1425
Beginn des Kapitels „De Bybliotheca" mit Miniatur einer Bibliothek
Cod. Pal. Lat. 291, Fol. 43 r

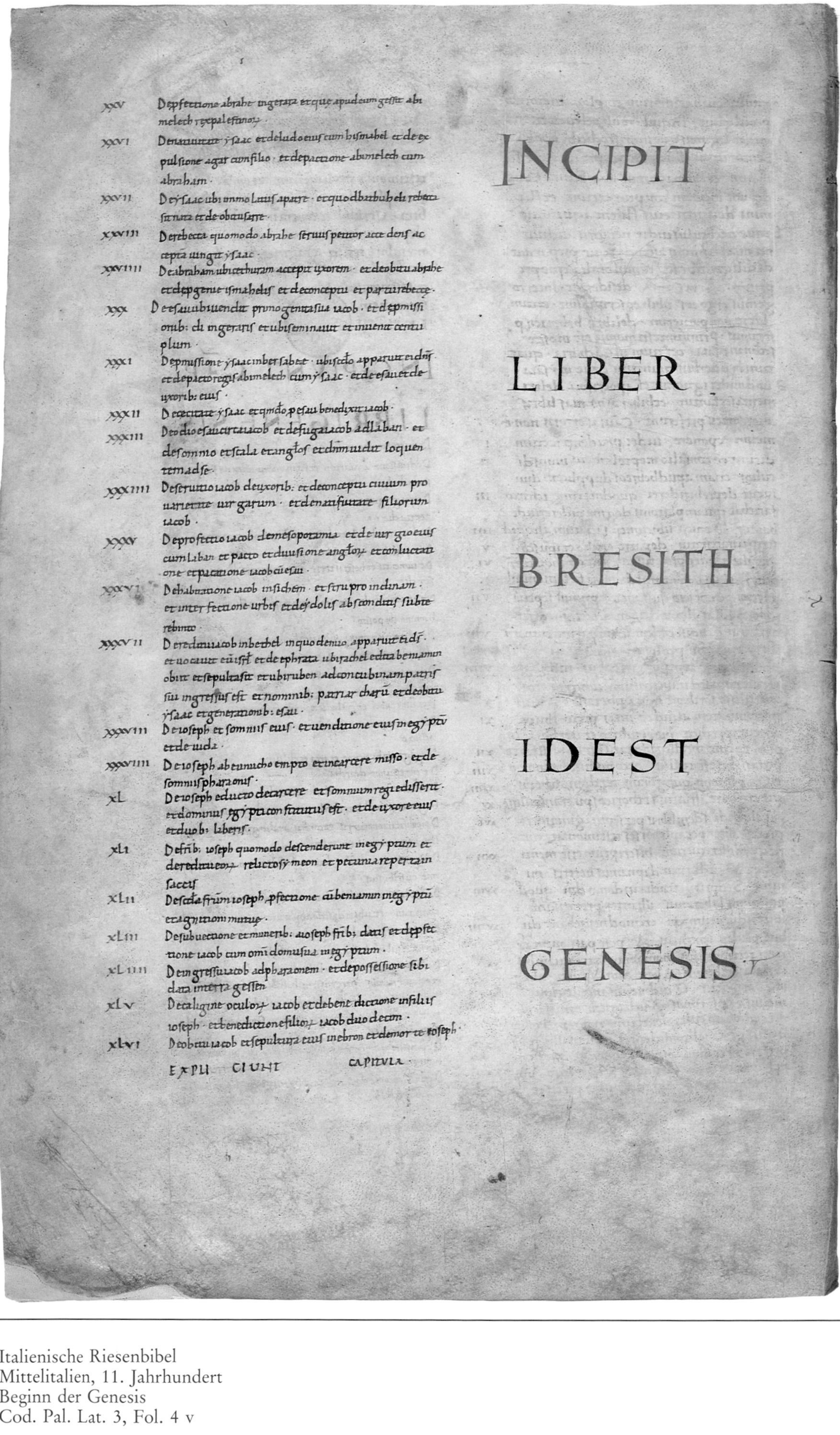

EXPLICIUNT CAPITULA

INCIPIT

LIBER

BRESITH

IDEST

GENESIS

Italienische Riesenbibel
Mittelitalien, 11. Jahrhundert
Beginn der Genesis
Cod. Pal. Lat. 3, Fol. 4 v

xxv Dexpfectione abrahe ingerata etque apud eum gessit abi
melech rgepal estanor

xxvi Denatiuitate ysaac et delusio eius cum hismahel et de ex
pulsione agar cum filio · et de pactione abimelech cum
abraham

xxvii De ysaac ubi unmo latus aparet · et quod battuhel rebecca
sunata et de obausarte

xxviii De rebecca quomodo abrahe seruus petitor accedens ac
cepta uingit ysaac

xxviiii De abraham ubi cethuram accepit uxorem · et de obitu abrahe
et de progenie ismahelis et de conceptu et parturite recce

xxx De esau ubi uendit primogenita sua iacob · et de promissi
onib; di ingeratis et ubi seminaut et inuenit centu
plum

xxxi De promissione ysaac in ber sabee · ubi sectio apparuit ei dns
et de pacto regis abimelech cum ysaac · et de esau et de
uxorib; eius

xxxii De cecitate ysaac et qumodo p esau benedixit iacob

xxxiii De odio esau erga iacob et de fuga iacob ad liban · et
de somnio et scala et anglos et dnm uidit loquen
tem ad se

xxxiiii De seruitio iacob de uxorib; et de conceptu ciuum pro
uarietate uirgarum · et de natiuitate filiorum
iacob

xxxv De profectio iacob de mesopotamia et de uir gioeius
cum liban et pacto et de uisione anglos et con luctati
one et de pactione iacob cu esau

xxxvi De habitatione iacob in sichem · et si tu pro inclinam ·
et inter sectione urbis et de scelolis abscondens subtere
rebinto

xxxvii De reditu iacob in bethel in quo denuo apparuit ei dns
et uocauit eum isrl et de ephrata ubi rachel edita bemiamin
obiit et sepultas est et ubi ruben ad concubinam patris
sui ingressus est et nominib; patriar charu et de obitu
ysaac et generationib; esau

xxxviii De ioseph et somnis eius · et uenditione eius in egy ptu
et de uictu

xxxviiii De ioseph ab eunucho empto et in carcere misso · et de
somnis pharaonis

xL De ioseph educto de carcere · et somnium regi edisserit
et de dominus egy ptic fatutus est · et de uxore eius
et duob; liberis

xLi De scrib; ioseph quomodo descenderunt in egy ptum et
de reditu eor reliectos meon et pecunia reperta in
saccis

xLii De scla frum ioseph psectione au beniamin in egy ptu
et agnitioni missus

xLiii De subuectione et munerib; au ioseph frib; datis et de psec
tione iacob cum omi domus sua in egy ptum

xLiiii De ingressu iacob ad pharaonem · et de possessione sibi
data in terra gessen

xLv De caligine oculos iacob et de benedictione in filius
ioseph · et benedictione filios iacob duodecim

xLvi De obitu iacob et sepultura eius in ebron et de mor te ioseph

EXPLI CIUHT CAPITVLA

INCIPIT

LIBER

BRESITH

IDEST

GENESIS

Italienische Riesenbibel
Mittelitalien, 11. Jahrhundert
Gn 1, 3–5 Scheidung von Licht und Finsternis, Gn. 1, 28–30 Übergabe der Schöpfung an das erste Menschenpaar
Cod. Pal. Lat. 3, Fol. 5 r

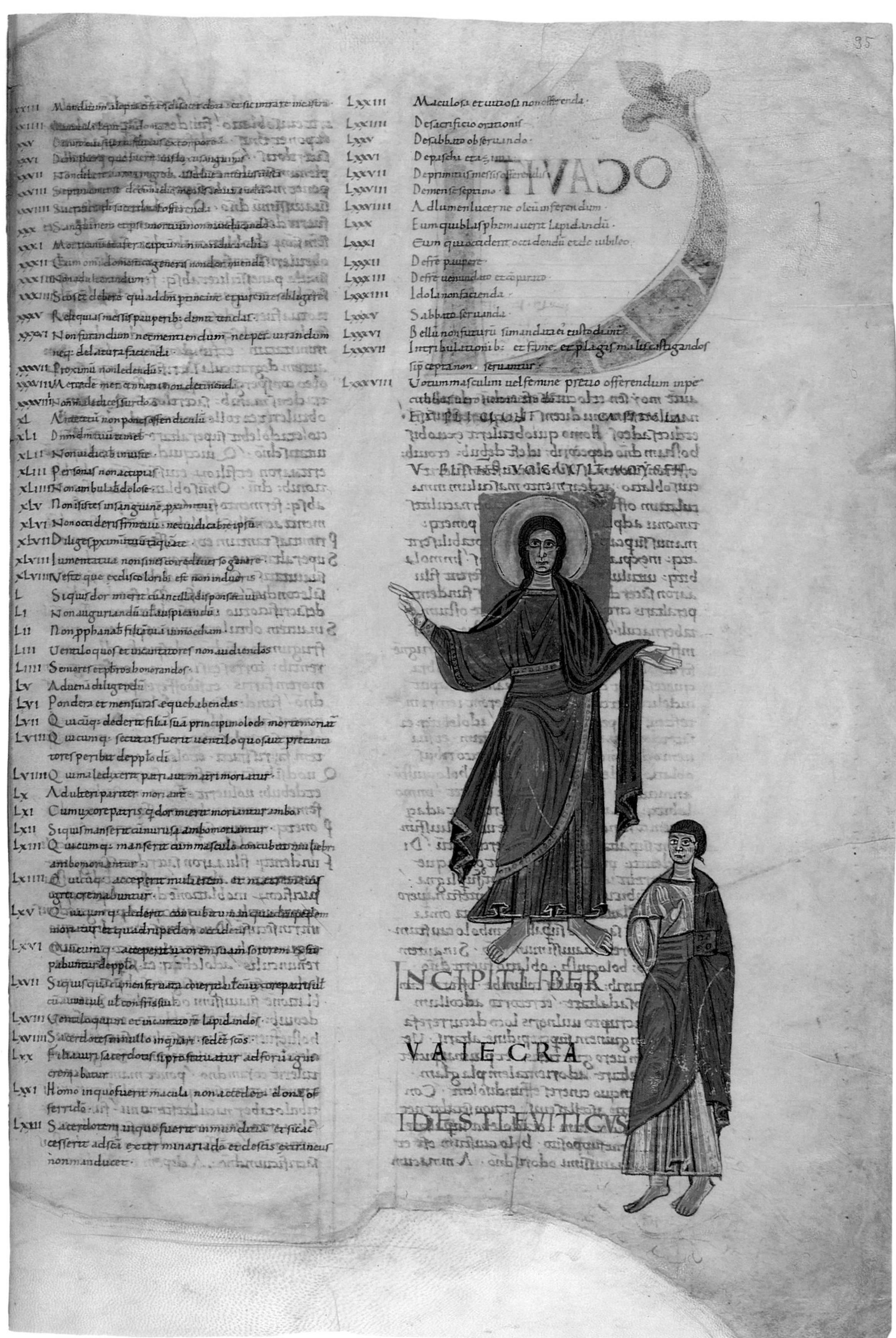

Italienische Riesenbibel
11. Jahrhundert
Beginn des Buches Leviticus
Cod. Pal. Lat. 3, Fol. 35 r

AD ALFONSUM CLARISSIMUM ARAGONUM REGEM IANNOZII MANETTI PREFATIO IN NOVA TOTIUS PSALTERII DE HEBRAICA VERITATE TRADUCTIONE INCIPIT FELICITER.

QVANTO ingentiora gloriosissime et princeps excellentium virorum erga quoscunque homines extant beneficia, tanto profecto secundum celebratam veterum philosophorum sententiam maiora apud illos qui ea susceperunt obligationum vincula remanere restareque videntur. Cum et igitur maiestati tue permultum ob excellentiam virtutum tuarum quibus deditissimus sum, partim etiam ob plurima ac maxima beneficia variis temporibus abs te suscepta omnia debeam nimirum vehementia et efficacia quadam solide ac vere gratitudinis mee inditia non solum tibi sed cunctis quoque presentibus et posteris et hominibus ad quorum manus hec nostra litterarum monumenta pervenerunt nuper ostendere ac et demonstrare constitui. Nam cum poetis oratoribus et historicis ac ceteris huiusmodi humanitatis studiis quibus in adolescentia assiduam operam navaveras penitus et omnino pretermissis te ad et gymnasia philosophie et ac divine sapientie que greco unico verbo theologia appellatur omnibus animi et corporis ceu dicitur viribus merito cum ob et illius vere et non adumbratis sapientie dignitatem tum quoque ob et persone tue sublimitatem conversum fuisse intelligerem ac plane aperteque conspicerem nempe maioribus gravioribus dignioribus atque sane his novis facultatibus tuis et accommodatioribus litterariis laboribus nostris que antea tecum dum inter et poetica versabamur ludere consueveram deinceps agere operarique decrevi. Cum enim vere ac solide utriusque et prisce et moderne ut ita dixerim theologie fundamenta in cunctis veteris ac novi testamenti codicibus tantummodo omnium doctorum hominum consensu iaciantur atque ambo illa a veris hebreorum ac grecorum fontibus in latinam linguam traducta ab ipsis a quibus ea suscepimus quotidie carpi laceratique acciperem pro virili mea ulterius equo animo ferre ac tolerare non potui. Quocirca hac precipua et causa adductus laborem nove amborum testamentorum traductionis non iniuria nuper assumpsi. Licet vero hoc quodcunque est opus magnum et arduum ac mea quidem sententia herculeum pro prias vires longe excellens

Psalterium triplex des Humanisten Giannozzo Manetti
mit Widmung an Alfons V., König von Neapel
Cod. Pal. Lat. 41, Fol. 2 r

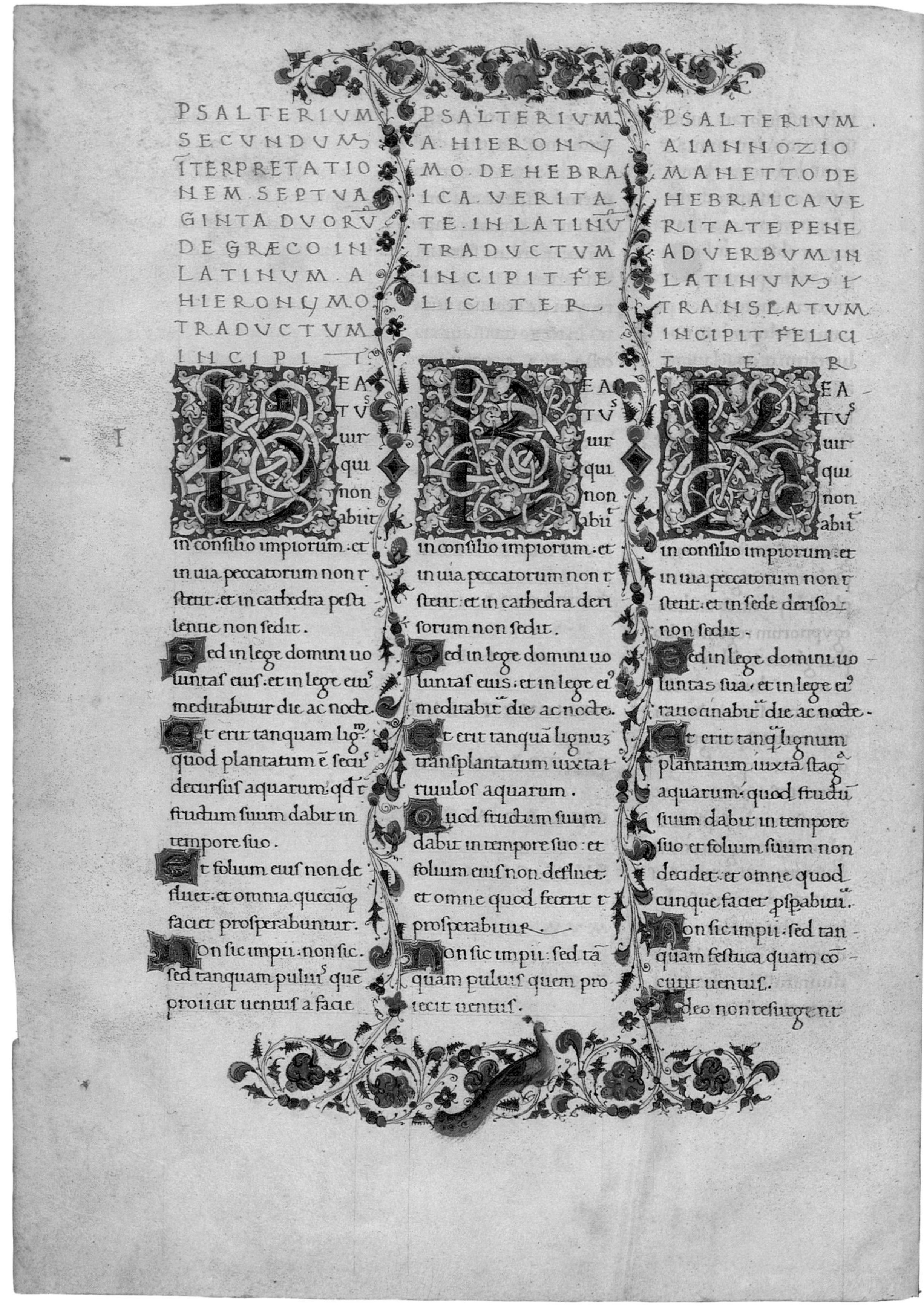

PSALTERIVM SECVNDVM ITERPRETATIONEM SEPTVAGINTA DVORV DE GRÆCO IN LATINVM A HIERONYMO TRADVCTVM INCIPIT

BEATVS uir qui non abiit in consilio impiorum: et in uia peccatorum non stetit: et in cathedra pestilentie non sedit.

Sed in lege domini uoluntas eius: et in lege eius meditabitur die ac nocte.

Et erit tanquam lignum quod plantatum est secus decursus aquarum: quod fructum suum dabit in tempore suo.

Et folium eius non defluet: et omnia quecumque faciet prosperabuntur.

Non sic impii: non sic: sed tanquam puluis quem proicit uentus a facie

PSALTERIVM A HIERONYMO DE HEBRAICA VERITATE IN LATINV TRADVCTVM INCIPIT FELICITER

BEATVS uir qui non abiit in consilio impiorum: et in uia peccatorum non stetit: et in cathedra derisorum non sedit.

Sed in lege domini uoluntas eius: et in lege eius meditabitur die ac nocte.

Et erit tanquam lignum transplantatum iuxta riuulos aquarum.

Quod fructum suum dabit in tempore suo: et folium eius non defluet: et omne quod fecerit prosperabitur.

Non sic impii: sed tanquam puluis quem proiecit uentus.

PSALTERIVM A IANNOZIO MANETTO DE HEBRAICA VERITATE PENE AD VERBVM IN LATINVM TRANSLATVM INCIPIT FELICITER

BEATVS uir qui non abiit in consilio impiorum: et in uia peccatorum non stetit: et in sede derisorum non sedit.

Sed in lege domini uoluntas sua: et in lege eius ratiocinabitur die ac nocte.

Et erit tanquam lignum plantatum iuxta stagna aquarum: quod fructum suum dabit in tempore suo et folium suum non decidet: et omne quodcunque faciet prosperabitur.

Non sic impii: sed tanquam festuca quam conterit uentus.

Ideo non resurgent

Manettis Psalterium triplex
Beginn des Psalterium Gallicanum,
des Psalterium iuxta Hebraeos und Manettis Psalter-Übersetzung
Cod. Pal. Lat. 41, Fol. 3 v

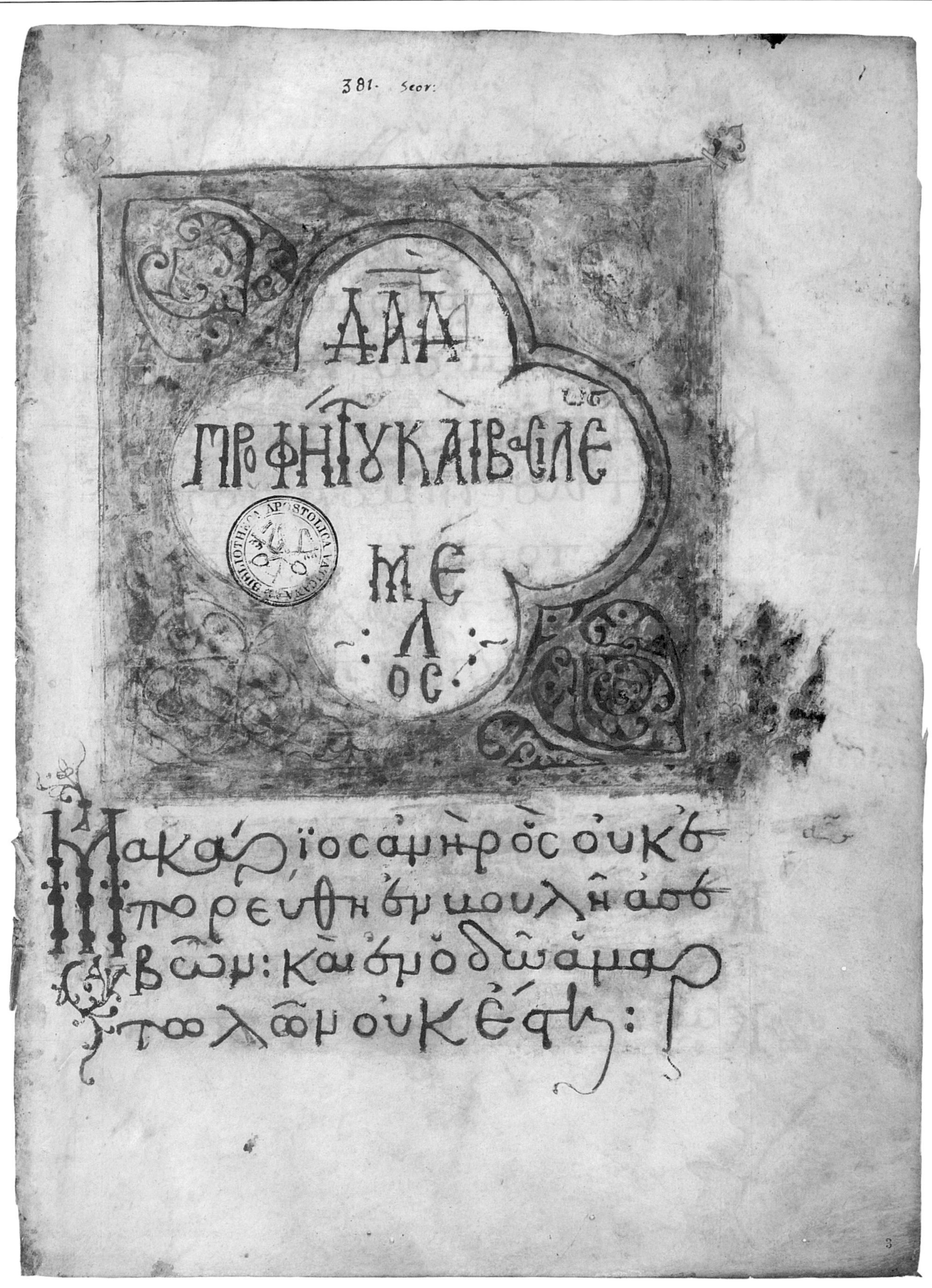

Palatina-Psalter
Konstantinopel, 13. Jahrhundert
Beginn der Psalmen
Cod. Pal. Gr. 381, Fol. 1 r

IV

ⲙⲓ
ⲭⲁ
ⲏⲗ

ⲓ̅ⲥ̅

ⲓ̅ⲥ̅ ⲁⲛⲁⲃⲗⲉⲯⲁⲥⲧⲟ
ⲟ ⲫⲑⲁⲗⲙⲟⲓⲥ ⲓⲇⲉ
ⲉⲥⲧⲏⲕⲟⲧⲁⲉⲛⲁⲛⲧⲓ
ⲓ̅ⲥ̅ ⲏⲣⲟⲙⲫⲁⲓⲁⲉⲥⲡⲁ
ⲉⲛⲧⲏⲭⲉⲓⲣⲓⲇⲓⲧⲟ
ⲥⲉⲗⲑⲱⲛ ⲓⲏⲥⲟⲩⲥ
ⲁⲩⲧⲱ ⲏ ⲙⲉⲧⲉⲣⲟⲥ
ⲩⲡⲉⲛⲁⲛⲧⲓⲱⲛ

ⲁⲩⲧⲱ ⲉⲧⲱ ⲁⲣⲭ
ⲅⲟⲥ ⲇⲩⲛ ⲁⲙⲉ ⲱ
ⲛⲩⲛⲓ ⲡⲁⲣⲁ

ⲧⲣⲁⲥ ⲇⲓⲉⲣⲟⲧⲟⲙⲟⲩ ⲓ̅ⲥ̅ ⲕⲁ ⲇⲓ
ⲧⲟⲩⲥ ⲩⲓⲟⲩⲥ ⲓ̅ⲏ̅ⲗ̅ ⲉ ⲡ ⲧⲟⲩ ⲓⲥⲁ

ⲓ̅ⲥ̅ ⲉ ⲡⲉ ⲥⲉⲛ ⲉⲡⲓ ⲡⲣⲟⲥⲱ
ⲡⲟⲛ ⲉⲡⲓ ⲧⲏⲛ ⲅⲏⲛ ⲓ̅ⲥ̅
ⲉⲓⲡⲉⲛ ⲁⲩⲧⲱ ⲇⲉⲥⲡⲟⲧⲁ ⲧⲓ ⲡⲣⲟⲥⲧⲁⲥⲥⲉ ⲓ̅ⲥ̅ ⲧⲓ
ⲓ̅ⲥ̅ ⲗⲉ ⲧ ⲉⲓ ⲁⲩⲧⲱ ⲗⲩⲥⲟⲛ ⲧⲟ ⲩ̅ⲡ̅ⲟ̅ⲇ̅ⲏⲙⲁ ⲇ ⲉⲥⲧⲱⲛ
ⲟ ⲅⲁⲣ ⲧⲟ ⲡⲟⲥ ⲉⲫ ⲟⲛ ⲥⲩ ⲉ ⲥⲧⲏⲕⲁⲥ ⲁ̅ ⲏⲟⲥ ⲉⲥ

ⲓ̅ⲏ̅ⲥ̅ⲟⲩⲥ ⲟ ⲧⲟⲩⲣ

Josua-Rolle
Konstantinopel, 10. Jahrhundert
Josua begegnet dem Erzengel Michael
Cod. Pal. Gr. 431, Segment IV

Josua-Rolle
Konstantinopel, 10. Jahrhundert
Der Fall der Stadt Jericho
Cod. Pal. Gr. 431, Segment V

ἡ κιβωτος της διαθη
κης κῡ·–

ἱερεις κῡ

Καὶ ἐσάλπισαν ταῖσ σάλπιγξιν οἱ ἱερεις ὡσ δὲ ἤκουσεν ὁ λαὸσ τὴν φωνὴν τῶν σάλπισ
πόλιν ἕκαστοσ ἐξ εναντίασ ἑαυτοῦ ἰσ κατελάβετο τὴν πόλιν ἐξ άνεθεμάτισαν

ἄνδρες
ἱεριχώ

λαξενολαοσαμα̣α̣λλαπωμμεπολως̣ι̣ε̣χρῳξειλεενᾶπανͅτοτειχοεͅκυκλοθεν̣ι̣ξͅανεβηπᾶεολαεεειͅτην
ξͅοεᾳπͅνͅεͅπͅτͅῃπολειᾶποᾶνͅδ̣ρͅοεͅι̣ξͅεͅῳεͅγυναικοεͅᾶπονελπιεκον̣ι̣ξͅπρεεͅβͅυτερουͅι̣ξͅͅῳεͅμοεχουͅι̣ξͅͅεͅῳεͅπροβᾶ
τουͅξͅͅυͅποͅμͅυͅεͅͅιͅονͅεͅπͅτͅοͅμͅᾳͅͅι̣ρͅομͅφͅᾶι̣ͅᾶεͅ:

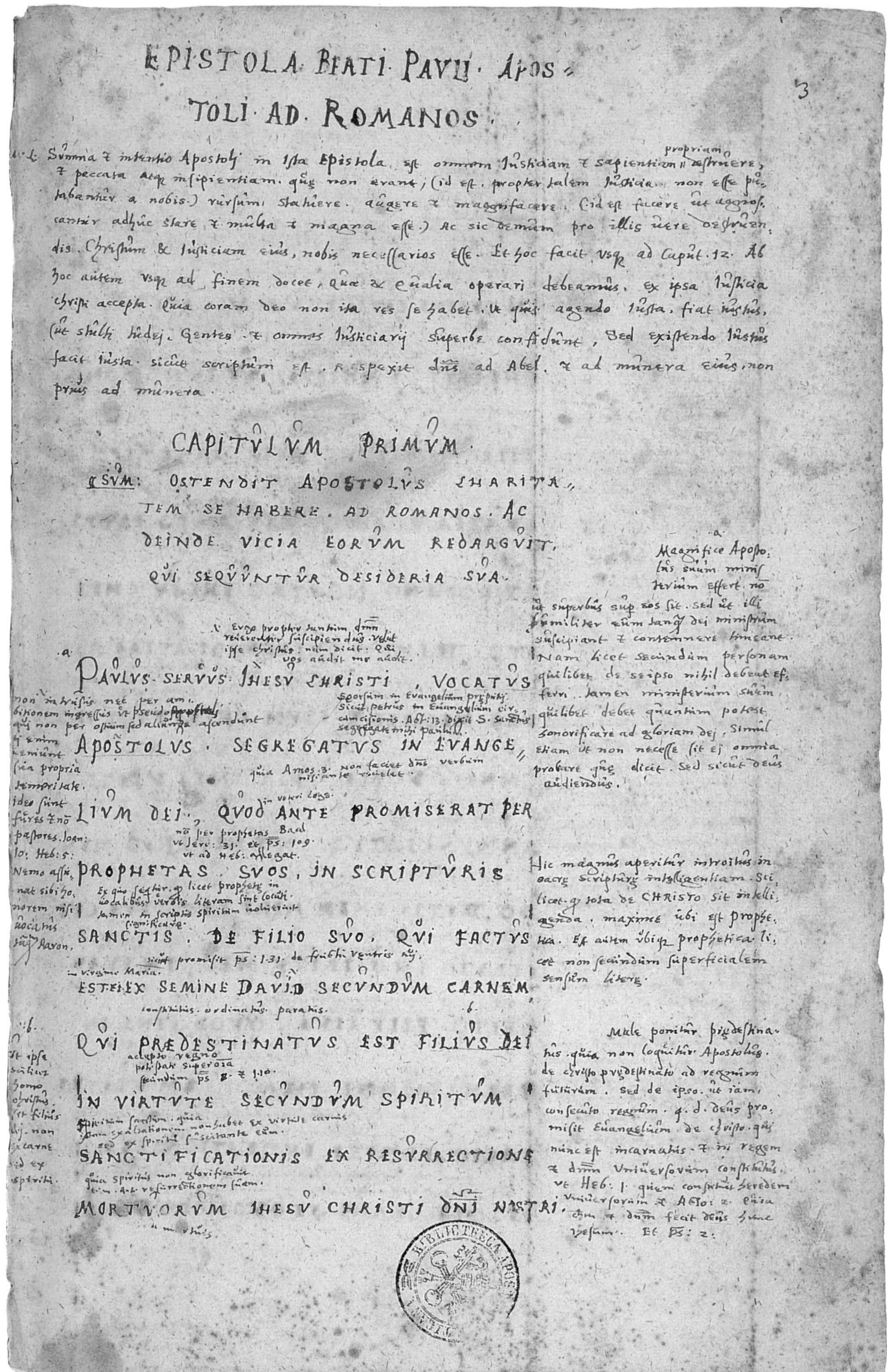

EPISTOLA BEATI PAULI APOSTOLI AD ROMANOS.

Summa et intentio Apostoli in ista Epistola est omnem Iustitiam et sapientiam propriam destruere, et peccata atque insipientiam, quae non erant, (id est, propter talem Iustitiam non esse putabantur a nobis.) rursum statuere, augere et magnificare. (id est facere ut agnoscantur adhuc stare et multa et magna esse.) Ac sic deinde pro illis vere destruendis Christum et Iusticiam eius, nobis necessarios esse. Et hoc facit usque ad Caput 12. Ab hoc autem usque ad finem docet, quae et qualia operari debeamus, ex ipsa Iusticia Christi accepta. Quia coram Deo non ita res se habet, ut quis agendo iusta, fiat iustus, (ut stulti iudei, Gentes et omnes Iusticiarij superbe confidunt, sed existendo iustus facit iusta. sicut scriptum est. Respexit dominus ad Abel, et ad munera eius, non prius ad munera.

CAPITULUM PRIMUM.

SUMMA: OSTENDIT APOSTOLUS CHARITATEM SE HABERE AD ROMANOS. AC DEINDE VICIA EORUM REDARGUIT, QUI SEQUUNTUR DESIDERIA SUA.

PAULUS SERVUS IHESU CHRISTI, VOCATUS APOSTOLUS, SEGREGATUS IN EVANGELIUM DEI, QUOD ANTE PROMISERAT PER PROPHETAS SUOS, IN SCRIPTURIS SANCTIS, DE FILIO SUO, QUI FACTUS EST EI EX SEMINE DAVID SECUNDUM CARNEM, QUI PRAEDESTINATUS EST FILIUS DEI IN VIRTUTE SECUNDUM SPIRITUM SANCTIFICATIONIS EX RESURRECTIONE MORTUORUM IHESU CHRISTI DOMINI NOSTRI.

Luthers Römerbrief-Kommentar in der Abschrift des Johannes Aurifaber
um 1560
Beginn des Kommentars
Cod. Pal. Lat. 1826, Fol. 3 r

Johannes Brenz, Vorlesung zum Römerbrief
1538
Cod. Pal. Lat. 1835, Fol. 1 r

Explicatio Epistolae Pauli ad Romanos.

12 Septembris. Anno 15 38. D. I. B autore.

Cum aliquot iam annis versati simus
in explicandis libris veteris testamenti
operaepretium nobis videtur ut redeamus ad interpretationem librorum noui testamenti quo collatis
inter se his & illis libris perspicua reddamus
et tandem usum religionis doctrina clarius
constantor exigere & inculcare. Inter libros
autem noui testamenti suscepimus hoc tempore ex-
plicandum epistolam Pauli ad Romanos quae est
Epitome & compendium Christianae doctrinae ...
usus religionis quo sola salus nostra constat.
Prius ... dicemus pauca de Paulo huius epistolae
scriptore. Deinde de argumento epistolae.

[margin] Vna est eadem
Veter. ac Noui
Testi doctrina
religios

[margin] Epistola ad
Ro: com-
pendiu.
Christianae
doctrinae

Nam authoritas Pauli commendat ...
qui ad doctrinam eius ... esset minister Euangelii
Dicit ... organon electum est ... iste ut portet
... nomen coram gentibus & regibus ac filiis Israel
Est est infirm... ...
... est auctoritas doctrinae
Euangelii ... quanto magis
... est. ... hoc Eua[n]
... didicerat non in terra ab hominibus. sed in
... ab ipso Christo eum ... Raptus ...

[margin] Autho-
ritas
Pauli

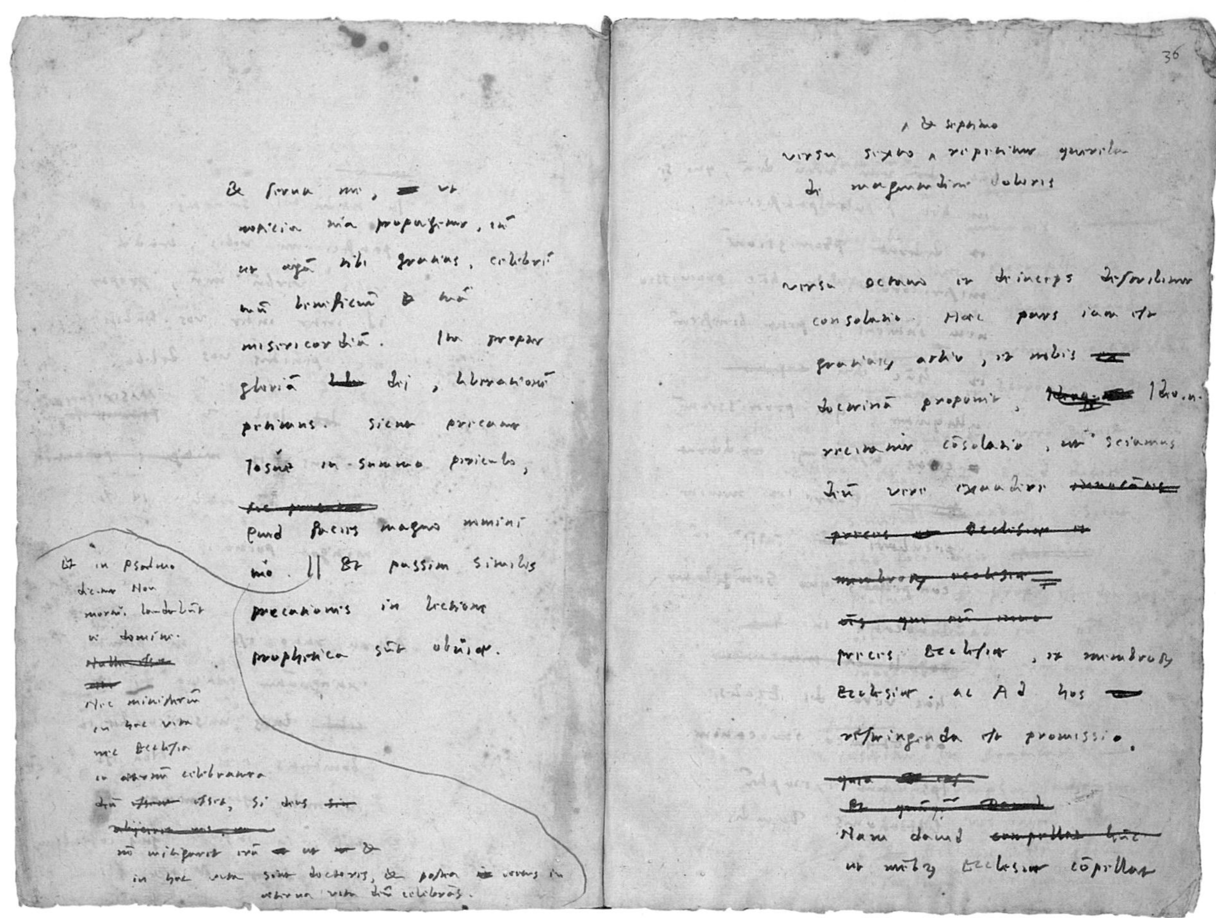

Autograph Philipp Melanchthons mit der Psalmen-Vorlesung
1547–1548
Cod. Pal. Lat. 1829, Fol. 35 v/36 r

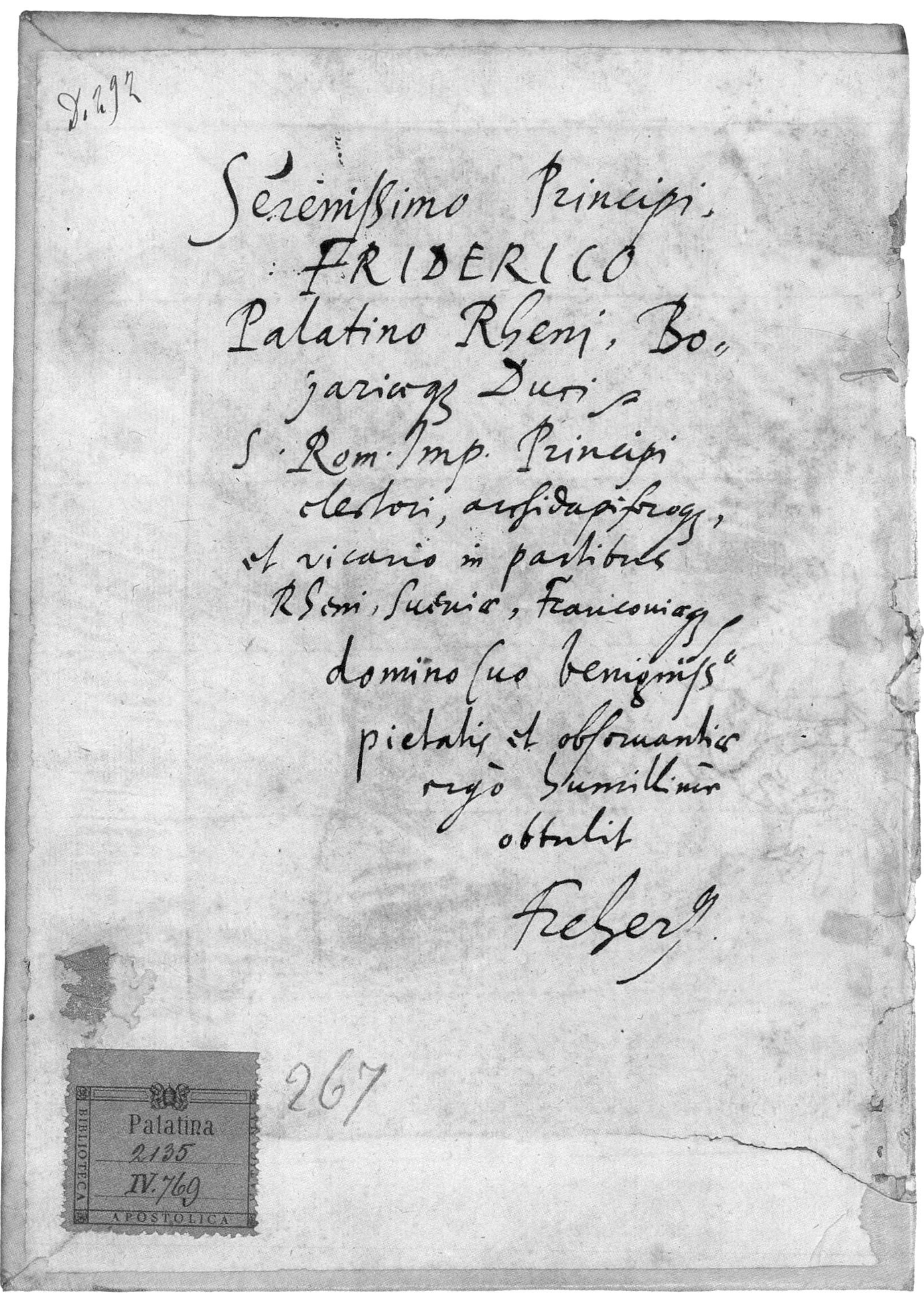
D.292

Serenissimo Principi
FRIDERICO
Palatino Rheni, Bo-
jariaeq[ue] Duci,
S. Rom. Imp. Principi
electori, archidapiferoq[ue],
et vicario in partibus
Rheni, Sueviae, Franconiaeq[ue]
domino suo benigniss[im]o
pietatis et observantiae
ergo humillimus
obtulit
Freherus.

267

Freher, Sermo votivus mit handschriftlicher Widmung an Kurfürst Friedrich IV.
Stamp. Pal. IV 769

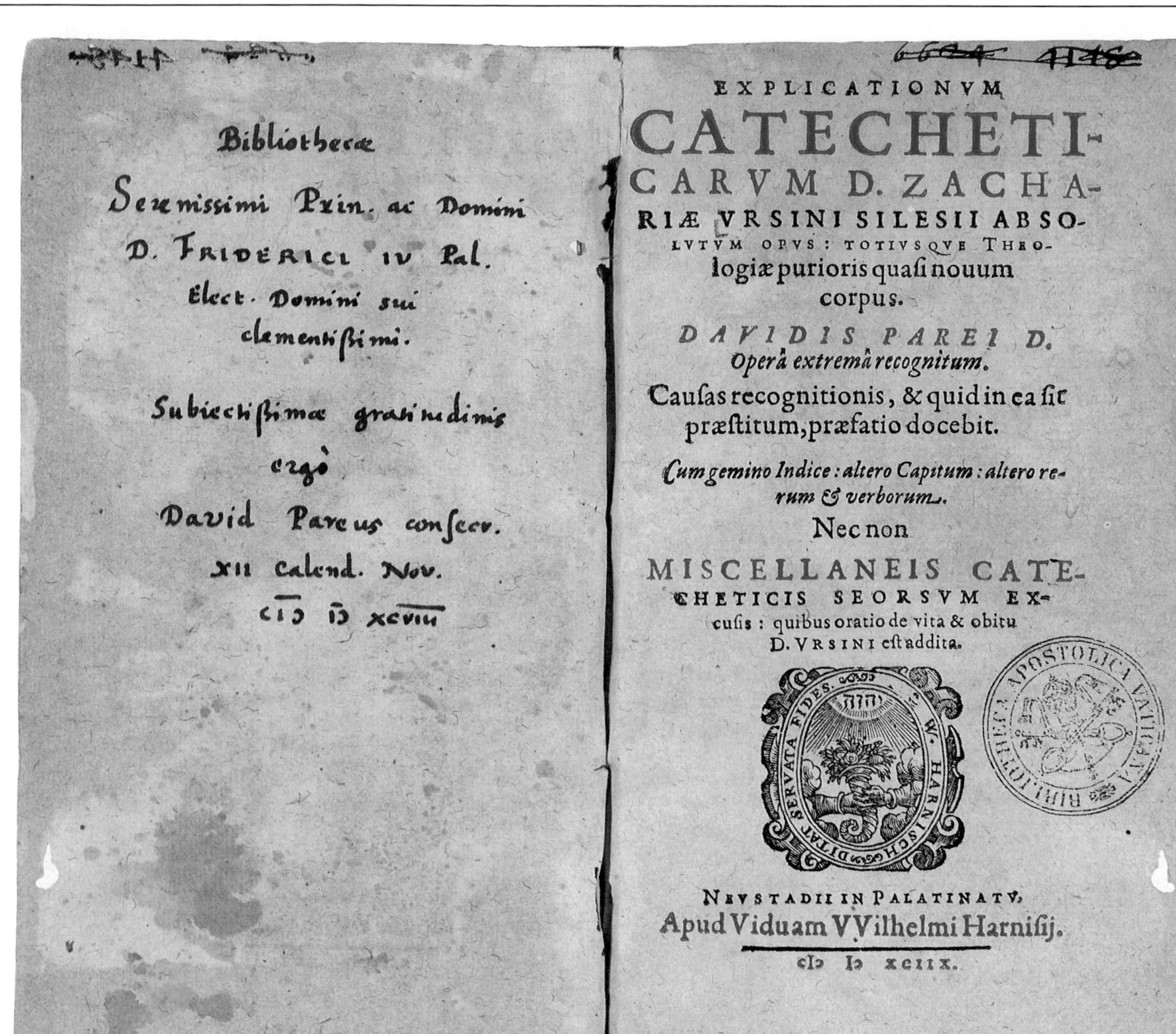

Bibliothecæ
Serenissimi Prin. ac Domini
D. FRIDERICI IV Pal.
Elect. Domini sui
clementissimi.
Subiectissimæ gratitudinis
ergò
David Pareus consecr.
XII calend. Nov.
CIↃ IↃ XCVIII

EXPLICATIONVM
CATECHETICARVM D. ZACHARIÆ VRSINI SILESII ABSOLVTVM OPVS: TOTIVSQVE Theologiæ purioris quasi nouum corpus.
DAVIDIS PAREI D. Operâ extremâ recognitum.
Causas recognitionis, & quid in ea sit præstitum, præfatio docebit.
Cum gemino Indice: altero Capitum: altero rerum & verborum.
Nec non
MISCELLANEIS CATECHETICIS SEORSVM EXcusis: quibus oratio de vita & obitu D. VRSINI est addita.

NEVSTADII IN PALATINATV,
Apud Viduam VVilhelmi Harnisij.
CIↃ IↃ XCIIX.

Ursinus, Kommentar zum Heidelberger Katechismus
mit handschriftlicher Widmung an Kurfürst Friedrich IV.
Widmung und Titelseite
Stamp. Pal. V 1500

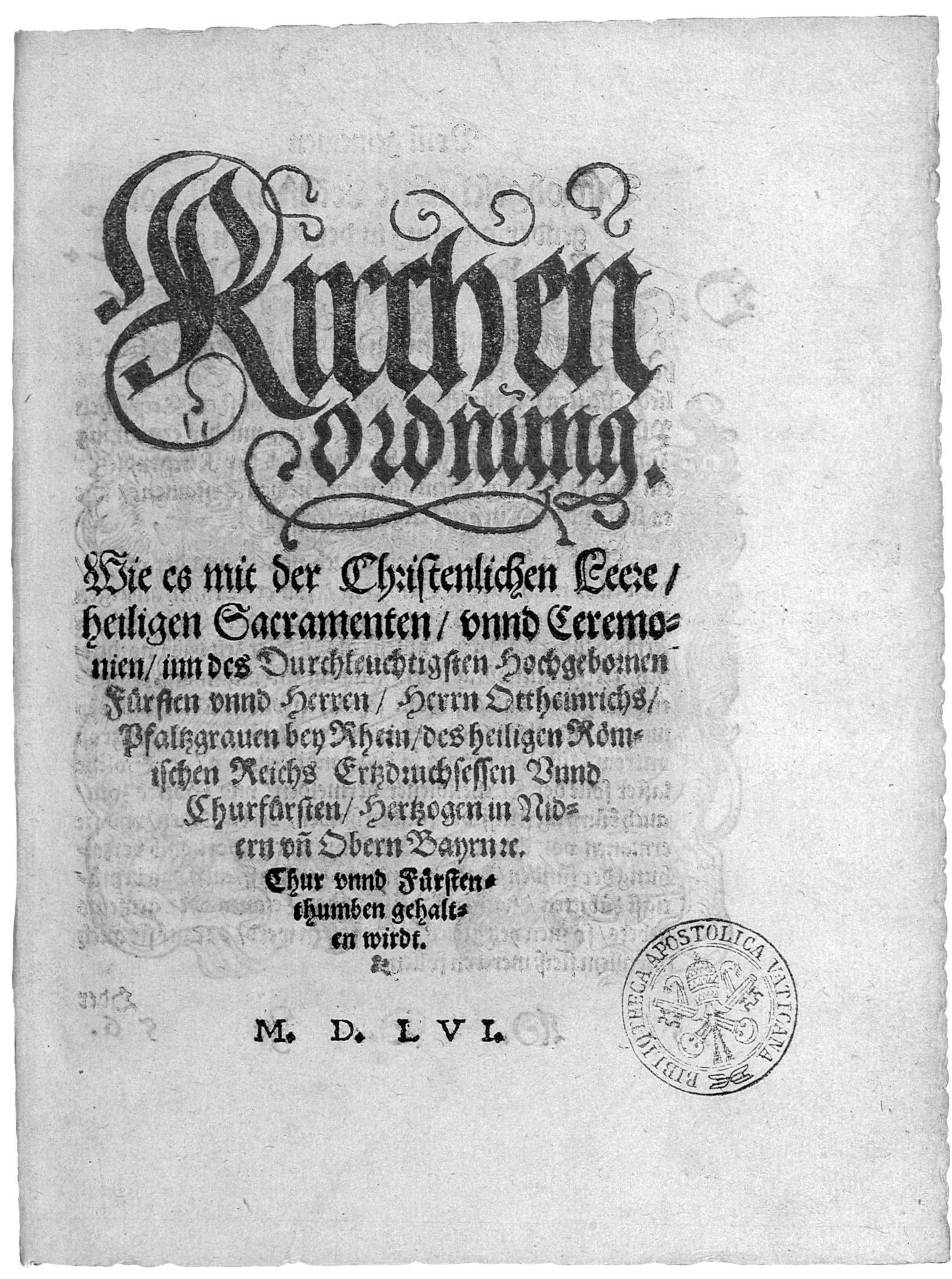

Kirchen
ordnung.

Wie es mit der Christenlichen Leere/
heiligen Sacramenten/ vnnd Ceremo=
nien/ inn des Durchleuchtigsten Hochgebornen
Fürsten vnnd Herren/ Herrn Ottheinrichs/
Pfaltzgrauen bey Rhein/ des heiligen Röm=
ischen Reichs Ertzdruchsessen Vnnd
Churfürsten/ Hertzogen in Nid=
ern vñ Obern Bayrn rc.
Chur vnnd Fürsten=
thumben gehalt=
en wirdt.

M. D. LVI.

Kirchenordnung Kurfürst Ottheinrichs von 1556
Stamp. Pal. IV 67, Titelseite

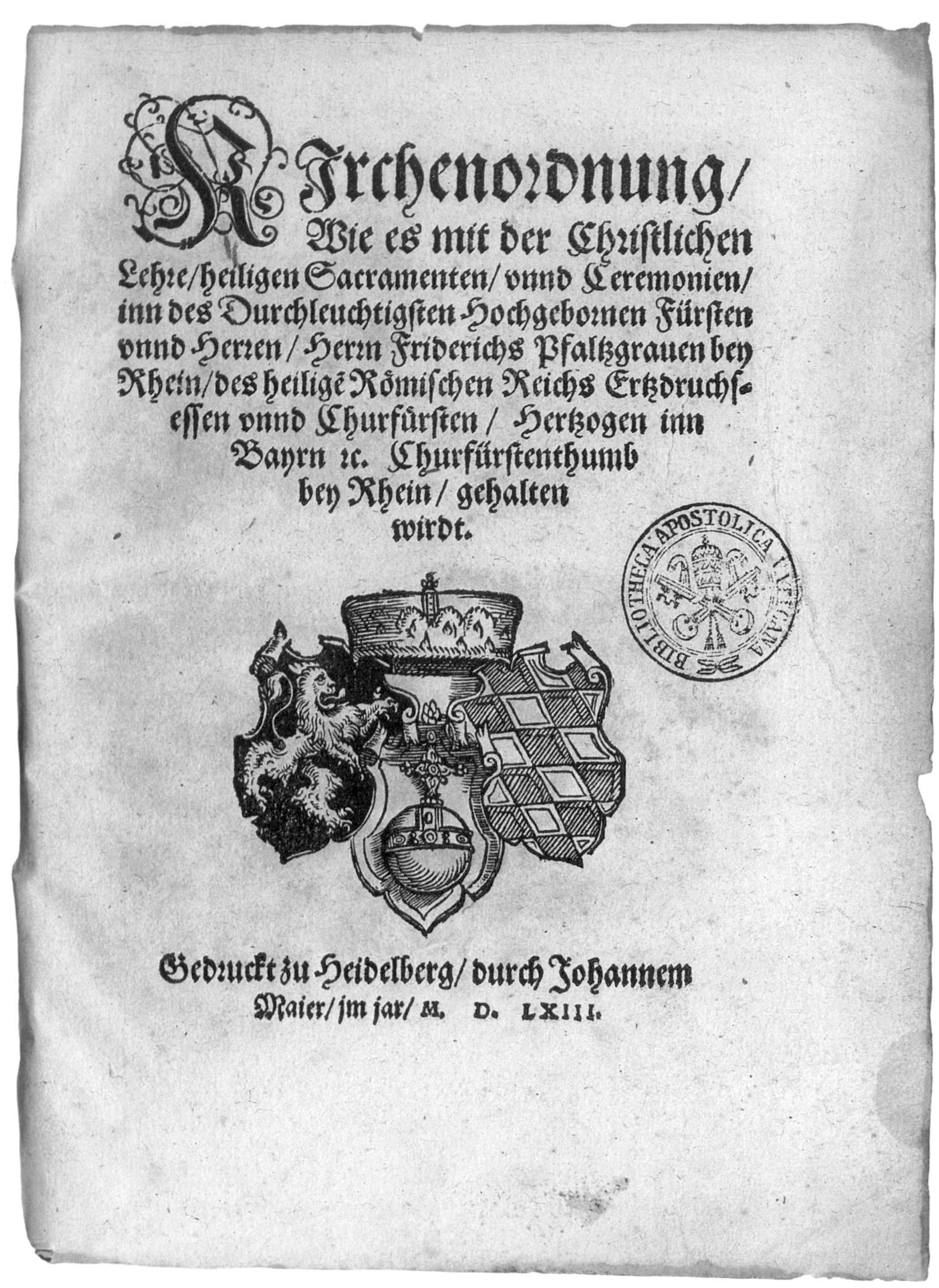

Kirchenordnung/
Wie es mit der Christlichen
Lehre/heiligen Sacramenten/vnnd Ceremonien/
inn des Durchleuchtigsten Hochgebornen Fürsten
vnnd Herren/Herrn Friderichs Pfaltzgrauen bey
Rhein/des heiligē Römischen Reichs Ertzdruchsessen vnnd Churfürsten/Hertzogen inn
Bayrn rc. Churfürstenthumb
bey Rhein/gehalten
wirdt.

Gedruckt zu Heidelberg/durch Johannem
Maier/jm jar/M. D. LXIII.

Kirchenordnung Kurfürst Friedrichs III.
Heidelberg 1563
Stamp. Pal. IV 245, Titelseite

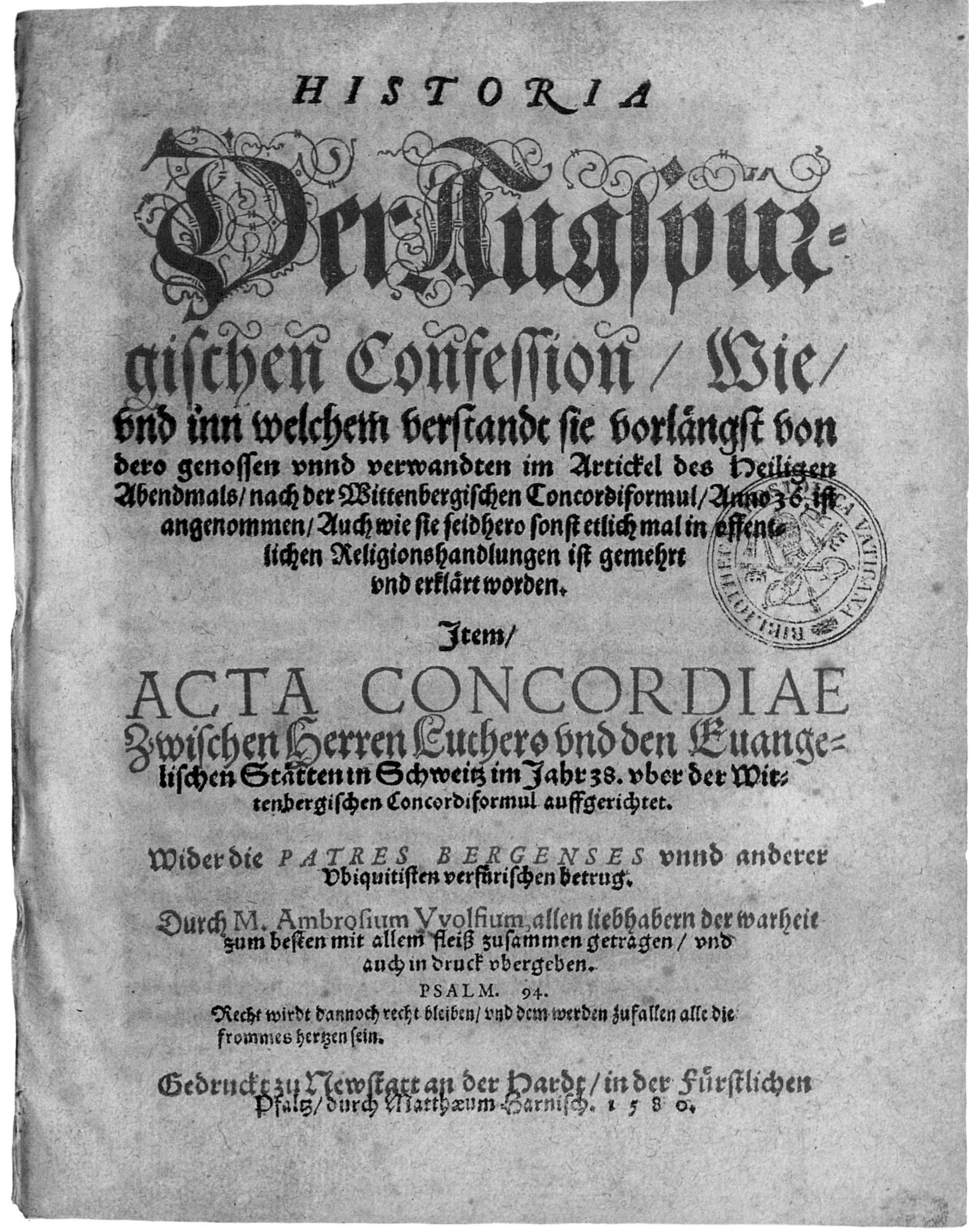

HISTORIA

Der Augspurgischen Confession / Wie / vnd inn welchem verstandt sie vorlängst von dero genossen vnnd verwandten im Artickel des Heiligen Abendmals / nach der Wittenbergischen Concordiformul / Anno 36. ist angenommen / Auch wie sie seidhero sonst etlich mal in offentlichen Religionshandlungen ist gemehrt vnd erklärt worden.

Item /

ACTA CONCORDIAE

Zwischen Herren Luthero vnd den Euangelischen Stätten in Schweitz im Jahr 38. vber der Wittenbergischen Concordiformul auffgerichtet.

Wider die PATRES BERGENSES vnnd anderer Vbiquitisten verfürischen betrug.

Durch M. Ambrosium Vvolfium, allen liebhabern der warheit zum besten mit allem fleiß zusammen getragen / vnd auch in druck vbergeben.

PSALM. 94.

Recht wirdt dannoch recht bleiben / vnd dem werden zufallen alle die frommes hertzen sein.

Gedruckt zu Newstatt an der Hardt / in der Fürstlichen Pfaltz / durch Matthaeum Harnisch. 1580.

Christoph Hardesheim, Historia der Augsburgischen Konfession
Neustadt 1580
Stamp. Pal. IV 1035, Titelseite

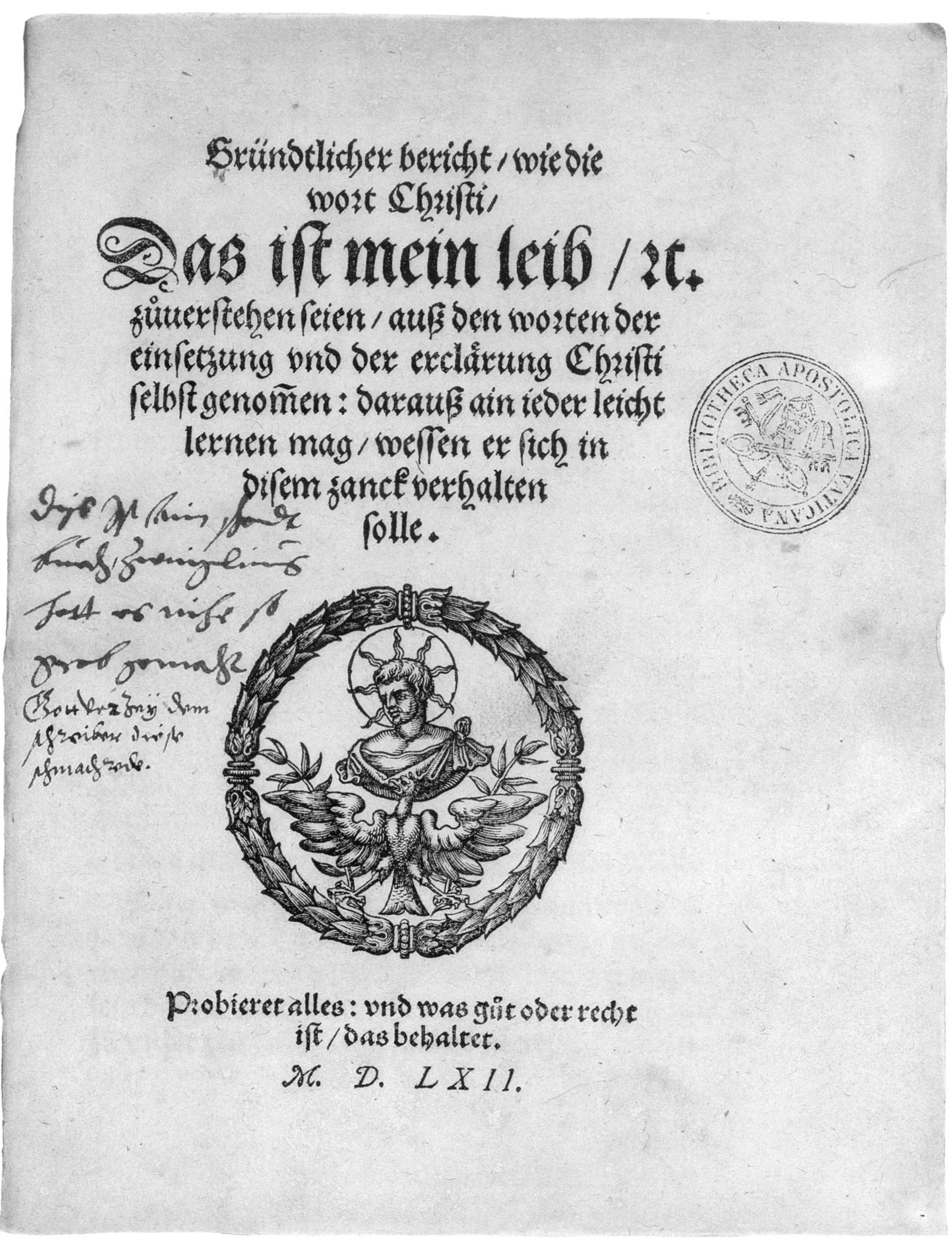

Gründtlicher bericht/ wie die wort Christi/

Das ist mein leib/ ꝛc.

zůuerstehen seien/ auß den worten der einsetzung vnd der erclärung Christi selbst genom̃en: darauß ain ieder leicht lernen mag/ wessen er sich in disem zanck verhalten solle.

Probieret alles: vnd was gůt oder recht ist/ das behalter.

M. D. LXII.

Thomas Erastus, Gründlicher Bericht
Heidelberg 1562
mit zeitgenössischen Einträgen
Stamp. Pal. IV 473, Titelseite

SENS IN BOVRGONGNE.
Wiewoll im Januario,
Vom Kunig war gelaßen zo.
Das der Religion verwanten,
Mochtten anhorn ir Predicantte.
Seindt doch der Burger zu SENS gar viel,
Herauß gelauffen. mitt grosser eill.
Vnd die von der Religion,
Ermordt, mitt großer schmag vnd hoon.

Wolfgang Fusius (Autograph), Reformationsgeschichte Frankreichs
für Pfalzgraf Friedrich den Frommen
Zeitgenössischer Stich
Cod. Pal. Lat. 951, Fol. 122 v

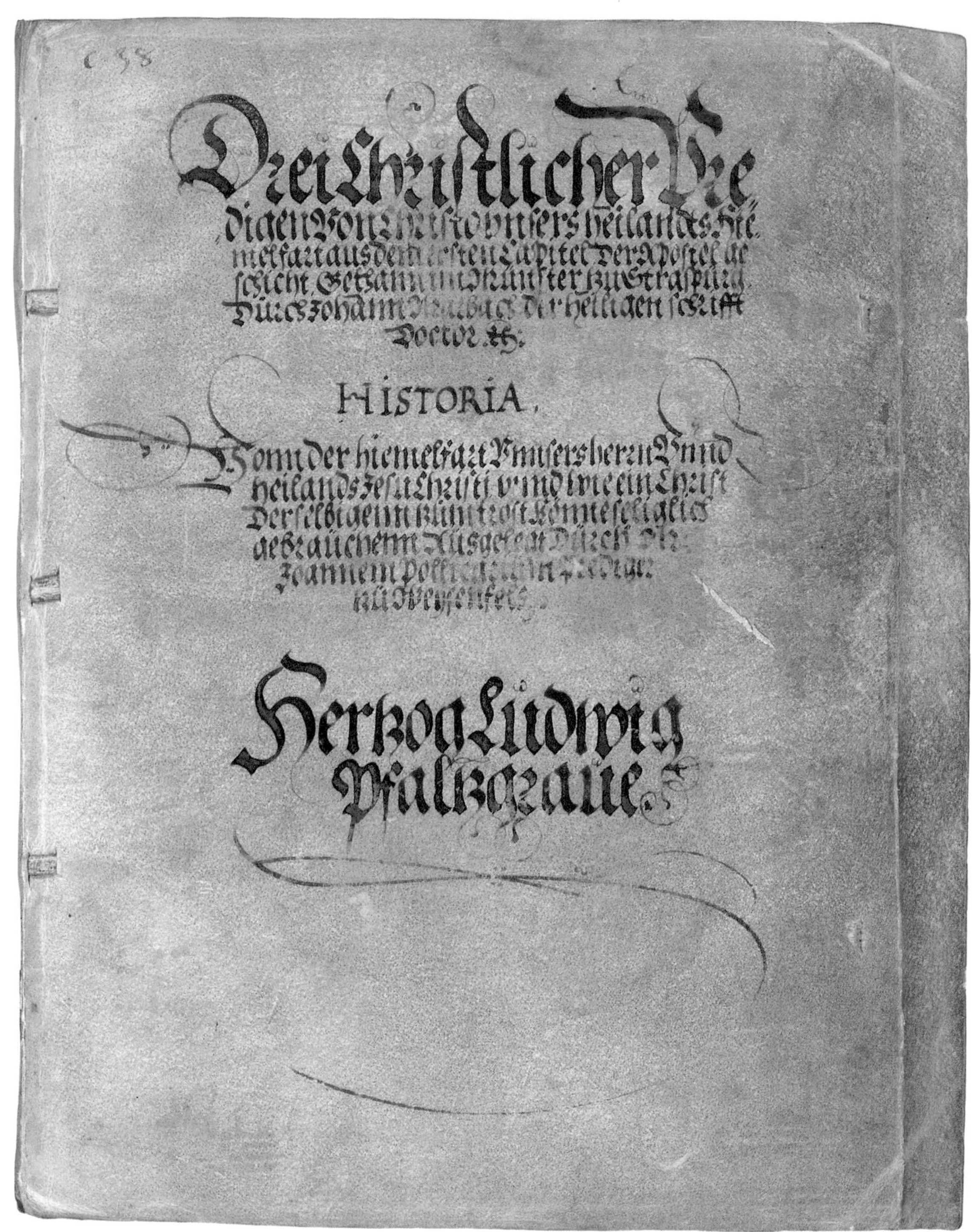

Johann Marbach, Drei Abendmahlspredigten
Straßburg 1565
Widmungsexemplar für Pfalzgraf Ludwig VI.
Stamp. Pal. IV 961, Einband

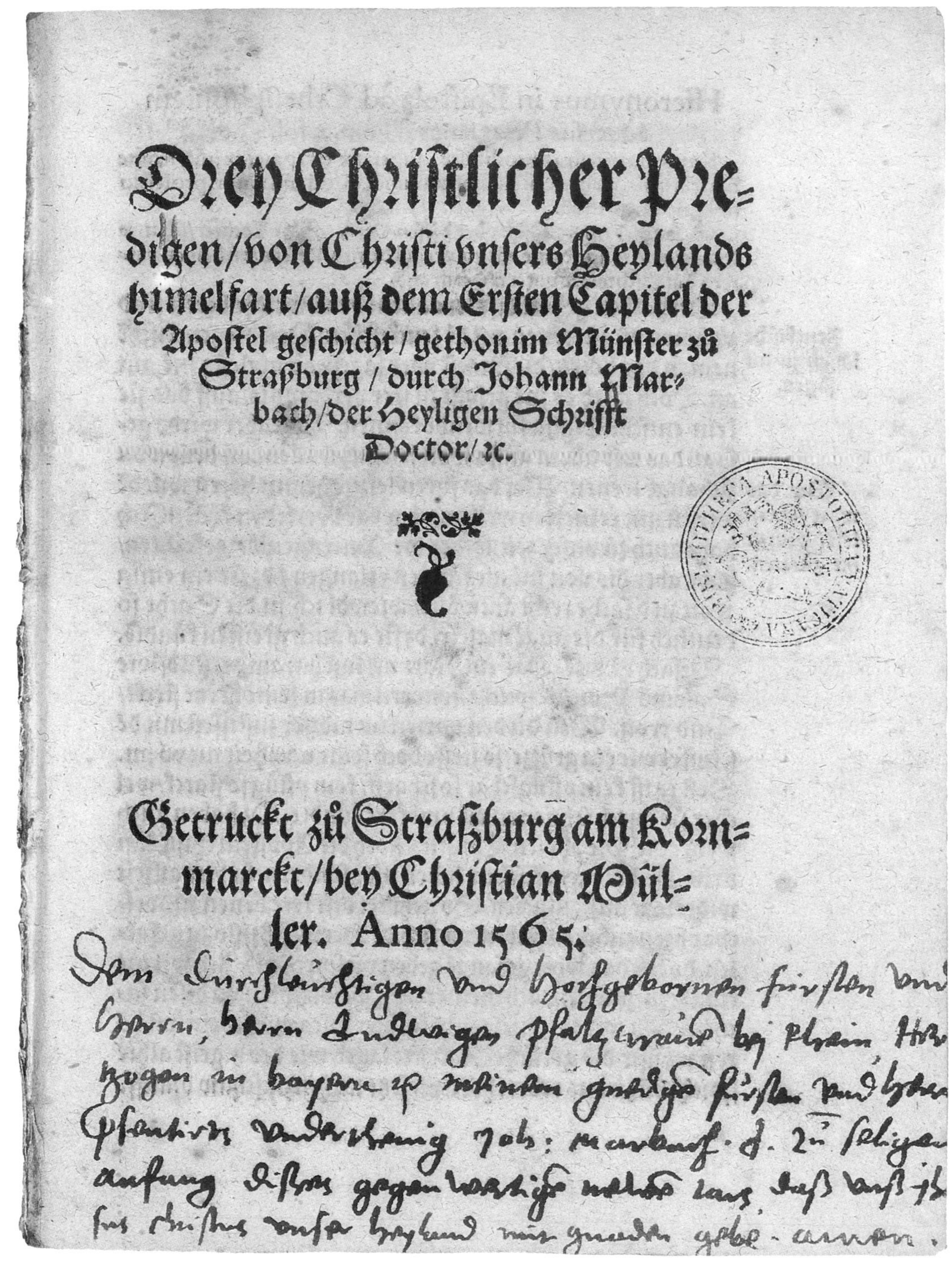

Drey Christlicher Predigen / von Christi vnsers Heylands himelfart / auß dem Ersten Capitel der Apostel geschicht / gethon im Münster zů Straßburg / durch Johann Marbach / der Heyligen Schrifft Doctor / rc.

Getruckt zů Straßburg am Kornmarckt / bey Christian Müller. Anno 1565.

Dem durchleuchtigen vnd hochgebornen fürsten vnd herren, herrn Ludwigen pfaltzgrauen bey rhein, Hertzogen in bayern etc meinem gnedigen fürsten vnd herren [illegible] vnderthenig Joh: marbach d. Zu seligem anfang dises gegenwertigen newen iars, daß vnß jhesus christus vnser heyland mit gnaden gebe. amen.

Johann Marbach, Abendmahlspredigten
1565, mit handschriftlicher Widmung an Pfalzgraf Ludwig VI.
Stamp. Pal. IV 961, Titelseite

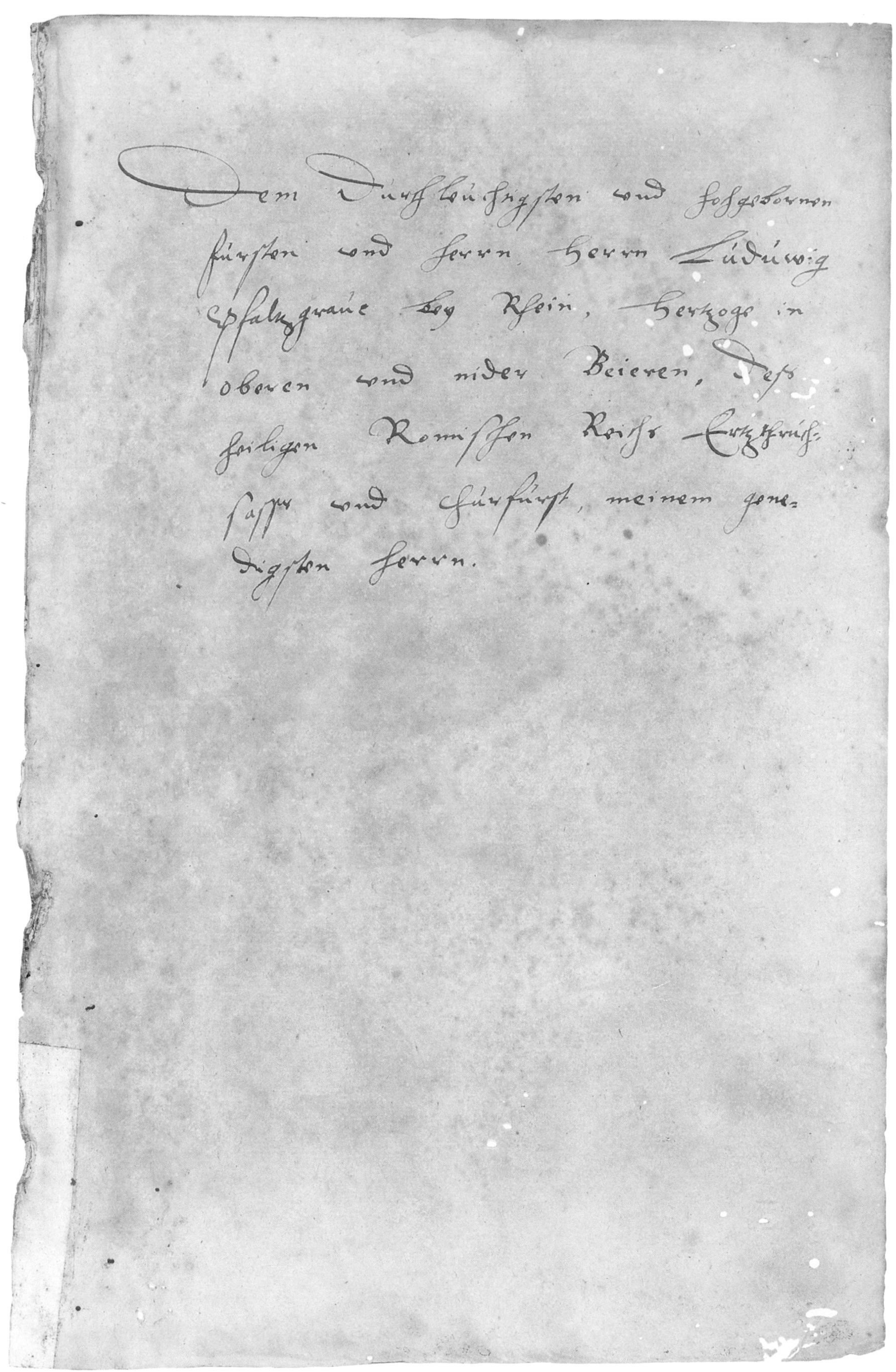

Dem Durchleuchtigsten und Hochgebornen
Fürsten und Herren Herrn Ludwig
Pfaltzgraue bey Rhein, Hertzogs in
oberen und nider Beieren, Dess
heiligen Romischen Reichs Ertztruch-
sassen und Churfürst, meinem gene-
digsten Herren.

Tilemann Heshusens Postille, 1581
mit handschriftlicher Widmung an Kurfürst Ludwig VI.
Stamp. Pal. II 383

Das Heidelberger Konkordienbuch von 1582
Geschenk Ludwigs VI. an seinen Bruder Johann Casimir
mit Einband von E. Petersheim: Ludwig VI. und Ottheinrich
Stamp. Pal. II 434

1	2	3	4	5	6	7	8	9	10	11	12	13	14	15	16
i	ij	iij	iiij	v	vi	vij	viij	ix	x	xi	xij	xiij	xiiij	xv	xvj

17	18	19	20	21	22	23	24	25	26	27	28	29	30	31	32
xvij	xviij	xix	xx	xxi	xxij	xxiij	xxiiij	xxv	xxvi	xxvij	xxviij	xxix	xxx	xxxi	xxxij

33	34	35	36	37	38	39	40	41	42	43	44	45	46	47	48	49
xxxiij	xxxiiij	xxxv	xxxvi	xxxvij	xxxviij	xxxix	xl	xlj	xlij	xliij	xliiij	xlv	xlvi	xlvij	xlviij	xlix

40	41	42	43	44	45	46	47	48	49	50	51	52
l	lj	lij	liij	liiij	lv	lvj	lvij	lviij	lix	lx	lxj	lxij

53	54	55	56	57	58	59	60	61	62	63	64	65
lxiij	lxiiij	lxv	lxvi	lxvij	lxviij	lxix	lxx	lxxj	lxxij	lxxiij	lxxiiij	lxxv

76	77	78	79	80	81	82	83	84	85	86	87	88
lxxvj	lxxvij	lxxviij	lxxix	lxxx	lxxxj	lxxxij	lxxxiij	lxxxiiij	lxxxv	lxxxvj	lxxxvij	lxxxviij

89	90	91	92	93	94	95	96	97	98	99	100	1000	10000
lxxxix	lxxxx	xcj	xcij	xciij	xciiij	xcv	xcvj	xcvij	xcviij	xcix	c	m	

Nota quod Illustris princeps et dominus dominus Ludovicus Comes palatinus reni Sacri Romani Imperii [...] Bauarie dux libros infrascriptos parisius fieri fecit Anno domini millesimo Quadringentesimo vicesimo in mense octobris die xxv [...] Summa summarum pecunie pro hijs voluminibus [...] florenorum [...]

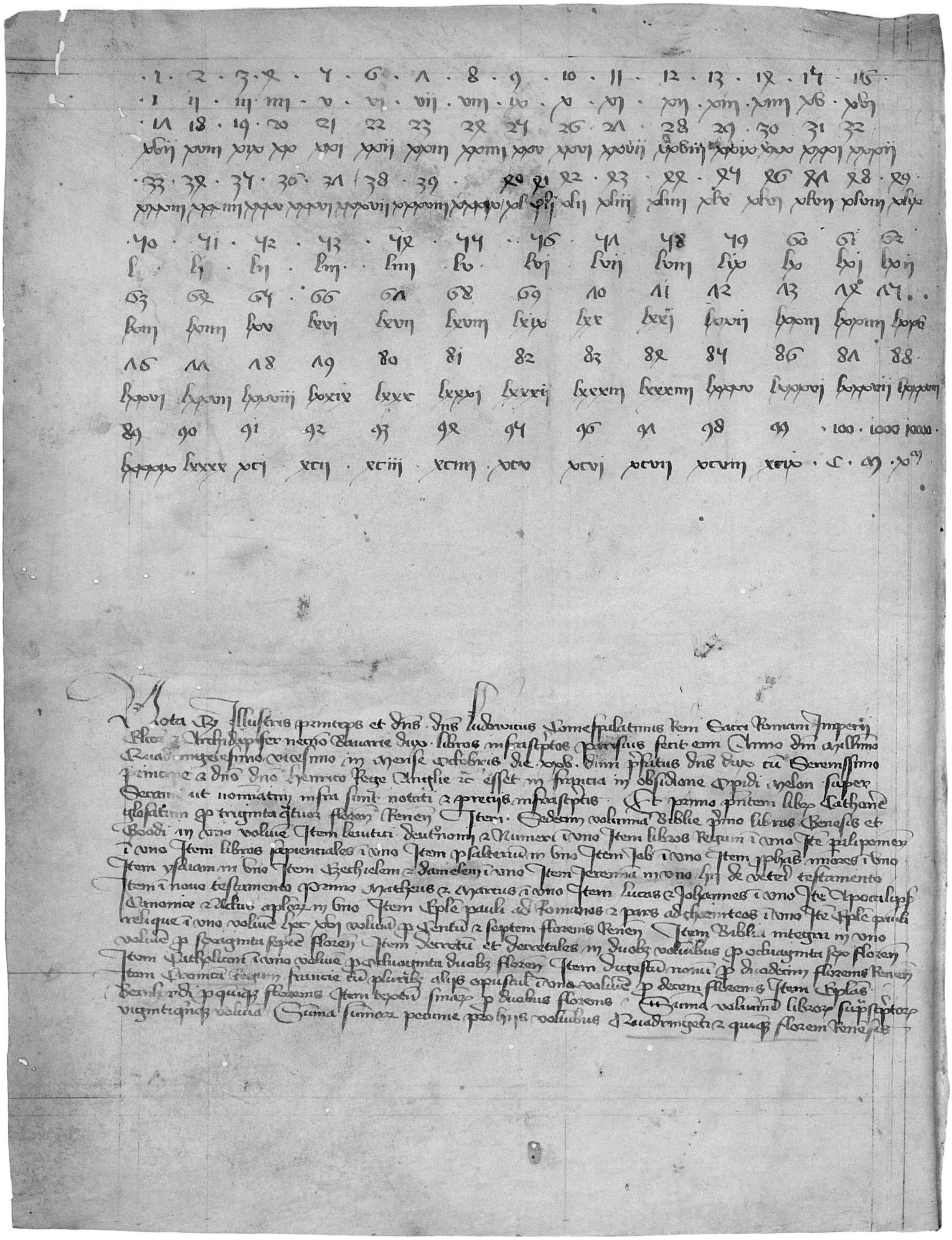

Disticha Catonis
Paris, um 1400
Kaufeintrag der von Ludwig III. in Paris erworbenen Bücher, 25. Oktober 1420
Cod. Pal. Lat. 1712, Fol. 189 v

Winand von Steeg, Mons quatuor fluvialium arborum
1417, Geschenk für Ludwig III.
Stammbaum der Hl. Anna
Cod. Pal. Lat. 411, Fol. 36 v

Winand von Steeg, Adamas colluctantium aquilarum, 1418/19
Der Autor überreicht sein Werk Kurfürst Ludwig III.
Cod. Pal. Lat. 412, Fol. 2 r

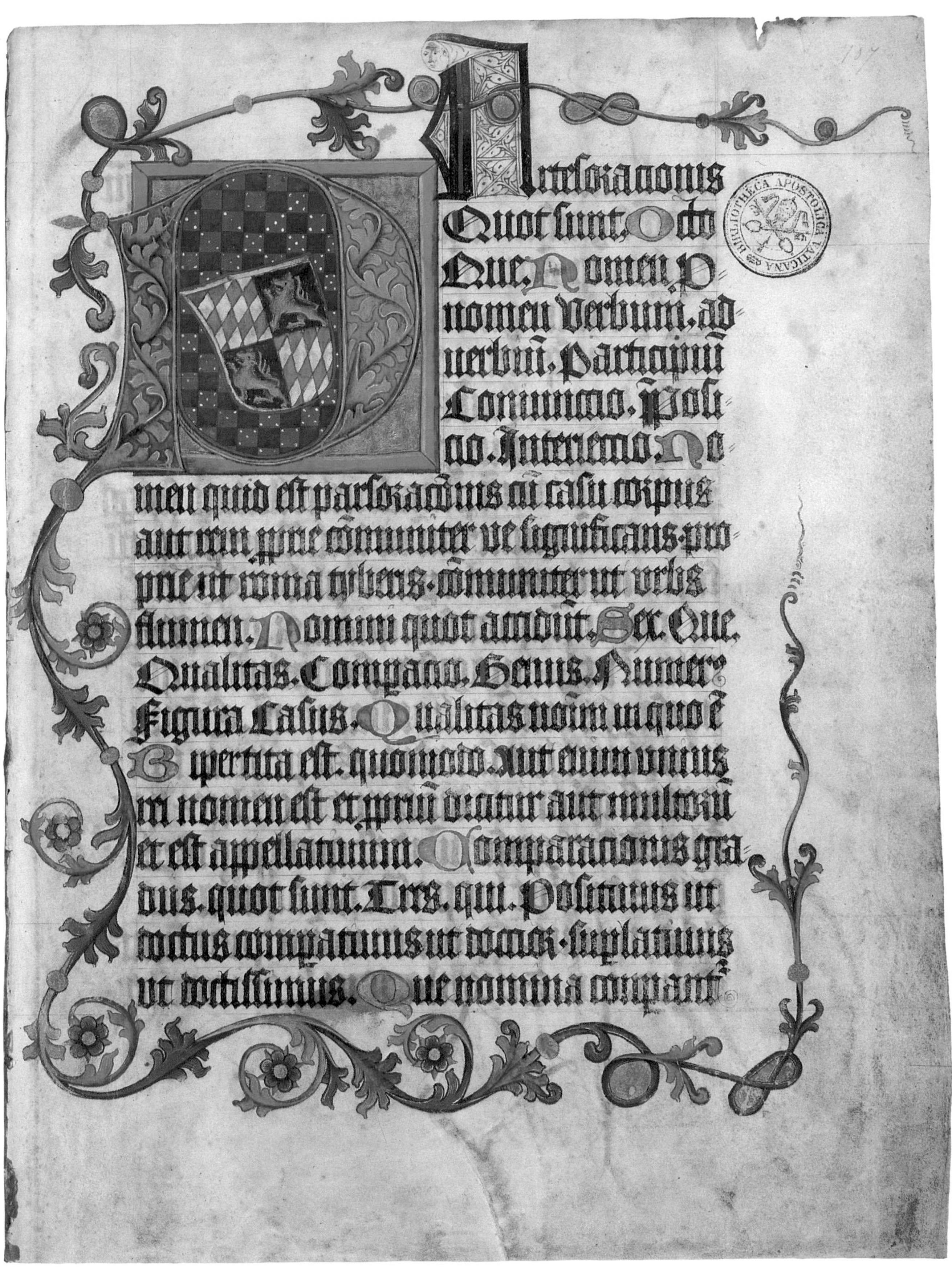

Donat, Ars minor, 15. Jahrhundert.
Beginn mit Initiale P (Artes oracionis) mit dem Kurpfälzischen Wappen
Cod. Pal. Lat. 1811, Fol. 107 r

159

lant stat — anfang

¶ In dütschen landen ist ein gegennis: in den ingengen der berge / mit ser gelegen von dem Ryn. des konigs der wasser. der selben gegenis uff beyde syten zwen hochberg uff gespitzet bis in den [hymel] lufft mit iren syten und buheln lustig von der sunnen / und fruchtbar des wynes / machen ein aller wundsams tale: den der abflusß des neckers das [erter und wysen] gefilde, netzende macht fruchtvol und guldin. Dar in ist gelegen ein stat mechtig kriegs / und uberflussikeyt des ertrichs / stetlich gezirt von ussluten und von heimschen: die do genant wirt von den ~~deutschen~~ berg eines kleynen gewechse heydelberg von den deuschen. welche stat die wyl sie den andern dar umb ligenden stetten nit zu wychen / zu geglichet mag werden, so mag sie yedoch lichtiklichen die andern [herberg] alle ubertreffen in dem, das sie als ein stetig wonung aller guten ~~kunst~~ glimpfe furstenklich menner in allen kunsten [ufbracht] herzogen hatt. Dan fur warumb disser stat ~~…~~ oder gotlichs rechts / oder keyserlichs / oder bebstlichs oder [der ertzny] ypocratis, das sie nit allein dysse [gelert] stat / sunder auch vilnach gantz deutsche lant underwysen und herluchtent hant. Was solich sagen von der menschlichkeyt / frumikeyt: und besunderlich tugent der burger: so sie also gross ist / das ich mit mynen worten nicht loben nach eren dar zu gelegen mug. /

[Marginal: fint man als vil clarer lichter — oder aller fryen kunst]

¶ Ein zwygipfliger grosser buhel get auch her ob der stat an der syten eins fast grosses berges: in des gypfeln zwo [geslosß] burg als gar von vil stein werck gebuhet sint / das sie von gezierde der huser / den die dar in wonhaftig sint zu eynem wollust / und von hoher herhabung der muren / von turnen / von [fursten stetten] ser schussen / auch von natur der gelegnis den finden zu eim gewwen gesin mugen /

Peter Luders Lobrede auf Heidelberg und Pfalzgraf Friedrich I.
1458, in Übersetzung von Mathias Kemnat
Cod. Pal. Lat. 870, Fol. 159 r

Vergil-Handschrift für Pfalzgraf Philipp
Heidelberg, 1473/1474
Falke mit Spruchband
Cod. Pal. Lat. 1632, Fol. 1 v

Vergil
Heidelberg, 1473/1474
Tafel mit dem pfälzischen Wappen
Cod. Pal. Lat. 1632, Fol. 2 v

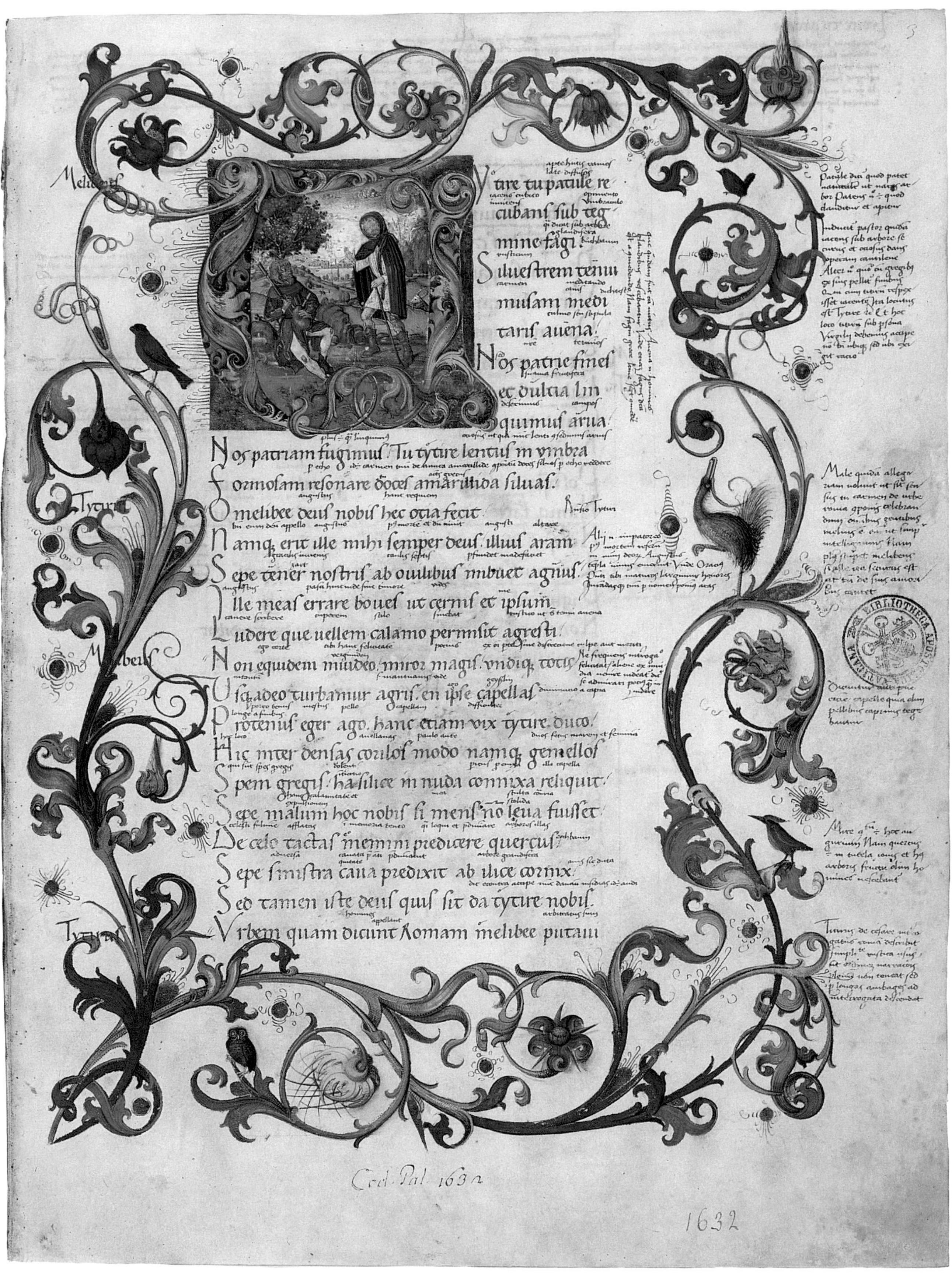

Tityre tu patule re
cubans sub teg
mine fagi
Siluestrem tenui
musam medi
taris auena
Nos patrie fines
et dulcia lin
quimus arua
Nos patriam fugimus. Tu tytire lentus in umbra
Formosam resonare doces amarillida siluas.
O melibee deus nobis hec otia fecit
Namque erit ille mihi semper deus. illius aram
Sepe tener nostris ab ouilibus imbuet agnus.
Ille meas errare boues ut cernis et ipsum
Ludere que uellem calamo permisit agresti.
Non equidem inuideo, miror magis. undique totis
Usque adeo turbamur agris. en ipse capellas
Protenus eger ago. hanc etiam uix tytire duco.
Hic inter densas corulos modo namque gemellos
Spem gregis ha silice in nuda connixa reliquit.
Sepe malum hoc nobis si mens non leua fuisset
De celo tactas memini predicere quercus.
Sepe sinistra caua predixit ab ilice cornix.
Sed tamen iste deus quis sit da tytire nobis.
Urbem quam dicunt Romam melibee putaui

Vergil
Heidelberg, 1473/1474
Beginn der Bucolica
Cod. Pal. Lat. 1632, Fol. 3 r

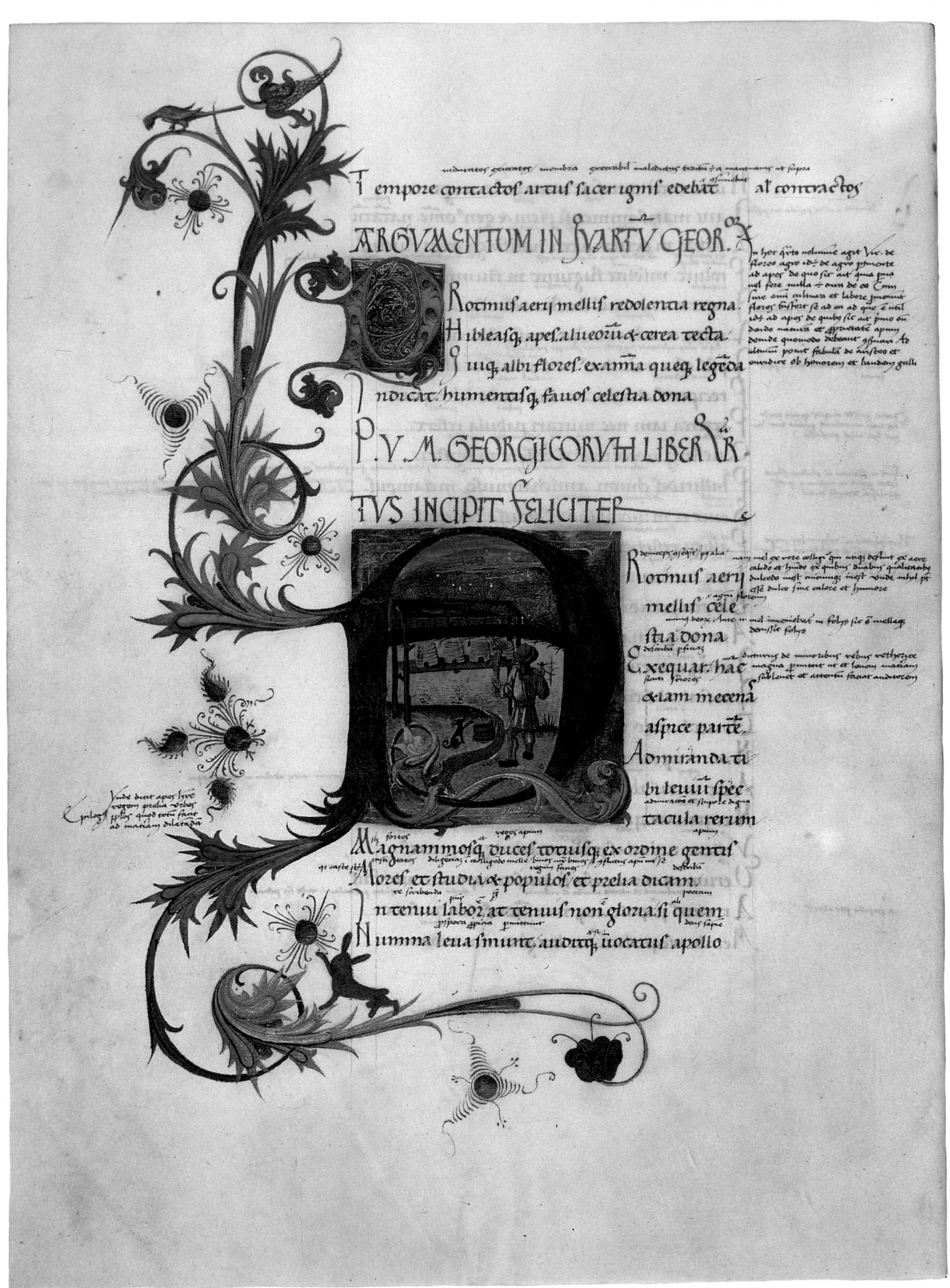

Tempore contactos artus sacer ignis edebat at contractos

ARGUMENTUM IN QUARTU GEOR.

Protinus aerii mellis redolentia regna
Hibleasque apes alueorum et cerea tecta
Suique albi flores examina queque legenda
Indicat. humentisque fauos celestia dona

P. V. M. GEORGICORUM LIBER QUARTUS INCIPIT FELICITER

Protinus aerii mellis celestia dona
Exequar. hanc etiam mecenas aspice partem.
Admiranda tibi leuium spectacula rerum
Magnanimosque duces totiusque ex ordine gentis
Mores et studia et populos et prelia dicam.
In tenui labor at tenuis non gloria si quem
Numina leua sinunt. auditque uocatus apollo

Vergil
Heidelberg, 1473/1474
Beginn des vierten Buches der Georgica
Cod. Pal. Lat. 1632, Fol. 51 v

147

Cisner, Descriptio der Doppelhochzeit von 1551
Ottheinrichband als Geschenk für Kurfürst Friedrich II.
Stamp. Pal. IV 511

Prachteinband Ottheinrichs als Geschenk für Kurfürst Friedrich II.
Vorderseite mit Bildnis Friedrichs II.
Stamp. Pal. IV 1106

Prachteinband Ottheinrichs als Geschenk für Kurfürst Friedrich II.
Rückseite mit Bildnis von Dorothea von Dänemark, Gemahlin Friedrichs II.
Stamp. Pal. IV 1106

Luther-Bibel im Ottheinrichband 1548
mit Initialen OHP (Ottheinrich Pfalzgraf) und seiner Devise MDZ (Mit der Zeit)
Stamp. Pal. VI 53

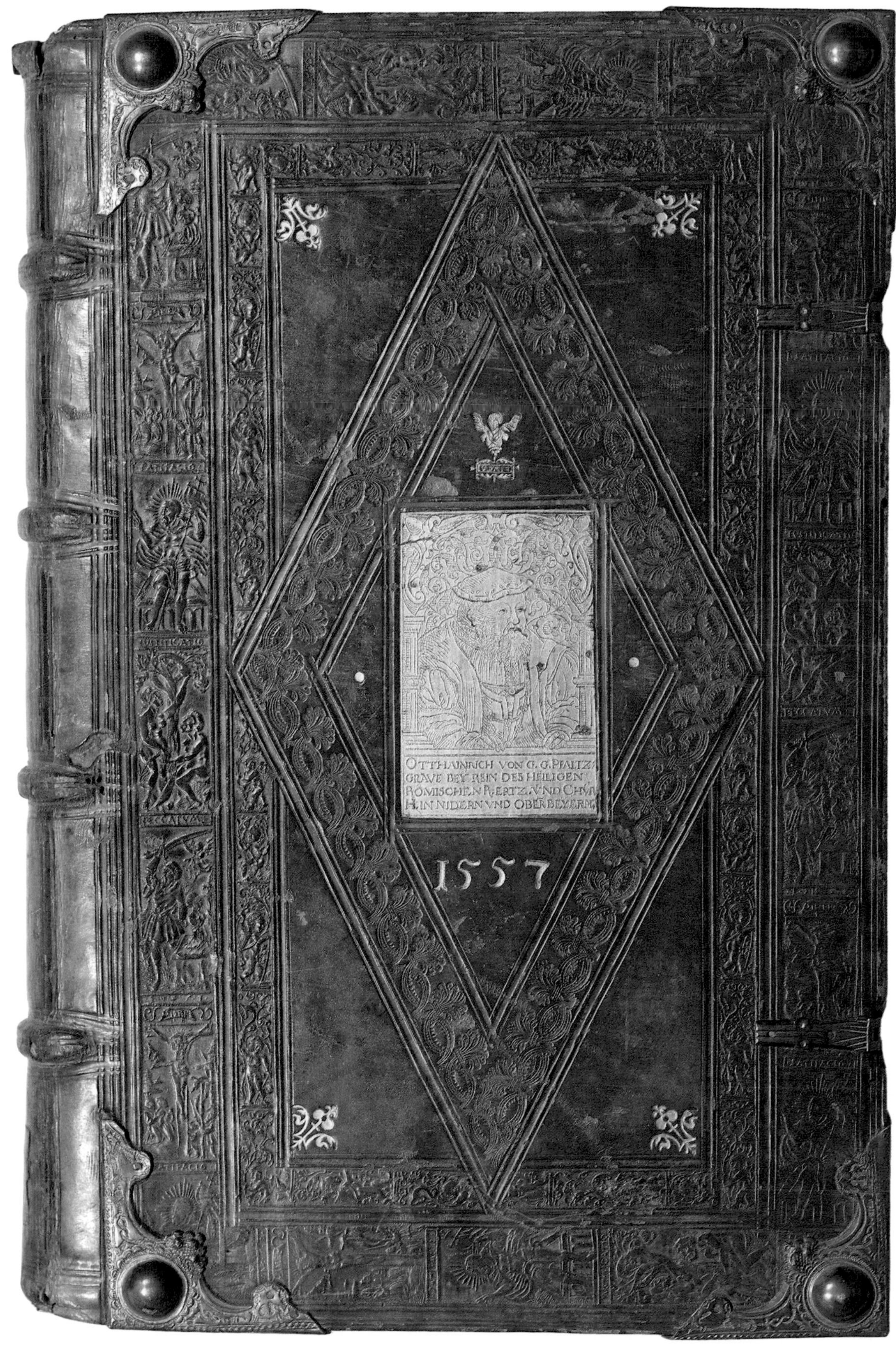

Johannes Sleidanus, Kaiser Karl, 1557
im Ottheinrichband von Petrus Betz, 1557
Stamp. Pal. II 59

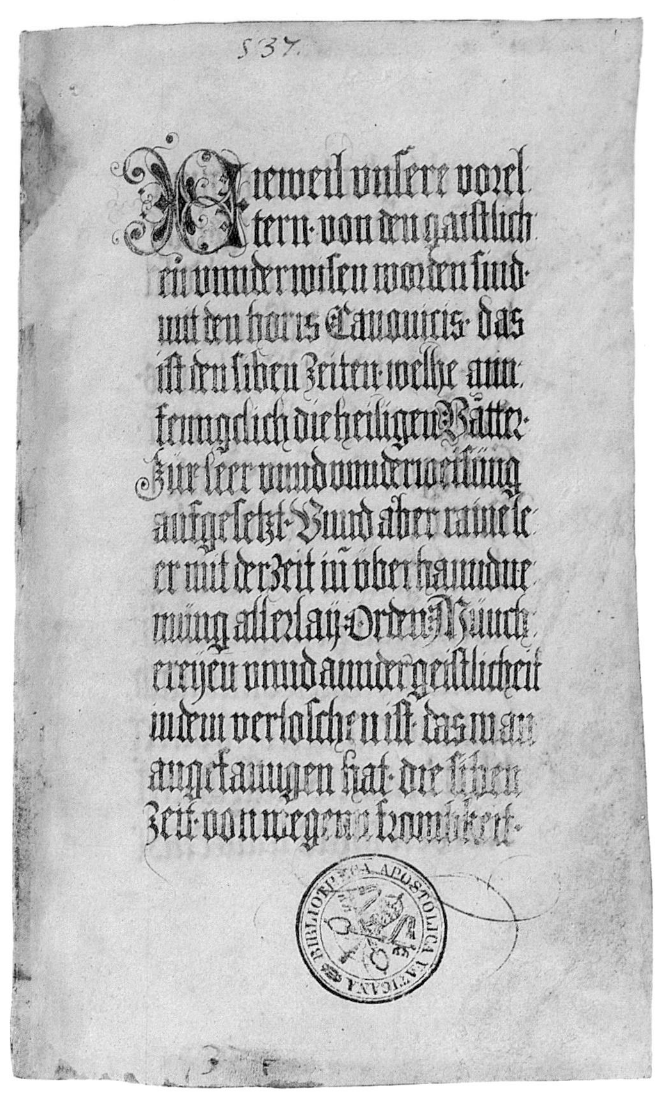

537

Dieweil unsere vorel
tern von den gaistlich
en underwisen worden sind
mit den horis Canonicis das
ist den siben Zeiten welche ann
fenngclich die heiligen Vätter
Zur leer unnd underweisung
aufgesetzt Unnd aber laide le
er mit der Zeit in uberhanndne
mung allerlay Orden Münch
ereyen unnd annder geistlicheit
in dem verloschen ist das man
angefanngen hat die siben
Zeit von wegen [illegible] frombkeit

Stundenbuch, Frankreich (?), 2. Hälfte 14. Jahrhundert
Vorsatzblatt mit deutscher Vorrede
Mitte 16. Jahrhundert
Cod. Pal. Lat. 537, Fol. 1 r

gerechtigkait · verzeihung
der Sünnd vnnd ewigs leben
Zuerlanngen vnnd mit dersel
ten maynung vil zuuerdie
nen · Laut dises Bettbuchs
dar inn vil Suffragia võ
Heiligen · Cursus Beate
Marie virginis vnnd dergleï
chen begriffen · So ist dan
nocht kain gezeugnuslolt
es risten rechten vnnd nach
mals verkerten vnnd vnrec
hten brauchs · dasselb auf
Zeheben · vnnd allso einze

binden bracht worden dañ
anmal das der grundt ist
das die Siben Zeit von den
erstenn heiligen mit Zu-
rechtfertigen sounder
allain zulernenn
verordnet
sind

Stundenbuch, Frankreich (?), 2. Hälfte 14. Jahrhundert
Vorsatzblatt mit deutscher Vorrede
Mitte 16. Jahrhundert
Cod. Pal. Lat. 537, Fol. 1 v und 2 r

Stundenbuch
Frankreich (?), 2. Hälfte 14. Jahrhundert
Marienzyklus mit Darstellung der Hochzeit zu Kanaa
Cod. Pal. Lat. 537, Fol. 114 r

Wie Tewrdannckh durch Fürwittig aber in ein geferlichait mit einem Löwen gefürt ward:

16

Eines tags da fürt Fürwittig
Den Helden mit Im velschigklich
Vmb spatziren durch ein gassen
Darinn ein Leo ausdermassen
Groß vnnd freissam gefanngen lag
Als pald den Fürwittig ersach

Kaiser Maximilian I., Theuerdank, 1517
Pergamentdruck, Holzschnitt mit Mutprobe Theuerdanks
Membr. I 13, Fol. 37 r

Augustinus, De Civitate Dei im Ottheinrichband von 1553
Vorderseite mit Bildnis Ottheinrichs
Membr. S 21

Aurelij Augustini Hipponensis Episcopi in libros de ciuitate dei Argumentũ opis tocius ex libro retractionum

INTEREA CVM ROMA GOTTHORVM IRRVPtione agentium ſub rege Alarico atq; impetu magnę cladis euerſa eſt: eius euerſionem deorum falſorum mutorũq; cultores quos uſitato nomine paganos uocamus: in chriſtianã religionẽ referre conantes: ſolito acerbius & amarius deũ ue℞ blaſphemare cęperũt Vnde ego exardeſcens zelo domus dei: aduerſus eorũ blaſphemias uel errores: libros de ciuitate dei ſcribere ĩſtitui. Quod opus per aliquot annos me tenuit. eo ꝙ alia multa intercurrebãt quę differri nõ oporter&: & me prius ad ſoluendum occupabãt. Hoc autẽ de ciuitate dei grande opus tandem. xxii. libris eſt termĩatũ quorũ quinque primi eos refellunt qui res humanas ita proſpari uolunt: ut ad hoc mutorum deorum cultum quos pagani colere conſueuerũt: neceſſariũ eſſe arbitrẽt. et quia prohibẽtur: mala iſta exoriri atq; abundare contendunt. Sequẽtes autem quiq; aduerſuſ eos loquuntur: qui fatẽtur hęc mala nec defuiſſe ũq̃ nec defutura mortalibus & ea nunc magna nunc parua: locis: tẽporibus: perſoniſq; uariari. Sed deorũ mutorum cultum quo eis ſacrificatur: propter uitam poſt mortem futuram eſſe utilem diſputant. His ergo. x. libris duę iſtę uanę opiniones chriſtianę religioni aduerſarię refelluntur. Sed ne quiſq̃ nos aliena tantum redarguiſſe non autem noſtra aſſeruiſſe reprehender&: id agit pars altera operis huius: quę. xii. libris continetur. Quanq̃ ubi opus eſt: & in prioribus. x. quę noſtra ſunt aſſeramus: & in. xii. poſterioribus redarguamus aduerſa. Duodecĩ ergo librorum ſequentium primi quatuor continent exortum duarum ciuitatum quarum eſt una dei altera huius mundi. Secundi quatuor excurſum earum ſeu procurſum. Tertii uero qui & poſtremi: debitos fines. Ita omnes. xxii. libri cum ſint de utraque ciuitate conſcripti: titulum tamen a meliore acceperunt ut de ciuitate dei potius uocarentur. In quorum decimo libro non debuit pro miraculo poni: in Abrae ſacrificio flammam cęlitus factam inter diuiſas uictimas cucurriſſe: quoniam hoc illi in uiſione monſtratum eſt. In xii. libro quod dictum eſt de Samuele non erat de filiis Aaron: dicendum potius fuit: non erat filius ſacerdotis. Filios quippe ſacerdotum defunctis ſacerdotibus ſuccedere magis legitimi moris fuit. Nam in filiis Aarõ repitur pater Samuelis: ſed ſacerdos non fuit: nec ita ĩ filiis ut eũ ipſe genuerit Aarõ: ſed ſicut omnes illius populi dicuntur filii iſrael.

Auguſtini Aurelij Hipponenſis Epiſcopi Doctoris Eximij De ciuitate dei Contra paganos liber primus incipit feliciter. Capit 1

GLORIOSISSIMAM CIVITATEM DEI ſiue in hoc tempo℞ curſu cũ inter impios peregrinatur ex fide uiuenſ: ſiue ĩ illa ſtabilitate ſedis ęternę quã nunc expectat per patientiam: quoadusq; iuſtitia conuertatur in iudiciũ: deinceps adeptura per excellẽtiam uictoria ultima et pace perfecta: hoc opere ad te inſtituto et mea promiſſione debito: defendere aduerſus eos q conditori eius deos ſuos pręferũt fili cariſſime Marcelline ſuſcepi magnum opus et arduum: ſed deus adiutor noſter. Nam ſcio quibus uiribuſ opus ſit: ut perſuadeatur ſuperbis q̃ta ſit uirtus humilitatis. qua fit ut oĩa terrena cacũina temporali mobilitate nutantia: non humano uſurpata faſtu: ſed diuina gratia donata celſitudo tranſcendat. Rex enim & conditor

Augustinus, De Civitate Dei
Venedig, 1470, Pergamentdruck
Beginn des 1. Buches
Membr. S 21, Fol. 16 r

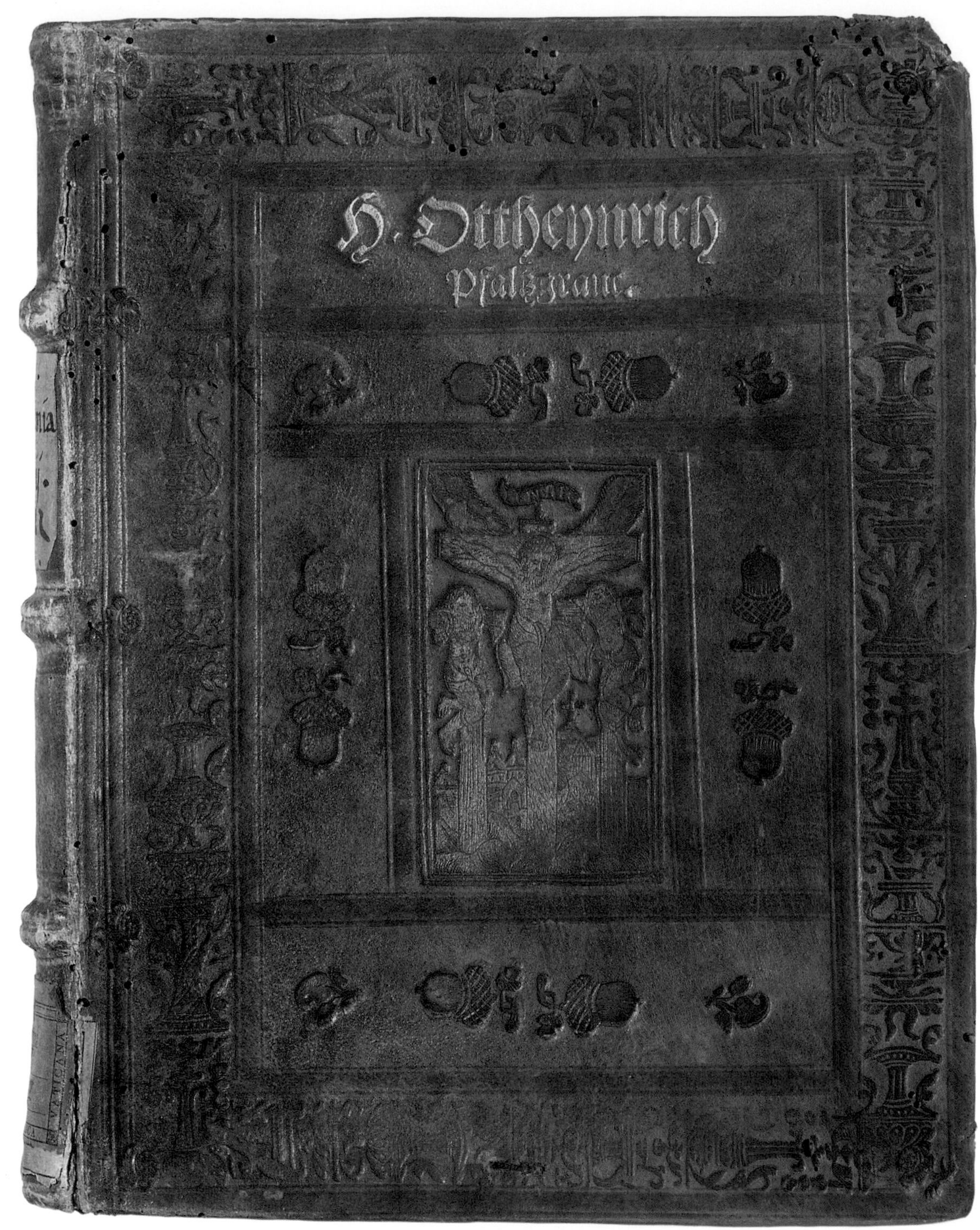

De alchimia opuscula, 1550
im Einband für Ottheinrich
des V.S. Buchbinders aus Simmern
Stamp. Pal. IV 507

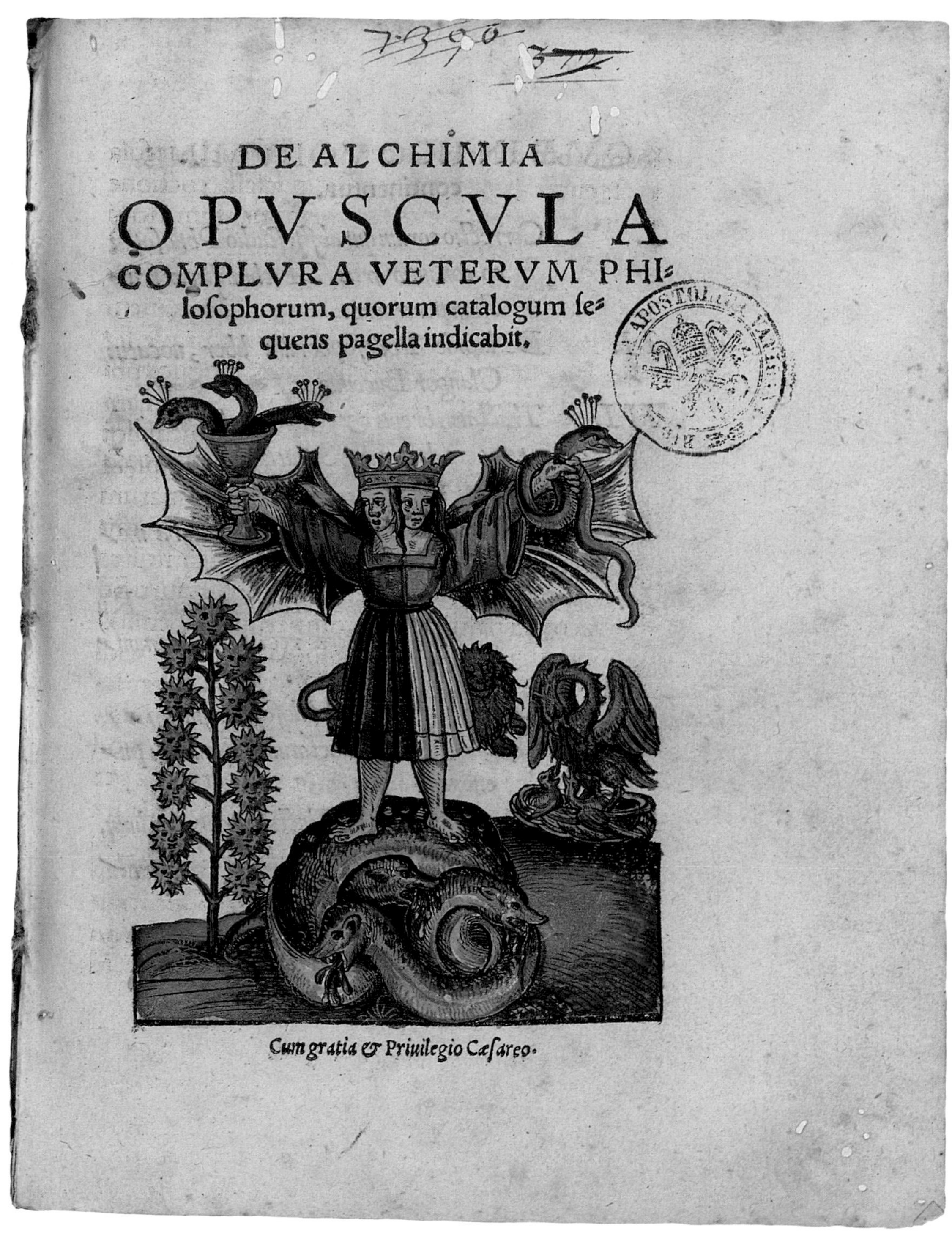

DE ALCHIMIA
OPVSCVLA
COMPLVRA VETERVM PHI-
losophorum, quorum catalogum se-
quens pagella indicabit.
Cum gratia & Priuilegio Cæsareo.

De alchimia opuscula, 1550
Titelseite mit Holzschnitt des Jakobi-Meisters: Hermaphrodit
Stamp. Pal. IV 507

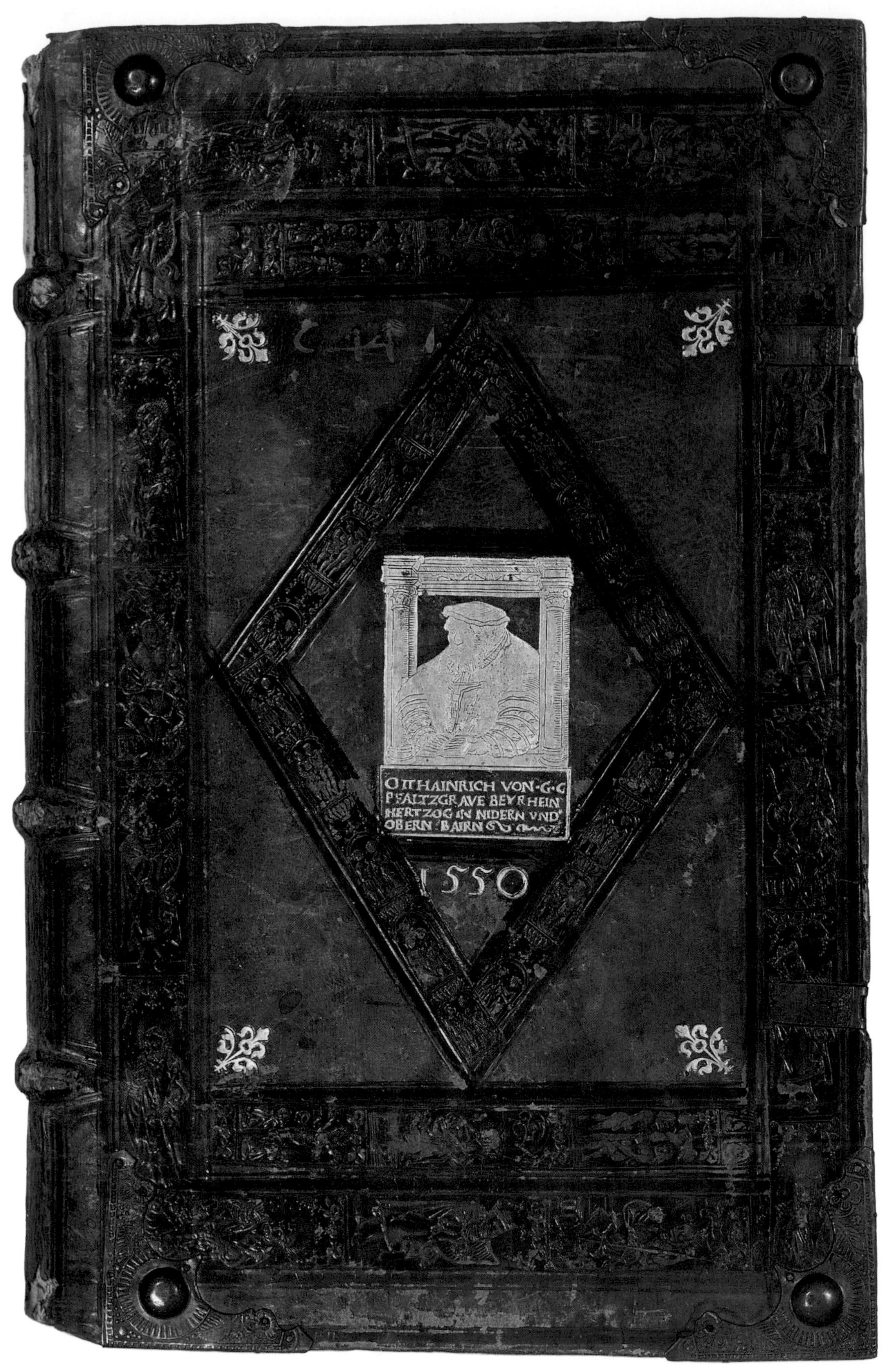

Französische Gesetzessammlung, 1547
im Ottheinrichband von Jörg Bernhard, 1550
Vorderseite mit Bildnis Ottheinrichs
Stamp. Barb. FF VI 50

BAP. PLATINAE HISTORIA,

Von der Bäpst vnd Keiser leben.

Von Petro vnnd Tiberio an biß auff Carolum V. vnd Paulum III. Des Jars M. D. XLVI continuirt vnd zůsammen tragen.

Mit einer nützlichen Vorred an den Durchleuchtigen / Hochgebornen / Fürsten vnd Herrn / Herrn Otthainrichen Pfaltzgrauen bei Rhein / Hertzogen in Nidern vnd Obern Baiern.

Straßburg.
M. D. XLVI.

Platina, Papstgeschichte, 1546
Titelseite mit Widmung an Ottheinrich
München, Bayerische Staatsbibliothek, 2° J. can. P. 137

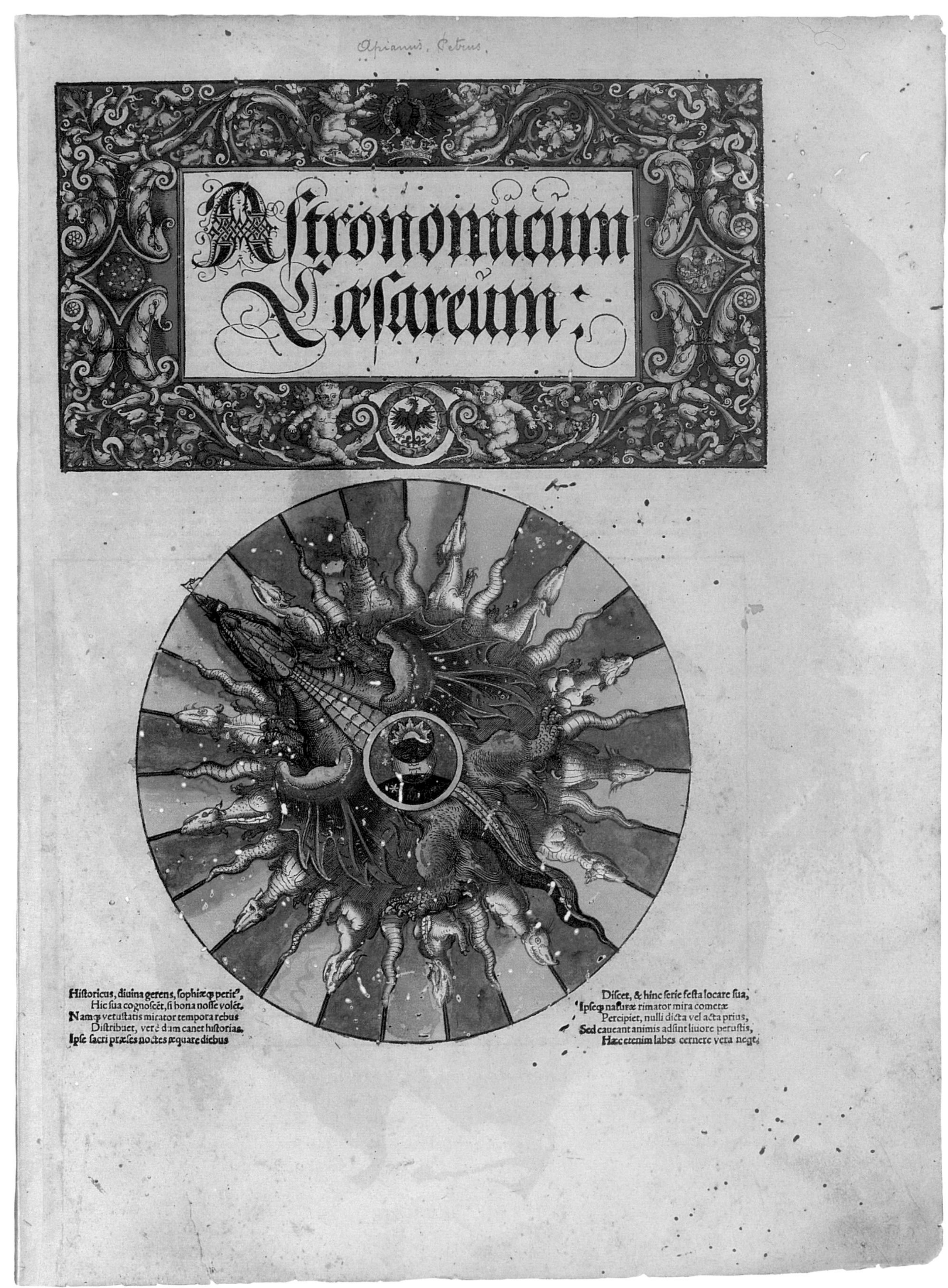

Apian, Astronomicum Caesareum, 1540
Titelseite mit Drachenscheibe
Stamp. Barb. X I 66

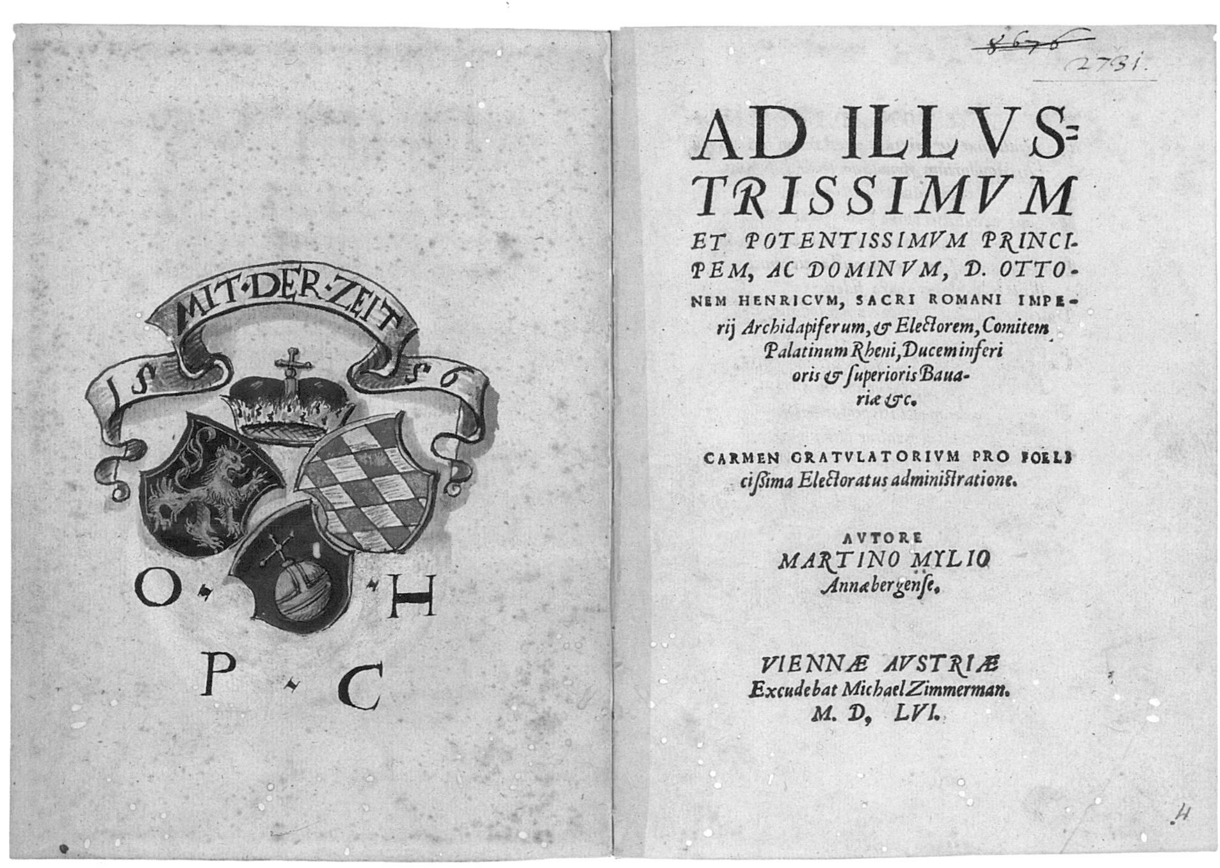

MIT·DER·ZEIT
15 56
O H
P C
8676
2731.
AD ILLVS-
TRISSIMVM
ET POTENTISSIMVM PRINCI-
PEM, AC DOMINVM, D. OTTO-
NEM HENRICVM, SACRI ROMANI IMPE-
rij Archidapiferum, & Electorem, Comitem
Palatinum Rheni, Ducem inferi
oris & superioris Baua-
riæ &c.
CARMEN GRATVLATORIVM PRO FOELI-
cissima Electoratus administratione.
AVTORE
MARTINO MYLIO
Annæbergense.
VIENNÆ AVSTRIÆ
Excudebat Michael Zimmerman.
M. D, LVI.

Mylius, Carmen gratulatorium,
für Ottheinrich zum Antritt des Kurfürstenamts 1556
Titelblatt und Titelzeichnung
Stamp. Pal. IV 1093

Ouilatus	mpm	xvi
Ioviacus	mpm	xxvij
Stanaco	mpm	xviij
Bolodero	mpm	xx
Quinttanis	mpm	xxiiij
Augustis	mpm	xx
Regio	mpm	xxiiij
Abusina	mpm	xx
Vallato	mpm	xviij
Summuntorio	mpm	xvi
Augusta vindelicu	mpm	xx
Guntia	mpm	xxij
Celiomonte	mpm	xvi
Campoduno	mpm	xiiij
Vemanio	mpm	xv
Brigentia	mpm	xxiiij
Arbore foelice	mpm	xx
Finibus	mpm	xx
Vitudoro	mpm	xxij leg
Vindonissa	mpm	xxiij
Rauracis	mpm	xxvij
Artalbinno	mpm	xxij
Uruncis	mpm	xxij
Monte brisiaco	mpm	xxiij
Argentorato	mpm	xxviiij
Brocomaco	mpm	xx
Concordia	mpm	xviij

Noviomago	mpm	xx
Bingio	mpm	xxv
Antumaco	mpm	xvij
Boudobrica	mpm	xviiij
Bonna	mpm	xxij
Colonia agrippina leg		
Durnomago	leg vij	Ala
Burungo	leg	v Ala
Novensio	leg	v ala
Gelduba	leg	viiij ala
Veteris	leg	xxi
Castra vlpia	leg	xxx
Burcinatio	leg	vi ala
Aranatio	leg	x ala

Item ad lauriaco uel didena mille
plus minus cclxvi sic

Ouilanis	mpm	xx
Iaciaco	mpm	xxxij
Iovaui	mpm	xviiij
Bidaio	mpm	xxxiij
Ponteaeni	mpm	xviiij
Isinisco	mpm	xx
Ambre	mpm	xxxij
Ad pontes tessenios	mpm	xl
Parthano	mpm	xx
Veldidena	mpm	xxiij

Item ad lauriaco per mediu augusta

vinde

Itinerarium Antonini
Speyer, 1542
Abschrift für Ottheinrich
München, Bayerische Staatsbibliothek, clm 10291, Fol. 29 r

Regio mpm xxiiii
Abusina mpm xx
Vallato mpm xviii
Summuntorio mpm xvi
Augusta uindelicũ mp xx
Guntia mpm xxii
Celiomonte mpm xvi
Campoduno mpm xiiii
Vemanio mpm xv
Brigentia mpm xxiiii
Arbore felice mpm xx
Finibus mpm xx
Vitudoro mpm xxii leg̃
Vindonissa mpm xx iii
Rauracis mpm xx vii
Artalbinno mpm xviii
Uruncis mpm xxii
Monte brisiaco mpm xxiii
Argentorato mpm xxviii
Brocomaco mpm xx
Concordia mpm xviii
Nouiomago mpm xx
Bingio mpm xxv
Antunnaco mpm xviii
Boudobrica mpm xviiii

Bonna mpm [illegible]
Colonia agrippina leg̃ [illegible]
Burnomago leg̃ vii [illegible]
Burungo leg̃ [illegible]
Nouensio leg̃ [illegible]
Gelduba leg̃ [illegible]
Ueteris leg̃ xx[illegible]
Castra ulpia leg̃ [illegible]
Burcinatio leg̃ [illegible]
Aranatio leg̃ x [illegible]
Item a lauriaco uel [illegible]
mpm cclx [illegible] sic
Ouilauis xx
Iaciaco mpm xx[illegible]
Iouaui mpm xx[illegible]
Bidaio mpm xx[illegible]
Ponte aeni mpm xx[illegible]
Isinisca mpm xx
Ambre mpm xx[illegible]
Ad pontes tessen[illegible] mpm [illegible]
Parthano mpm xx[illegible]
Ueldidena mpm xx[illegible]
Item a lauriaco per med[illegible]
augusta uindelicum [illegible]
gantia mpm cccxi sic

Itinerarium Antonini, 10. Jahrhundert
Fragment des Originals aus Ottheinrichs Besitz
Augsburg, Universitätsbibliothek I, 2, 2°, 37

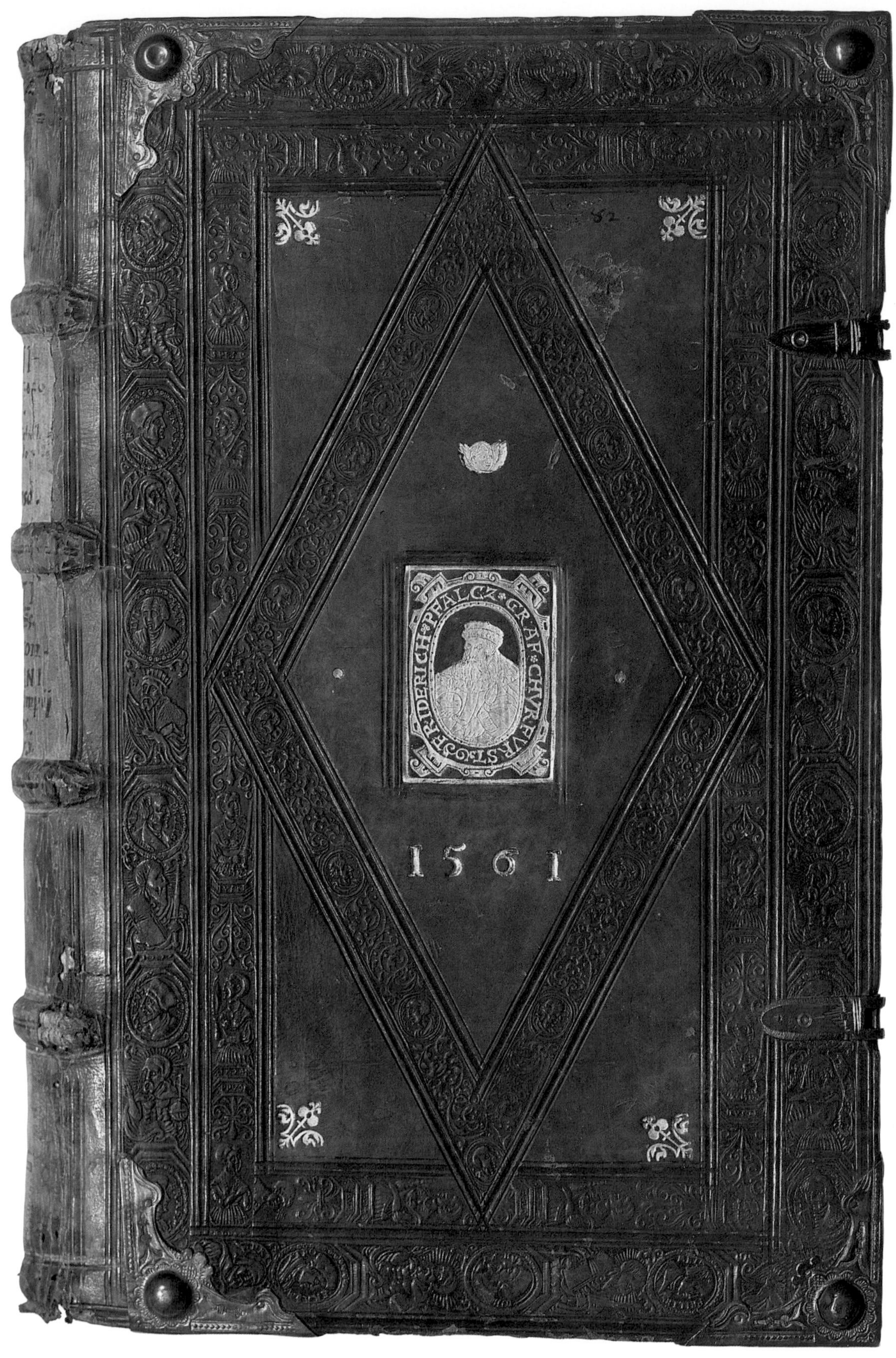

Cuspinian, De consulibus Romanorum, 1553
im Einband des Petrus Betz, 1561 mit Bildnis Friedrichs III.
Stamp. Pal. II 340

Apostelgeschichte in der Auslegung Calvins, 1571
im Plunion-Einband 1571 für Friedrich III. (F.P.C.)
Stamp. Pal. II 452

Wirsung, Artzney Buch, 1568
im Prachteinband von Plunion 1571
Stamp. Pal. II 491

169

Rabus, Betbüchlein, 1570 für Ludwig VI.
Goldschnitt (Vorderseite): Christus segnend über dem Pfälzer Wappen
Stamp. Pal. V 980

Friderich
der Vierte Sohn
Ist zu Amberg Geborn Frei
tags den Fünfften Martij Anno etc. 1574
zwischen Zwelff vnnd Einer vhrn, Fast drei
viertl vff eins gegen tag Ist hernacher den Eilff
ten bemelts Monats Im Schloß Doselbst Im
Saal getaufft worden Seind zu Geuattern Er
betten worden vnd gestannden Der Durchleuch
tig Hochgeborne Fürst Herzog Hanns Pfalz
graff Deßgleichen die Hochgebornne Fürstin
Fraw Elisabeth Pfalzgreuin bei Rhein Herzog
in Inn Bayern Gebornne Herzogin zu Sachs
sen Dann der Ehrwürdig herr Magister Andre
as Pangratius Superintendens zum Hof Für
solchenn Mildreichen segen Sagen wir billich
dem Allmechtigen Lob Ehr vnnd danck Der
selbe wölle Ermeltes vnnser Junges Sohlein bey
langwiriger Frischer gesundheit genediglichen
Erhallten Auch seinen Gottlichen Segenn ver
leichen Das er Inn der Furcht Gottes vfferzog
en werden möge Amen

Rabus, Betbüchlein 1570
Gebetbuch Ludwigs VI. mit handschriftlicher Eintragung
der Geburt und Taufe Friedrichs IV., 1574
Stamp. Pal. V 1568

Mertz hat XXXI. Tag.

4 g Adrianus Löw 18 feucht

5 a Philemon Jungfraw o

6 b Eusebius Jungfraw 12 temperirt

Tagebuch Ludwigs VI. von 1574.
Eintragung vom 5. März 1574, zur Geburt Friedrichs (IV.)
Cod. Pal. Lat. 2026

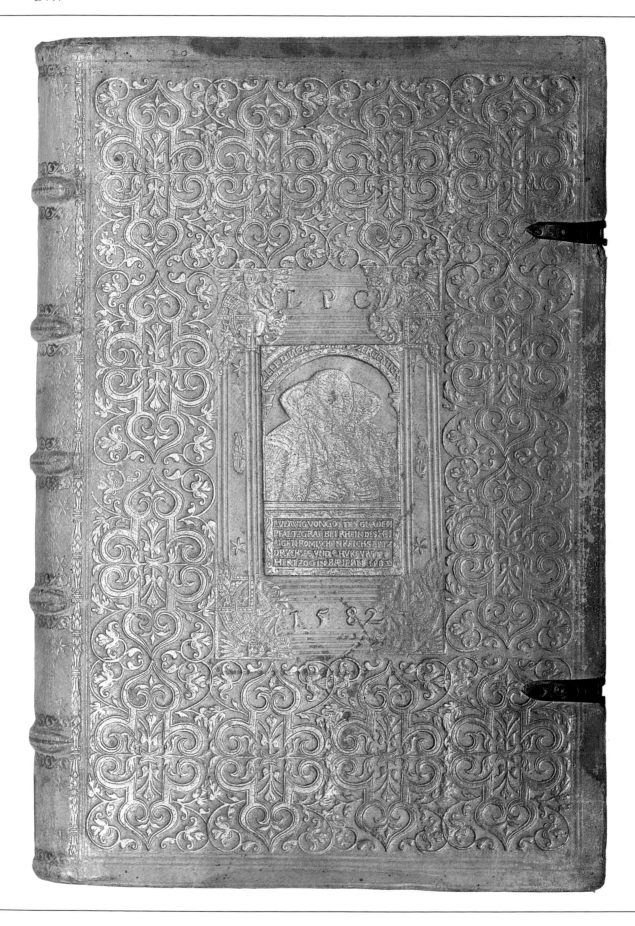

Heidelberger Konkordienbuch Ludwigs VI., 1582
Exemplar mit Porträt Ludwigs VI.
Einband des Elias Petersheim
Stamp. Pal. II 435

Die Feyerabendbibel Ludwigs VI. mit Holzschnittillustrationen von Virgil Solis
Eingefügtes Porträt Ludwigs VI.
Karlsruhe, Bad. Landesbibliothek, 42 C 38 RH. Vorsatzblatt

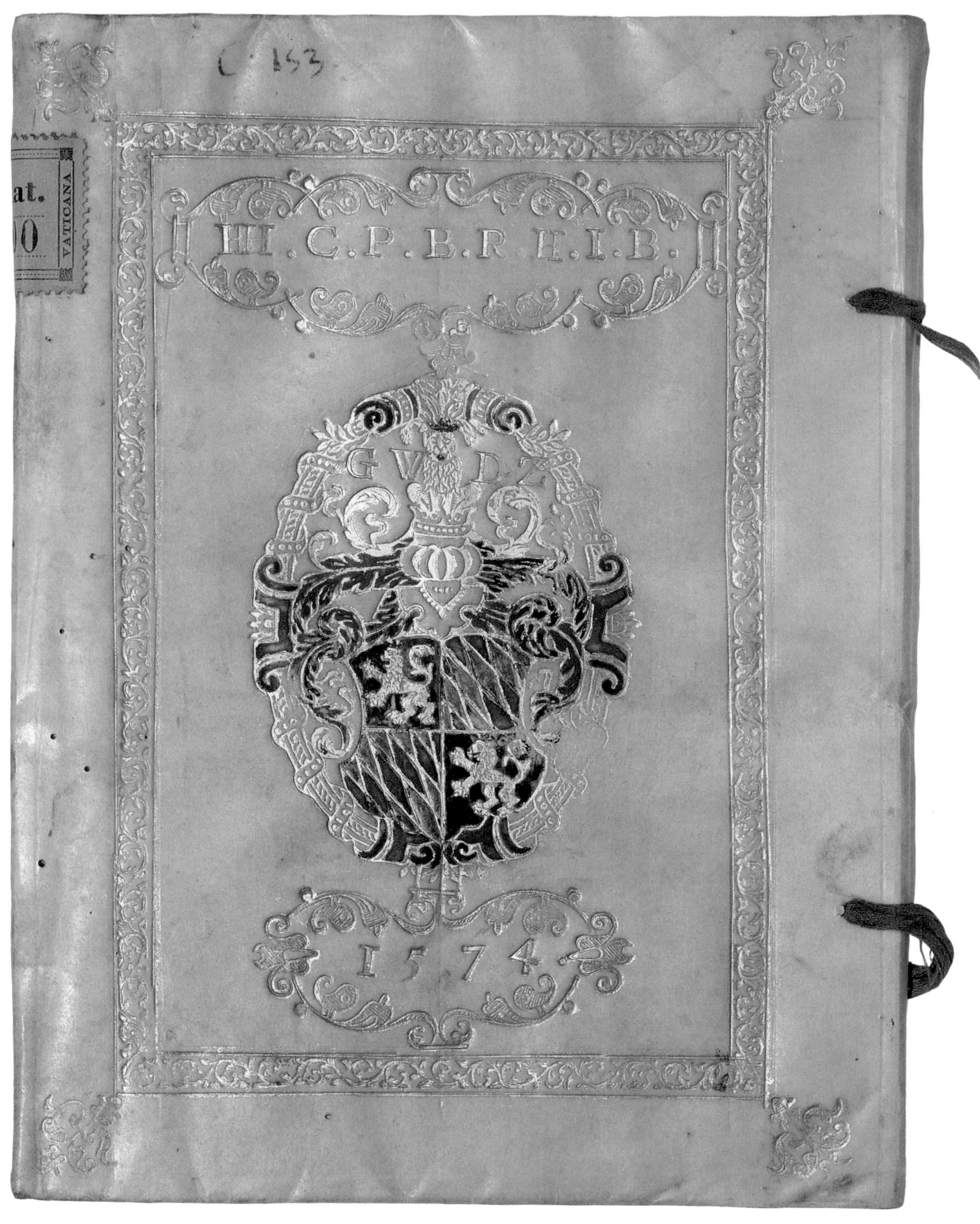

Tagebuch Johann Casimirs
Pergamenteinband des Buchbinders Plunion
Cod. Pal. Lat. 2000

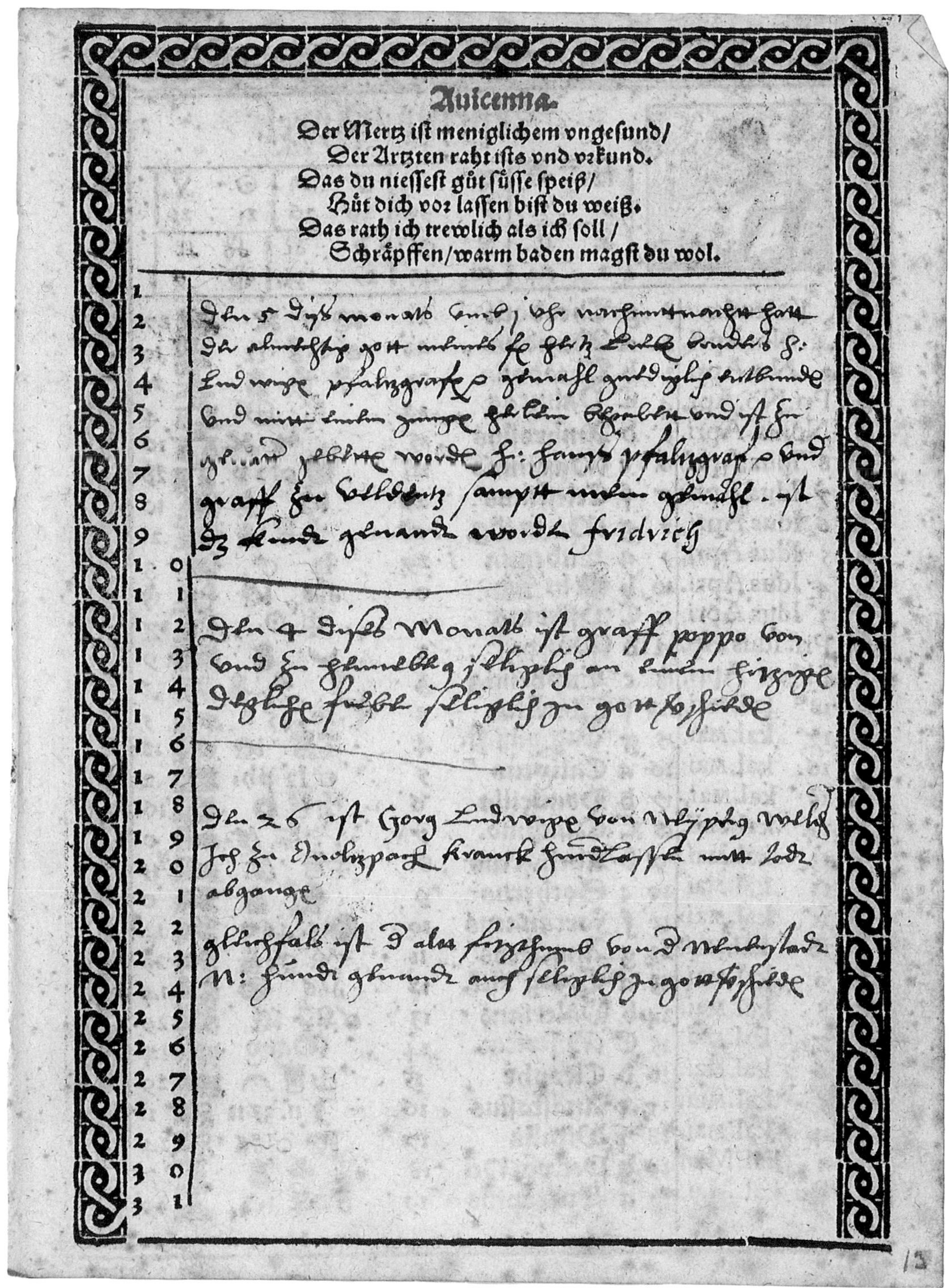

Avicenna.

Der Mertz ist meniglichem vngesund/
Der Artzten raht ists vnd vrkund.
Das du niessest gůt süsse speiß/
Hüt dich vor lassen bist du weiß.
Das rath ich trewlich als ich soll/
Schräpffen/warm baden magst du wol.

Tagebuch Johann Casimirs, 1574
mit Eintragung der Geburt seines Neffen Friedrich (IV.)
Cod. Pal. Lat. 2000, Fol. 13 r

Wagner, Der 128. Psalm, 1570
Einband Jakob Krauses, Dresden 1570
Geschenk des Kurfürsten August von Sachsen für Johann Casimir
Stamp. Pal. V 1715

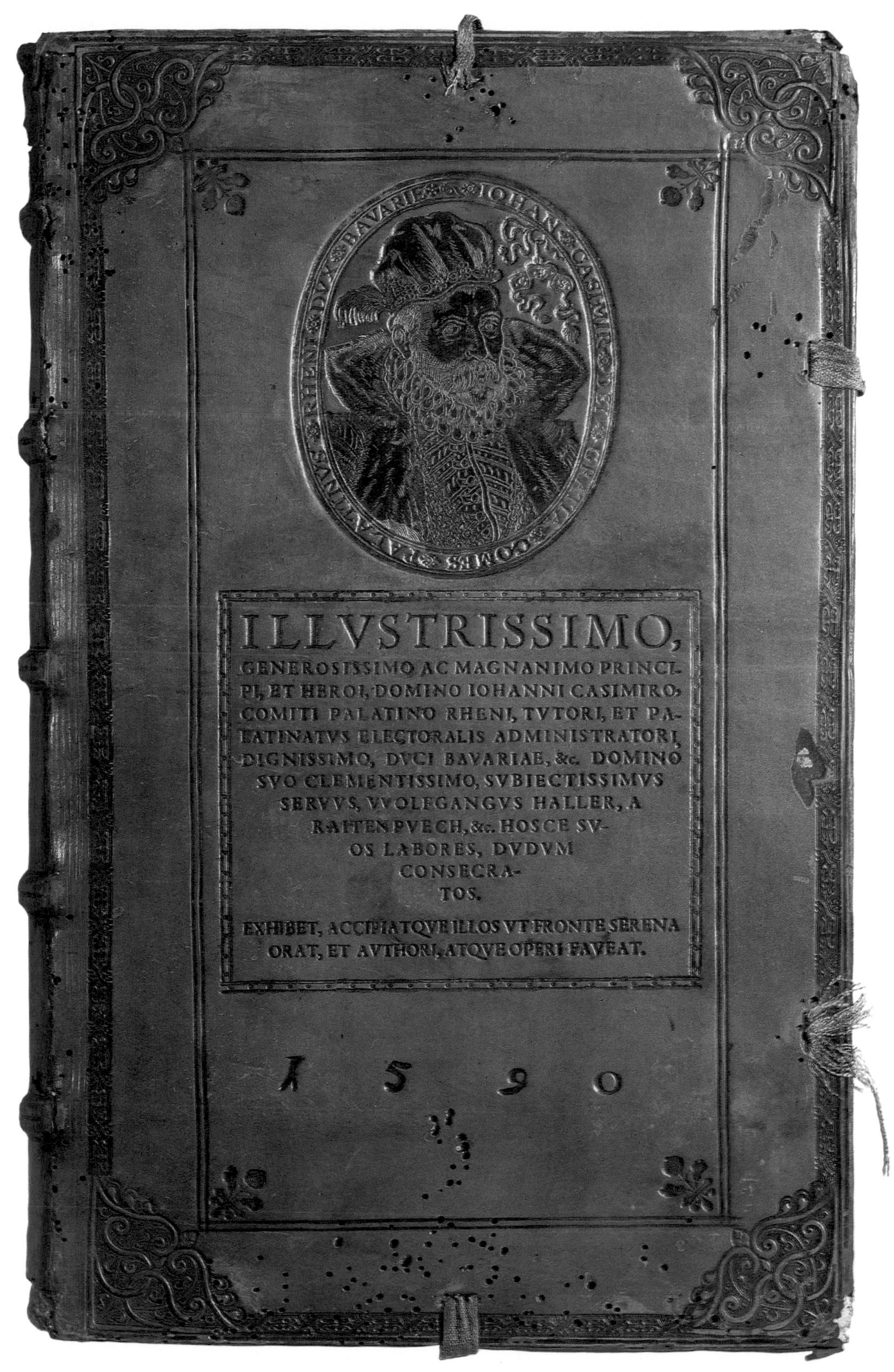

177

Calvin, Evangelienharmonie, 1590.
Prachteinband mit Portrait Johann Casimirs
Stamp. Pal. II 490

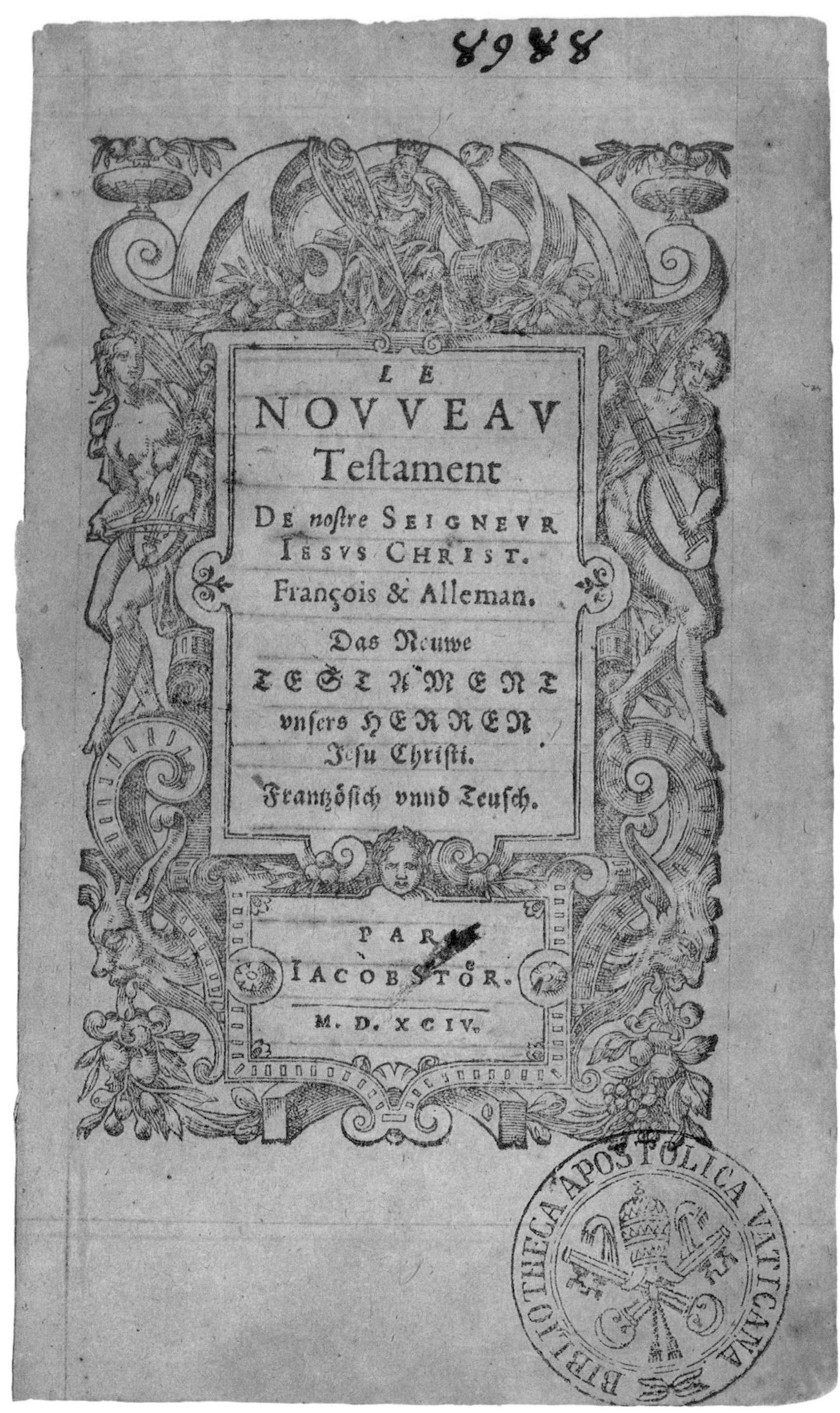
8988
LE
NOVVEAV
Teſtament
DE noſtre SEIGNEVR
IESVS CHRIST.
François & Alleman.
Das Newe
TESTAMENT
unſers HERREN
Jeſu Christi.
Frantzöſich unnd Teuſch.
PAR
IACOB STÖR.
M. D. XCIV.
BIBLIOTHECA APOSTOLICA VATICANA

Stör, Neues Testament, französisch-deutsch, 1594
Kurfürstin Louise-Juliane gewidmet.
Stamp. Pal. V 842, Titelseite

179 Dedekind, Grobian, 1575, mit Einband des Elias Petersheim, 1581.
Vorderseite mit Initialen, Wappen und Devise (Alle Ding zergenglich) Ludwigs VI.
Stamp. Pal. V 608

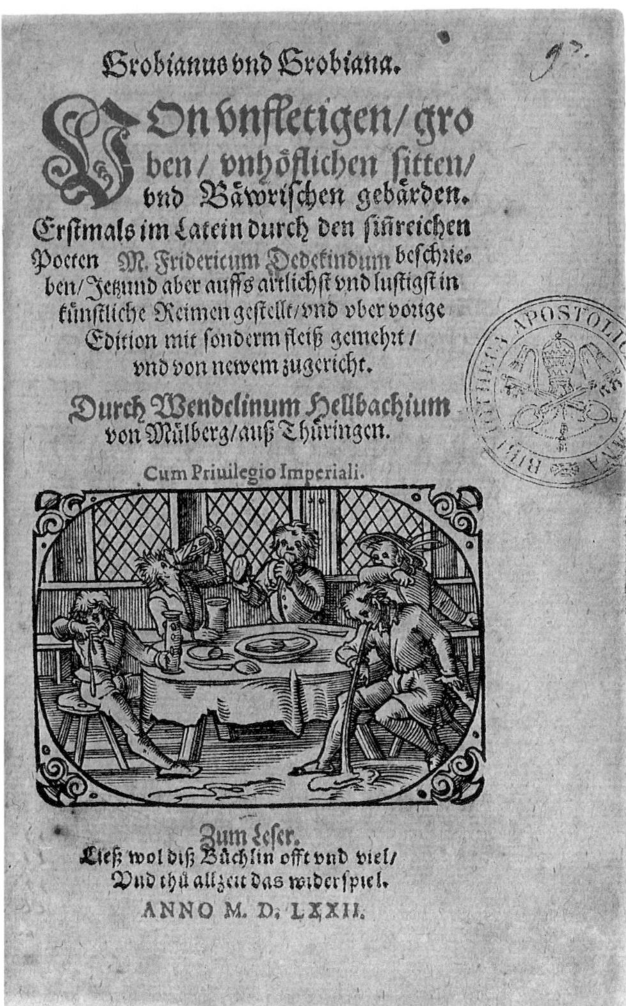

Dedekind, Grobianus, 1572
Vorsatzblatt mit handschriftlichem Eintrag Ludwigs VI:
Geschenk zur Erziehung des Prinzen Friedrich (IV.); Titelblatt der Übersetzung Hellbachs
Stamp. Pal. V 608

MAGNANIMITAS.

Nach grossen dingen mein Hertz tracht/ Und helt mit sorg ein stätig wacht:
Daß nicht unehr/ leichtfertigkeyt/ Mir bring einig beschwerlichkeyt.

Der Hasenfang mir nicht geliebt/ Der Gemsen jagt mich auch nicht übt:
Eins Löuwen sterck mir gfallen thut/ Derselb mir macht ein frischen muht.

181 Stamm- und Wappenbuch, 1579, von dem jungen Friedrich (IV.) koloriert
Allegorische Darstellung der Großmut
Stamp. Pal. IV 235

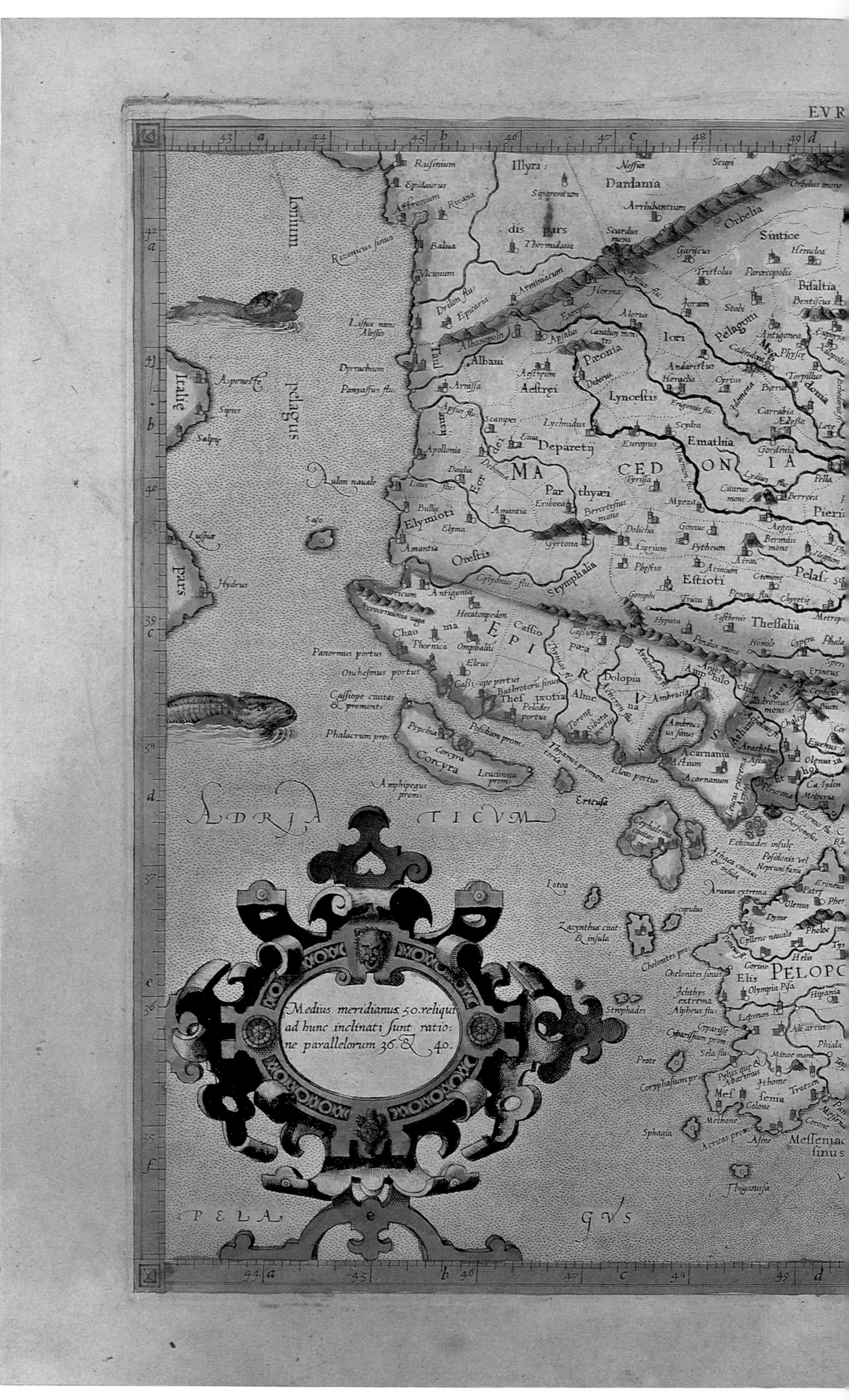

Mercator, Ptolemaeus-Ausgabe, 1578
Tafel X: Griechenland und Kreta
Stamp. Pal. S 3

Thraciæ pars
Propontidis pars
Nicopolis
Topiris
Bisthonis lacus
Traianopolis
Abdera
Neapolis
Maronia
Macrontiches
Pactia
Lysimachia
Proconnesus
Dascylium
Apamia
Prusa
Olympus mons
Cyzicus
Parium
Callipolis
Lampsacus
Abydus
Sestos
Cylla
Eleus
Dardanum
Ilium
Ida mons
Sigeum prom.
Alexandri Troas
Lectum prom.
Scepsis vetus
Antandrus
Adramitium
Asiæ pars
Thalaßia ciuit. & insula
Athosa prom. & ciuit.
Samothrace insi. & ciuit.
Melanus sinus
Medium mons. Athi
Hephæstia
Imbros
Myrina
Cherso Thraciæ
Singiticus sinus
Lemnos insula
Ampelus extrema
Derris extrema
Toronaicus sinus
Canastreum prom.
AEGEVM MARE
Siagrium prom.
Argenum prom.
Pyrra
Mania extrema
Eressus
Mytilene
Porosclene
Pitane
Myrina
Elea
Peparethos insula & ciuitas
Scopelos
Pelius mons
Iolcos
Sciatos insula & ciuitas
Scyros insula & ciuitas
Posidium prom.
Dion prom.
Atalanti insula
Phalasia
Oeteus sinus
Aedipsus
Cerynthus
Chersonesus extrema
Coela Eubœæ
Caphareus prom.
Chalcis
Eretria
Amarynthus
Carystus
Caleacte
Icarium mare
Samos
Samos insi.
Tenos insi. et ciuit.
Andros insi.
Delos ciuit. et insi.
Cyclades insulæ
Icaria
Mirtoum mare
Opuntij
Locri
Marathon
Rhamnus
Megara
Eleusis
Salamis
Sunium prom.
Carthea
Chios insi. et ciuit.
Thera insula
Eleusi
Melos insula et ciuitas
Therasia insi. et ciuit.
Astipalæa
Argolicus sinus
Argos
Argia
Mycene
Hermione
Troezena
Scylleum prom.
Epidaurus
Chersonesus
Cnidus
Ceramus
Casus
Carpathium mare
Samonium prom.
Itanus
Ampelos extrema
Erythræum prom.
Panormus
Chersonesus
Lyctus
Gnossus
Eleuthere
Gortyna
Lebena
Lappa
Apteria
Aptera
Polyrrhenia
Cydonia
Phalasarna
Corycus prom.
Cythera insi. & ciuit.
Malea extrema
Laconicus sinus
Lacon
CRETA
Libycum mare
Leuci montes
Criu metopon
Hermea prom.
Letoa
Megalopolis
Lilæa
Nemea
Cleone
Creticum mare
Dia

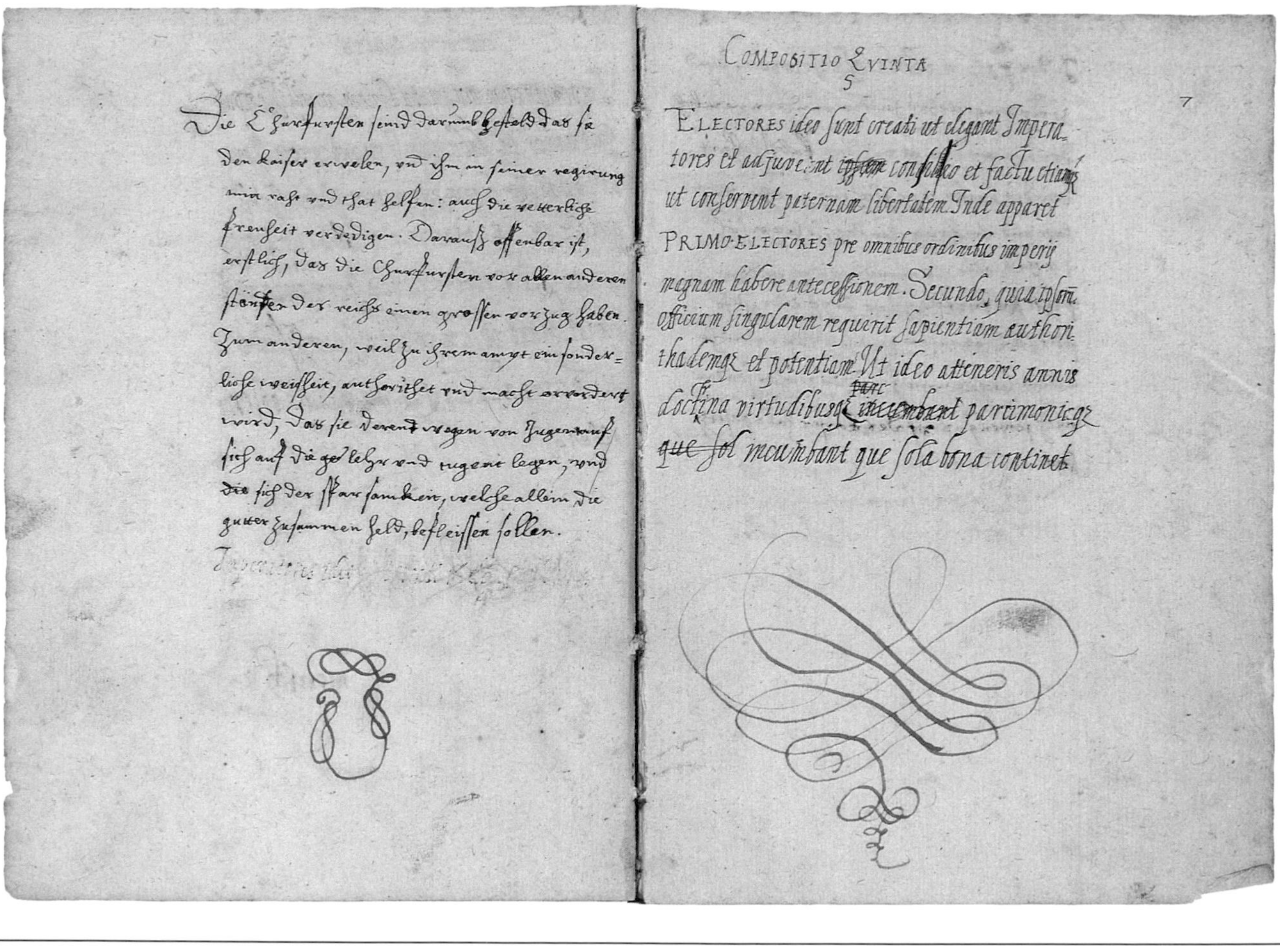

Herzförmiges Gebetbuch des jungen Friedrich (V.) im Einband Ende des 16. Jahrhundert
Stamp. Pal. VI 201
Lateinheft Friedrichs (V.), 1608 mit Übersetzungsübungen
Cod. Pal. Lat. 1867, Fol. 6 v/7 r

Johannes Chrysostomus, Werke (Griech.), 1613 für Friedrich V.
Einband mit dem Wappen König Jakobs I.
Racc. I II 406

Carmen Gratulans, 1613
auf Friedrich V. und Elisabeth
Pergamenteinband mit Wappen der Universität Cambridge
Cod. Pal. Lat. 1736, Einband

Carmen Gratulans, 1613
auf Friedrich V. und Elisabeth
Titelseite
Cod. Pal. Lat. 1736

B
C
A
Abriſs Deß Triumphfewerwercks, Bei. Churfurſtlich: Pfaltz Heimfuhrung, Gehalten den 9 Junij 1613. Inuent: W. Harniſter

Beschreibung der Hochzeitsreise Friedrichs V., 1613
Feuerwerk in Heidelberg
Stamp. Pal. IV 118

Serenissimo & Illustrissimo
DNo
Friderico V Comiti &
Electori
Palatino,
DNo Clementissimo,
Dionysius Gothofredus.

8890

DE
TVTELIS ELECTORALIBVS TESTAMENTARIIS,
Liber VII.
DIONYSII GOTHOFREDI IC.

Adversus Synopsin Zachariæ Fridenrichi:

I. Quâ (post [a] Dedicatoriam Epistolam & Narrationem facti) Fridenrichus Tribus Classibus probare nititur, Testamentarium Tutorem Electoralem *Bullis* Cæsareis [b], *Pactis* [c], *Exemplisque* [d] familiæ Palatinæ, Proximiore & Seniore Adgnato Electorali *excludi*.

II. Quâ [e] XII. Bipontinorum *Argumenta refutare:*

III. Quâ de [f] SVSPECTO Tutore legitimo, Bipontinorum querelas diluere:

IV. Quâ Excusationes & Defensiones Bipontinorum (quibus negant, Electoratum Palatinum à D. Bipontino & Heidelbergensibus [g] OCCVPATVM) refellere conatur.

a] *Gothofredus ad hanc Dedicatoriam & Narrationem Fridenrichi, in* METATORE, *superius respondit.*
b] *Argumentis octo probare hoc nititur à pagina 1, ad 61.*
c] *Tribus argumentis id evincere tentat à p. 61. ad 71.*
d] *Probare hoc quoq. conatur à p. 71 ad 75.*
e] *à pagina 76. ad 159.*
f] *à pagina 159 ad 180.*
g] *à pag. 181, ad finem libri.*

HEIDELBERGÆ
TYPIS GOTTHARDI VOEGELINI.
ANNO CIↃ IↃ C XIV.

Gothofredus, De tutelis electoralibus testamentariis
Gutachten für Friedrich (V.)
Widmung und Titelblatt

(Karlsberg): Die Andere Apologie der Stände des Königsreichs Behaimb, 1619
Geschenk für Kurfürst Friedrich V.
Stamp. Pal. V 799, Einband

191 Chinesisches medizinisches Werk aus der Bibliothek Kaiser Rudolfs II.
Einband des Dürerbuchmeisters
Stamp. Pal. III 191

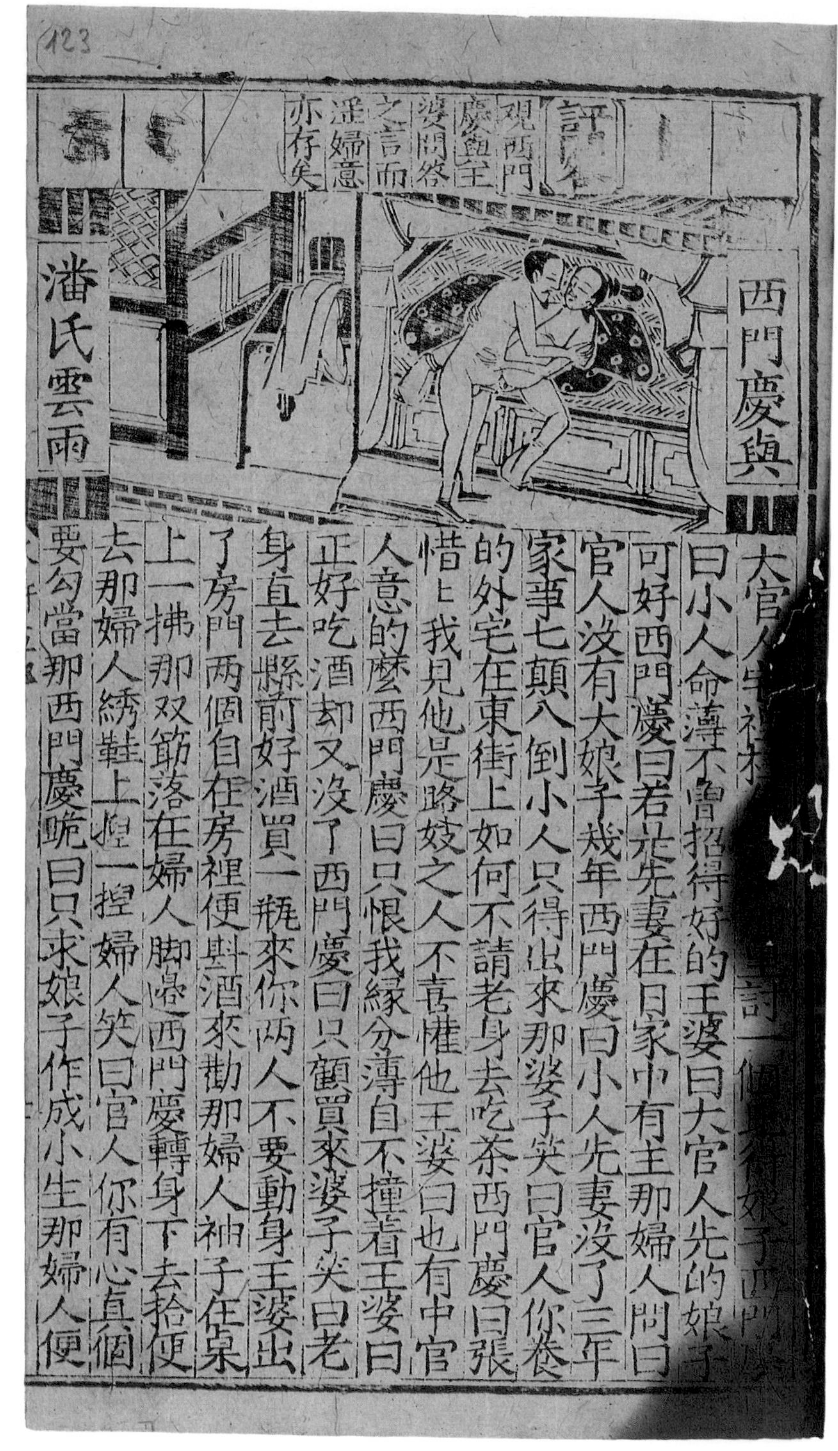

大官人宅裡[illegible]討一個[illegible]得娘子西門慶
曰小人命薄不曾招得好的王婆曰大官人先的娘子
可好西門慶曰若是先妻在日家中有主那婦人問曰
官人沒有大娘子㦲年西門慶曰小人先妻沒了三年
家事七顛八倒小人只得出來那婆子笑曰官人你養
的外宅在東街上如何不請老身去吃茶西門慶曰張
惜惜我見他是路妓之人不喜歡他王婆曰也有中官
人意的麼西門慶曰只恨我緣分薄自不撞着王婆曰
正好吃酒却又沒了西門慶曰只顧買來婆子笑曰老
身直去縣前好酒買一瓶來你兩人不要動身王婆出
了房門兩個自在房裡便斟酒來勸那婦人袖子在桌
上一拂那双筯落在婦人脚邊西門慶轉身下去拾便
去那婦人綉鞋上揑一揑婦人笑曰官人你有心真個
要勾當那西門慶跪曰只求娘子作成小生那婦人便

Szene aus einem chinesischen Räuberroman
Aus der Bibliothek Kaiser Rudolfs II.
Stamp. Pal. IV 1291, Fol. 123 r

Freher, Tractatus de fama publica, 1588
Einband für Friedrich IV.
Stamp. Pal. II 424

Es ist auch diß Orts/durch die Befelchsleute/fleissig achtung vnd kundtschafft zu haben/da ein oder mehr dergleichen March mutwillig oder fürsetzlich verletzt oder verändert/die Thäter/wo müglich zu erfahren/vnd zur Hafft vnd verdienter Straff zu bringen.

Vom Bauwholtz.

Dieweil die Wäld nicht all einer Eigenschafft vnd Natur/auch das Holtz vnderschiedlich/vnnd nicht zu einerley Sachen gebraucht wirt/Damit dann darinnen allenthalben nach gestalt vnnd gelegenheit Ordnung gehalten/ein jedes Holtz dahin es gehöret gebraucht/so folget erstlichen das Bauwholtz belangend.

So jemands Bauwholtz bedürfftig/der hat sich bey der Oberkeit/oder den verordneten Amptleuten anzuzeigen/da dann wissend/daß man schuldig/jemands auß der Oberkeit Wälden zu beholtzen/einer dessen berecht/eins Baum oder etliche bedürfftig/die ansuchend Person mit zweyen oder dreyen benachbarten zu beweisen/sie der begerten Bäum bedürfftig/sol derselben vmb gebürlichen Waldzinß verfolgt/vnnd an denen orten/da es den Wälden am wenigsten schedlich/geben werden.

Da aber jemands zu neuwen vnnd Grundtbäuwen/als gantzen Heusern/Ställen/Scheuwren vnnd Stallungen/vmb Zimmer vnnd Bauwholtz anzusuchen/ist es zuerhaltung der Wäld am sichersten/solches so leichtlichen nit zubewilligen/sondern an jeden örtern verordnung zu thun/daß der fürhabend Bauw/durch ein bauwverstendige Person/es sey ein Zimmermann oder Meuwrer/nach notturfft besichtiget/vnnd ein

Hirsch Jagt.

Wie die Jäger auff der Hirsch-Jagt/im horn jagen vnd den hunden zuschreyen sollen.

Das ein vnd viertzigste Capitel.

ES finden sich heutigs tags wenig / so das Jägerhorn wol brauchen / vnnd den Hunden mit lustigem vnnd frölichem geschrey zuschreyen können / Wie dann ich spür/daß die zu Rossz wenig lust noch achtung auff jhre Hund / damit sie recht vñ gebürlich einfallen/anbracht werden/suchen vnd nachjagen möchten/haben / sonder benügen sich so sie ein Hirsch fangen / dardurch ein bene bey jhrem Herrn/vnnd darneben ein gewinn erlangen können / Vnnd so bald er auffgejagt ist/ wie sie jhn verpfneischen mögen/welches die alten nicht gethan / sonder

auff

Du Fouilloux, Neu Jägerbuch, 1590
Anweisungen zum Gebrauche des Horns bei der Hirschjagd
Stamp. Pal. II 156, Fol. 54 v

HONESTA FOEMINA HEL
delbergensis.

LXXVI.
Ein Weib von Heydelberg.

DIse Figur dir zeiget an/
Wie die Erbarn Frawen gahn.

Zu Heydelberg wol in der Stadt/
Wie manch ehrlich Mann gsehen hat.

Hans Weigel, Trachtenbuch mit Holzschnitten Jost Ammans, 1577
Nr. LXXVI: Kleidung der ehrbaren Heidelbergerin
Stamp. Pal. II 239

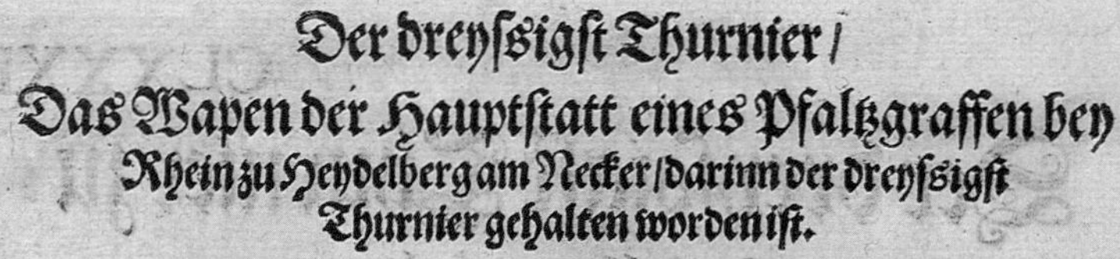
Der dreysigst Thurnier /
Das Wapen der Hauptstatt eines Pfaltzgraffen bey Rhein zu Heydelberg am Necker / darinn der dreysigst Thurnier gehalten worden ist.

Hernach folgt der Thurnier zu Heydelberg am Necker gehalten / im jar deß heils als man schrieb nach Christi unsers lieben Herrn geburt tausent vierhundert ein vnnd achtzig.

DEr Durchleuchtigst Fürst vnnd Herr / Herr Philips Pfaltzgraffe bey Rhein / Hertzog in Beyern / deß heiligen Römischen Reichs Ertztruchsäß vnd Chürfürst / hat in seiner Gnaden Statt Heydelberg der löblichen Gesellschafft deß Esels ein Thurnier gehalten. Vnnd solches auff gemeldtem Thurnier gehalten worden ist / folget alles in geschrifften hernach.

Diesen Thurnier haben die Ritterschafft der löblichen Gesellschafft deß Esels denen in den vier Landen zugeschrieben / als jren Herrn vñ guten Freunden / vnd den auch nach ordnung im Reich beruffen vnd verkünden lassen / daß menniglich / so bemeldten Thurnier besuchen wolt / mocht auff den nechsten Sonntag nach Sanct Bartholomeus tag zu Heydelberg an der Herberg erscheinen / da wolt man deß Montags aufftragen / deß Dinstags beschauwen / vnnd sich bereiten / vnnd darnach auff den Mitwochen den Thurnier halten / Dänck außgeben / vnd was zu solchen ehren gehöret.

Diese

Rüxner, Turnierbuch, 1578
Turnierbericht des 30. Turniers der Rittergesellschaft des Esels, 1481 zu Heidelberg
Stamp. Pal. II 29, Fol. 189 v

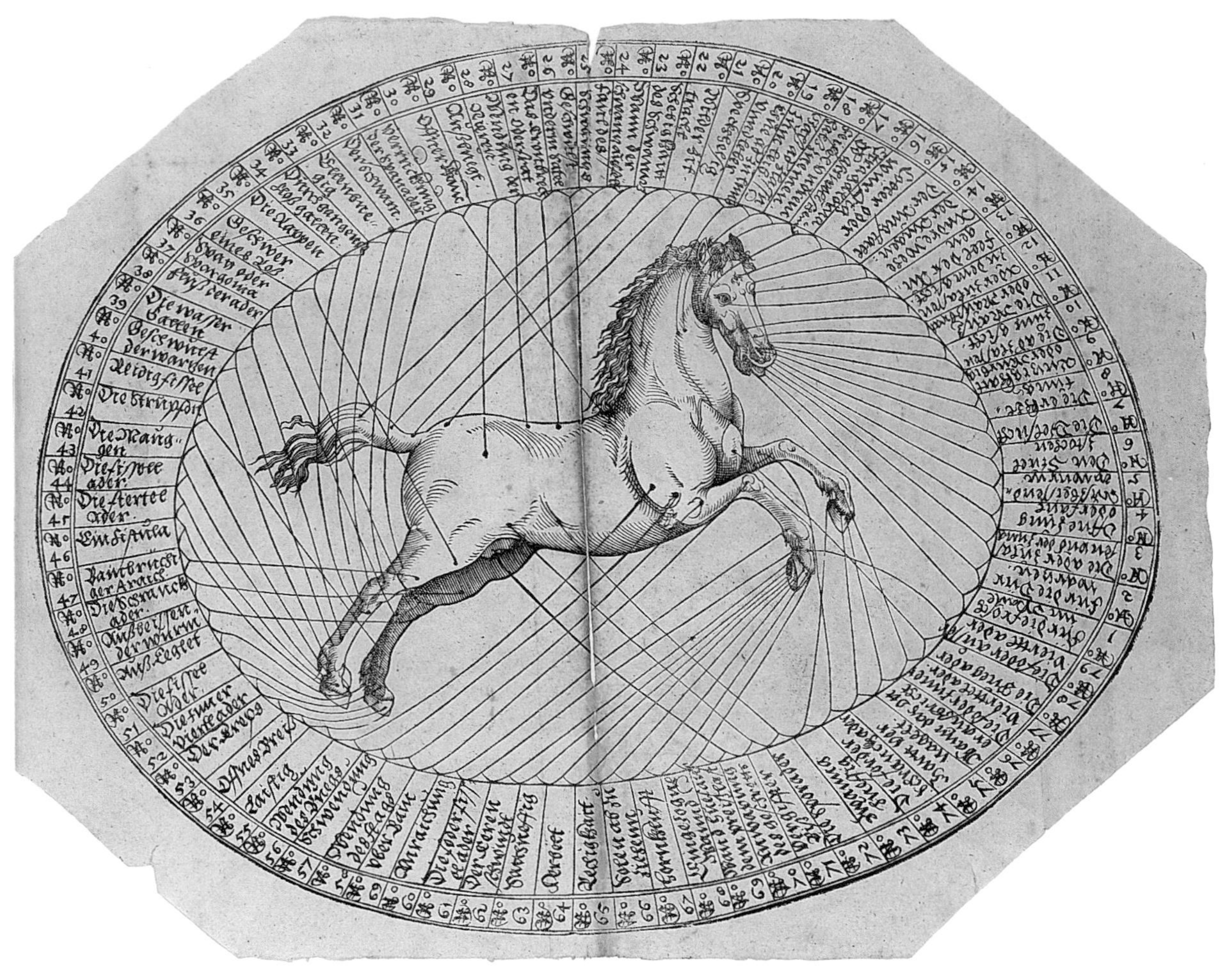

Griso, Über Pferdezucht, 1570
Stamp. Pal. II 153 (2)

Küchler, Kupferstiche zur Hochzeit Herzog Johann Friedrichs von Württemberg, 1609
Drei Fanfarenreiter aus dem Zug des Pfalzgrafen August
Stamp. Pal. II 500

Der Ritter vom Turn
von den Exempeln der
gotsforcht vñ erberkeit

Marquart von Stein, Der Ritter von Turn, 1495
Exemplar Ottheinrichs
Stamp. Pal. III 199, Titelseite

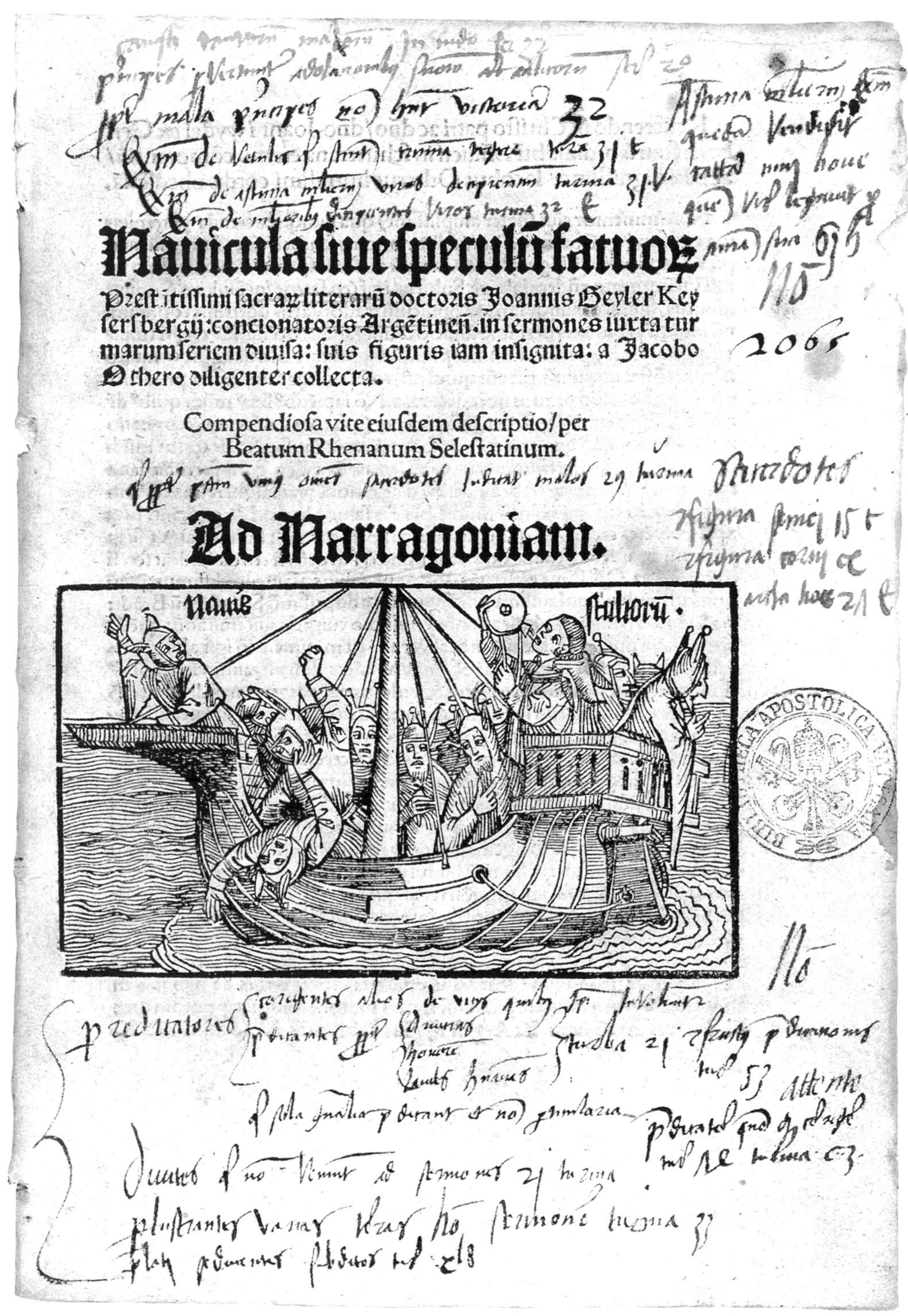

Nauicula siue speculũ fatuoꝝ

Prestãtissimi sacraꝝ literarũ doctoris Joannis Geyler Keysersbergij: concionatoris Argẽtineñ. in sermones iuxta turmarum seriem diuisa: suis figuris iam insignita: a Jacobo Othero diligenter collecta.

Compendiosa vite eiusdem descriptio/ per Beatum Rhenanum Selestatinum.

Ad Narragoniam.

Geiler von Kaisersberg, Das Narrenschiff
Straßburg, 1510
mit zeitgenössischen Eintragungen
Stamp. Pal. IV 298, Titelseite

Murners Vergil-Übersetzung
im Einband des Ottheinrich-Meisters, 1544
Stamp. Pal. V 932

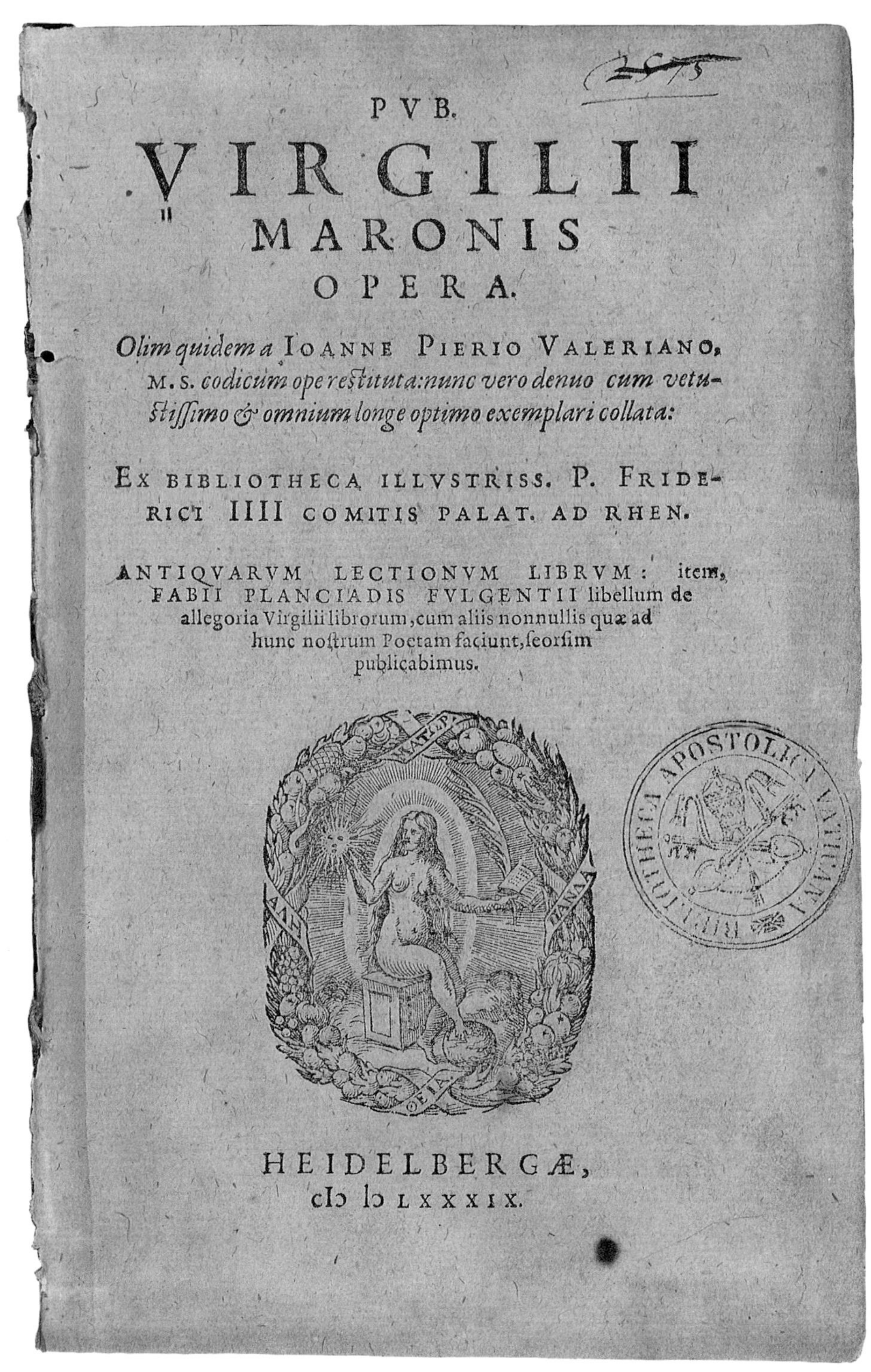

PVB.
VIRGILII
MARONIS
OPERA.

Olim quidem a Ioanne Pierio Valeriano, M. S. *codicum ope restituta: nunc vero denuo cum vetustissimo & omnium longe optimo exemplari collata:*

Ex bibliotheca illustriss. P. Friderici IIII comitis Palat. ad Rhen.

Antiqvarvm lectionvm librvm: item, Fabii Planciadis Fvlgentii libellum de allegoria Virgilii librorum, cum aliis nonnullis quæ ad hunc nostrum Poetam faciunt, seorsim publicabimus.

HEIDELBERGÆ,
cIↄ Iↄ LXXXIX.

Vergil, Lateinische Ausgabe bei Commelin, 1589
Stamp. Pal. V 1611, Titelseite

des gůten Glücks. LVI

Von menge vnd vile der bücher/das XLIII. Capitel. Freud.

Ich hab vil Bücher. Vernunfft. Ey wie gantz füglich entſprinngt von diſen dingen vrſach zů reden/ dann zů gleicher weiß/als etliche Bücher zů zucht/alſo auch andere zů růmretigkeit/ die Bücher ſůchen/ Es ſind etlich die diſen ſeyten zieren jre kamern mit büchern/wölliche doch zů zierd der gemůth erfunden iſt/ ſollend gleich wol nicht anderſt diſer bücher ſich gebrauchen/dañ der ehrenen gefäß/ gemalter taflen/geſchniter Bylder/vñ anderer ding/davon hievor rede geſchehen iſt/Man fyndt vnderweilen in anſehung der bücher dem geytze anhangen/yha der aller böſeſten mit dem rechten werdt der bücher/ſonder für den werd ſchätzende/dz iſt ein böſes/wiewol newes gifft/ vnnd das nechſt hievor geachtet wirdet/den vbungen der Reychen zů gegenn kommen ſey/ On dem ein werckzeug der begyrlichkait vnd on kunſt zů gewachſen iſt. Freude. Jch hab ein miltreiche der bücher ſamlung. Vernunfft. Das iſt ein wunſame/ yedoch ein luſtige burde vñ wunſams des gemüts zeſtrewen. Freud. Groß iſt die menge meiner bücher. Vernunfft. Dabey iſt auch groß die menge der arbait/ vnnd armůt der růwe/ yetzund můſt du here/dann dort hyn/dein vernunfft wenden/yetz in dem/dañ in einem andern/dein gedechtnus durch forſchen/ſoll ich dir ſagen was du wilt/ die bücher haben/die etliche zů küſt/etliche zů vnſinigkait gefürt haben/dieweil ſie mere jn ſich faſſen dann ſie dewen mügen/ der widerwill hat gleich wie den mägen/alſo auch den kunſtreichen vernunfften offtermals mer dañ der hunger

K ij ſchadet/

Petrarca, Von beiderlei Glück, Übersetzung Georg Spalatins, 1582 mit Holzschnitten des „Petrarcameisters".
43. Kapitel. Von der Menge der Bücher „zů zierd der gemůth"
Stamp. Pal. II 114, Fol. 56 r

Folio
De inutilibus libris
Inter p̄cipuos pars est mihi reddita stultos
Prima: rego docili fastaq; vela manu.
En ego possideo multos/quos raro libellos
Perlego: tum lectos negligo: nec sapio.

De inutili bus libris

Primus in excelsa teneo q̄ naue rudentes
Stultiuagosq; seq̄r comites p̄ flumina vasta:
Non ratione vacat certa: sensuq; latenti:
Congestis etenim stultus confido libellis
Spem q̄; nec paruā collecta volumina p̄bēt:
Calleo nec verbū: nec libri sentio mentem.
Attamē in magno p̄ me seruantur honore:
Pulueris & cariem plumatis tergo flabellis

Sebastian Brant, Das Narrenschiff
in latein. Übersetzung Jakob Lochers, Augsburg 1497
Über unnütze Bücher
Stamp. Pal. VI 246, Fol. XI v

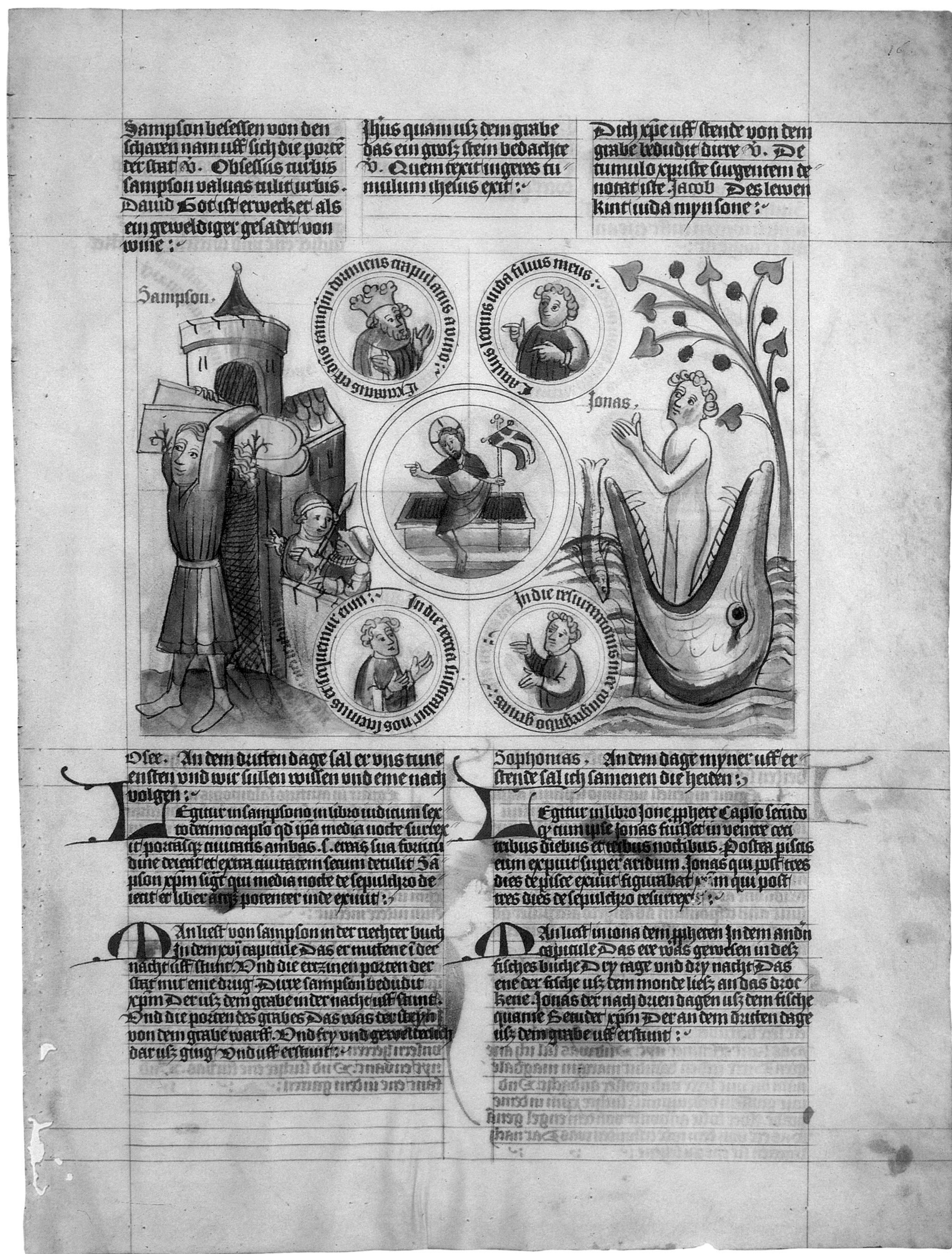

Biblia pauperum, um 1425.
Jonas' Rettung aus dem Wal und Samson mit den ehernen Toren von Gaza als Typen des auferstandenen Christus
Cod. Pal. Lat. 871, Fol. 16 r

Blockbuch des »Hohen Liedes«
um 1460
Cod. Pal. Lat. 143, Fol. 5 (tab. 15)

Boccaccio, Decamerone, in der französischen Übersetzung des Laurent de Premierfait, Paris, um 1415
Illustration zur 13. Novelle
Cod. Pal. Lat. 1989, Fol. 40 r

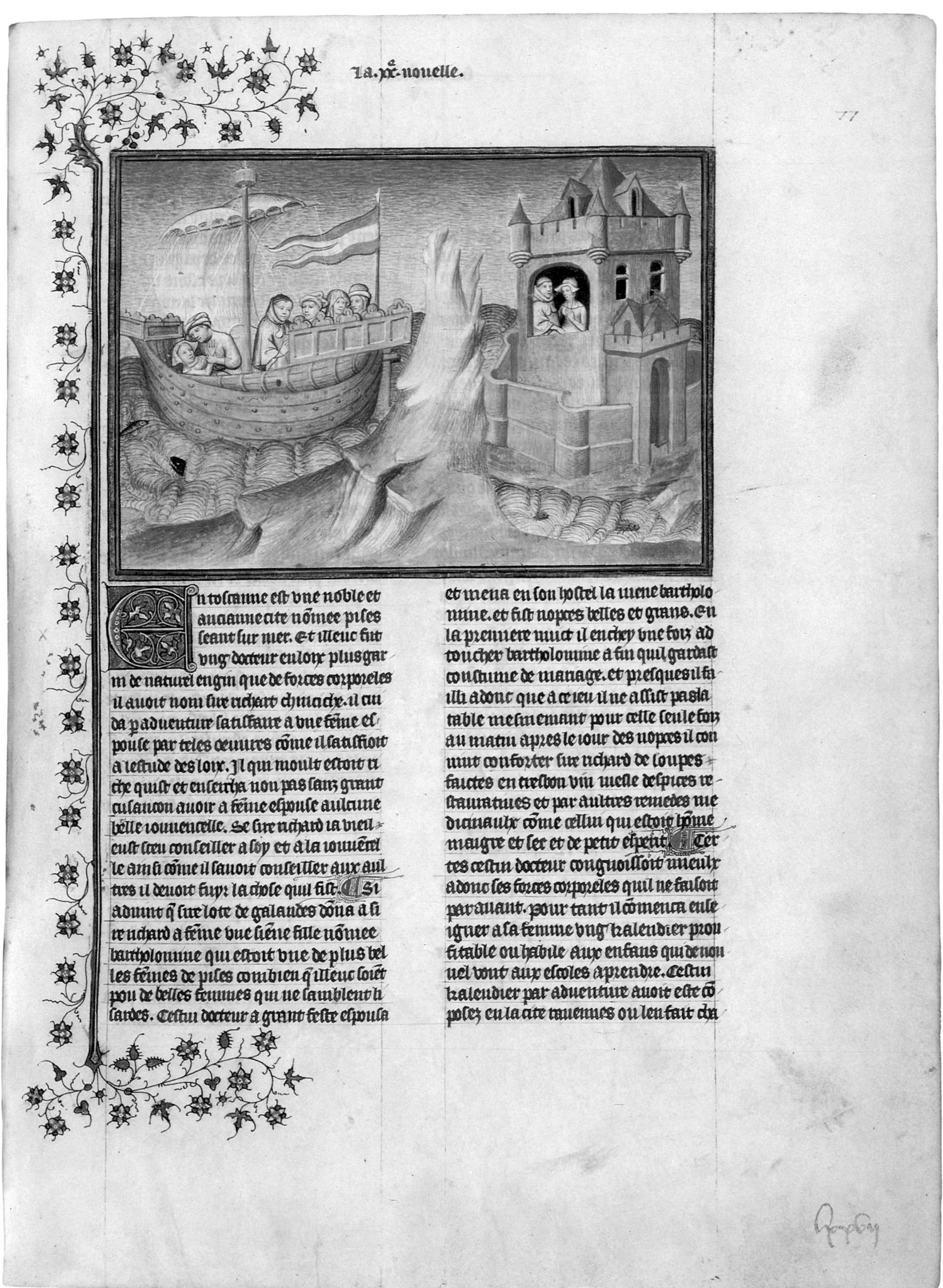

La .xx.e nouvelle.

En toscanne est vne noble et
ancienne cite nommee pises
seant sur mer. Et illeuc fut
vng docteur en loix plus gran
ni de naturel engin que de forces corporeles
il auoit nom sire richart chinciche. il cui
da paduenture satisfaire a vne femme es
pouse par teles oeuures comme il satisfioit
a lestude des loix. Il qui moult estoit ri
che quist et enserrcha non pas sanz grant
cusancon auoir a femme espouse aulcune
belle iouuencelle. Se sire richard la vieil
eust sceu conseiller a soy et a la iouuencel
le ainsi comme il sauoit conseiller aux aul
tres il deuoit fuyr la chose quil fist. Si
aduint que sire lote de galandes donna a si
re richard a femme vne siene fille nommee
bartholomme qui estoit vne de plus bel
les femmes de pises combien que illeuc soiet
pou de belles femmes qui ne samblent li
sardes. Cestui docteur a grant feste espousa

et mena en son hostel la ieune barthollo
mme. et fist nopces belles et grans. En
la premiere nuict il enchey vne foiz ad
toucher bartholomme a fin quil gardast
coustume de mariage. et presques il fa
illi adonc que a ce ieu il ne assist pas la
table mesmement pour celle seule foiz
au matin apres le iour des nopces il con
uint conforter sire richard de soupes
faictes en treslbon vin mesle despices re
staurratiues et par aultres remedes me
dicinaulx comme cellui qui estoit homme
maigre et sec et de petit esperit. Cer
tes cestui docteur congnoissoit mieulx
adonc ses forces corporeles quil ne faisoit
par auant. Pour tant il commenca ensei
gner a sa femme vng kalendier prou
fitable ou habile aux enfans qui de nou
uel vont aux escoles aprendre. Cestui
kalendier par aduenture auoit este com
posez en la cite rauennes ou len fait cha

Boccaccio, Decamerone, in der französischen Übersetzung
des Laurent de Premierfait, Paris, um 1415
Illustration zur 20. Novelle
Cod. Pal. Lat. 1989, Fol. 77 r

j.

Cy cõmence le liure Intitule de Vertus et bõnes meurs premierement · Cõment Orgueil dont tous maulx sourdent desplaist a dieu sur toute rien ·

Tous orgueilleux se veulent a dieu cõparer En tant quilz se glorifient en eulz meismes et es biens quilz ont Desquelles choses la gloire est deue principalment a dieu Et est trop grant abusion quant creature prent orgueil en soy meismes Pour les biens que dieu luy envoie pour lesquelz elle devroit estre plus humble envers dieu et mieulx le recognoistre et servir plus devotement · Pour tant dist le prophete que dieu resiste aux orgueilleux lesquelz sont deceuz villainement Entre lesquelz fut le premier lucifer luy et tous ceulx qui consentirent a son peche · ~

Jacques le Grand, Livre de bonnes moeurs
Flandern, 1467
Sündenfall, Austreibung aus dem Paradies
Cod. Pal. Lat. 1995, Fol. 1 r

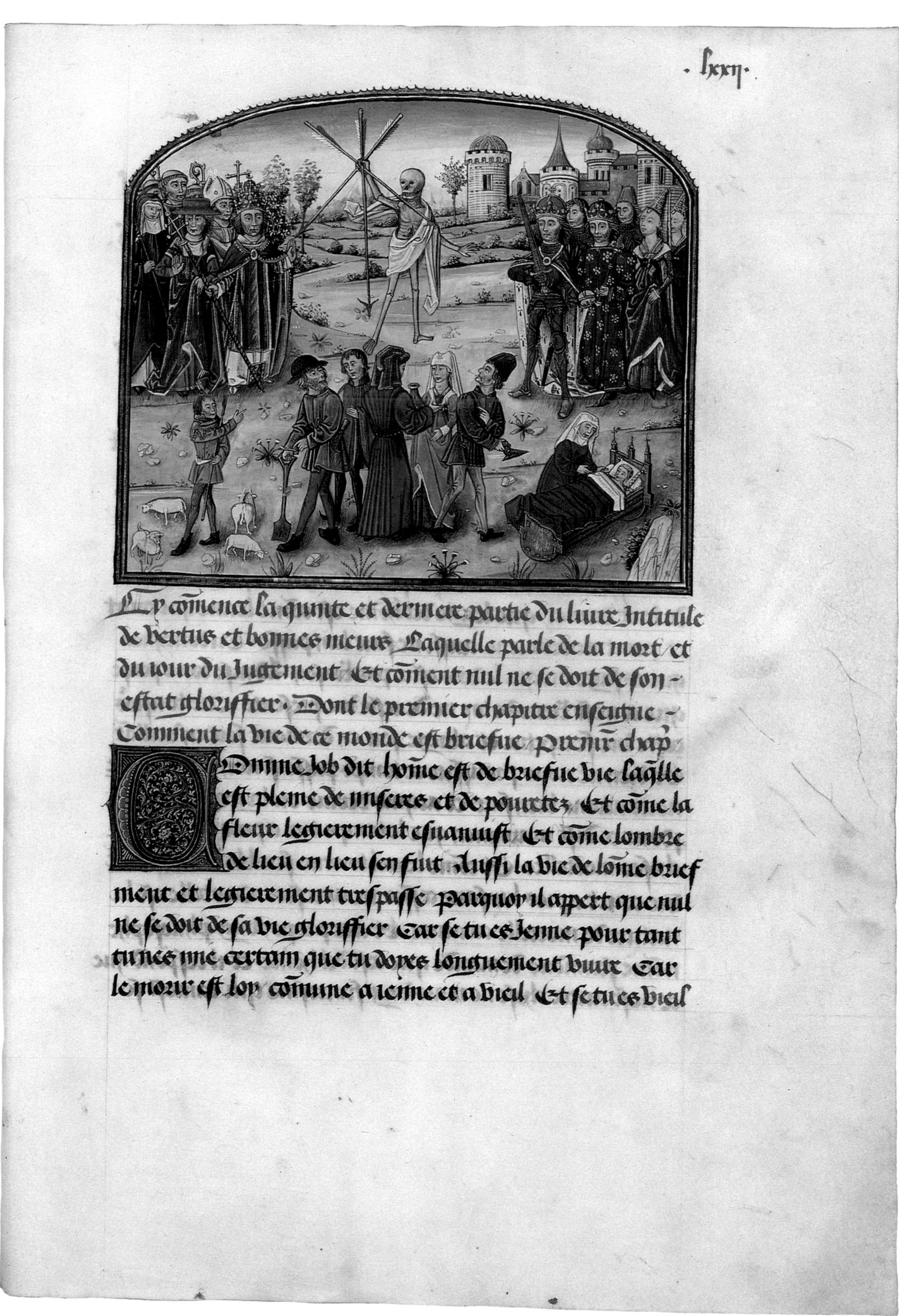

·lxxii·

Cy comence la quinte et derniere partie du livre Intitule
de vertus et bonnes meurs Laquelle parle de la mort et
du iour du Jugement Et coment nul ne se doit de son-
estat glorifier· Dont le premier chapitre enseigne-
Comment la vie de ce monde est briefue premier chap
Omme Job dit home est de briefue vie laquelle
est pleine de miseres et de povretez Et come la
fleur legierement esvanuist Et come lombre
de lieu en lieu sen fuit Aussi la vie de lome brief
ment et legierement trespasse parquoy il appert que nul
ne se doit de sa vie glorifier Car se tu es Jeune pour tant
tu nes mie certain que tu doyes longuement vivre Car
le mort est loy comune a ieune et a vieil Et se tu es vieil

Jacques le Grand, Livre de bonnes moeurs
Flandern, 1467
Totentanz
Cod. Pal. Lat. 1995, Fol. 72 r

Aldobrandin von Siena, Lien du corps à l'âme,
Brügge, um 1480.
Segen Gottes über die Tiere
Cod. Pal. Lat. 1990, Fol. 85 v

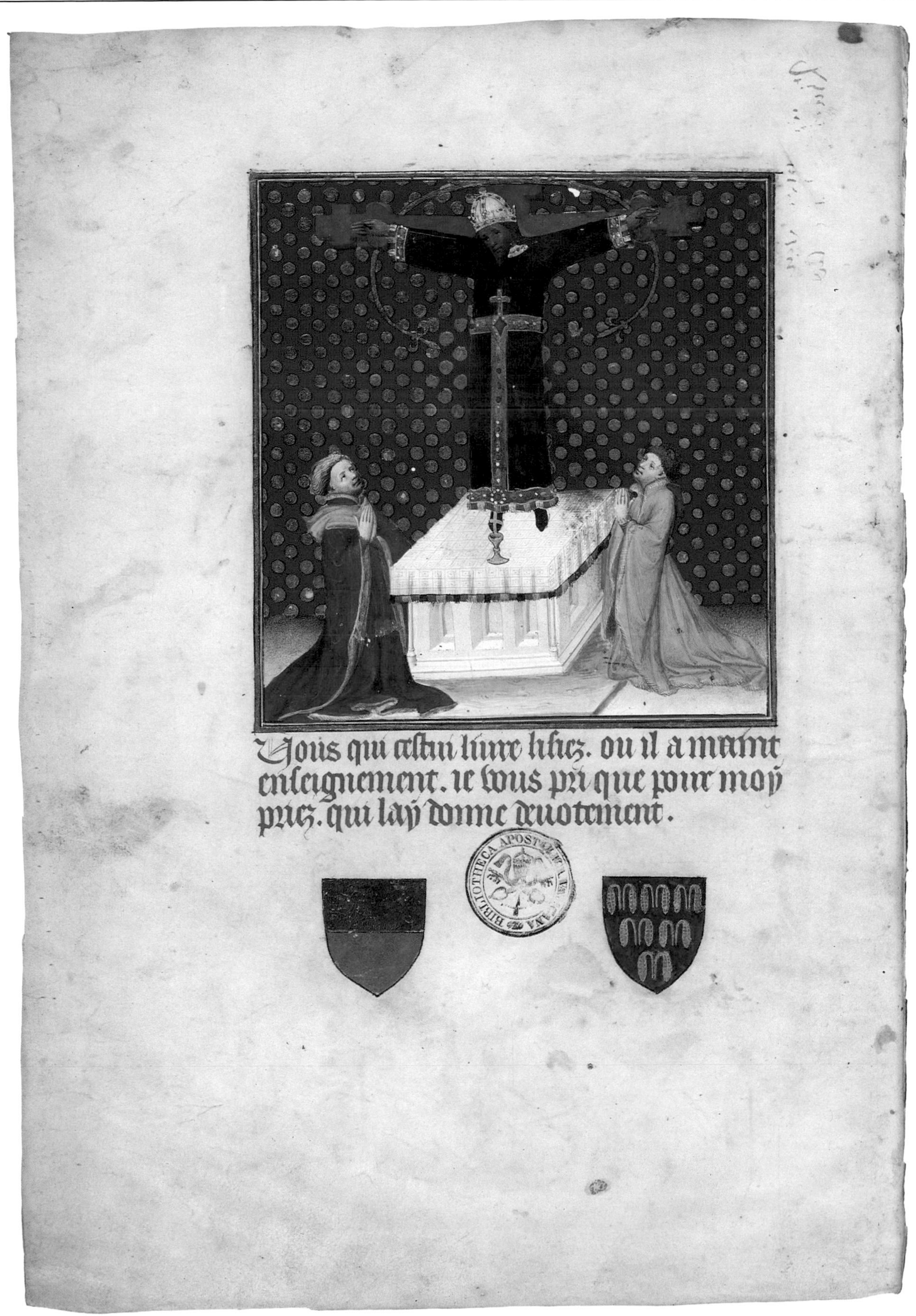
Vous qui cestui livre lisiez. ou il a maint
enseignement. je vous pri que pour moy
priez. qui lay donne devotement.
BIBLIOTHECA APOSTOLICA VATICANA

Légende de Saint Voult de Luques
Frankreich, um 1410
Offenbarung des Aufbewahrungsortes des Heiligen Bildes
Cod. Pal. Lat. 1988, Fol. IV v

Comment iehan euesque de luques fist mener par
grace diuine le sait voult a deux ieunes toriaux.
Lors le saint euesque iehā prist
le saint voult et precieux et le
mist glorieusement et deuote
ment sur .j. petit chariot et y fist
ateler .ij. ieunes toriaux. & si tost cōe ilz furēt hez aux
hymōs ilz se mistrēt au chemī a aler droit a luques.

Légende de Saint Voult de Luques
Frankreich, um 1410
Translation des Heiligen Bildes nach Lucca
Cod. Pal. Lat. 1988, Fol. 13 v

Comment ceulz de la cite de luques homes femes et enfans alerent contre leuesque a procession.

Et quant le clergie et le pueple qui estoient demourans en la cite oyrent les nouuelles a moult grant ioie et grant leesce vint a lencontre le honnorable clergie le peuple deuot

Légende de Saint Voult de Luques
Frankreich, um 1410
Translation des Heiligen Bildes nach Lucca
Cod. Pal. Lat. 1988, Fol. 14 r

Labacco, Libro appartenente all'architettura, 1559
Titelseite
Stamp. Pal. S 11, Fol. 1 r

Vignola, Regola delli cinque ordini d'architettura, 1559
Titelseite mit Autorenportrait
Stamp. Pal. S 11, Fol. 33 r

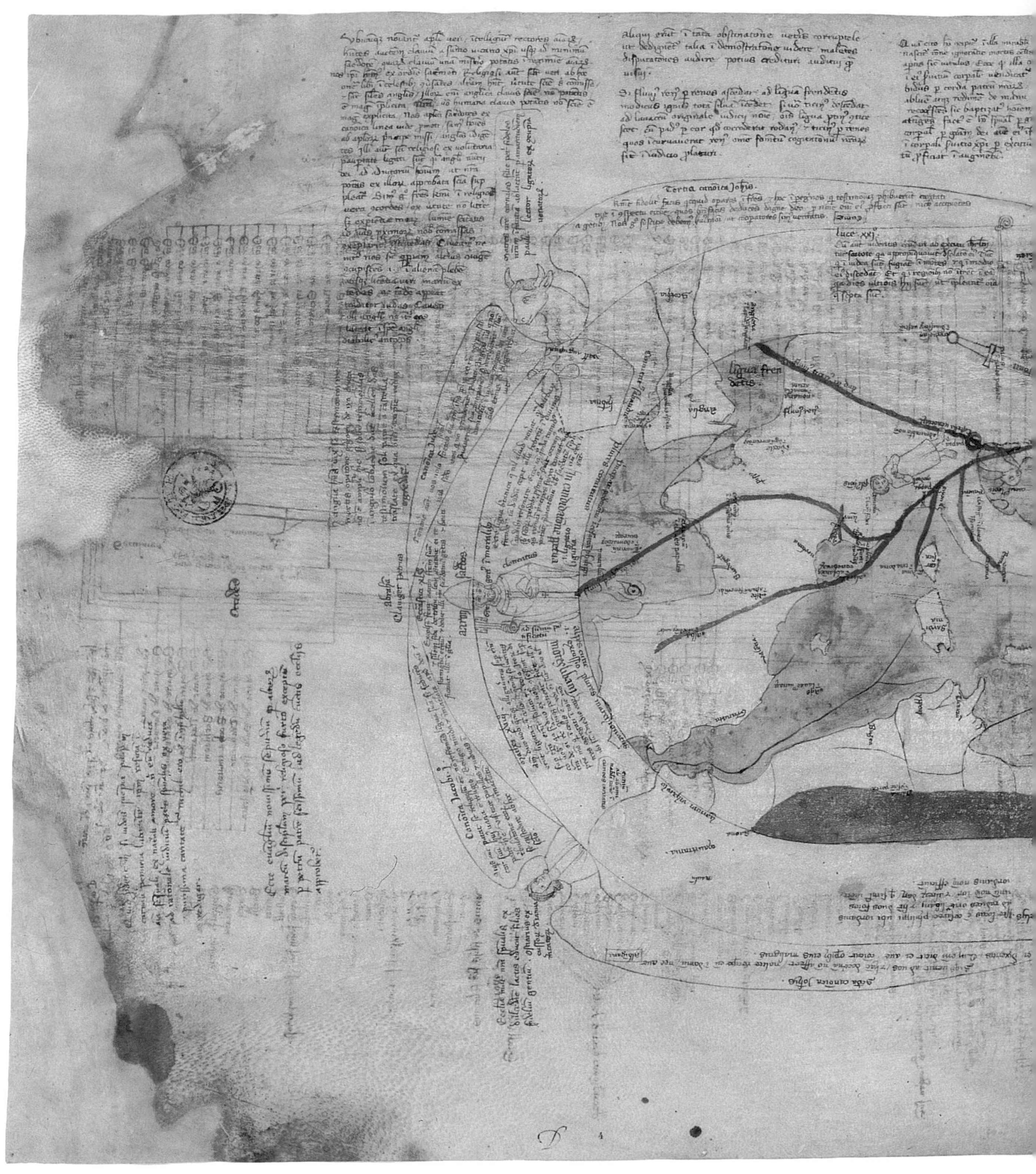

Opicinus de Canistris
Avignon, 14. Jahrhundert
Cod. Pal. Lat. 1993

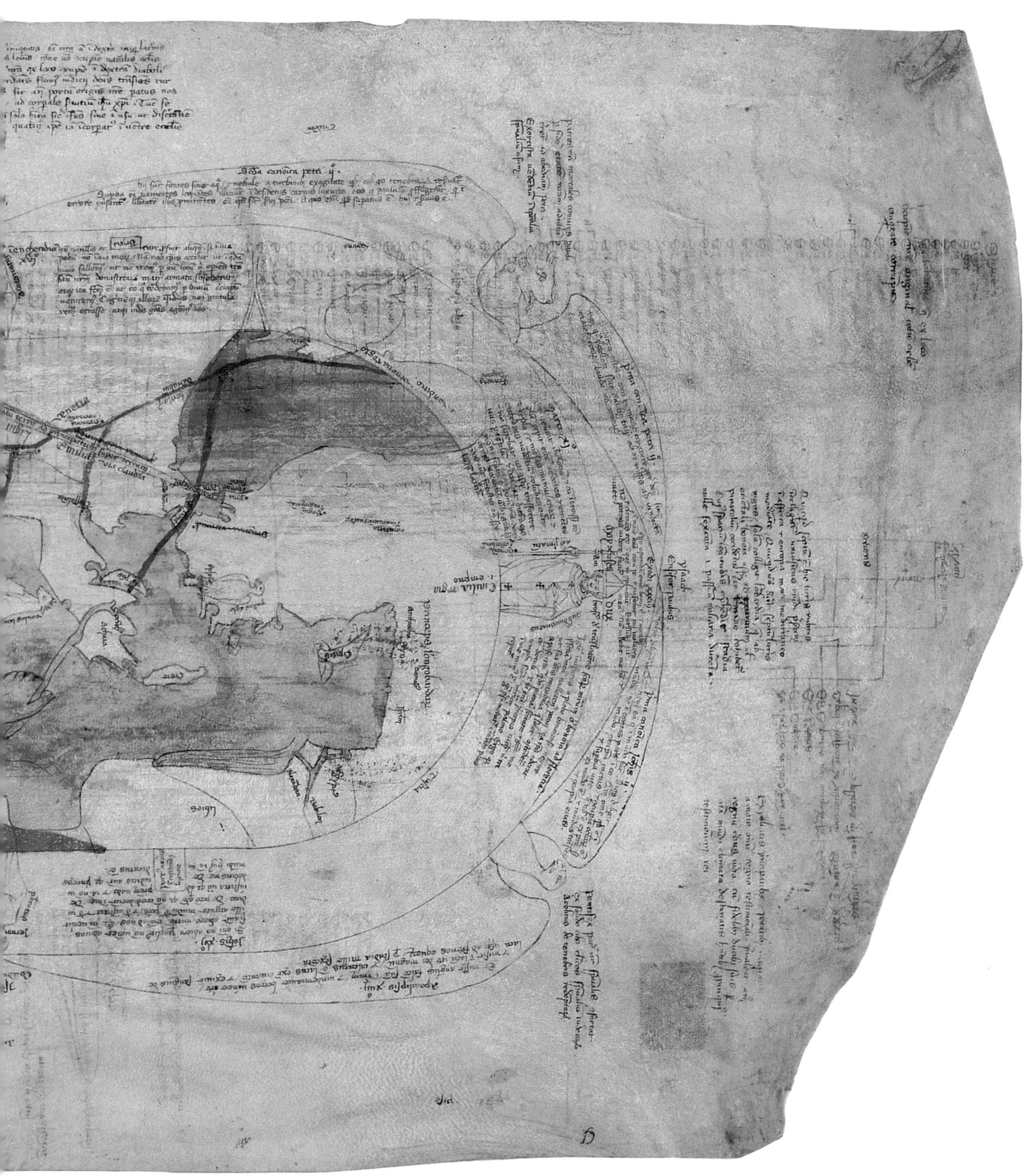

E 19.3

Kyeser, Bellifortis, 15. Jahrhundert
Vorrichtung zum gewaltsamen Herabholen einer Zugbrücke
Cod. Pal. Lat. 1994, Fol. 66 v

Nun folgē vier Bancket der Chur=fürsten / darinn vermeldet / was für Speiß vnd Trachten / nicht allein auff die Fleisch / sondern auch auff die Fasttage / zuzurichten seyen.

Der erste Gang zum Frümahl / am Fleischtag.

Rindfleisch gesotten warm. 1
Rindfleisch kalt abgesotten im Saltz. 2
Ein guten Kapaunen in einer Suppen. 3
Ein warmen Schuncken. 4
Ein warme Pasteten von einem Lungen Braten vom Ochsen. 5
Schweinen Wildtpret in eim Pfeffer. 6
Ein Speck Turten. 7
Ein gebratenen Indianischen Hanen. 8
Gebratene Schnepffen. 9
Hutzbudt. 10
Gebratene Kramatsvögel. 11
Ein gebratenen Hasen. 12
Ein heimische Pfawen Pasteten. 13
Wilder Schweins Kopff / fein warm. 14

f Weisse

Rumpolt, Kochbuch, 1581
Fürstliches Bankett
Stamp. Pal. II 244, Fol. 21 r

Feigenbaum.

Von den Namen.

DEr baum vnnd frucht heiſſen zů Latin Ficus/ συκὺ ἥμερος, zamer Feigenbaum / συκὸν, die frucht. Jn Serapione Sin/ſolte συκὸν heiſſen/ cap.ccviij. ἰσχάδες, ſicce ficus / dürre Feigē / zů Latin Carice. Crade ſollen die oberſten gipffelin ſein am Feigenbaum / aber der Jnterpres Nicandri in Teriaca nennet die Feigen auch Cradas. *Cradæ.*

Galenus neñet die körnlin inn den Feigen / das ich für den ſamen halt/ Cenchramidas / lib.vij. ſimpl. Paragr. Meſpilum/ Der wild Feigēbaum heißt Caprificus.

Von der krafft vnd würckung.

FEigen ſeind etwas warmer vnd feüchter eygentſchafft/machen/zůuil vnd ſtäts genoſſen/faul geblůt/vnd blähen den bauch. Werden allenthalben zůr ſpeiß vnd artznei erwölet. *Böß geblůt. Blähen.*

Jnnerlich.

GAlenus ſpricht/ dz vnder allem Obs in ſeinem alter / die Feigen jm am wenigſten geſchadet haben.

Dürre Feigen mit Mandeln beſteckt vnd geeſſen/ macht bůben vnd leckmeüler / doch ſeind ſie (alſo genützet) gůt für das gifft / ſagt Simeon Sethi. *Gifft.*

Friſche Feigen genoſſen/laxieren vnnd erweychen den bauch/leſchen den durſt vnd jnnerliche hitz/bekommen aber dem magen nit zům beſten. *Harter bauch.*

Dürre eingemachte Feigen erwörmē den leib/ ſtercken die natur/bringen durſt/ heylen den rauhen halß/ die lufftrörlin/ vnnd verſchrte kälen/ dienen wol den nieren vnd blaſen/vertreiben die mißfarb. *Natur ſtercken. Lufftrörlin. Blaſen.*

TT iiij

Weinreben.

Von den Namen.

DEr vil namen vnnd geſchlecht der Weinreben zůwiſſen begert/ mag Plinium leſen lib. viiij. vnd Dioſcor. lib. v.

Der Rebſtock heißt ſonſt zů Latin Vitis/ ἄμπελος. Vitis.
Die Rebe daran heyßt Palmes/ οἰνοφόρος. Palmes.
Die Augen/ Gemme. Gemmæ.
Das Blatt/ Pampinus. Pampinus.
Die Gäbelin oder häfftlin/ Capreoli. Capreoli.
Der Draub heyſſet Racemus. Racemus.
Den Kamm heyſſet Galenus/ Scopium oder βότρυχον. Scopium.
Die Weinbeeren Vue/ σταφυλή. Vua.
Die haut heyſſet ὑμήν, Membrana. Membrana.
Das dick in der hülſen heyſſet Caro oder σάρξ. Caro.
Die feüchtigkeyt oder ſafft Humiditas/ ὑγρότης. Humiditas.
Der Kern Nucleus/ γίγαρτον, Acinus. Acinus.

TT iiij

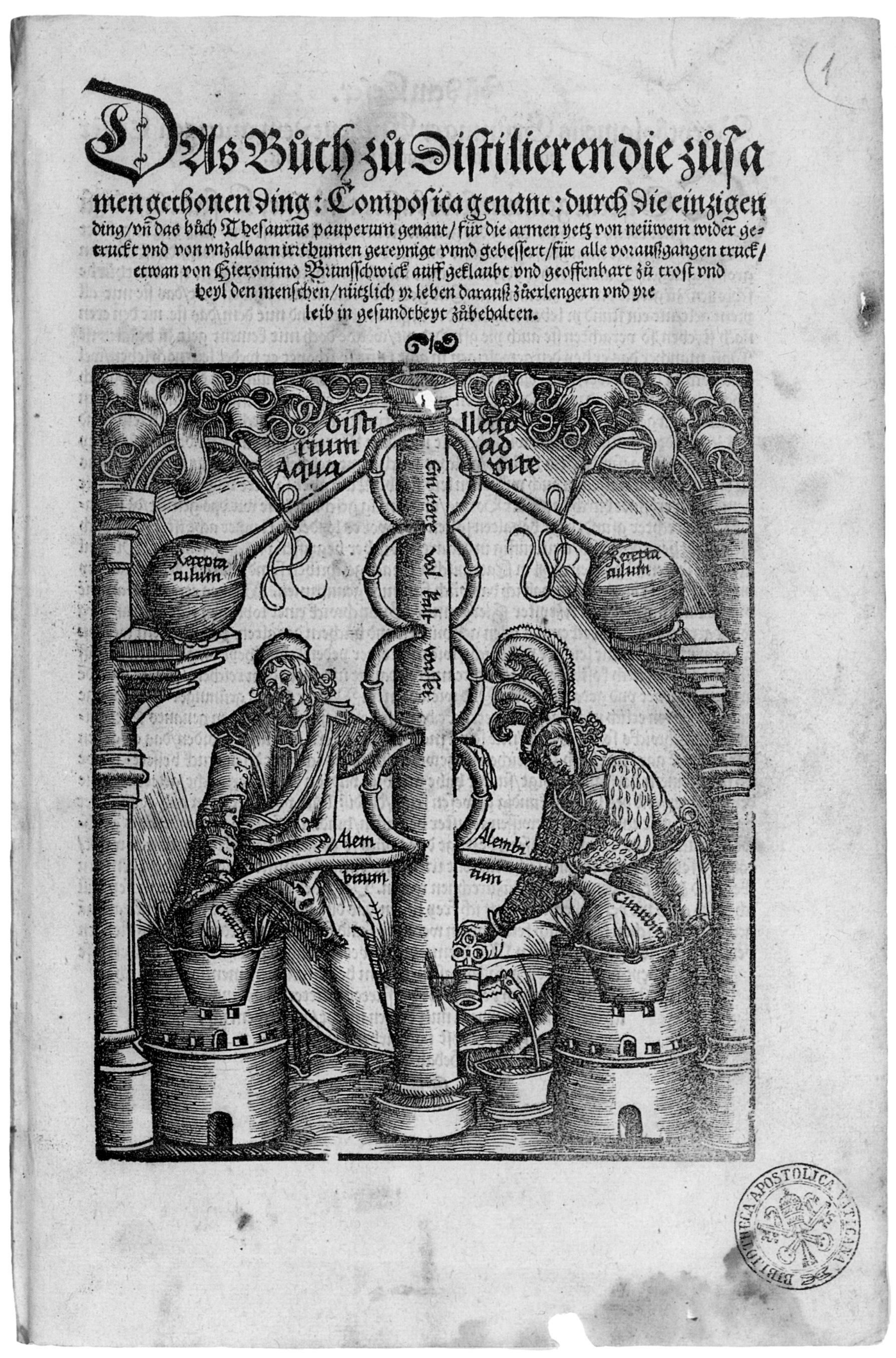

Das Bůch zů Distilieren die zůsamen gethonen ding: Composita genant: durch die einzigen ding/vñ das bůch Thesaurus pauperum genant/ für die armen yetz von neüwem wider getruckt vnd von vnzalbarn irrthumen gereynigt vnnd gebessert/für alle vorauſsgangen truck/ etwan von Hieronimo Brunsschwick auff geklaubt vnd geoffenbart zů trost vnd heyl den menschen/nützlich yr leben darauſs zůerlengern vnd yre leib in gesundtheyt zůbehalten.

Brunschwig, Destillierbuch, 1532
Destillieranlage
Stamp. Pal. II 355 (1), Titelseite

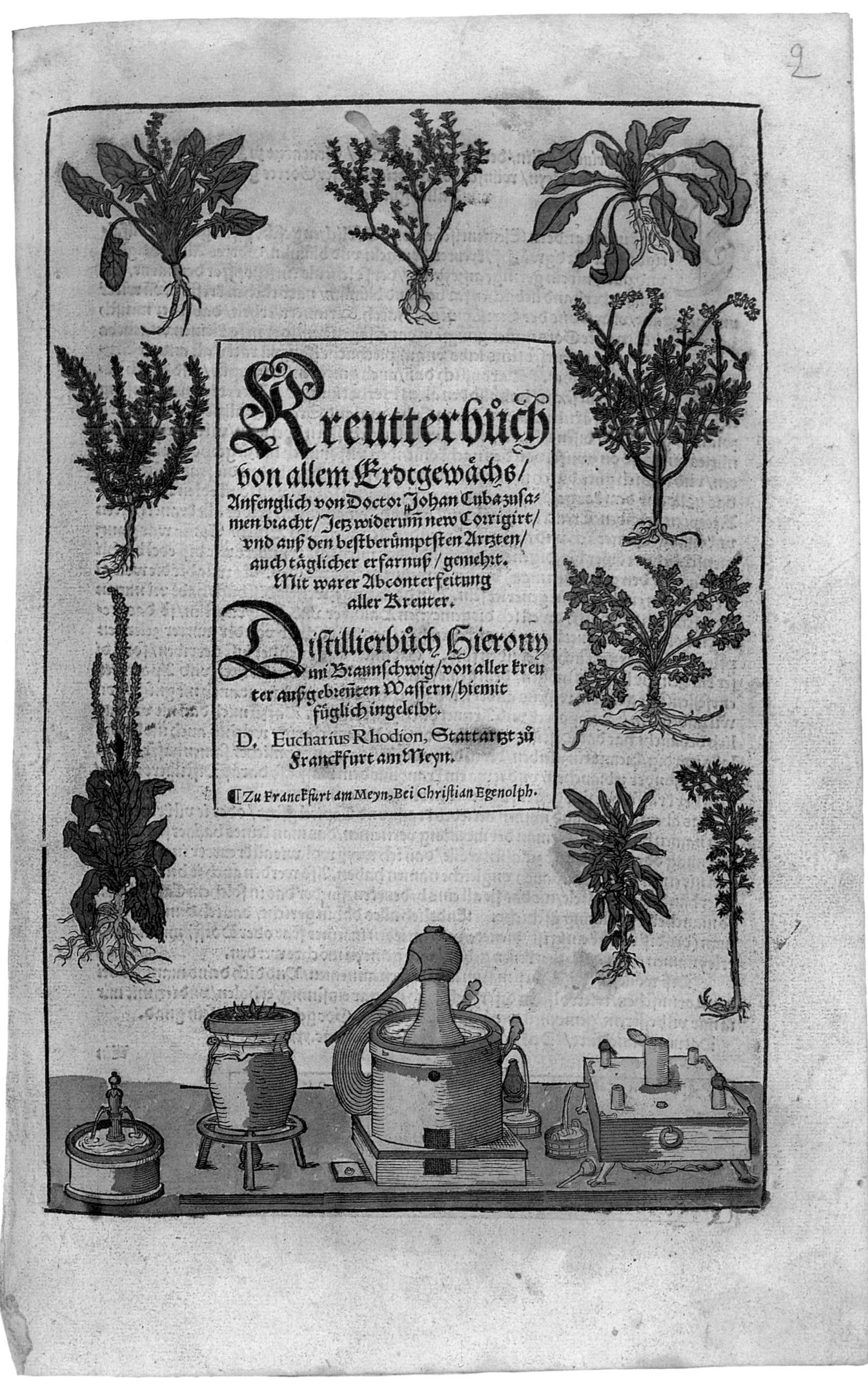

Kreutterbůch
von allem Erdtgewächs/
Anfenglich von Doctor Johan Cuba zusa-
men bracht/ Jetz widerumb new Corrigirt/
vnd auß den bestberůmptsten Artzten/
auch täglicher erfarnuß/ gemehrt.
Mit warer Abconterfeitung
aller Kreuter.

Distillierbůch Hierony
mi Braunschwig/ von aller kreu
ter außgebreñten Wassern/ hiemit
füglich ingeleibt.

D. Eucharius Rhodion, Stattartzt zů
Franckfurt am Meyn.

Zu Franckfurt am Meyn, Bei Christian Egenolph.

Brunschwig, Destillierbuch, 1532
Pflanzen und Destillieranlage
Stamp. Pal. II 355 (2), Titelseite des zweiten Teils

Feldt vnd Stattbůch

Von den Haupt Wunden/ in Gemeyn.

SO einer in das haupt wundt wirt / ſo beſichtige vnd erſůch die wunden wol/ ob kleyne beynlin oder ſchifferlin darinn ſeien. Vnd daß die wunde wol geſeubert vnd reyn gemacht/vnd ſol vor geſchoren werden. Darnach ſo bind ſie mit dem balſam wie hernach gſchribē ſteht/ iſt and͛s die hirnſchal nit durch gehawen. Wañ ob die ſchal durch geht/ſo hůt dich das du keyn ől od͛ balſam darein treyf feſt/ dañ es felt ſunſt vff dura mater, dz iſt das erſt fell ob dē hirn/

Ryff, Wundarzneibuch, 1551
Behandlung von Kopfwunden
Stamp. Pal. V 1284, Fol. 26 v

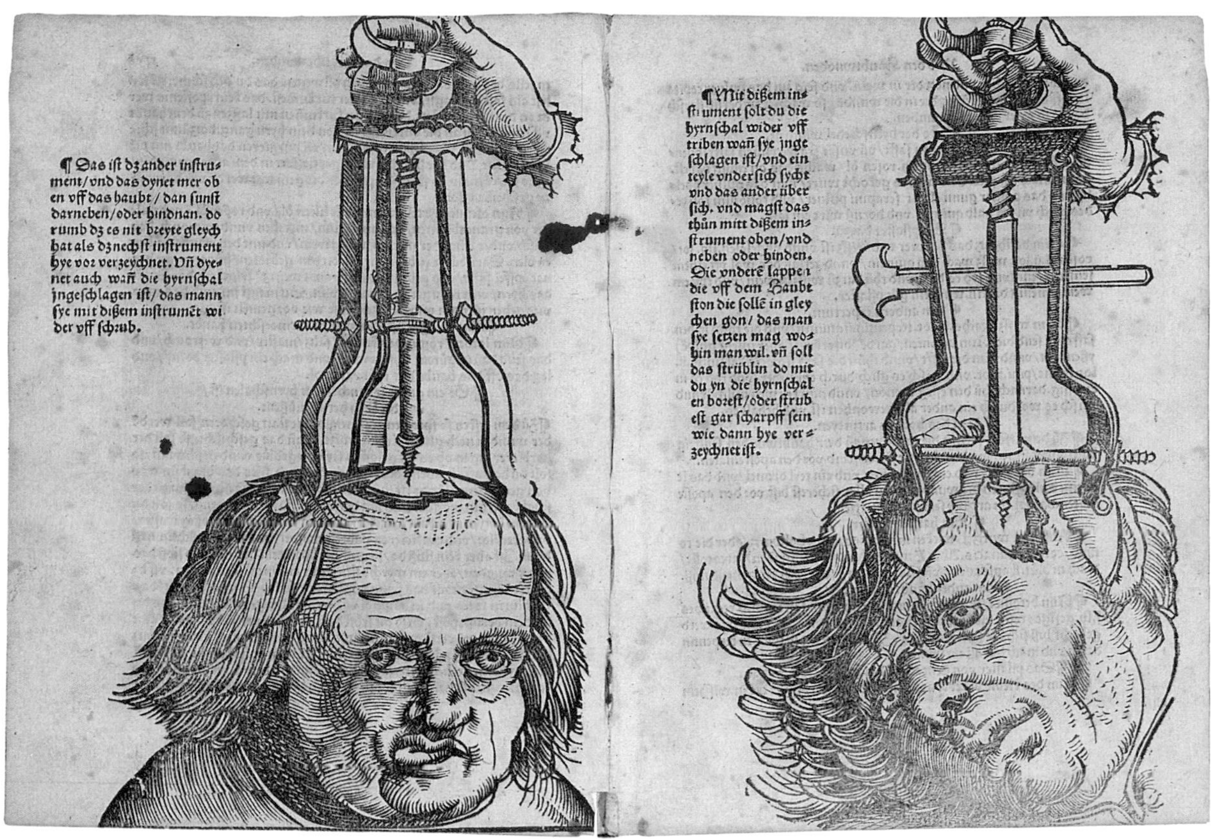

¶ Das ist dz ander instru-
ment/vnd das dynet mer ob
en vff das haubt / dan sunst
darneben/oder hindnan. do
rumb dz es nit breyte gleych
hat als dz nechst instrument
hye vor verzeychnet. Vñ dye-
net auch wañ die hyrnschal
jngeschlagen ist/ das mann
sye mit dißem instrumēt wi
der vff schrub.

¶ Mit dißem in-
strument solt du die
hyrnschal wider vff
triben wañ sye jnge
schlagen ist/vnd ein
teyle vnder sich sycht
vnd das ander über
sich. vnd magst das
thůn mitt dißem in-
strument oben/vnd
neben oder hinden.
Die vnderē lappen
die vff dem Haubt
ston die sollē in gley
chen gon/ das man
sye setzen mag wo-
hin man wil. vñ soll
das strüblin do mit
du yn die hyrnschal
en borest/oder strub
est gar scharpff sein
wie dann hye ver-
zeychnet ist.

Gersdorff, Feldbuch der Wundarznei, 1528
Medizinisches Instrument für Schädelfrakturen
Stamp. Pal. V 582, Fol. 27 v/28 r

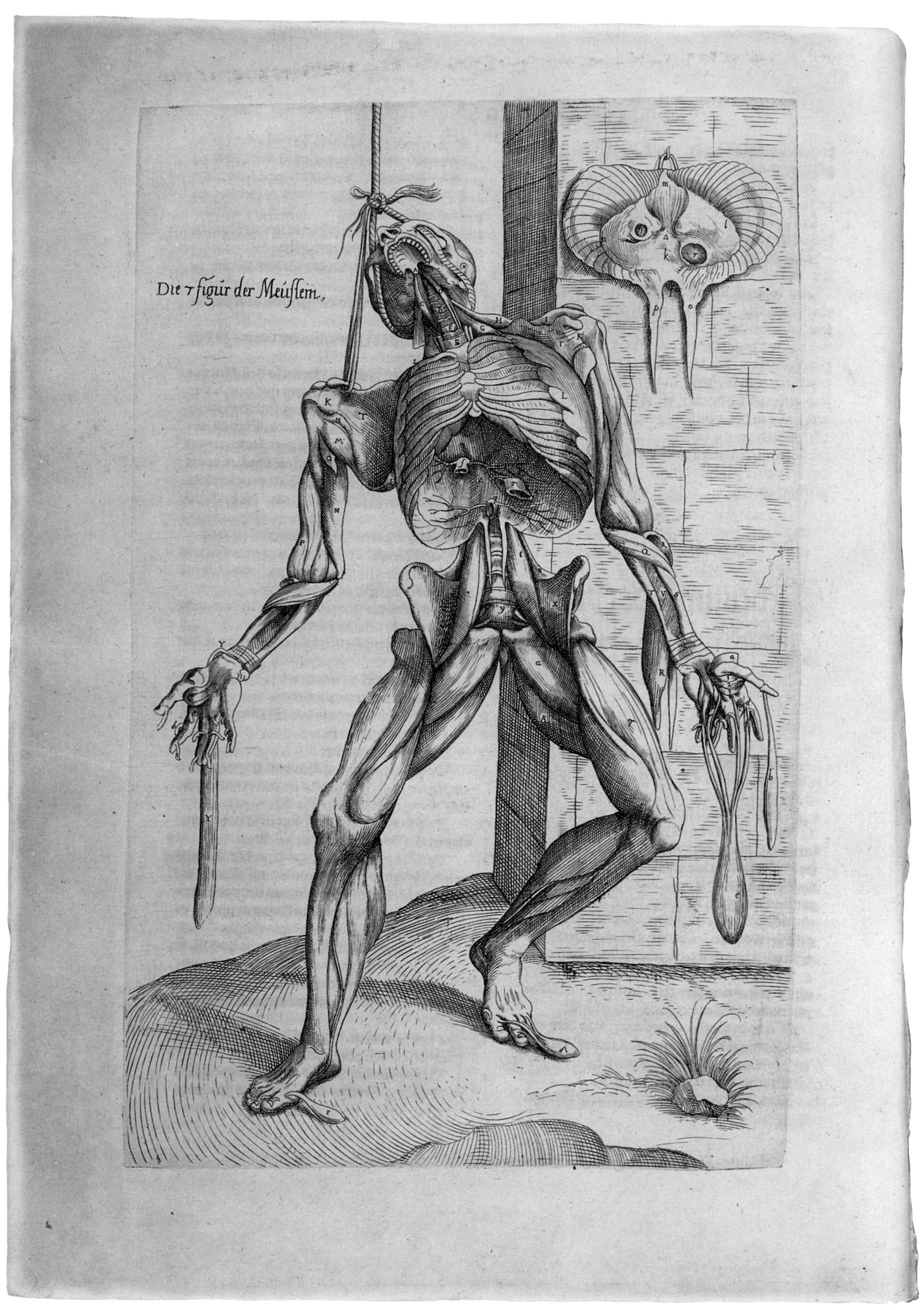

Vesalius, Anatomia, 1551
Darstellung der Muskeln (»Meuslein«)
Stamp. Pal. S 13, Fol. 29 v

Hortus sanitatis
Mainz, 1491
Stamp. Pal. II 581, Beginn des Traktates »De urinis«

Tractatus

super lignum linitum ex adipe hericij. ¶ Item fugiunt ex odore caulis. ꝛ foliorum oliandri. ¶ Palladius. Pulices fugantur amurca ꝑ pauimentũ freqnter aspersa. vel cimino agresti cum aq̃ trito vel cucumeris agrestis semine aq̃ resoluto sepe infuso

¶ Ca. cxix.

Pediculꝰ. Rsi. Pediculi sunt vmes cutis a pedibꝰ dcĩ. vñ pediculosi dicti sunt qbus pediculi in corꝑe effeiuescunt. Ex li. de na. reꝝ. Pediculi dicuntur a numerositate pedũ. hoc malum ex ipa hõis carne creatur indubitanter. ꝛ tamẽ inuisibiliter. hos nõnulli de sudore hõis. Alij de poris ꝛ euaporatõibus gigni dicunt. Haly. Accidit ãt peregrinanti copia pediculoꝝ in corꝑe ꝓpter sudorem ꝛ puluerem; ac balnei paucitatem.

¶ Operationes.

¶ Haly. Quod cum euenerit corpꝰ peregrinoꝝ vel alioꝝ cathaplasmet̃ cũ argẽto viuo. occiso cum oleo: adiũcta aristologia lõga. mane q̃z balneũ ingrediat̃: ꝛ corpus eius fricatione valida mũdet̃. ¶ Rasi: Pediculoꝝ generatõez ꝓhibẽt vsus balnei ꝛ lauacri. pannoꝝ freqũẽs mutatõ

propꝛieq̃z vt pannus. qui carni adhereret. lineus sit huiusmodi pediculos interficit argentum viuũ extinctũ si oleo misceatur ex oleoq̃z fila lanea inungant̃ q̃ suꝑ se aliquis appendat: aut ex eis se cingat: ¶ Auicenna. Stafisagris cũ arsenico pediculos interficit. ꝛ similiter argẽtum viuũ extinctum: ¶ Precipuũ remedium esse dr̃ freqũẽs ablutio corꝑis. ꝛc̃.

¶ Ca. cxx.

Porcus. Ex li. de na. reꝝ: Porcus est bestia feua ꝛ immũda ꝛ obscenis locis gratissime cõmoratur. Actor. Porcus non ruminat ꝛ ideo inter immũda ſm legem reputat̃. Mũdis ꝛ immundis indifferenter vescit̃ In luto delectatur; Rostro lutum suffodit. Horrende grinnit. ꝑcipue ãt vno ꝑcusso ceteri grinniunt ꝛ q̃si compacientes illuc ꝯueniunt. Sz statim obliti sui planctus ad lutũ l' ad cibum redeunt: Fertur autẽ nullũ corpus aĩalis interius ꝛ dispositione: ꝛ numero partium sic assimilari hũano corꝑi. sicut corpus porci; Vñ phisici ꝛ alij interiora hũani corꝑis inuestigãtes porcoꝝ interiora q̃si quoddã exemplar inspiciunt. Arestotiles. Porcus: viij. mensiũ coit. ſz tunc debile quid generat; Multos filios facit

Konrad von Megenberg, Buch der Natur
Augsburg 1475, Holzschnitt mit den »Meerwundern«
Stamp. Pal. II 583, Fol. 135 v

Thurneisser zum Thurn
Archidoxa, 1575
Titelseite mit Autorenportrait
Stamp. Pal. II 89, Fol. 2 r

Thurneisser zum Thurn, Des Menschen Cirkel und Lauff, 1575
Stamp. Pal. S 52, Tafel 1

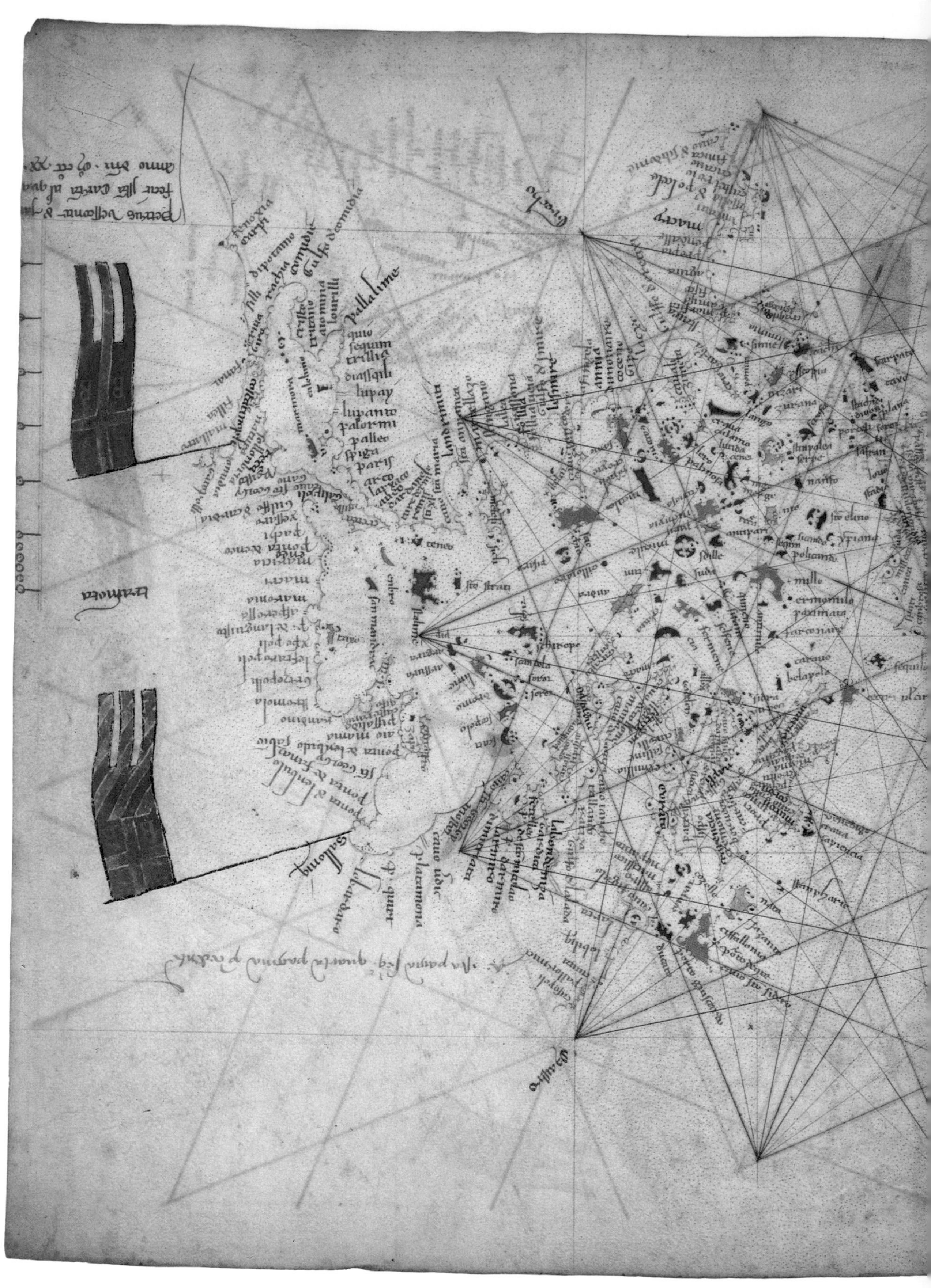

Petrus Vesconte, Seekarte
Genua, 1320
Cod. Pal. Lat. 1362 A, Fol. 3 v/4r

Gulfio d'lancalo

pipe albe
caro bido

Gulfto d'rasoli

raiba
issolla calecta
lago segra
lagun
S. alberto
issolla d'collubi
cnysalleg
onpo
tarissa

ponta d'rameda
P. sallun
P. marsollomen
cauo d'luco

S. P. trabuco

issolle bonde
C. S. d'barda
issolla paralcha
saline
cauo d'rassautun
fauara
faussel
issollo d'carxe

bonadrea
marssa susa
clumen
cauo d'rasausen
fabra
sollomera

ostro

issolla dauceli
labaida
ponta d'sabia
cedexa
Gulsso d'run

rm
cauo d'sorte
dauarin
Gulsso d'zedicho
cauo d'laran

colbene
ballasia
menurora
cauo d'lasuecha
blata
P. magro

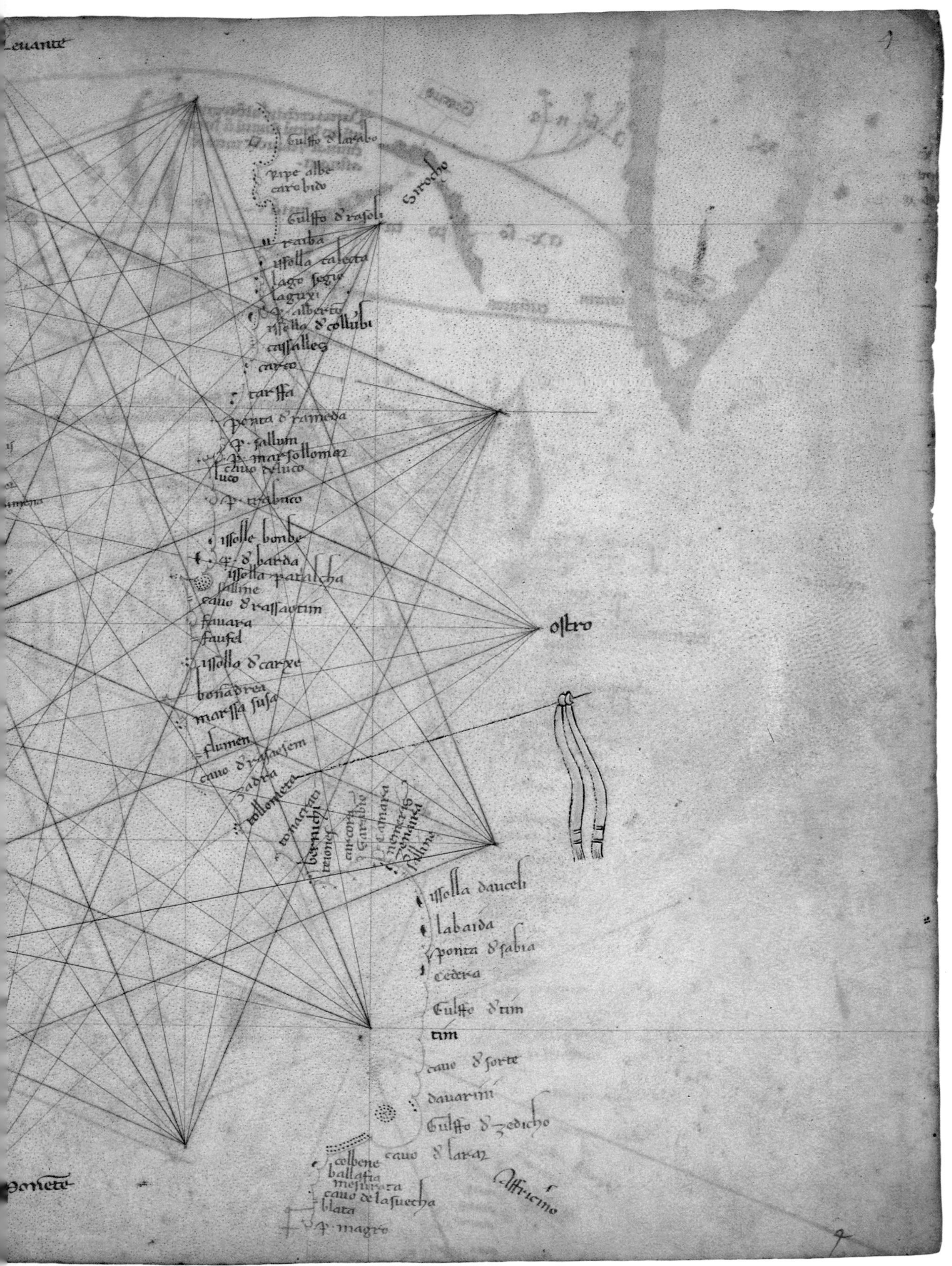

Andreas Walsperger, Weltkarte
Konstanz, 1448
Cod. Pal. Lat. 1362 B

ÆGYPTIACA
SERVITVS:
Das ist/
Warhafte Beschreibung
einer Dreyjährigen Dienstbarkeit / So
zu Alexandrien in Egypten jhren Anfang/
vnd zu Constantinopel jhr End-
schafft genommen.

Gott zu Ehren / vnd dem Nechsten zur
Nachrichtung/in Drey vnterschiedene Bücher
außgetheilet / vnd mit etlichen Kupfferstücken
in Druck verfertiget

Durch
Michael Heberer von Bretten / Churfürstlicher
Pfaltz Cantzley Registratorn / der solche in der
Person außgestanden.

Mit zwo angehenckten Reisen/die er nach seiner
Dienstbarkeit/in Vier Königreich/Böhem/Polen/
Schweden/Dennemarckt/Auch nechstligende
Fürstenthumb vnd Seestädt
vollbracht.

Gedruckt zu Heydelberg / in Gotthard
Vögelins Druckerey.

Heberer, Aegyptiaca
Heidelberg, 1610
Stamp. Pal. IV 787, Titelseite

Nicolai, Reise in die Türkei, 1567
Janitschar in Kriegsrüstung
Stamp. Pal. IV 838, Fol. 149 r

Hulsius, Reise nach Java, 1598
Inselbewohner von Madagaskar
Stamp. Pal. IV 943

E 25.4

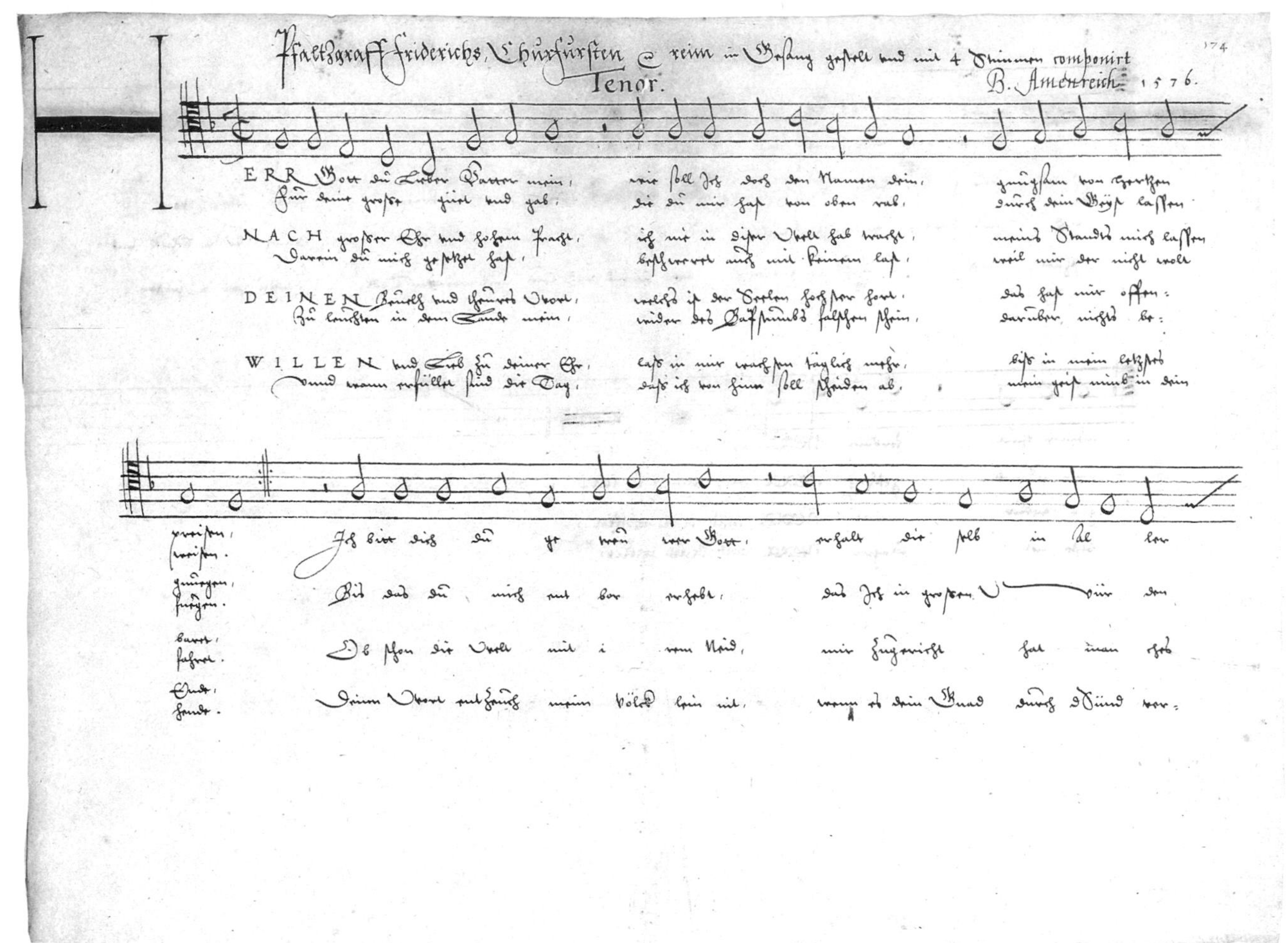

Sammelband Heidelberger Musikalien.
Herr Gott du lieber Vater mein,
Vertonung B. Amenreichs, 1576 für Friedrich III.
Cod. Pal. Lat. 1878, Fol. 174 r

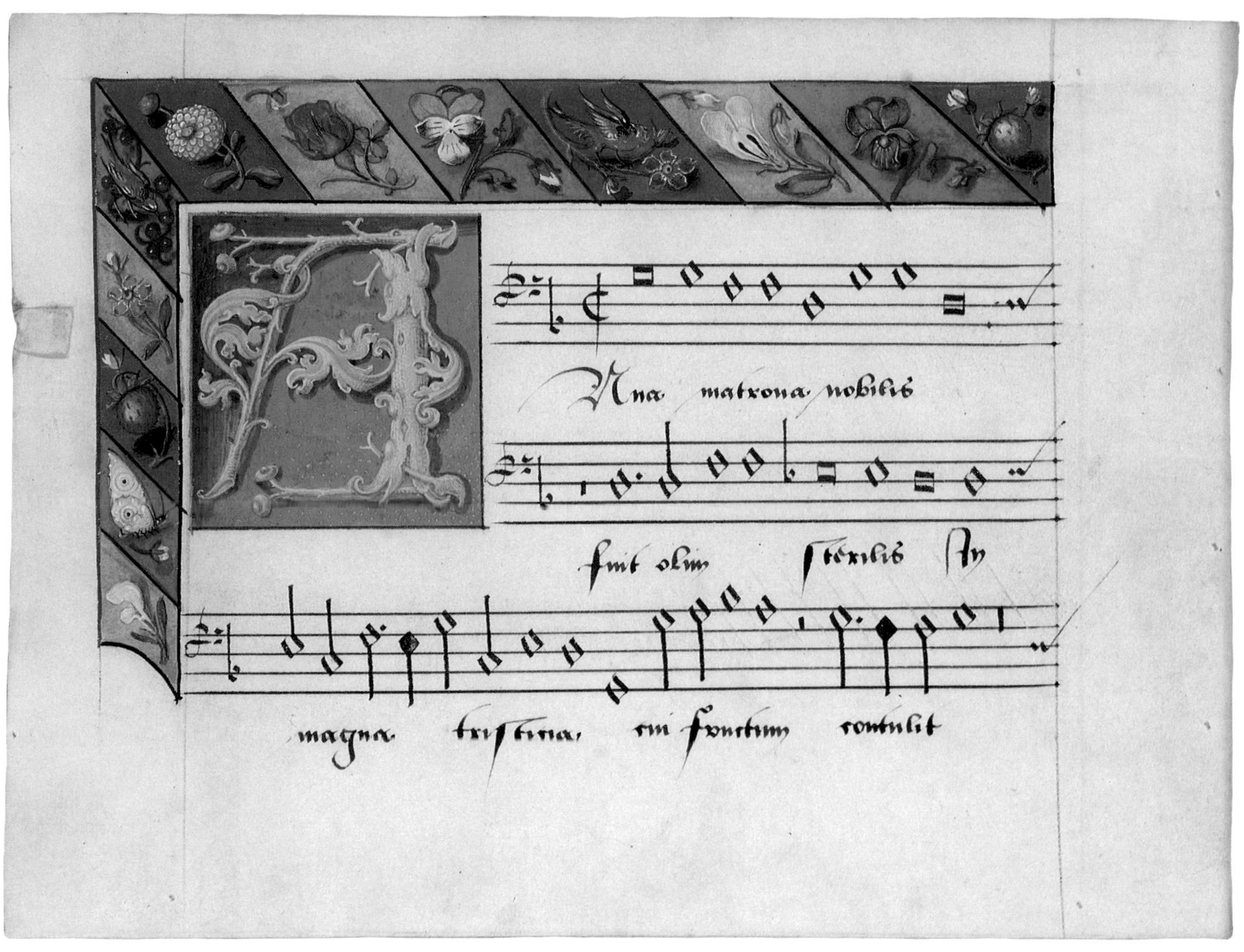

Stimmbuch für Ferdinand I. und seine Gemahlin Anna von Ungarn
Brüssel 1527
Cod. Pal. Lat. 1978, Fol. 5 r

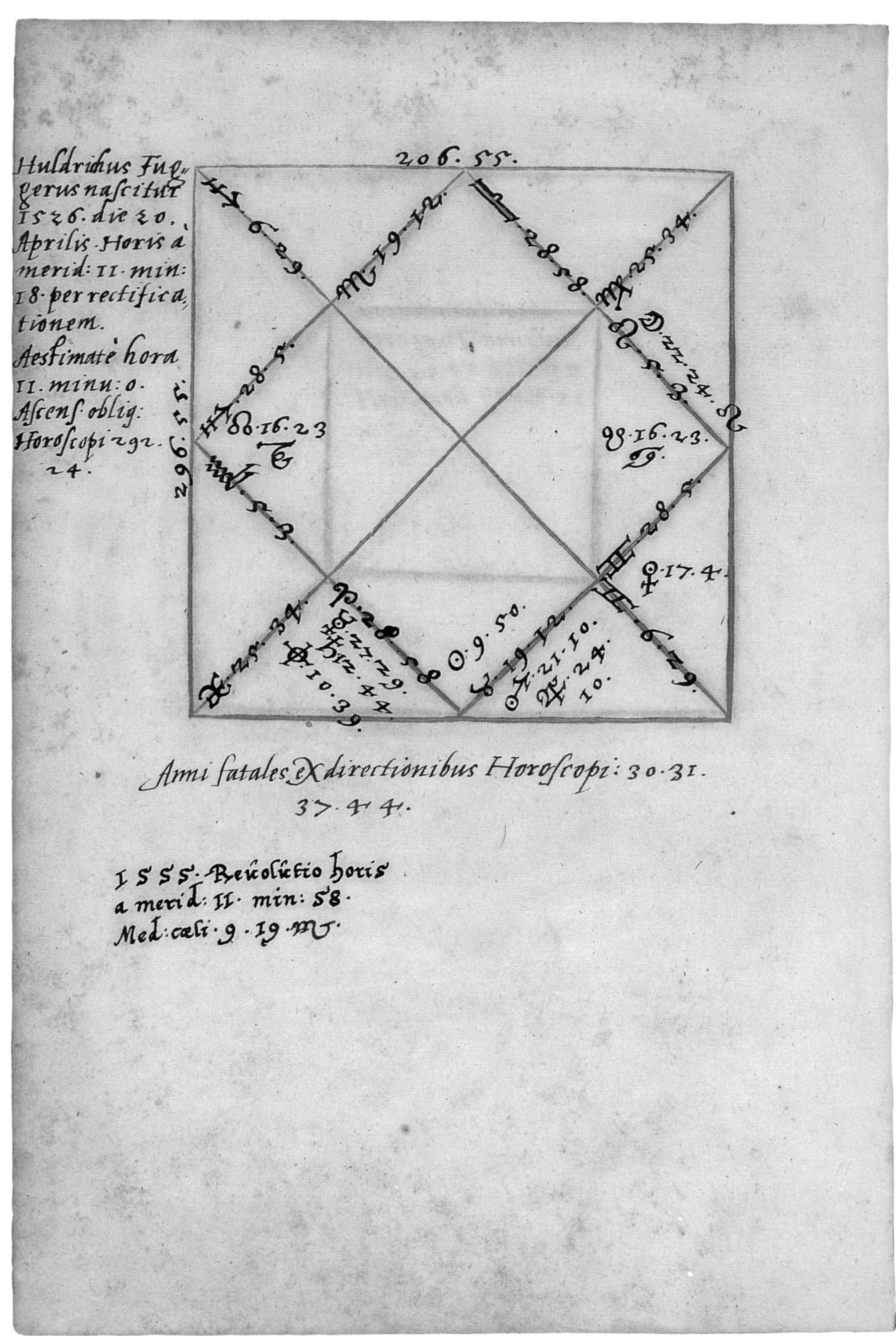

Huldrichus Fuggerus nascitur 1526. die 20. Aprilis. Horis a merid: 11. min: 18. per rectificationem.
Aestimate hora 11. minu: 0.
Ascens. oblig: Horoscopi 292. 24.
206. 55.
Anni fatales ex directionibus Horoscopi: 30. 31. 37. 44.
1555. Revolutio horis a merid: 11. min: 58.
Med: cæli. 9. 19.

Geburts-Horoskop Ulrich Fuggers, geb. 20. April 1526
Cod. Pal. Lat. 1424, Fol. 55 v

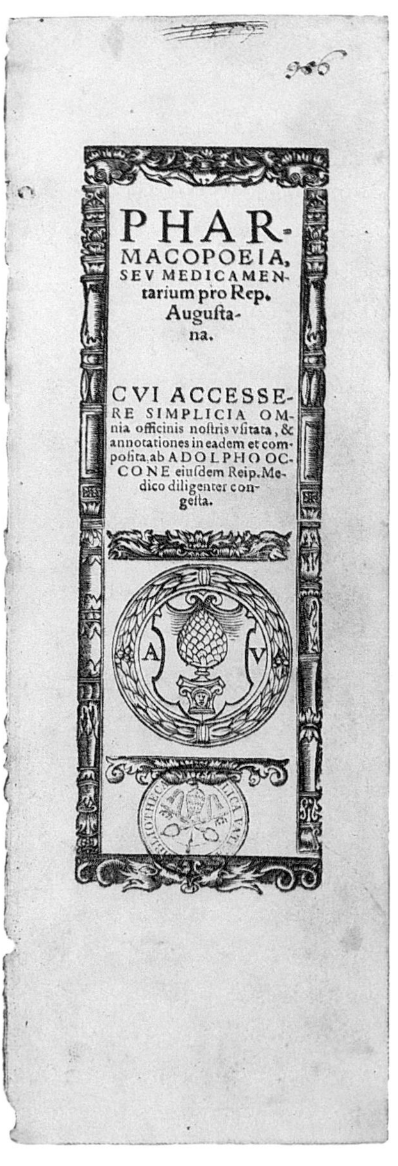

PHAR-
MACOPOEIA,
SEV MEDICAMEN-
tarium pro Rep.
Augusta-
na.

CVI ACCESSE-
RE SIMPLICIA OM-
nia officinis nostris vsitata, &
annotationes in eadem et composita, ab ADOLPHO OC-
CONE eiusdem Reip. Me-
dico diligenter con-
gesta.

Occo, Pharmacopoeia, 1573
Titelseite und Einband des Occo-Meisters
Membr. II 15

Leovitius, Tabula ascensionum obliquarum, o. J.
Einband vom Leovitius-Meister, Augsburg
Stamp. Pal. IV 466

Die Züricher Bibel, 1543
im Bologneser Prachteinband
Stamp. Pal. S 22

C ad ſanguinis reiectiones, profluuia muliebria, & ad omnia interanea uulnera & ulcera, potiſsimũ pulmonis. Externis etiam ulceribus ſummè confert, ſi uino in quo herba hæc decocta eſt, lauentur atque abſtergantur.

DE COCCIMELEA. CAP. CLII.

NOMINA.

KOKKIMHΛEA Græcis, Prunus Latinis & officinis, Germanis eius arboris fructus Pflaumen/oder Prumen dicuntur.

GENERA.

Satiua Pruna. Duo ſanè Prunorũ habentur genera. Vnum ſatiuorũ, in quo genere ſunt nigra, candicantia, uerſicoloria, cerea, hoc eſt, ex candido in luteum palleſcentia, purpurea, Damaſcena, & ſi qua ſunt alia. Alterum ſylueſtriũ, quę Galeno lib. ij. *Pruneola.* de alimentorum facultatib. ἀγριοκοκκυμῆλα, & in Aſia προῦμνα, Pruneola ſiue Prunula uulgo nominant̃, Germanicè Schlehen. Caue eorum amplectaris ſententiam, qui Poterium eſſe putant: neque enim facultates, neq; notæ Prunulis reſpondent.

FORMA.

Prunus arbor eſt radicibus ſummo ceſpite uagantibus paucis, caudice ſubrecto, ſcabro, multis brachiato ramis, folio ex oblongo ferè rotundo, per oras minutim ſerrato, flore candido, foliato, pomo carne cuteq; ueſtito, oſſe intus duro in quo nucleus includitur.

LOCVS.

Satiua Prunus in hortis naſcitur. Damaſcena in Damaſco Syriæ, à quo cognominata ſunt. Sylueſtris autem paſsim in ſepibus reperitur.

TEMPVS.

D Satiua in æſtate poma ſua profert, ſylueſtris autem autumno.

TEMPERAMENTVM.

Satiuæ Pruni fructus mediocriter humectant & refrigerant. Sylueſtris adſtringunt, ut fuſius ex eorundem facultatibus innoteſcet.

VIRES. EX DIOSCORIDE.

Eius pomum eſtur, ſtomacho tamen aduerſatur. Aluum mollit. Syriaca autem pruna, & præſertim in Damaſco genita, exiccata ſtomacho utilia ſunt, & aluum cohibent. Folia in uino decocta & gargariſſata columellam, gingiuas & tonſillas fluxione laborantes reprimunt. Præſtant idem & ſylueſtrium Prunorũ fructus cum maturuerunt ſiccati. Cum ſapa decocti ſtomacho utiliores, & ad cohibendam aluum aptiores redduntur. Gummi Prunorũ glutinat. Potum in uino calculos conterit. Ex aceto illitum, impetigines infantium ſanat.

EX GALENO.

Pruni fructus uentrem ſubducit, recens quidem plus, aridus uerò minus. Cæterum Dioſcorides, haud ſcio cur, Pruna Damaſcena ſiccata uentrem ſiſtere ait, quum tamen & ipſa palàm etiam ſubducant, minus tamen ijs quæ importantur ex Iberia. Damaſcena quidem magis adſtringunt: at quæ Iberia fert, dulciora ſunt. Quin & ipſæ arbores fructibus proportione reſpondent: minus enim adſtringunt quæ in Iberia naſcuntur, magis uerò quę Damaſci. Porrò ut in ſumma dicam, quarum in folijs aut germinibus adſtrictio quædam ineſſe apparet manifeſta, ijs decoctis phlegmonę in columella aut tonſillis exiſtentes colluuntur. Sylueſtriũ fructus euidenter adſtrictorius eſt, uentremq; ſiſtit. Gummi autẽ arboris ſunt qui dicant cum uino potum lapides confringere, cum aceto uerò puerorũ ſanare impetigines. Ac ſi id præſtat, clarum eſt incidendi tenuandiq; illi facultatem ineſſe. Raro fructum hunc auſterum aut acidum, aut omnino iniucundum inuenias, ubi exactam maturi-

PRVNVS
SATIVA.
Pflaumenbaum.
14

Pergamentnachdruck der Luther-Bibel, Nürnberg, 1524
im Einband des Scrimger-Meisters für Ulrich Fugger
Membr. I 14/15

Das dritte teyl des Allten Testaments
mit fleysz verteutscht. M.D.XXIIII.

Pergamentnachdruck der Luther-Bibel, Nürnberg, 1524
Membr. I 14/15

CATALOGVS GRAECORVM LIBRORVM.

Abbatis Dorothei varia opera. Bomba.	69.	seors.
Abbatis Johannis epistolae. Char.	91.	Egna.
Achamas Perses in Astrologiam. char.	312.	Cyp.
Achilleus Tacius de amoribus. char.	52.	Hen.
Aeliani uaria historia. char.	134.	Hen,
Aeliani varia historia. Perga.	155.	hen.
Aeliani historia animalium. char.	65.	hen.
Aeliani historia animalium. perg.	267.	Egna.
Aelianus de animalibus. Bomb.	93.	hen.
Aelianus de historia animalium. char.	260.	seors.
Aeschyli tragaediae. char.	139.	hen.
Aeschyli tragaediae. char.	151.	hen.
Aeschyli tragaediae tres. perga.	287.	Cyp.
Aeschyli tragaediae tres. char:	313.	Egna.
Aeschylus cum scholijs. bomb.	18.	Hen.
In Aeschylum scholia. char.	51.	hen.
In Aeschylum scholia. char.	59.	hen.
Aeschynis orationes. char.	134.	hen.
In Aeschynem scholia. char.	51.	hen.
Aesopi Phrygis vita et fabulae. char.	269.	Cyp.
Aesopi fabulae. char.	195.	Manetj
Aesopi fabulae. char.	122.	Cyp.
Aesopi fabulae. char.	156.	Hen.
Aëtij omnia opera. bomb.	199.	seors.
Agapiti adhortationes ad Justinianum Imp. perg.	228.	Cyp.
Agapiti libellus. char.	320.	seors.
De Agricultura libri viginti. char.	109.	Egna.
Alexandri Aphrodisei problemata. Bomb.	237.	seors.
Alcinous de dogmatibus Platonis. Bomb.	209.	seors.
Amelius de theologia Johannis Euangelistae: bomb.	209.	seors.
Anastbasij historia Melchisedech, et quotuplex sit hominis imago. Bomb.	209.	seors.
Aphtonij progymnasmata. bomb.	213.	seors.
Aphtonij progymnasmata. bomb.	23.	hen.
Aphtonij progymnasmata. char.	156.	Hen.
Aphtonij progymnasmata cum Comment: Bomb.	22.	Cyp.

183

Alphabetischer Katalog der griechischen Handschriften Fuggers
von Martin Gerstmann
Cod. Pal. Lat. 1950, Fol. 183 r

Lucan, Pharsalia
Frankreich (?), 12. Jahrhundert
VI. Buch, Verse 368–410
Cod. Pal. Lat. 1683, Fol. 44 r

44

Irrigat amphrisus famulantia pascua phoebi.

quasq; nec humores nebulas nec rore madente

aera nec tenues uentos suspirat enandrus.

et quisq; pelago per se non cognitus amnis.

Peneo donauit aquas. it gurgite rapto

Apidanus numq; q; celer ñ mixtus enipheus.

Accipit esopus cursus. poenis q; melas q;

solus in altius nomen cu uenerit unde

Defendit titaresius aquas. lapsus q; supne.

Gurgite poenei p siccis utit aruis;

h é fama é stigiis paludibz amné.

et capitis memore fluuii contagia uilis

Nolle pati supuiq; sibi seruare timorem;

Vt primu emissis patuer amnibz arua.

Pinguis bebricio discessit uomere sulcus.

oax lelegu dextra pstu descendit aratru.

eolide dolopes q; solu fregere coloni.

et magnetes equis; minuc gens cognita remis;

Ilie semiferos ixionidas centauros

feta pheletronus nubes effudit in antris.

Aspa te pholoes frangentis monice saxa.

teq; sub etheo torquente uertice siluas

Roethe ferox. quas uix boreas ũuerte hornos;

hospes & alcide magni pholoe. teq; p amne

Imbe lerneas uector passure sagittas.

teq; senex chiron gelido q; side fulgens

Impetis henonio maiore scorpion arcu.

hac cellure feri nucuer semina martis.

Primus ab equorea percussis cuspide saxis

thessalicus sonipes; bellis feralibz omen

exiluit primus caliben frenos q; momordit.

spumauit q; nouis laphitç domitoris habenis;

Prima fretu scindens pagaseo litore pinus

terrenu ignotas homine piecit in undas.

Primus thessalicç rector telluris ionus

informam calidç percussa pondã masse.

fudit & argentu flãmis. auru q; moneta

fregit. & inmensa coxit fornacibz aera.

Ilic qd populos scelerata impegit in arma.

Diuicias numare datũ ÷ hinc maxima serpens

Descendit phiton. currea q; fluxe i auru;

Vnde & thessalicç nemunt ko phitia laurus;

Impius hinc plen supis emisit aleus.

Sublata ab hercule · Oriens eurus · boreas · Olimpus · Ossa · THESSALIA · Pindus · zephirus · Occidens.

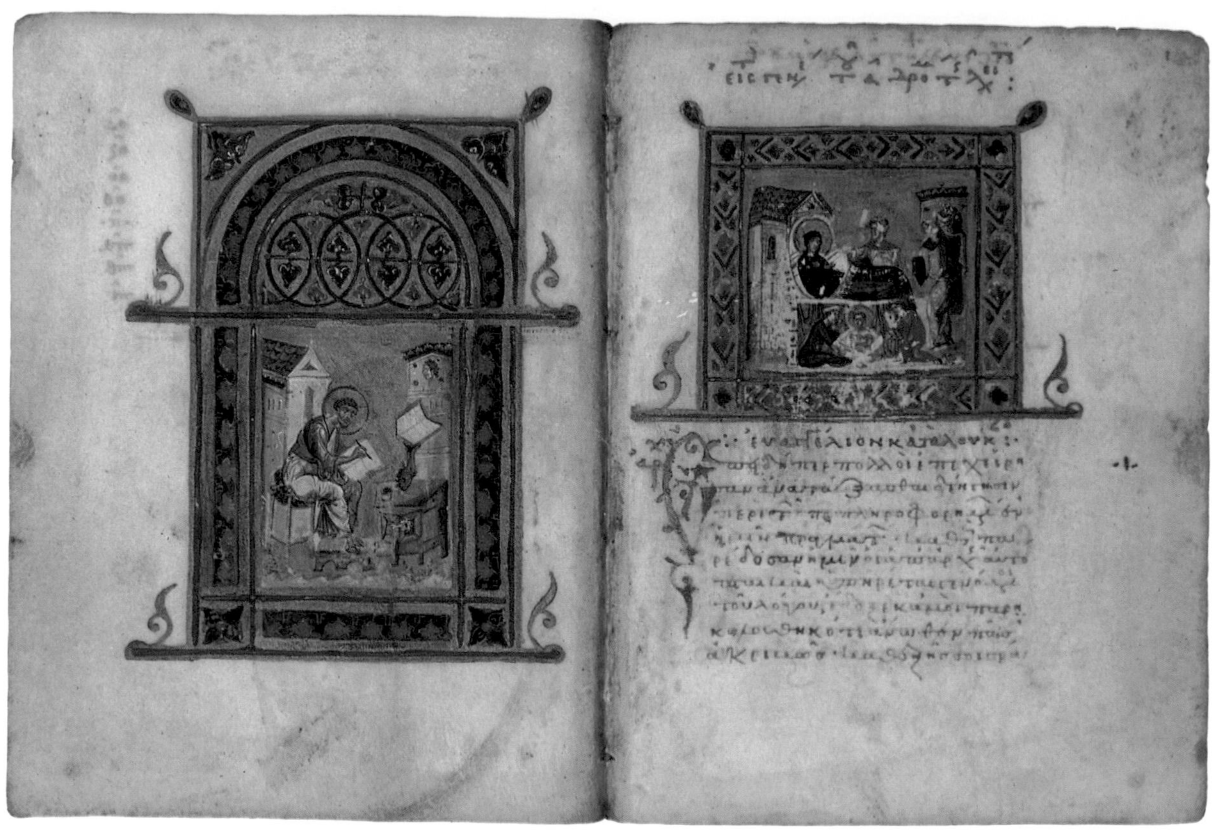

Evangelien
Byzantinisch, 11. Jahrhundert
Der Evangelist Lukas und Beginn des Lukas-Evangeliums
Cod. Pal. Gr. 189, Fol. 151 v/152 r

143

ματων ὁ σὸ τοσο ἀριθμος· ἀριθμος δὲ ἔσι· τὸν ἀριθ δὲ κρέασ
τῶν μοσωρ· ἔτε δὲ και πόταμη τις οὗτο καλουμὲνην ἐκ τραχματ,
δωαρεθην την γλωσταρ του δαρασω μὲβρου ἁμρατος· ἀ κατα
τωστοσ διαγοτο σωσ· ὡστει δια ἁμεασ ὅ τι τος· λλειοΐωθο π ου μη νοστοι
τωθαλαθαι· οὐδὲ μη εις τοθλειαμ αἰτῶ ματ σχλαωση ἐλθοι· ἀλλωσ
ωρτηνημος ταν μη θκείνηχι· και λαμ τιοσδ ϊλομεικησ θε δια λεαμ
τοΐο ὁδοσοι κατ σατασ ει νοι δ σωσαπται οὐ τοκαι οστωσ αλλοτειρον
αμ σολαιδη ε θελαμ· οὐ δεν τῶν ωρ σωσ ματασοια σζακερδοσ· παρος
δε τομ ται ωσ μομον ουχ λλαμ δοι κε· αμ θαδμας δε δ σωσαν τα οι
εκ σωσοδῶν καντ στη· σταασδ ζ αρσω ανὸ στοικτ νοθου σατωσ αιτη
δικ αι ασ τοθ ὸ α δειλ το· συλλο σι σαυ δε εκ τῶν ενθεν των· ὡσ στο
η τος σωσβρι την τουστο ξλου του συλλο γηνὸ σω οὐδ ακαστ· οὐδε ιες
τοι ωσ οχτο τῶν συλλε βην τωναμ ατοσχλαωση μη· ὡ ρι τε μο ιος
καιστο στε ο δοξοσ δε οὐ εμ λθωτειαμ βσζ σμην μαὶδωρμ μαμα τωθ δε
ε ι στ ψιλαι μ βηὸ μεβραι· σατο τῶν καλοσ σωσ μβη νικαμεσ
δ ε ιοσκοισαι· χαι σταδο ετματα δε σταικατ σαυ του θῦ οὐ δεν σχιγλυ
κι· αλλα σρι θμα ετ και σωωχμαι·

Πολλῶν γαρ ἀδιωαττω οι κοισ ε θλασ· δια ται ταρ δε η ρ στα
σε και οὐκ ατη σεν· ὁ δε σιμμαχοσ· οικεια μη νε τατε και
οὐ χ αν οικο δο μη σει αὐτην· οὐ κατ ραὐτουσωστηρια τοΐο
ε σταρχοιοι·

Αστεροισ θη δια σπε θκκε η· ταυτα τω ει οσ ται· ωσ τω βρ γαρ αιτ
οι κοιο σαδμω ατ των ε θλασ· τουτε στ ην αμη λεος σωνσζ τ ε· την
δε τω ωσ σαρ αμ των ταρ βρι ο σταμ ει ρ σσατασ σσ· και ου κατσ σδοδο
κ ε· το γαρ ου κ ατη σεν· αμ π του ου κ ατσσο κατ ση σεν ει ρη ται·

Hiob-Catene
Byzantinisch, 10./11. Jahrhundert
Cod. Pal. Gr. 230, Fol. 143 r

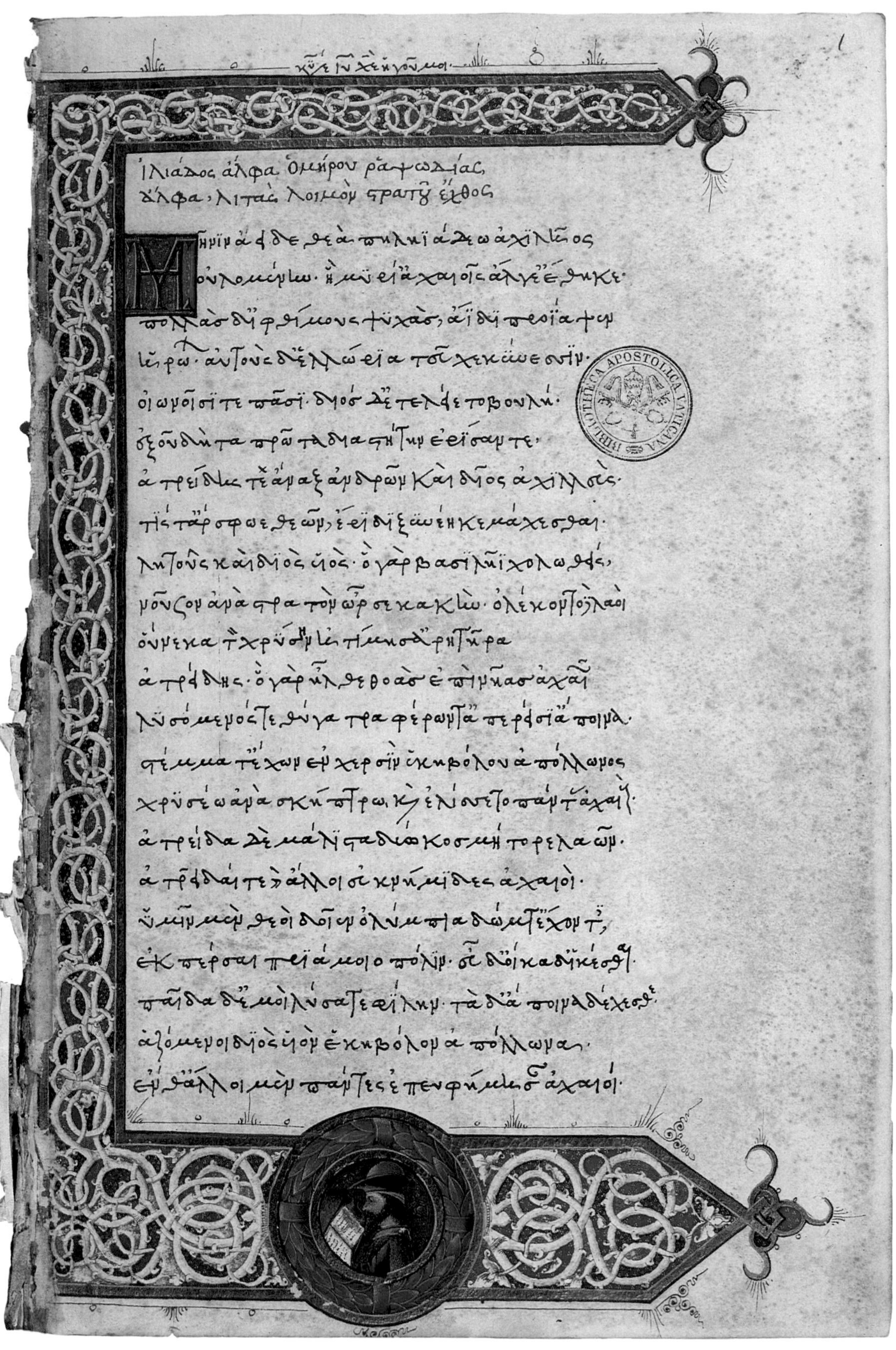

Ἰλιάδος ἄλφα Ὁμήρου ῥαψῳδίας,
ἄλφα, λιτὰς λοιμὸν στρατοῦ ἔχθος

Μῆνιν ἄειδε θεὰ Πηληϊάδεω Ἀχιλῆος
οὐλομένην· ἣ μυρί' Ἀχαιοῖς ἄλγε' ἔθηκε·
πολλὰς δ' ἰφθίμους ψυχὰς Ἄϊδι προΐαψεν
ἡρώων· αὐτοὺς δὲ ἑλώρια τεῦχε κύνεσσιν·
οἰωνοῖσί τε πᾶσι· Διὸς δ' ἐτελείετο βουλή·
ἐξ οὗ δὴ τὰ πρῶτα διαστήτην ἐρίσαντε·
Ἀτρεΐδης τε ἄναξ ἀνδρῶν καὶ δῖος Ἀχιλλεύς·
τίς τ' ἄρ σφωε θεῶν, ἔριδι ξυνέηκε μάχεσθαι·
Λητοῦς καὶ Διὸς υἱός· ὁ γὰρ βασιλῆϊ χολωθείς,
νοῦσον ἀνὰ στρατὸν ὦρσε κακήν· ὀλέκοντο δὲ λαοί
οὕνεκα τὸν Χρύσην ἠτίμασ' ἀρητῆρα
Ἀτρεΐδης· ὁ γὰρ ἦλθε θοὰς ἐπὶ νῆας Ἀχαιῶν
λυσόμενός τε θύγατρα φέρων τ' ἀπερείσι' ἄποινα·
στέμματ' ἔχων ἐν χερσὶν ἑκηβόλου Ἀπόλλωνος
χρυσέῳ ἀνὰ σκήπτρῳ, καὶ ἐλίσσετο πάντας Ἀχαιούς·
Ἀτρεΐδα δὲ μάλιστα δύω κοσμήτορε λαῶν·
Ἀτρεΐδαι τε καὶ ἄλλοι ἐϋκνήμιδες Ἀχαιοί·
ὑμῖν μὲν θεοὶ δοῖεν Ὀλύμπια δώματ' ἔχοντες,
ἐκπέρσαι Πριάμοιο πόλιν· εὖ δ' οἴκαδ' ἱκέσθαι·
παῖδα δ' ἐμοὶ λύσαιτε φίλην· τὰ δ' ἄποινα δέχεσθαι·
ἁζόμενοι Διὸς υἱὸν ἑκηβόλον Ἀπόλλωνα·
ἔνθ' ἄλλοι μὲν πάντες ἐπευφήμησαν Ἀχαιοί·

Homer, Ilias
Ferrara, 15. Jahrhundert
Beginn der Ilias
Cod. Pal. Gr. 246, Fol. 1 r

Aischylos, Tragödien
Florenz 1557, im Einband des Königbuchbinders, Genf
Stamp. Barb. J VIII 36

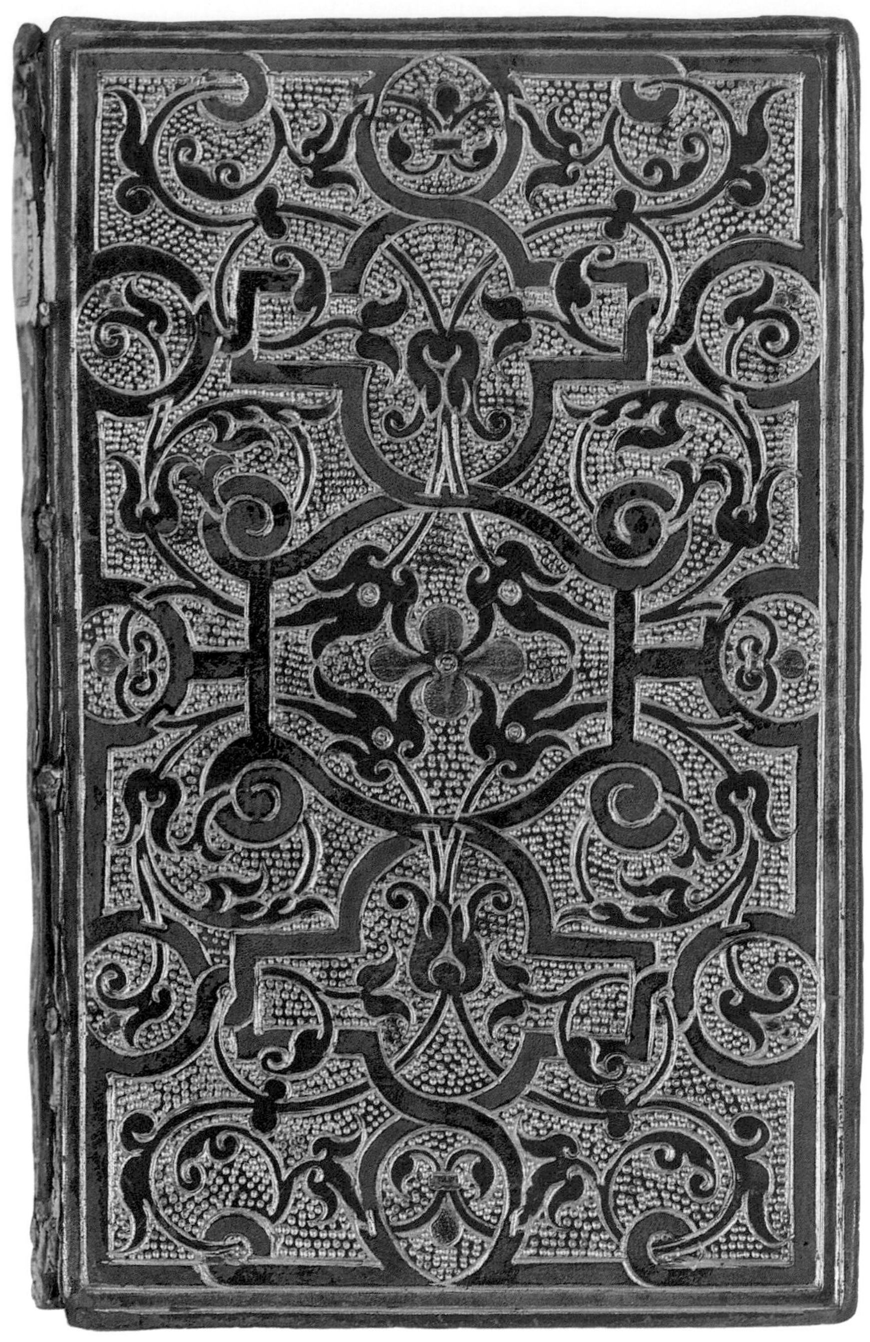

Erstausgabe der Reden des Maximus von Tyrus, 1557
im Einband des Königsbuchbinders, Genf
Stamp. Barb. J VI 50

Griechische Handschrift der Gesetzesnovellen Justinians
Venedig, 1548/49.
Beginn der 16. Novelle Justinians
Cod. Pal. Gr. 387, Fol. 193 v

Justinian, Gesetzesnovellen, 1558
Einband des Scrimger-Meisters, Augsburg
Stamp. Pal. 227

ΑΥΤΟΚΡΑΤΟΡΩΝ, ΙΟΥΣΤΙ-
νιανοῦ, Ἰουστίνου, Λέοντος νεαραὶ διατάξεις.
Ἰουστινιανοῦ ἔδικτα.

IMPP. IVSTINIANI, IV-
ſtini, Leonis nouellæ conſtitutiones.
Iuſtiniani edicta.

Ex bibliotheca illuſtris viri HVLDRICI FVGGERI, domini in Kirchperg & Weyſſenhorn, publicæ cõmoditati dicantur.

IVSTINIANI quidem opus antea editum, ſed nunc primùm ex vetuſtis exemplaribus ſtudio & diligentia Henrici Scrimgeri Scoti reſtitutum atque emendatum, & viginti tribus Cõſtitutionibus, quæ deſiderabantur, auctum. Cui & Edicta eiuſdem imperatoris, non prius edita, tãquam corollarium, acceſſerunt. IVSTINI autem & LEONIS Conſtitutiones (quæ & ipſæ in antiquis codicibus nouellæ cognominantur) nunquam antea in lucem prolatæ.

NOLI ALTVM SAPERE

Ex Bibliotheca Mañi

ANNO M. D. LVIII
Excudebat Henricus Stephanus Huldrici Fuggeri typographus.

Justinian, Gesetzesnovellen
Griechische Edition des Henricus Stephanus, 1558
Stamp. Pal. I 227, Titelseite

Leo VI., Gesetzesnovellen (lateinisch) in der Agylaeus-Übersetzung, 1560
Einband des Meisters der Leo-Constitutionen, Genf
Stamp. Pal. V 1001

Leo VI., Gesetzesnovellen, 1560
im Einband des Meisters der Leo-Constitutionen, Genf
Stamp. Barb. AA II 15

Griechische Lyriker im Pergamentdruck für Ulrich Fugger, 1560
Einband und Schnitt des Königsbuchbinders, Genf
Membr. VI 1 und 2

Stephanus, Thesaurus Graecae linguae, 1572
im Einband des Königsbuchbinders, Genf
Collegio Greco, Bibl. All. XVIII 10/1

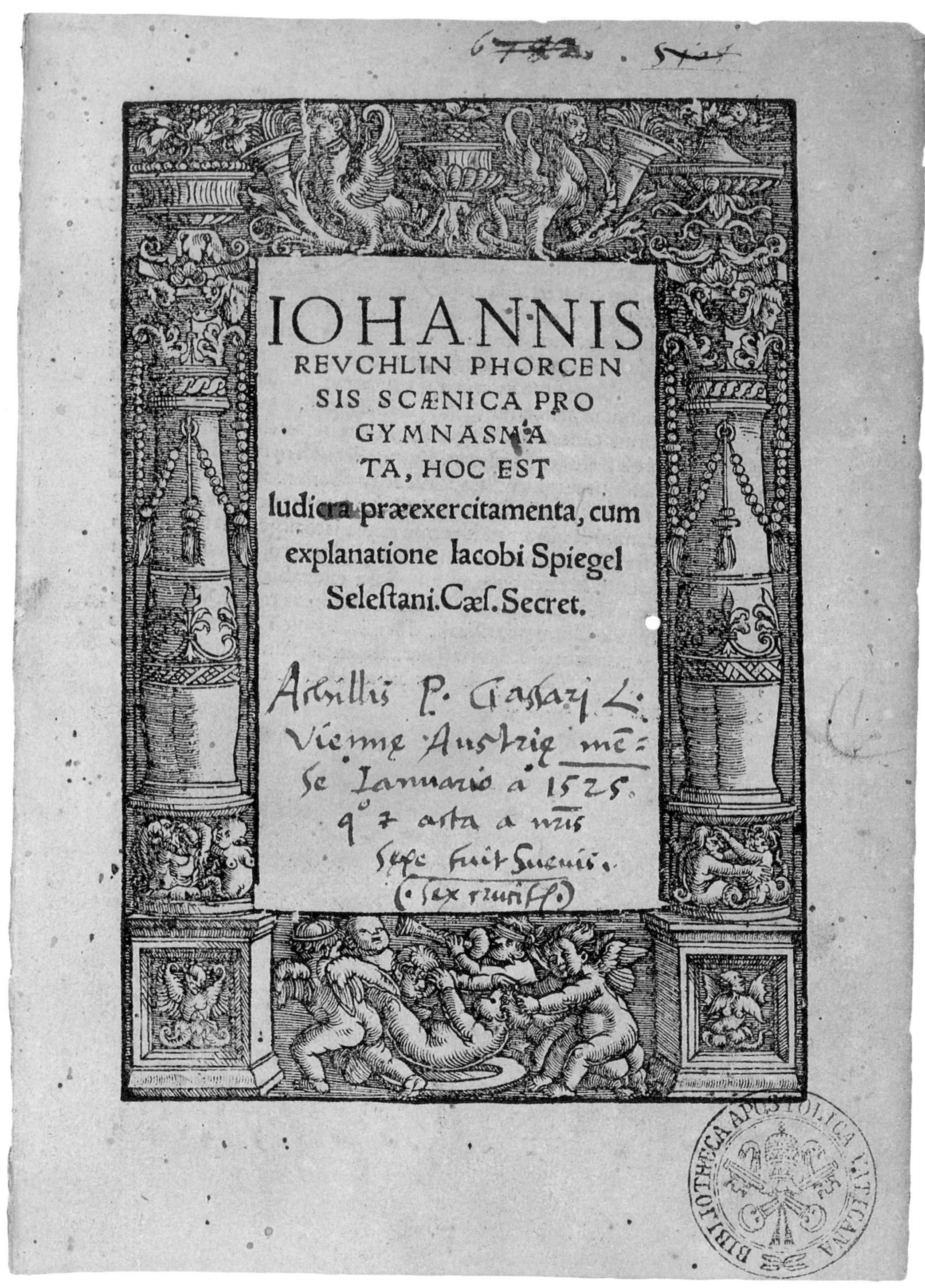

IOHANNIS
REVCHLIN PHORCEN
SIS SCÆNICA PRO
GYMNASMA
TA, HOC EST
ludicra præexercitamenta, cum
explanatione Iacobi Spiegel
Seleſtani. Cæſ. Secret.

Reuchlin, Szenische Vorübung, 1497
Exemplar Gassers mit Notiz auf der Titelseite
Stamp. Pal. IV 35

AD LECTOREM.

Quiſquis HIPPOCRATIS COI Medicinæ parentis, uolumina, multis in locis mutilata, per M. FABIVM CALVVM Rhauennatem de Græco ſermone in Latinum conuerſa, oculis percurrere non dedignabitur, ſi quid quod non ſatisfaciat, occurrerit, aut perperàm, uel parum Latine dictum putauerit, hoc & antiquæ HIPPOCRATIS dictionis breuitati nõ omnibus peruiæ dabit, codicumq́; uarietati. Quorum etſi magnam copiam habuerit, quos conferre & conſulere potuerit, non omnes tamen eadem habuerant. Quidam autem & eadem, ſed mutilate: unus tamen habuit, quæ cæteri non habuerant: quæ cum conferri cum nullis poſſent, neceſſario uertenda fuerant, prout inueniebantur. Propterea ſe magis dignum uenia putauit, cũ ea, qualiacunq; eſſent, legi maluerit, quàm quicquam, quod ipſe inueniſſet, deſiderari. Quare rogat, uti quiſq; miſeram mortalitatem, prout ipſe conatus eſt, pro uiribus iuuet, ſuaq́; & carpat, & lancinet, & ſi melius habeat, addat, dum mortale genus hominum adiutet.

Iudiciũ de translatione ista Calui, apud Io: Manardũ Medicinalium epistolarum li: 10 epla 1 27 fol 314.

A: P: G: L:

HIPPOCRATIS

COI LIBER DE ARTE, M. FABIO CALVO INTERPRETE.

SVNT nonnulli, qui hoc artem eſſe duxerũt, cæteras artes dehoneſtare: quod putarunt, quodq́; ego ſentio, non fecerunt, ſed quales eſſent, demonſtrauerũt. Mihi autem hoc artem eſſe uidetur, quid nouũ inuenire, quod quidẽ optimum ſit, hocq; eſſe ſapientiæ officium, opúsue, quæq́; perfecta non ſunt, perficere. Malis autem uerbis aliorum inuenta uituperare, ars non eſt, cum præſertim nihil melius faciant, excogiténtue, ſed tantũ doctorum, ſapientiumq́; inuẽta apud rudes calumnientur: quod ſapientiæ officiũ non eſt, prudentiæ'ue, ſed eſt potius naturæ demonſtratio, uel artis ignoratio, atechnia'ue. Solis enim artis ignaris huiuſmodi res conuenit, cum quidem cupiant, poſſint autem nullo modo præ malignitate, uitioq́; eò peruenire, uti aliorũ benefacta calumnientur, uel ſi non ſint recte facta, reprehendant. Hoc autem modo homines in cæteras artes inuehentes, irrũpentes'ue, hi compeſcant qui poſſunt, hiq; quibus hæc res curæ eſt. Præſens autem ſermo contra eos eſt, qui hoc modo medicam artem lanciũt, uituperant'ue, qui audẽter locutus eſt propter eos, qui carpuntur, uituperantúrue, contra uituperantes; iin autem abundat propter artem cui opitulatur, potentior erit propter ſapientiam, qua adiuuatur, inſtituitur'ue. Mihi quidem hoc omnino, & in uniuerſum uidetur, nullam eſſe artem, quæ non ſit & uera: procul enim à ratione eſt, & abſurdum, quid eorum, quæ non ſunt, putare eſſe. Nam ſi quis earum rerum, quæ non ſunt, ſubſtãtiam aliquam non uideat, pronunciabitne ea eſſe? Si nanq; uere uidere non eſt ea, quæ non ſunt, tanquam ſint: nõ uideo, qui cuiquam in mentem ueniet eſſe, quæ non ſunt, tanquam quæ ſunt. Quæ enim ſunt, mente percipere, & oculis cernere licet: ſed quæ non ſunt, non æque percipiũtur. Si quidẽ quæ ſunt, ſemper percipiuntur & uidentur; quæ uero nõ ſunt, nec percipiũtur, nec uidentur. Demonſtratæ uero iam artes percipiuntur, nullaq́; eſt, quæ non ex aliqua ſpecie & forma uideatur. Profecto puto & nomina propter ſpecies & formas eas accepiſſe: præter rationẽ em eſt, factuq́; nõ facile, ſpecies, formas'ue de nominibus putare or-

a

Quid ars?

Hippocrates, Opera omnia, 1526
Handschriftliche Einträge Gassers
Stamp. Pal. II 497, Fol. A v/1 r

Hugo Cardanus Mediolan.

Copernicus autem nondum perspecta est recte sententia, vix enim quæ vellet/elicere visus est.

Erasmus Rainholdus Saluuldensis in
præfatione Prutenicarum tabularum;
cui Albertum Brandenburgensem &c.

Vir doctissimus, quem vel Atlantem, vel Ptolemæum alterum nominare possumus.
Copernicus, etsi constitutis obseruationibus demonstrationes & motuum causas emisisti,
same traditiæ, tamen hinc laborem tabulas construendi adeo desigit, et si quis computet ex ipsius canonibus, ne quidem ad eas obseruationes computatio congruat,
quibus fundamentum operis imititur. &c.

Item in eiusdem libri præfatione altera.

Verùm ut Geometrica eius omnia tanquam severi artificis sunt perfecta, & plane
elaborata, ut non sciam an quidquam melius in hoc toto genere doctrinæ præstari
unquam possit, ita longius se interdum optimi senis studium in numerorum
tractatione ros ipsa docet, si quis accurate consideret canones prosthaphæresem,
& consprat ipsius inter se calculum & obseruationes.

NICOLAI CO
PERNICI TORINENSIS
DE REVOLVTIONIBVS ~~orbium coelestium,~~ Libri VI.

Natus est hic Anno Domini 1473, die 19 Februarij hora 48. Idem usus potestatibus, &c in reliquis obseruationibus, habis Astrolabicis Gerardi Mercatoris.

Habes in hoc opere iam recens nato, & ædito,
studiose lector, Motus stellarum, tam fixarum,
quàm erraticarum, cum ex ueteribus, tum etiam
ex recentibus obseruationibus restitutos: & nouis insuper ac admirabilibus hypothesibus or-
natos. Habes etiam Tabulas expeditissimas, ex
quibus eosdem ad quoduis tempus quàm facilli
me calculare poteris. Igitur eme, lege, fruere.

ἀγεωμέτρητος οὐδεὶς εἰσίτω.

Iohannes Petreius Typographus Norinb. dono dabat
Achilli P. Gassaro L: mense Septebr.
anno dñi 1543 Velturinum.

**Norimbergæ apud Ioh. Petreium,
Anno M. D. XLIII.**

Gerardus Nodianus Armberm
Cuiq; novis thesibg clarp Copernicg arti/
Credidit eximas imposuisse manu.
Cuas amide ut Thesei filu g plexq Erasmg
Reinholdg/ recta stramis ad Astra iua.
At 43 Alfonsinos nixus fugare labores/
Coelesti nostras Aug; in arte fuit.

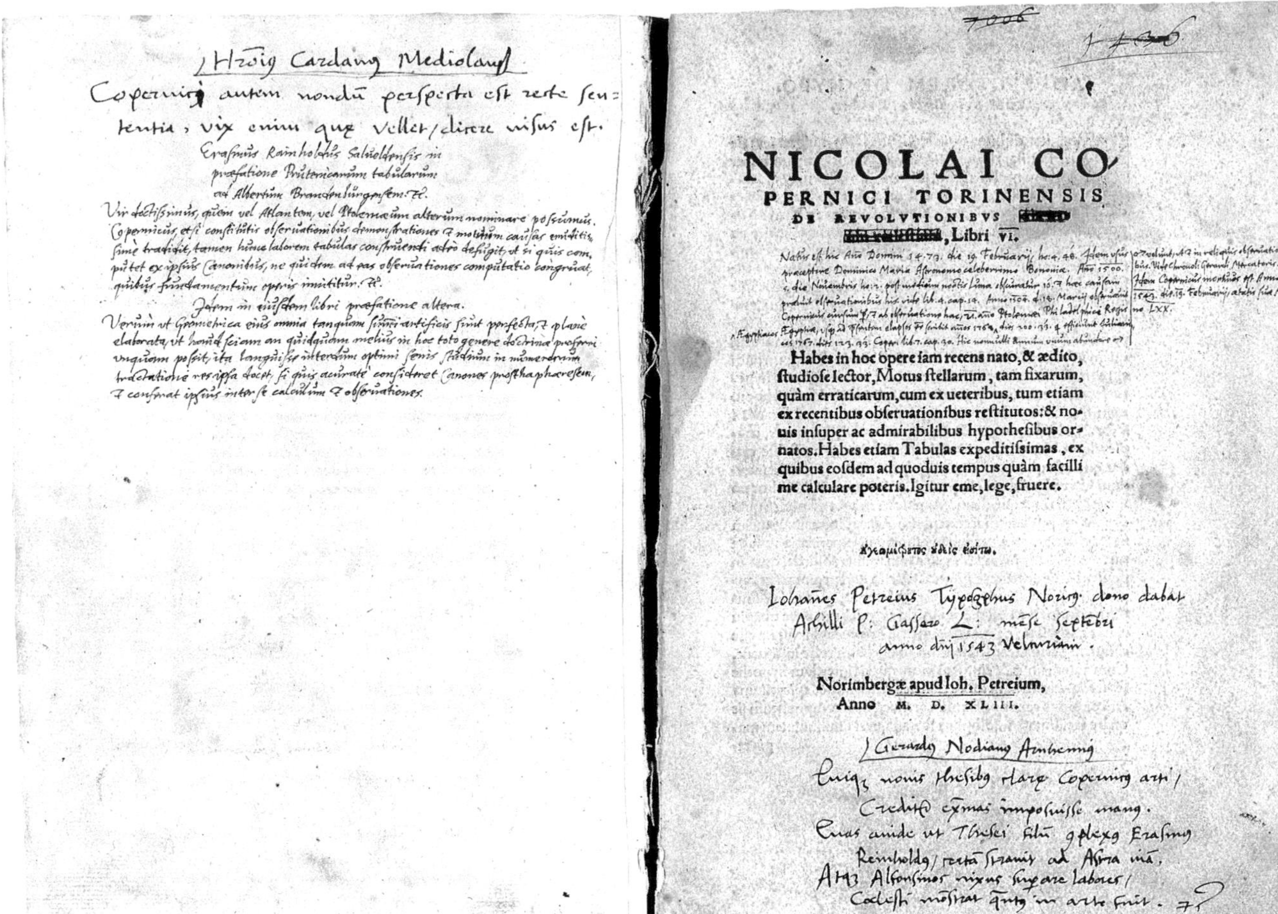

Kopernikus, De revolutionibus orbium coelestium, 1543
Titelseite mit handschriftlichen Eintragungen Gassers
Stamp. Pal. III 103

266

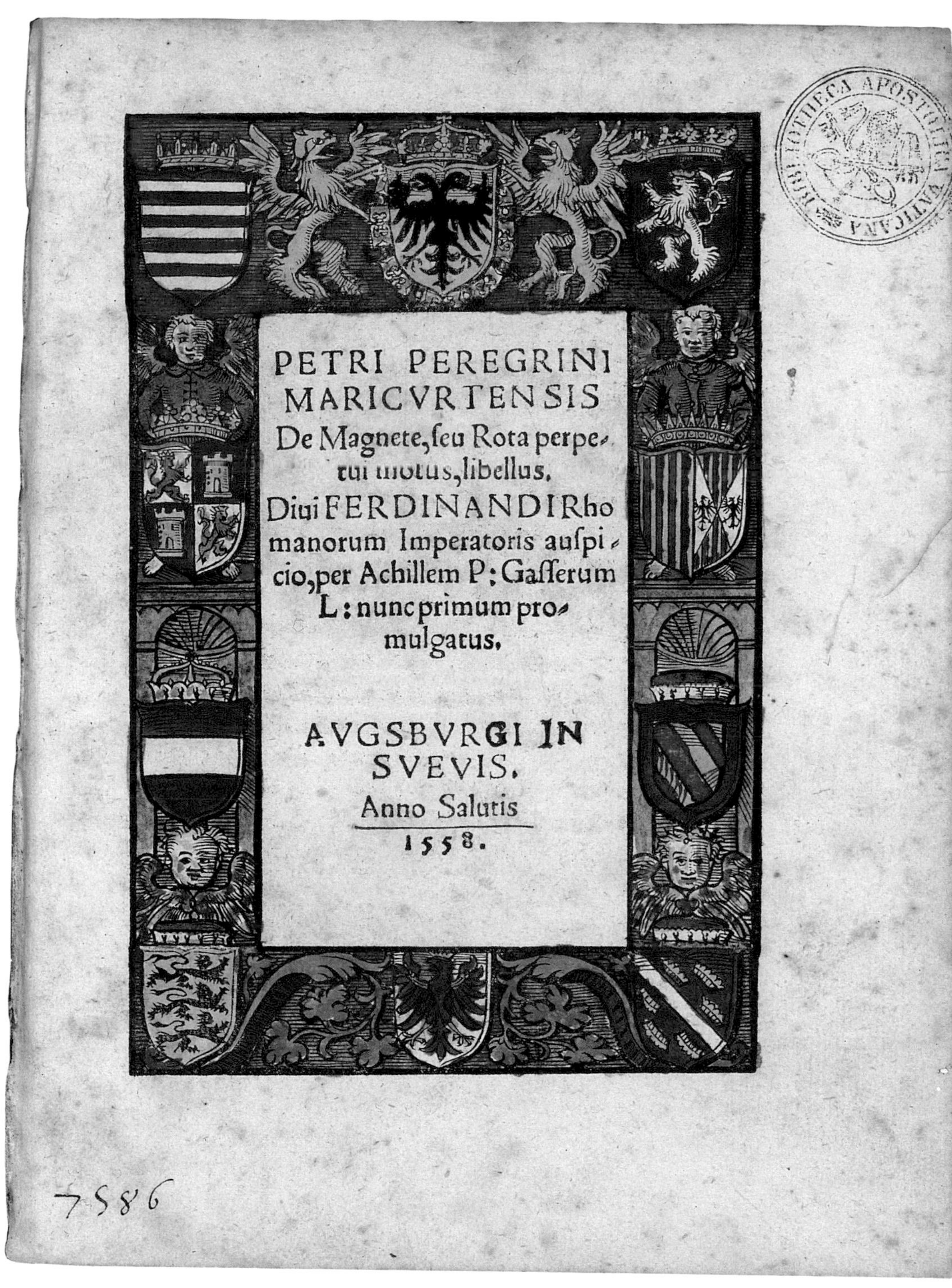

PETRI PEREGRINI
MARICVRTENSIS
De Magnete, seu Rota perpe-
tui motus, libellus.
Diui FERDINANDI Rho
manorum Imperatoris auspi-
cio, per Achillem P: Gasserum
L: nunc primum pro-
mulgatus.

AVGSBVRGI IN
SVEVIS.
Anno Salutis
1558.

Peregrinus, De Magnete, 1558, Ausgabe von Gasser
Stamp. Pal. IV 508, Titelseite

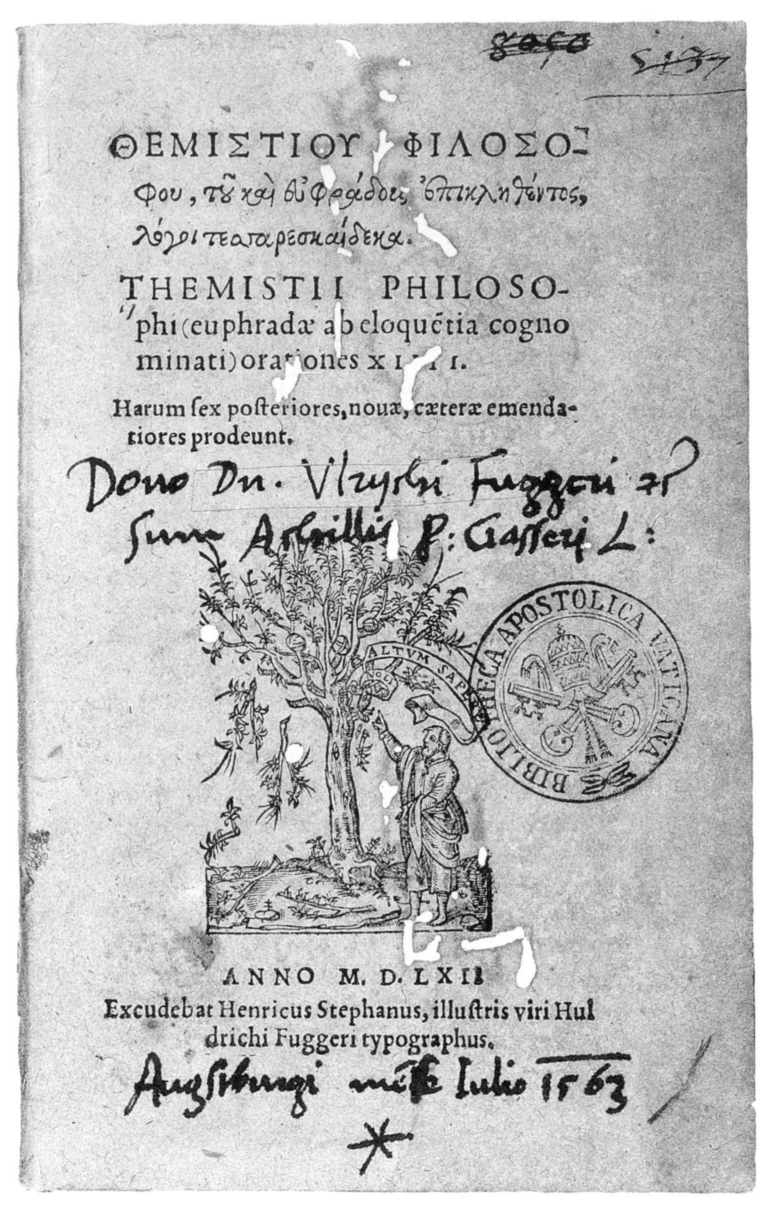

ΘΕΜΙΣΤΙΟΥ ΦΙΛΟΣΟ-
φου, τοῦ καὶ εὐφράδους ἐπικληθέντος,
λόγοι τεσσαρεσκαίδεκα.

THEMISTII PHILOSO-
phi (euphradæ ab eloquẽtia cogno
minati) orationes XIIII.

Harum ſex poſteriores, nouæ, cæteræ emenda-
tiores prodeunt.

Dono Dn. Vlrychi Fuggeri
sum Achillis P: Gasseri L:

ANNO M. D. LXII.
Excudebat Henricus Stephanus, illuſtris viri Hul
drichi Fuggeri typographus.

Augsburgi mẽse Iulio 1563

Themistius, Reden, in der Ausgabe des Stephanus für U. Fugger, 1562
Geschenk Ulrich Fuggers für Gasser
Titelseite mit handschriftlichen Notizen von Gasser
Stamp. Pal. V 353

FVGGARA DIVITIIS DOMVS EMINET, ALTAQVE SPIRANS
TALIA VIRTVTVM INSIGNIA CLARA GERIT.

GENEROSO AC MAGNIFICO DOMINO D. VRRICHO FVGGARO, KIRCHbergæ & VVeissenhorni Comiti &c. Mœcenati suo modis omnibus obseruando, Achilles P: Gasserus L: Philosophiæ & Medicinarum doctor S.P.D.

VANQVAM HEROS NOBILISSIME paruulum huncce libellum, propter raras, quas in te sitas subinde experior, uirtutes, multasq; alias, & easdem honestißimas, ob caussas, cum primis autem quod arduioribus negotijs sæpiuscule aptißimum fore censeam, Dominationi tuæ iam pridem consecratum obtulerim, gratitudinisq; ergò priuatim pro nostra tenuitate dono dederim: Collibuit tamen eum ipsum publice nunc, sub Clarißimi nominis tui patrocinio, in uulgus quoq; emittere, pariterq; studiosis omnibus in tui gratiam candide communicare. Non enim penitus illum, uel friuolum, uel ἐφήμερον, uel deniq; etiam undiquaq; iniucundum, si Zoilus inuidia desit, esse spero: Id quod protinus adperte attestabuntur nobis, quicunq; res Regum gestas, uarias Regnorum euersiones, fatales item in illis uicißitudines, imo humanorum consiliorum instabilem sortem, ac uolucrem caducumq; mundi huius statum, diligentius libris excuttere, aut alta secum mente cōsiderare, aut etiam liberiori iuditio ambitiosorum animorum τὴν δολιόποδα πολυπραγμοσύνην inter sese exactius conferre, nedum admirari, siue merito deplorare, pergunt. Quin ut in euoluendis Annalibus, siue alijs Hystoriographis, præsertim neotericis, hoc est, qui ab annis octingentis, & citra, lucubrationes suas posteris reliquerunt, imperitiorem Lectorem multum lucis ex eo consecuturum certißime scio & persuasum habeo, Ita doctiores nihilominus etiam haud minimo sane labore, qualicunq; nostra opella, alleuiatum iri nonuano augurio conijcio: Potißime ubi tam paucis uersiculis maximorum illorum, quæ ex tanto hodie numero in Europa sola supersunt, ac pie adhuc florent, Regnorum, tum Christianæ religionis crepundia,

A 2 tum

Gasser, Catalogus regum omnium, 1554
Ulrich Fugger gewidmet
Stamp. Pal. IV 169, Fol. A 1 v/A 2 r

ANNALES CIVITATIS AC REIPVBLICÆ AVGSTBVRGENSIS, PER ACHILLEM PYRMINIVM GASSERVM LINDAVIENSEM, MEDICINARVM DOCTOREM, NON PARVO LABORE PER DIV COLLECTI.

Ad lectorem Operis huius aggregator.

Civibus Augsburgi quę recta aut praua geruntur,
Simplicibq verbis te docet iste liber.

Die Augsburger Annalen
Teilweise Autograph Gassers
Cod. Pal. Lat. 913, Fol. I v (Titelblatt)

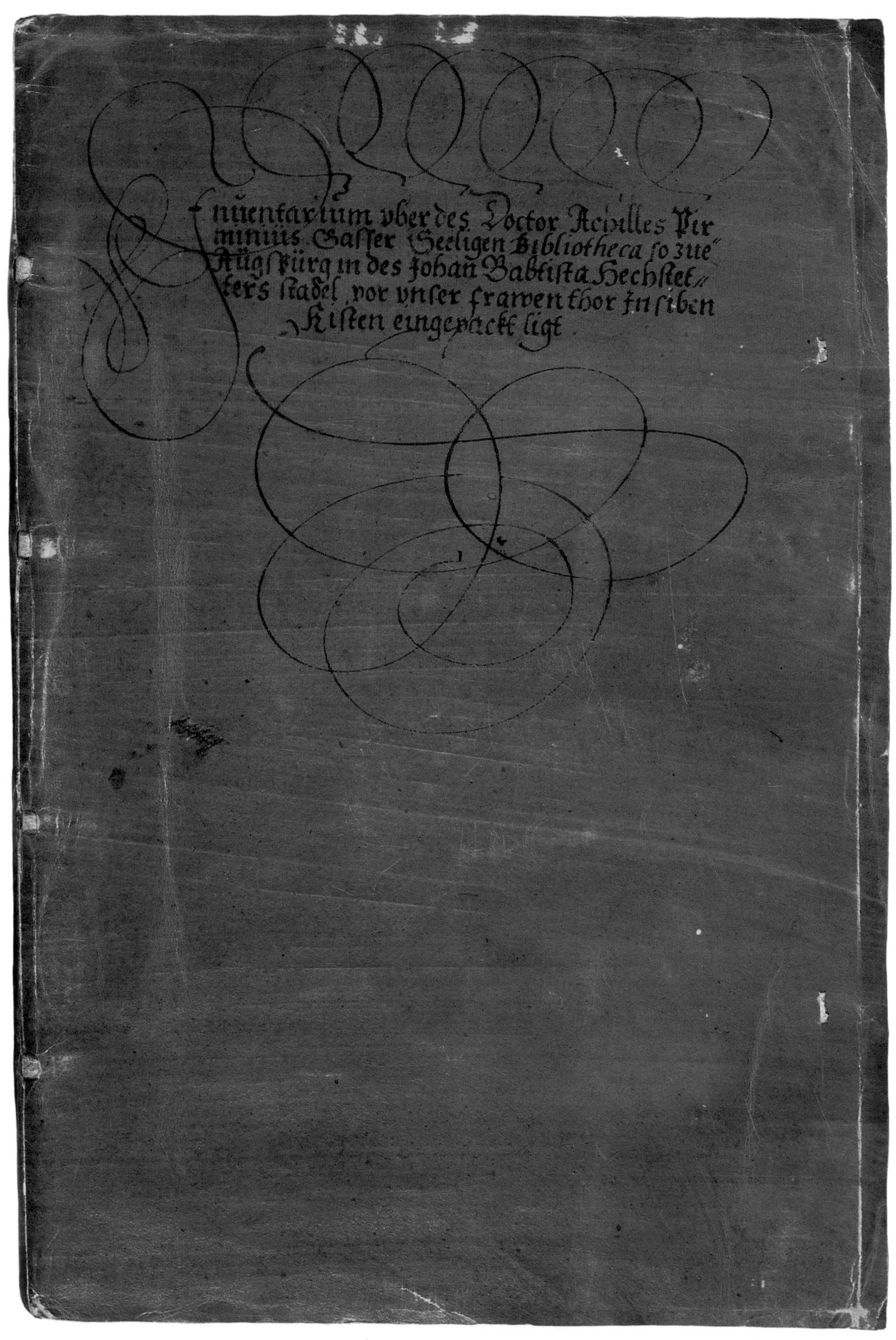

Inuentarium vber des Doctor Achilles Pirminius Gasser Seeligen Bibliotheca so zue Augspurg in des Johan Babtista Hechstetters stadel vor vnser frawen thor in siben Kisten eingepackt ligt.

Rote Pergamentbroschur mit dem Inventar der Bibliothek Gassers
Cod. Pal. Lat. 1922, Einband

Syrisches Neues Testament, 1569
im Einband des Königsbuchbinders für Ulrich Fugger
Stamp. Pal. S 44

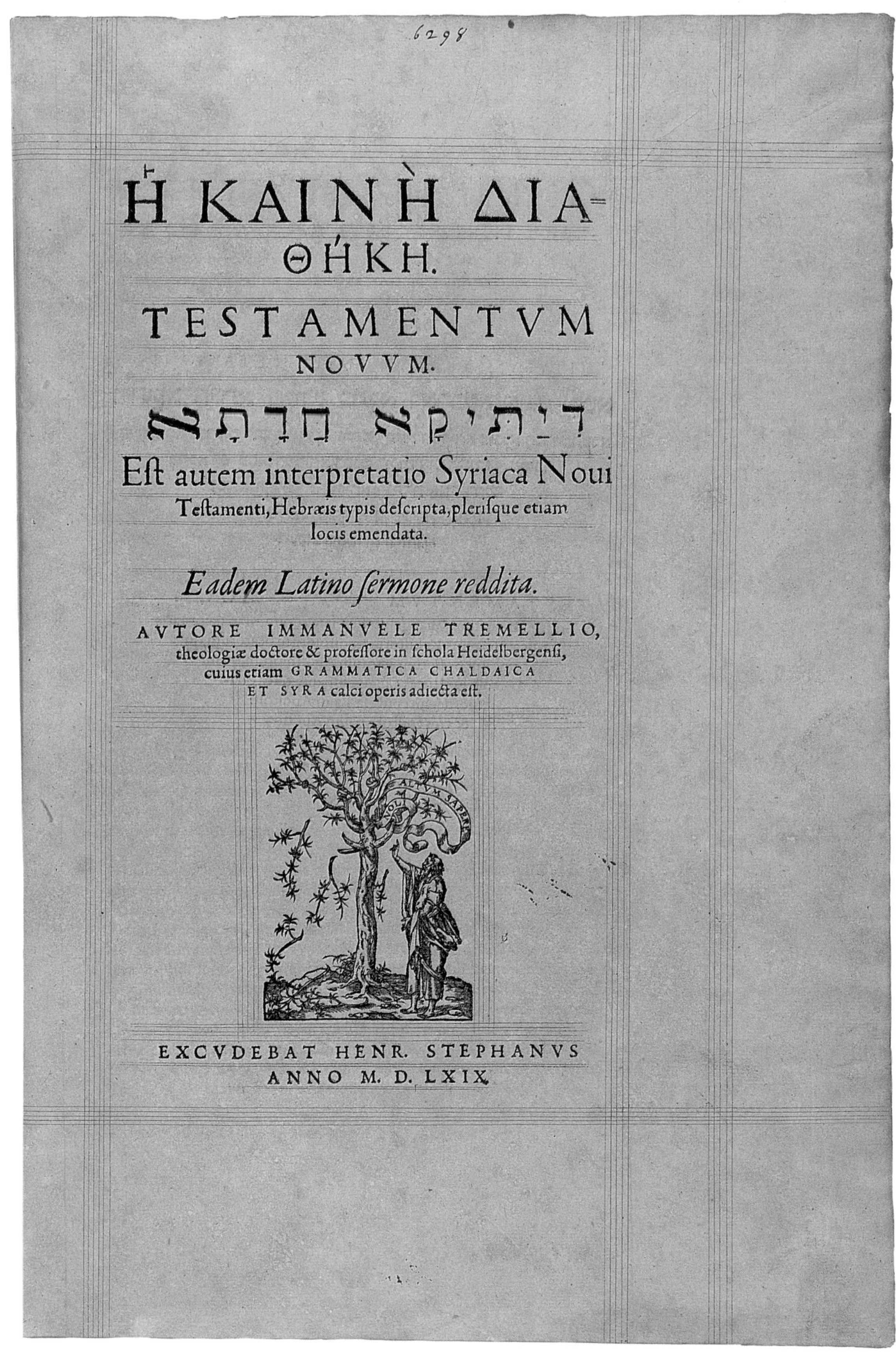

Ἡ ΚΑΙΝῊ ΔΙΑ-
ΘΉΚΗ.

TESTAMENTVM
NOVVM.

דִּיַתִיקָא חֲדַתָא

Est autem interpretatio Syriaca Noui
Testamenti, Hebræis typis descripta, plerisque etiam
locis emendata.

Eadem Latino sermone reddita.

AVTORE IMMANVELE TREMELLIO,
theologiæ doctore & professore in schola Heidelbergensi,
cuius etiam GRAMMATICA CHALDAICA
ET SYRA calci operis adiecta est.

EXCVDEBAT HENR. STEPHANVS
ANNO M. D. LXIX.

Syrisches Neues Testament in der Stephanus-Ausgabe, 1569
Titelseite
Stamp. Pal. S 44

من الامم شيا فالواجب علينا نحن ان نقبل مثل
هاولاء لنكون اعوانا في الحق ∴ وقد كتبت الى
الكنيسة غير ان ديوطرافيس الذي يحب ان
يترأس عليهم ليس يقبلنا ومن اجل هذا ان انا
جيت فسأذكر لهم اعماله التي يصنع اما يجفيه
انه بالاقاويل الخبيثه ينفقم علينا حتى انه
لا يقبل الاخوه ويمنع الذين يريدون ان يقبلوهم
من قبولهم ويخرجهم ايضا من الكنيسه ايها
الحبيب لا تتشبه بالرجل الشرير بل بالخير
لان الذي يعمل الخير هو من الله واما من يعمل
الشر فانه لم ير الله ∴ قد شهد لديمتريوس
من الكل والحق ايضا شاهد له ونحن ايضا
نشهد له وقد علمت ان شهادتنا صادقه

يوحنا الثالثه

ولي اشيا كثيره اكتبها اليك ولكني لست
احب ان اكتب اليك بمداد وقلم وانا ارجو
ان اراك عاجلا ونتكلم مشافهه عليك السلام
اصدقاونا يقرون عليك السلام واقرا انت
ايضا السلام على الاصدقا قبلك باسم انسان
انسان

كملت رسالة يوحنا الانجيلي
الثالثه والحمد لله دايما
ابدا

Apostel-Briefe in arabischer Übersetzung, 1273: Joh. 3 (Ende)
Cod. Vat. Ar. 23, Fol. 230 r/229 v

بسم الاب والابن والروح القدس
اله واحد
رساله بولس الرسول الي اهل
غلاطيه

EPISTOLA PAVLI AD GALATAS, ITEM SEX PRIMARIA CAPITA CHRISTIANAE RELIGIONIS ARABICE. QVIBVS AD FINEM ADiunctum est Compendium Grammatices Arabicæ,

QVAE SVPRA HEYDELBERGAM EX GALLIS colligitur, *Et ab Illustrißimo Principe Ludouico Electore Palatino, &c. fouetur, Pastore.*

ADDITA QVOQVE EST INTERPRETATIO Latina ad verbum (eodem Authore) reddita.

HÆC ANTE HAC NVNQVAM TYPIS EVVLgata, nunc primum in vsum studiosorum huius linguæ excuduntur.

DANIEL. 7.

ולה יהב שלטן ויקר ומלכו וכל עממיא אמיא ולשניא לה
יפלחון שלטנה שלטן עלם די לא יעדה ומלכותה די לא
תתחבל

PHILIP. 2.

πᾶσα γλῶσσα ἐξομολογήσεται, ὅτι κύριος Ἰησοῦς Χριστὸς
εἰς δόξαν θεοῦ πατρός.

Ruthger Speys Ausgabe des Paulus-Briefes an die Galater nach Cod. Vat. Ar. 23
Heidelberg, 1583
R. G. Oriente V 260

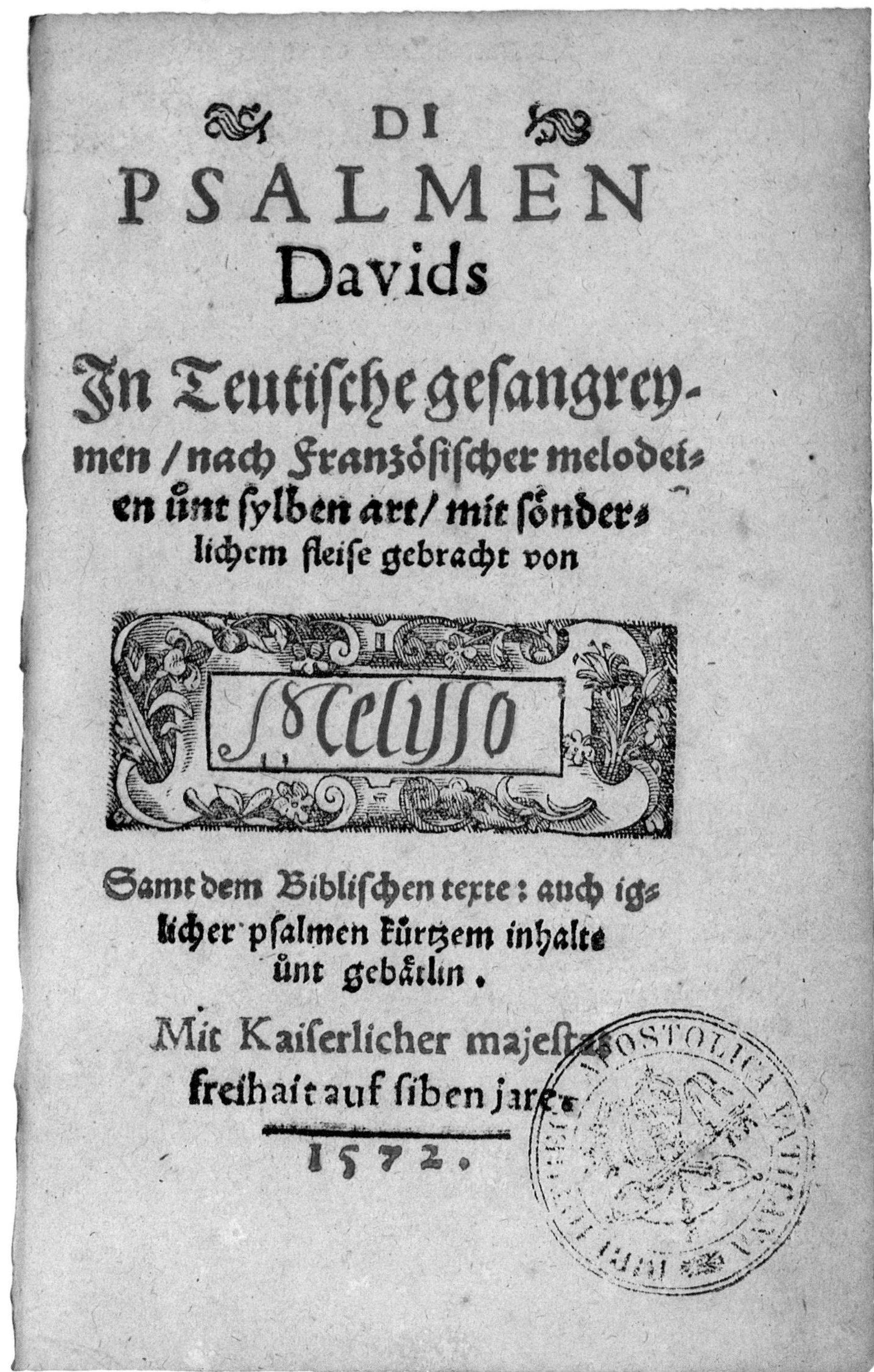

DI
PSALMEN
Davids
In Teutische gesangrey-
men / nach Französischer melodei-
en ünt sylben art / mit sönder-
lichem fleise gebracht von

Melisso

Samt dem Biblischen texte: auch ig-
licher psalmen kürtzem inhalte
ünt gebätlin.

Mit Kaiserlicher majestat
freihait auf siben jare.

1572.

Melissus, Reformiertes Gesangbuch
Heidelberg, 1572
Stamp. Pal. V 784, Titelseite

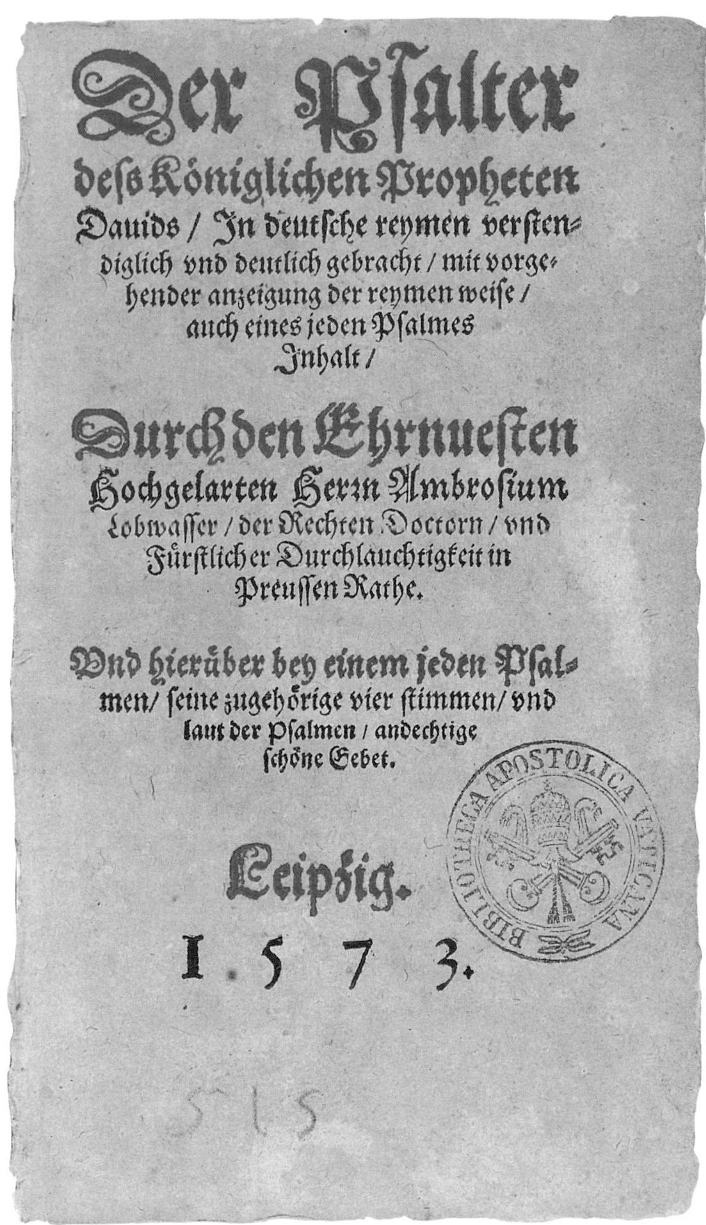

Der Pſalter
deß Königlichen Propheten
Dauids / In deutſche reymen verſten-
diglich vnd deutlich gebracht / mit vorge-
hender anzeigung der reymen weiſe /
auch eines jeden Pſalmes
Inhalt /

Durch den Ehrnueſten
Hochgelarten Herrn Ambroſium
Lobwaſſer / der Rechten Doctorn / vnd
Fürſtlicher Durchlauchtigkeit in
Preuſſen Rathe.

Vnd hierüber bey einem jeden Pſalmen / ſeine zugehörige vier ſtimmen / vnd
laut der Pſalmen / andechtige
ſchöne Gebet.

Leipzig.
1.5 7 3.

Lobwasser, Reformiertes Gesangbuch, 1573
Stamp. Pal. V 1441, Titelseite

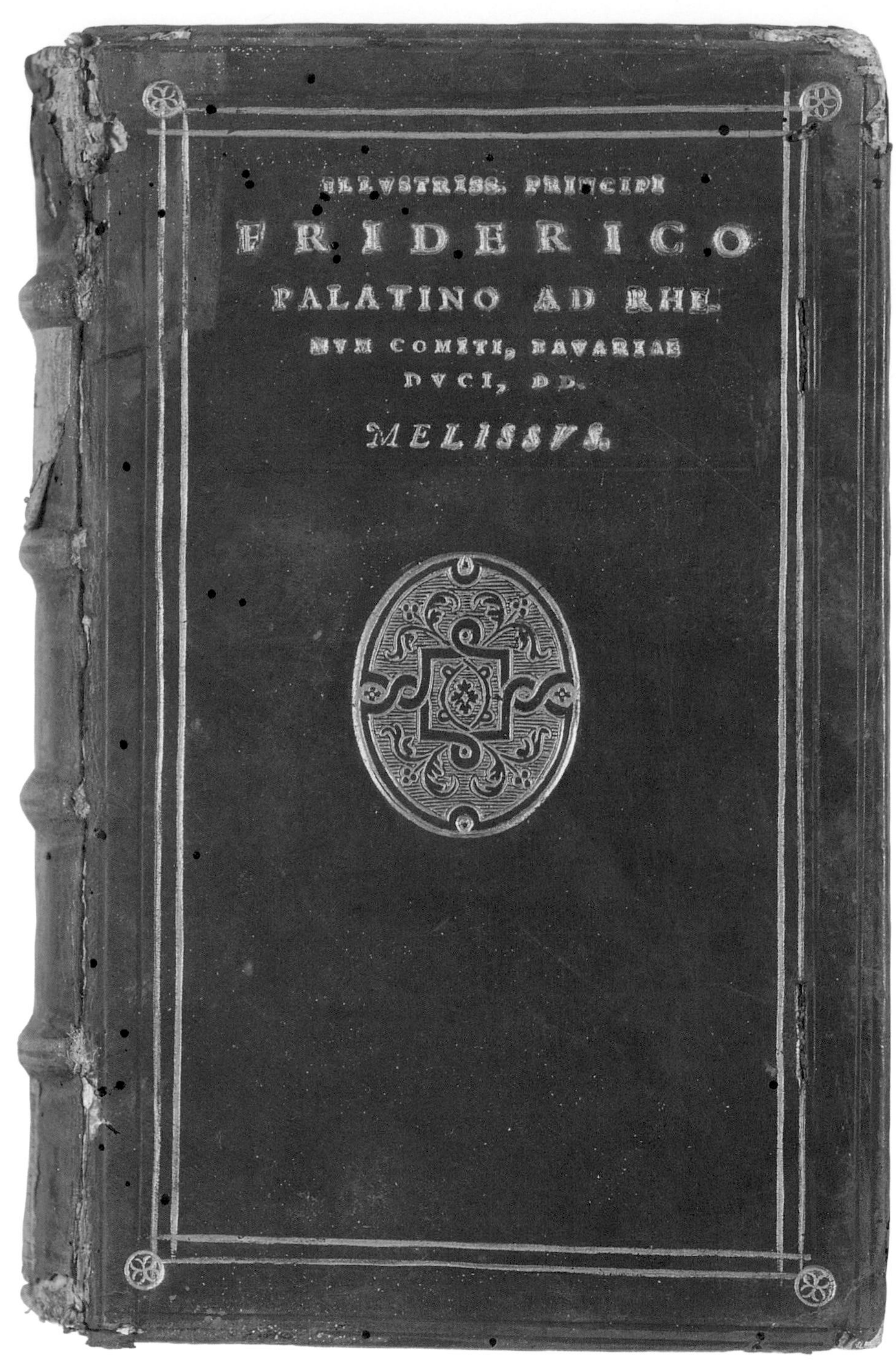

Melissus, Gedichte, 1586
Geschenkband für Kurfürst Friedrich IV.
Stamp. Pal. V 1638

161

Illustrissimo strenuissimoque Principi
FRIDERICO
Palatino ad Rhenum Comiti,
Duci Boiorum

Hoc exercitium, campis equitare in apertis,
Et celerum in lepôres solvere vincla canum,
Aut nemorum timidos agitare per avia cervos,
Quæque tenent aliæ frondea tecta feræ;
Corporibus prodest, animique adstricta relaxat,
Robur & innatum consolidare valet.

Tu propius contingere apros, silvestria monstra,
Parce. sit exemplo cæsus Adónis apro.
At tibi sint vires, quantas Meleáger habebat;
Fortis in agrestes i FRIDERICE sues.
Verum difficile est Meleagri[a] viribus uti:
At facile est ictum in dentis Adónin[b] agi.

Anno CIↃ IↃ XC.

P. Melissus

a. Meleáger, filius Oenei, regis Ætoliæ, qui vastissimum aprum Calydonium interfecit.

b. Adónis adolescens, filius Cinyræ regis Cypriorum, ab apro trucidatus.

Gedichtsammlung aus dem Kreis um Melissus und Gruter, um 1600,
Melissus' Widmungsgedicht für Friedrich IV.
Cod. Pal. Lat. 1905, Fol. 161 r

Plauti

Argumenta que inpectus multa institui
Ego atq; inmeo corde . si est quod mihi cor
Eam rem uolutaui et diu disputaui.
Hominem cuius rei quando natus est
Similem ee arbitraret simulacrumq; habere.
Id repperi iam exemplum.
Nouarum edium ee arbitror similem ego hominem
Quando hic natus est . ei rei argumenta dicam.
Atq; hoc haud uidetur ueri simile uobis.
At ego id faciam ee ita ut credatis.
Profecto ita ee ut predico uera uincam / atq; hoc uosmet ipsi
Scio/pinde uti nunc ego ee autumo
Quando dicta audietis mea haud aliter id dicetis.
Auscultate argumenta dum dico ad hanc rem.
Simul gna uiri suo uolo ee hanc rem mecum.
Aedes quom extemplo sunt parate expolitae.
Factae pbae examussim.
Laudant fabrum atq; edes pbant . sibi quisq;
Inde exemplum expetant.
Sibi quisq; simile suo us sua sumptu opera parcunt suam. + parsunt
Atq; ubi illo immigrat nequam homo indiligensq;
Cum pigra familia . inmundus . strenuus.
Hic iam edibus uitium additur . bone cum curantur male.
Atq; illud sepe fit . tepestas uenit.
Confringit tegulas . imbricesq; . ibi
Dominus indiligens reddere alias neuolt.
Venit imber . lauit parietes . perpluunt.
Tigna putrefacit . per opera fabri
Nequior factus iã est usus edium.
Atq; haud est fabri culpa . sed magna pars
Moram hanc induxerunt . siquid nummo sarciri potest
Vsq; mantant neq; id faciunt donicum
Parietes ruunt . edificantur edes tote denuo.
Haec argumenta ego edificiis dixi . nunc etiam uolo
Dicere ut homines aedium ee similis arbitremini.
Primum dum parentes fabri liberum sunt .
Et fundamentum substruunt liberorum.
Extollunt . parant sedulo infirmitatem.
Et ut inusu boni et inspetiem
Populo sint sibiq; aut materiae ne reparcunt
Nec sumptus ibi sumptui ee ducunt.
Expoliunt . docent litteras . iura leges / sumptu suo et labore.
Nituntur ut / alii sibi ee illorum similes expetant.
Ad legionem comita + tum admiculum eis danunt.
Tum iam aliquem cognatum suum.
Eatenus abeunt a fabris unum ubi emeritum est stipendium.
Igitur tum / spetiem cernitur quo eueniat edificatio.
Nam ego ad illud frugi usq; et pbus fui in fabrorum
Potestate dum fui /
Postea quam immigraui in ingenium meum
Perdidi operam fabrorum . ilico oppido Venit ignauia . ea mihi tempestas fuit.

Plautus, Komödien
Deutschland, 10./11. Jahrhundert
Mostellaria, Verse 85–137
Cod. Pal. Lat. 1615, Fol. 87 v

M. ACCII
Plauti
COMOEDIAE XX. DILIGENte cura, & singulari studio IOACHIMI CAMERARII Pabeperg. emendatius nunc quàm antè unquam ab ullo, editae.

Adiectis etiam eiusdem ad singulas Comœdias Argumentis & Annotationibus.

Accesserũt iam Indicationes quoq; multorum quæ ad lectionem fabularum Plauti nõnihil momenti afferre possunt, à GEORGIO FABRICIO Chemnicensi collectæ.

Cum Priuilegio quinque annorum peculiari.

BASILEAE, PER IOANnem Heruagium & Bernhardum Brand.

Plautus, Komödien, 1558
Handexemplar Gruters
Titelseite mit Gruters Vermerken
Stamp. Pal. IV 546

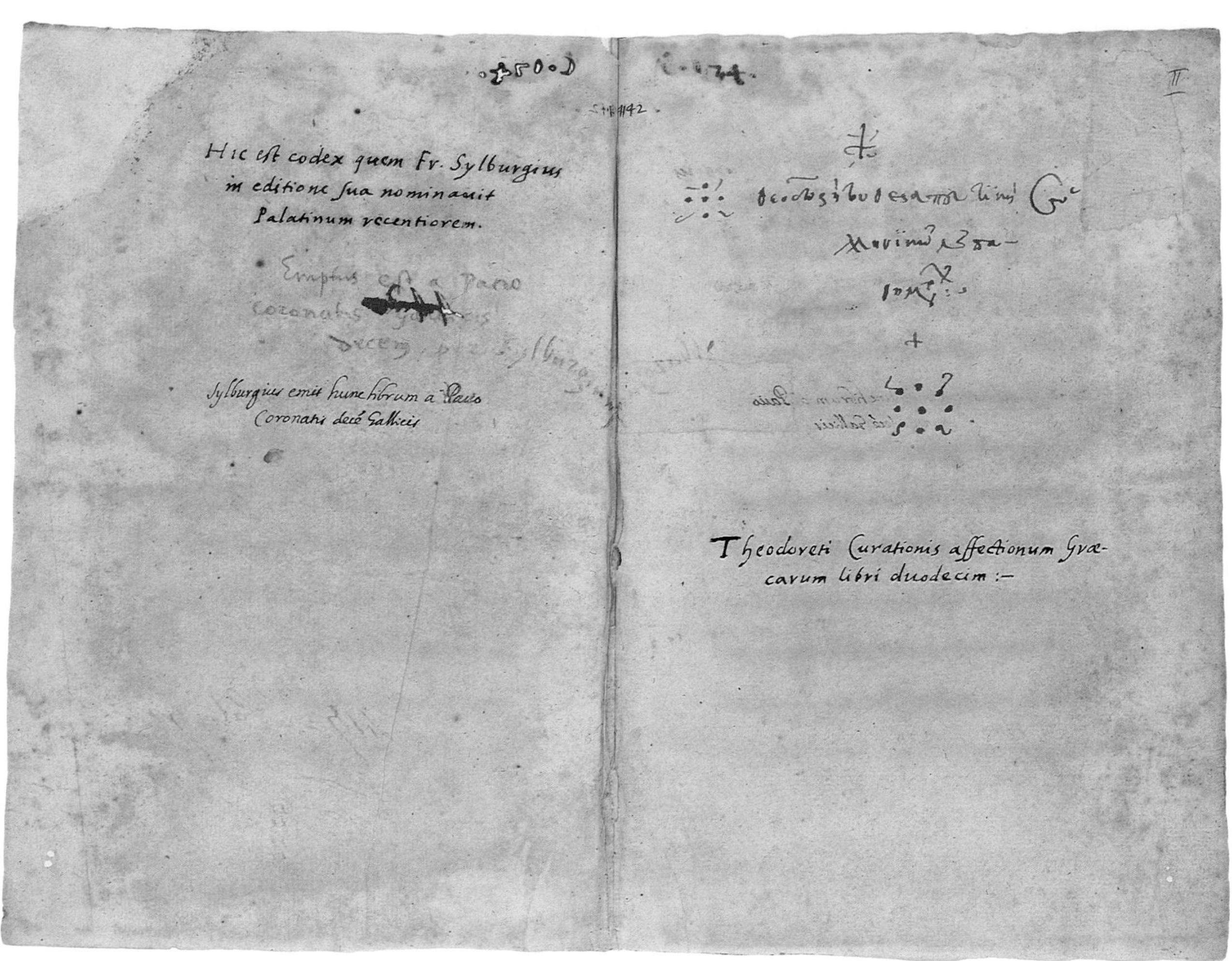

Theodoret, Graecarum affectionum curatio
Italien, 1560–1585, mit Kaufvermerk Sylburgs
Cod. Pal. Gr. 417, Fol. I v – II r

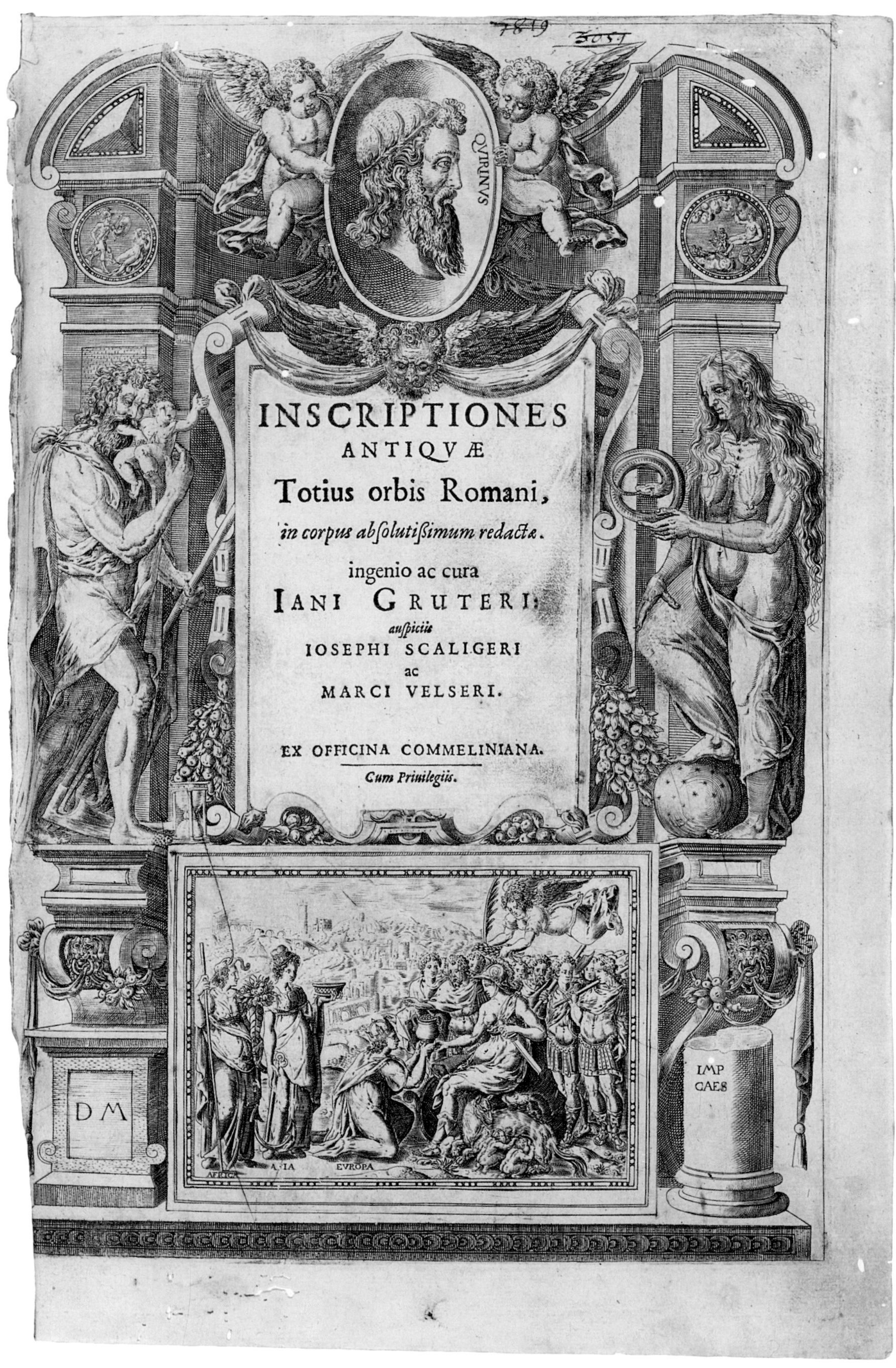
QVIRINVS
INSCRIPTIONES
ANTIQVÆ
Totius orbis Romani,
in corpus absolutißimum redactæ.
ingenio ac cura
IANI GRUTERI:
auspiciis
IOSEPHI SCALIGERI
ac
MARCI VELSERI.
EX OFFICINA COMMELINIANA.
Cum Priuilegiis.
DM
IMP
CAES
EVROPA

Gruter, Inscriptiones antiquae
Heidelberg, 1603
Stamp. Pal. I 120, Titelseite

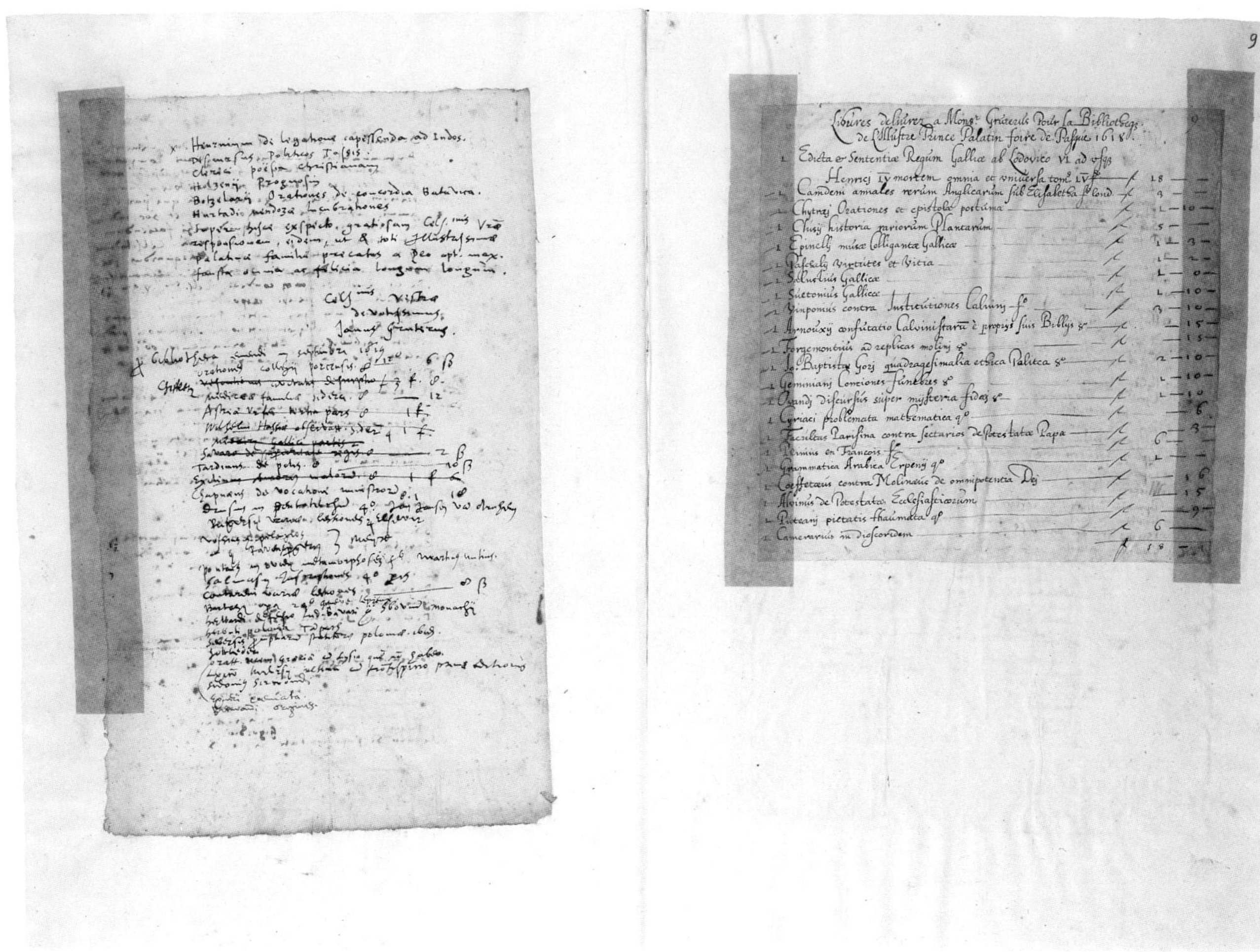

Bestellgesuch Gruters an Kurfürst Friedrich V.
und Lieferliste der Frankfurter Frühjahrsmesse, 1618
Cod. Pal. Lat. 1909, Fol. 9 r

Ad Nobilissimum et summum Virum
JANUM GRUTERUM, Historicum Electoralem Palatin. et Bibliothecarium etc.

Tu quoque causa viae es nobis; tua fama carinam
Duxit ad hoc littus, magne patrone, meam;
Et stellas sprevi solitas. tu Parrhasis ursa,
Tu mare, tu velum, tu mihi ventus eras.
Hoc pretio patriae ferimus dispendia nostrae,
Et didici longas temnere posse vias.
Aspicio totos qui circumferris in orbe,
Et finem Phoebus quem quoque sentit Sabes.
At minus est quod Fama potest; vincique fatetur
Succumbens meritis gloria celsa tuis.
Faustos, quotquot amas: et ego novus advena gressûs
Ad te, sed timido pectore, tendo meos.
Sculterus tamen ista tuus me jussit, idemque
Gruterus quicquid sum tibi, dixit, erit.
Ille mihi pater est (nec nos hoc credo mereri)
Et si quid dici plus quoque patre potest.
Haec sors prima mea est: accedet summa favori,
Si, Grutere, tui compos amoris ero.
Sculteto dabis hoc certè, si caetera desint:
Esse gravis, quaeso, cui favet ille, queas?
Est tamen et nobis quod ames, quod perdere possis;
Ingenio saltem sors foret aequa meo.

Di pereat quicquid coeni est fulgentis: ab isto
Arguimur vatum natio tota luto.
Doctrinae censu tamen, et virtutis amore,
Non vivam in vestrâ degener hospes humo.
Parve Nicer, vasto gratus comes addite Rheno,
Parve, sed accepti dulcis alumne meri;
Sic te Naiades sitiant, nec durior unquam
Hoc tibi sit princeps alter, et iste diu:
Accipe me civem. non nos venti error iniqui
Depulit ad vestros et levis unda sinûs;
Nec scelerum maculis aetas corrupta, nec ullum
Natali jussit crimen abesse solo:
Musas quaero tuas. ignosce, Silesia, fasso:
Immemores terrae cogimur esse tuae.
Non ultrà ad Quecci junctim spatiabimur undas,
Kirchnere, ad ripas aut, pater Hebre, tuas.
Plus aliquid patriâ tenet hîc domus unica toto,
Magnaque sunt domino tecta minora suo.
Hunc sequimur, mentemque jugis includimus istis:
Hîc patriam, hîc nostros credimus esse focos.
Gruterus Geticas longè migraret ad oras:
Esset in extremis patria nostra Getis.

Martinus Opitius.

Opitz, Hipponax, 1618
mit handschriftlichem Widmungsgedicht für Gruter

Seneca, Sammelhandschrift
Italien, 14./15. Jahrhundert
Vorlage für Gruters Ausgabe, Beginn des Briefwechsels Paulus-Seneca
Cod. Pal. Lat. 1538, Fol. 1 r

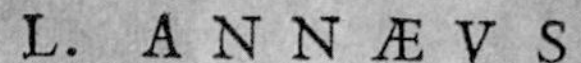

L. ANNÆVS

SENECA

A

M. ANTONIO MVRETO
CORRECTVS ET NOTIS
ILLVSTRATVS.

ACCEDVNT SEORSIM

ANIMADVERSIONES, In quibus, præter omnes paſſim omnium huius ſuperiorisque æui doctorum hominum emendationes interpretationesque, quamplurima loca ſupplentur, confirmantur, corriguntur, illuſtrantur, ope M. SS. quæ in Bibliotheca Electoris Palatini:

IANI GRVTERI opera

Ex Typographeio Hieronymi Commelini,
ANNO M. D. XCIIII.

Seneca – Ausgabe Gruters
Heidelberg, 1594
Stamp. Pal. II 2, Titelseite

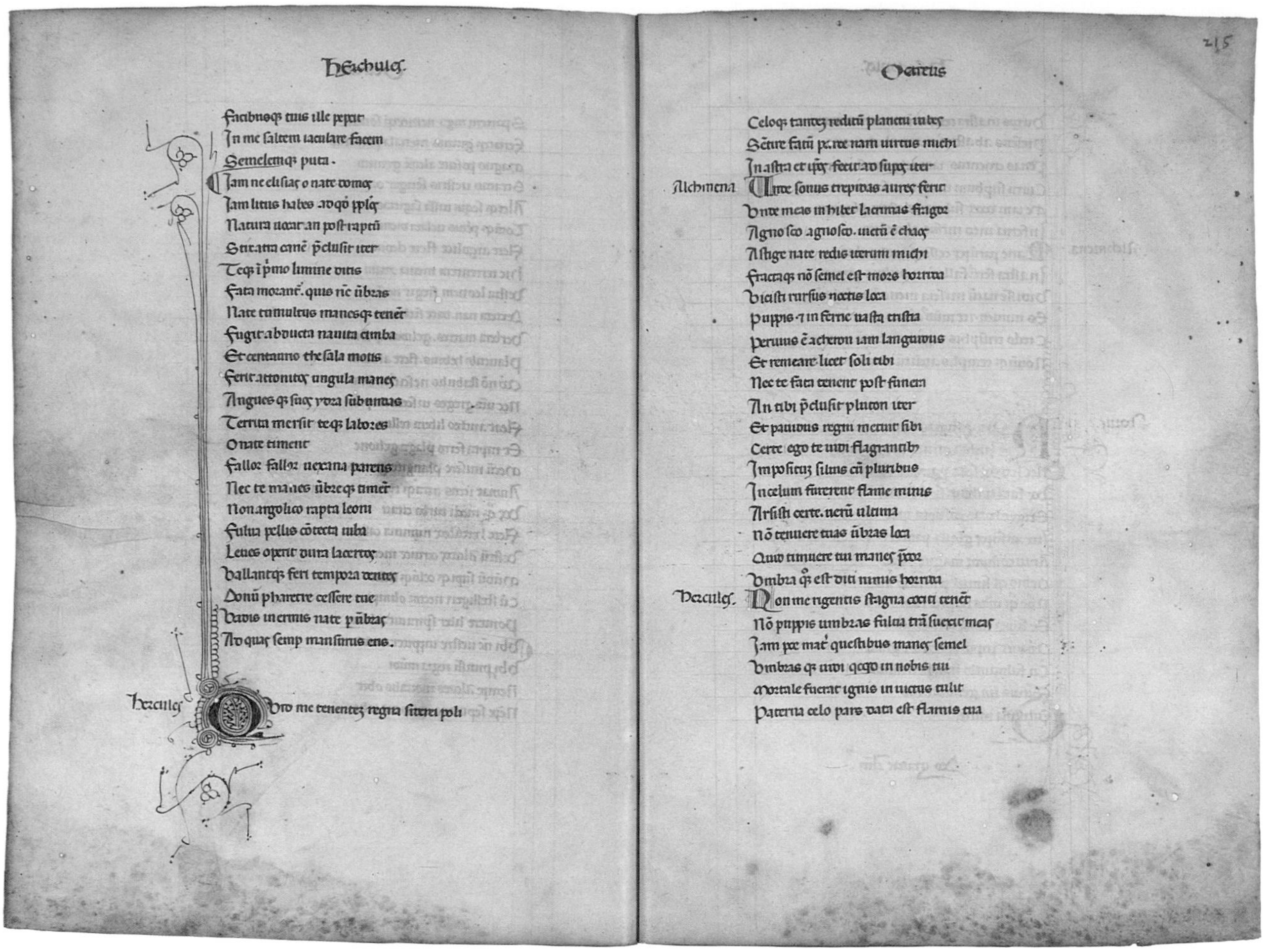

Herchules

Facibusque tuis ille preparit
In me saltem iaculare facem
Semelemque puta.
Iam ne elisias o nate domos
Iam litus habes ad quod peplos
Natura vocat an post raptum
Stricatam canem preclusit iter
Teque in primo limine ditis
Fata morantur. quis nunc umbras
Nate tumultus manesque tenet
Fugit abducta nauita cimba
Et centauro thesala motus
Ferit attonitos ungula manes
Anguesque suos ydra sub undas
Territa mersit teque labores
O nate timent
Fallor fallor vexana parens
Nec te manes umbreque timent
Non argolico rapta leoni
Fulua pellis contecta iuba
Leues operit dura lacertos
Vallantque feri tempora dentes
Donum pharetre cessere tue
Vadis inermis nate per umbras
Ad quas semper mansurus eris.

Hercules — Quid me tenentem regna siderei poli

Oetheus

Celoque tandem redditum planctu iubes
Sentire fatum parce nam uirtus michi
In astra et ipsos fecit ad superos iter

Alchimena — Vnde sonus trepidas aures ferit
Vnde meas inhibet lacrimas frangor
Agnosco agnosco. victum est chaos
A stige nate redis iterum michi
Fractaque non semel est mors horrida
Vicisti rursus noctis loca
Puppis et infernae uasta tristia
Peruius est acheron iam languidus
Et remeare licet soli tibi
Nec te fata tenent post funera
An tibi preclusit pluton iter
Et pauidus regni metuit sibi
Certe ego te uidi flagrantibus
Impositum siluis cum pluribus
In celum furerent flamme minus
Arsisti certe. uerum ultima
Non tenuere tuas umbras loca
Quid timuere tui manes precor
Umbra quoque est diti nimis horrida

Hercules — Non me gementis stagna cocyti tenent
Non puppis umbras fuluia transuexerat meas
Iam parce mater questibus manes semel
Umbras quoque uidi quicquid in nobis tui
Mortale fuerat ignis inuictus tulit
Paterna celo pars data est flammis tua

Seneca, Tragödien: Vorlage für Gruters Ausgabe 1604
Italien, Ende 14.Jahrhundert
Cod. Pal. Lat. 1677

Facibusque tuis ille pepercit?
Quoties ignis spargendus erat?
In me saltem iaculare facem,
Semelemque puta.
Iamne Elysias o gnate domus,
Iam littus habes, ad quod populos
Natura vocat? an post raptum
Styx atra canem praeclusit iter:
Teque in primo limine Ditis
Fata 3 m. Pal. *Monstra morantur? quis nunc umbras*
Exta. 2 m. scr. Pal. *Gnate tumultus, manesque tenet?*
Fugit abducta nauita cymba,
Et Centauris Thessala motis
Ferit attonitos vngula manes?
Anguesque suos Hydra sub vndis
Territa mersit? teque labores
O gnate timent?
Fallor, fallor, vesane parens;
Nec te manes, umbraeque timent.
Non Argolico rapta leoni
Fulua pellis contecta iuba
Laeuos operit dura lacertos;
Vallantque feri tempora dentes.
Donum pharetrae cessere tuae.
Telaque mittet iam dextra minor.
Vadis inermis gnate per umbras,
Ad quas semper mansurus eris.

HERCVLES. ALCMENA.

Iambici & dactylici.

QVid me tenentem regna siderei poli,
Caeloque tandem redditum planctu iubes

Sen-

Sentire fatum? parce. nam virtus mihi
In astra, & ipsos fecit ad superos iter.
AL. *Vnde sonus trepidas aures ferit?*
Vnde meas inhibet lacrymas fragor?
Agnosco agnosco, victum est chaos.
A Styge, gnate, redis iterum mihi:
Fractaque non semel est mors horrida.
Vicisti rursus noctis loca,
Puppis & infernae vada tristia.
Peruius est Acheron iam languidus,
Et remeare licet soli tibi.
Nec te fata tenent post funera.
An tibi praeclusit Pluton iter,
Et pauidus regni metuit sibi?
Certe ego te vidi flagrantibus
Impositum siluis, cum pluribus
In caelum furerent flammae minis.
Arsisti certe, verum ultima
Non tenuere tuas umbras loca.
Quid timuere tui manes precor?
Vmbra quoque est Diti nimis horrida.
HER. *Non me rigentis stagna Cocyti tenent,*
Non puppis umbras furua transuexit meas:
Iam parce mater questibus, manes semel
Vmbrasque vidi: quidquid in nobis tui
Mortale fuerat, ignis iniectus tulit:
Paterna caelo pars data est, flammis tua.
Proinde planctus pone, quos gnato pater paret
Genitrix inerti: luctus in turpes eas? eat. manuscr. Pal.
Virtus in astra tendit, in mortem timor.
Praesens ab astris mater Alcides cano;
Poenas cruentus iam tibi Eurystheus dabit,

Seneca, Tragödien, 1580
Gruters Handexemplar für seine Ausgabe der Seneca-Tragödien, 1604
und handschriftlichen Eintragungen Gruters (am Cod. Pal. Lat. 1677)
Stamp. Pal. V 703, S. 382/383

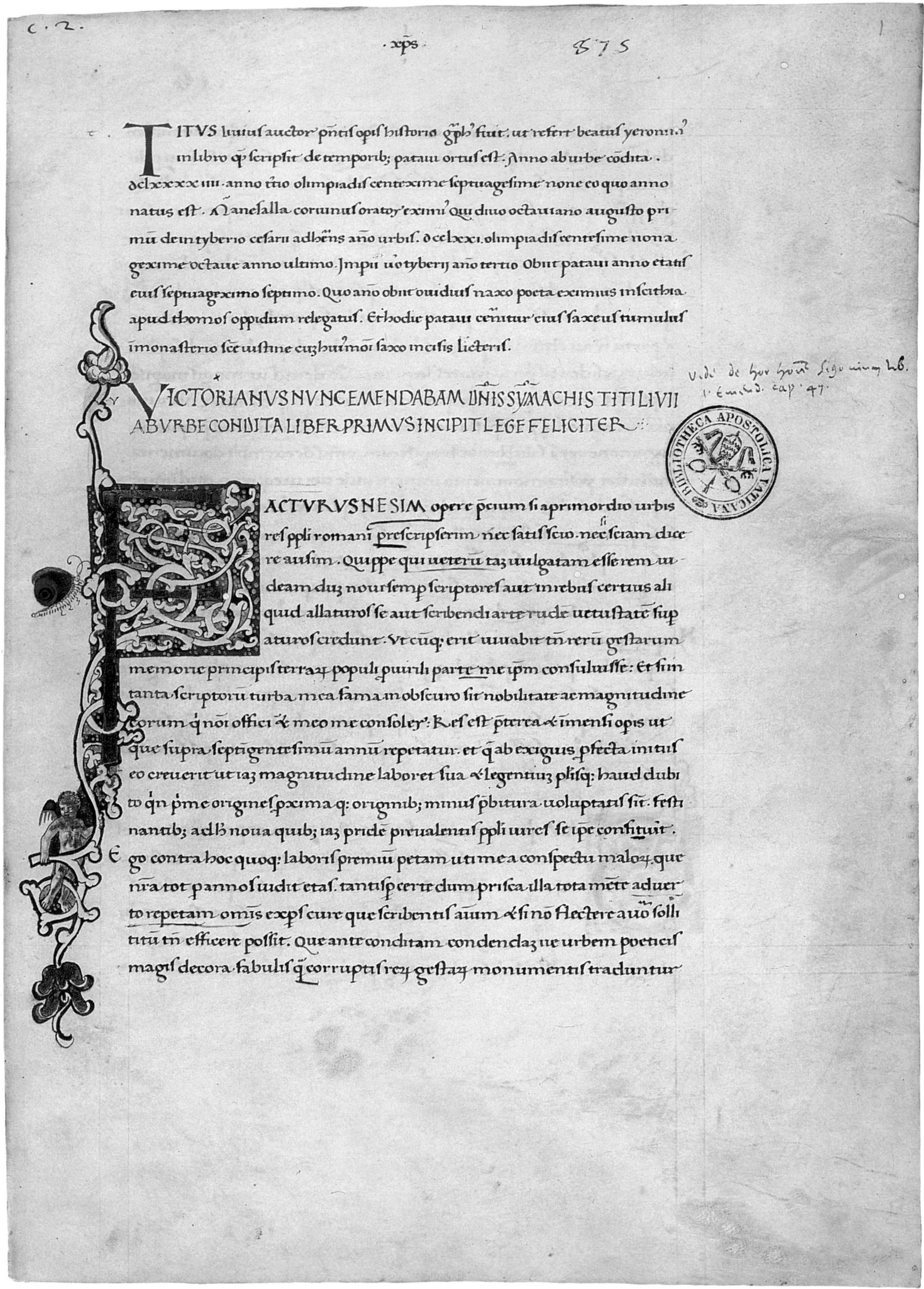

Livius, Ab urbe condita
Italien, 15. Jahrhundert
Gruters »Livius primus« mit seinen Einträgen und Unterstreichungen
Cod. Pal. Lat. 875, Fol. 1 r

ea nec affirmare nec refellere in aio est. Datur hec uenia antiq̃tati ut miscen-
do humana diuinis primordia urbium augustiora faciat. Et si cui ppl'o
licere oportet consecrare origines suas & ad deos referre autores ea belli est
glia ppl'o. ro. ut cu3 suu3 conditorisq; sui parentem marte3 potissimu ferat
ta3 & hoc gentes humane patiantur equo aio q̃ imperiu3 patiuntur.
S; h & his similia ut cuq; aiaduersa aut existimata erut. haud in magno
equide ponã discrimine ad illa mihi p se quisq; acriter intendat aiu3
que uita q̃ mores fuerint p quos uiros quibus q; artib; domi militie q;
& partu & auctum impiu3 sit. Labente deinde paulatim disciplina
uelut desidentis p̃mo mores sequatur aio deind' ut magis magisq;
lapsi sint tu3 ire ceperint pcipites donec ad h tempora quib; nec uitia
nr̃a nec remedia pati possumus puentum est. hoc est illud pcipue in
cognitione reru salubbre ac frugiferum. omis de exempli documenta
in illustri posita monumento intueri. inde tibi tueq; rei. p. qđ imitẽ
capias inde fedu3 inceptu3 fedu3 exitu q; qđ uites. Ceteru aut me amor
suscepti negotii fallit aut ulla unq̃ res. p. nec maior nec sanctior nec bo
nis exemplis ditior fuit. n̄ in qua3 ciuitate3 ta3 sere auaritia luxuriaq;
immigrauerint nec ubi tantus aut tam diu paupertati ac parsimonie ho
nos fuerit. adeo quando rerum minus tanto min' cupiditatis erat.
Nuper q; diuitie auaritia & habundantes uoluptates desideriu3 pluxu
atq; libidine pereundi pdendi q; p omnia inuexere. S; querele ne tu grate
future cu forsita et necce erunt. ab initio certe tante ordiunde rei absit.
cum bonis potius hominib; uotisq; & pcationib; deo4 dearuq; sint
poetis nob q̃ mos esset libentius incipemus. ut orsis tanti opis successus
prosperos darent.

I IAM p̃mu3 omniu3 satis constat troia capta inter ceteros
seuitu troianos esse duobus enee antenoriq; et uetusti iu
re hospitii & qđ pacis reddende q; helene semper auctores
fuerant Omne ius belli achiuos abstinuisse constat. casib3
deinde uariis antenore3 cu multitudine enetu qui seditione ex pa
phlagonia pulsi & sedes & duce3 rege philomene a troia3 amisso que-

Livius, Ab urbe condita
Italien, 15. Jahrhundert
Gruters »Livius primus«
Cod. Pal. Lat. 875, Fol. 1 v

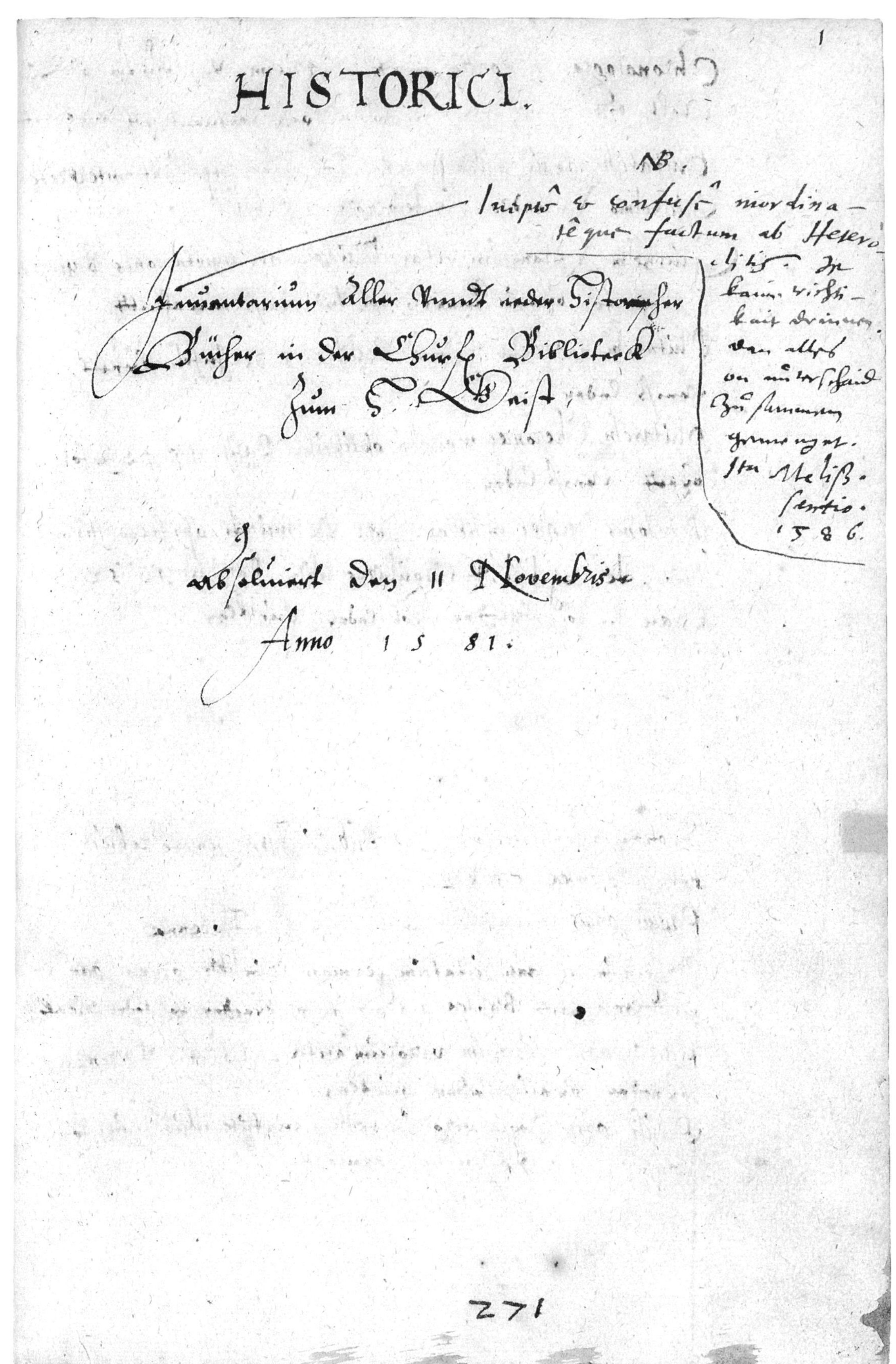

HISTORICI.

NB.

Inscriptio et confessio inordinateque factum ab Heteroclitis. In eam rationem disponenda erat altera omnia ratione distinctione tum summa reuocata. Ita Meliß. Sentio. 1586.

Inventarium Aller Kunst und Historischer Bücher in der Churf. Bibliotheca Zum H. Geist

absoluirt den 11 Novembris. Anno 1 5 81.

271

Katalog von 1581
von Conrad Lautenbach und Johann Strupp mit Ergänzungen von Melissus
Beginn der »Historici« mit Randbemerkung von Melissus, 1586
Cod. Pal. Lat. 1931, Fol. 271 r

292

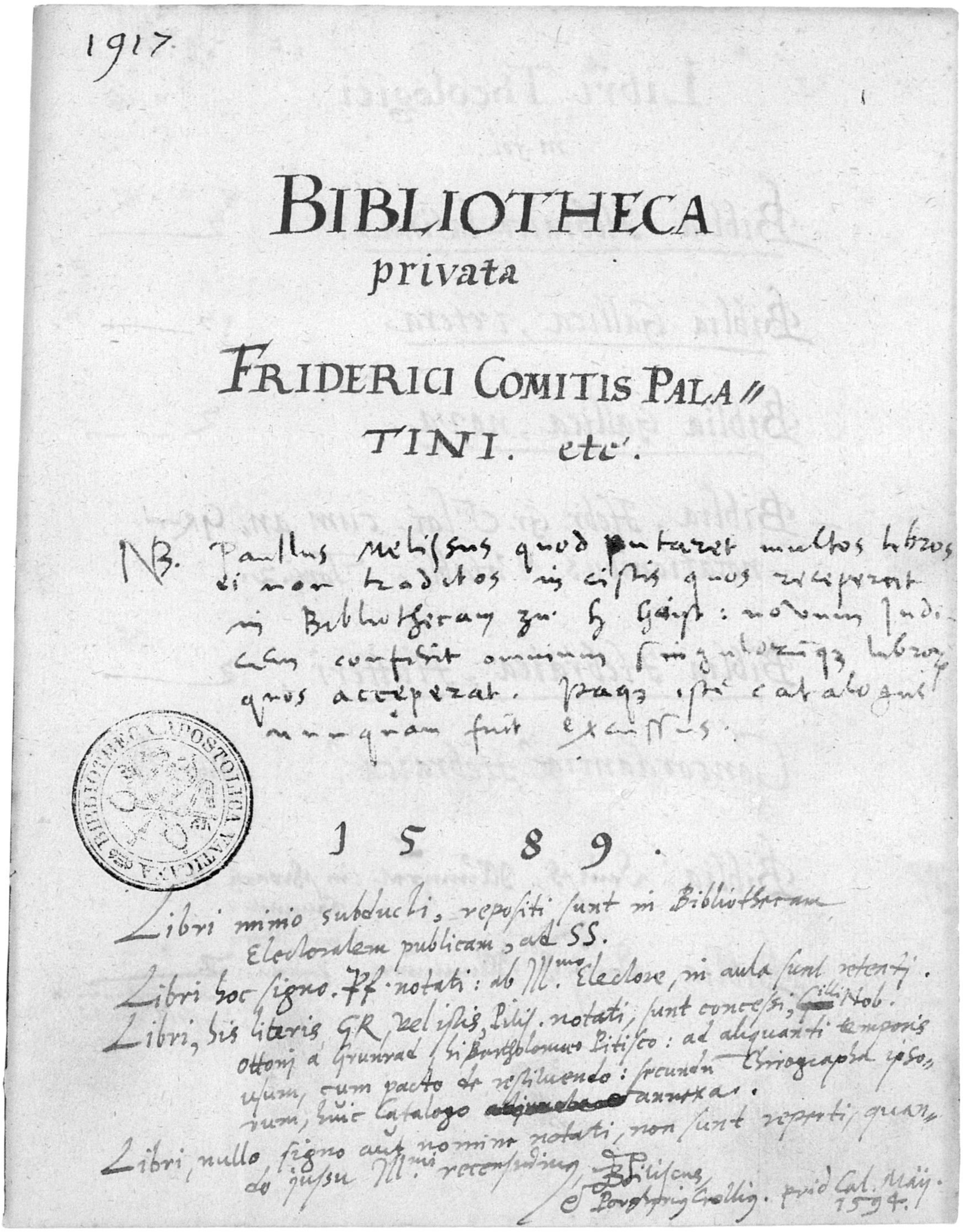

1917

BIBLIOTHECA
privata
FRIDERICI COMITIS PALA//
TINI. etc.

NB. Paullus Melissus quod putaret multos libros sibi non traditos in cistis quos acceperat in Bibliothecam zu h. Geist: nomen indicem confecit omnium singulorumque librorum quos acceperat. Itaque iste catalogus nunquam fuit exscriptus.

1589.

Libri minio subducti, repositi sunt in Bibliothecam Electoralem publicam, ad SS.
Libri hoc signo. Pf. notati: ab Illmo. Electore, in aula sunt retenti.
Libri, his literis GR, vel istis, Bit. notati, sunt concessi, Nob. Ottoni à Grunrad / et Bartholomeo Pitisco: ad aliquanti temporis usum, cum pacto de restituendo: secundum Chirographa ipsorum, huic Catalogo annexa.
Libri, nullo signo aut nomine notati, non sunt reperti, quando iussu Illmi recensebimus.
B. Pitiscus
et Bartholomaeus Crollius. prid. Cal. Maij. 1594.

Katalog von 1589–1594 der Bibliothek Friedrichs IV.
von Melissus, Pitiscus und Crollius
Cod. Pal. Lat. 1917, Fol. 1 r

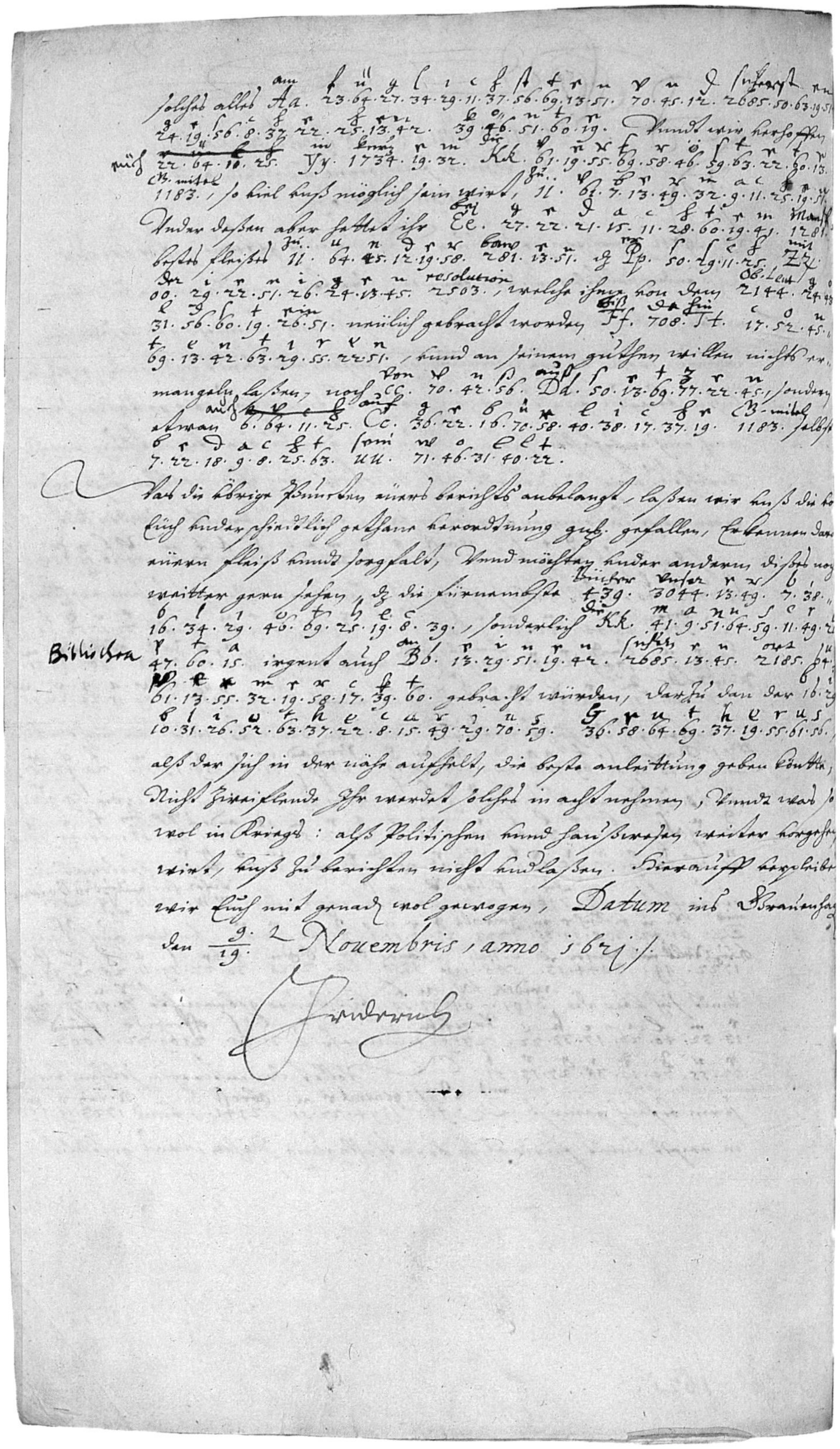

Schreiben Friedrichs V. vom 19. 11. 1621
Ermahnung, die Bibliothek in Heidelberg in Sicherheit zu bringen
München, Hauptstaatsarchiv, 16744

solches alles Aa. 23.64.27.34.29.11.37.56.69.13.51. 70.45.12. 2685.50.63.34.51
24.19.56.8.37. 22.25.13.42. 39.46.51.60.19. Unnd wir harsoffen
auch 22.64.10.25. Yy. 1734.19.32. Kk. 61.19.55.64.58.46.69.63.22.60.13
1183. so viel auch möglich sein wirt. 11. 61.7.13.49.32.9.11.25.19.
Under dessen aber solles ir Cc. 27.22.21.15. 11.28.60.19.41. 1281
besten fleises 11. 64.45.12.19.58. 281.13.51. ... Ip. 50. ...11.25. Zz
... resolution
00. 29.22.51.26.24.13.45. 2503. welche ihnen von ... 2144.
31.56.60.19.26.51. nemlich gebracht worden, Ff. 708. Ff. 17.52.45.
tentiren
69.13.42.63.29.55.2251. und an seinem guten willen nicht ...
mangeln lassen, nach Cg. 70.42.56. Dd. 50.13.69.77.22.45. sondern
alman 6.64.11.25. Cc. 36.22.16.70.58.40.38.17.37.19. 1183. folle
erdacht sein welt
7.22.18.9.8.25.63. UU. 71.46.31.40.22.

Was die übrige henders euers berichts anbelangt, lassen wir uns die ...
auch hiebevor schriftlich gethane heroordnung gefallen, erkennen dar
euren fleis unnd sorgfalt, Unnd möchten under andern disfal noch
weiter gern sehen, dz die furnembste ... 39. 3044.13.49. 7.38.
6.11. ... manuscr
16.34.29.40.69.25.19.8.39. sonderlich Kk. 41.9.51.64.59.11.49.
47.60.15. ingant auch Bb. 13.29.51.19.42. 2685.13.45. 2185.
61.13.55.32.19.58.17.39.60. gebracht wurden, darbei dan der 16.
bibliothecarius Grutherus
10.31.26.52.63.37.22.8.15.49.29.70.59. 36.58.64.69.37.19.55.61.55.

als der sich in der nähe aufhelt, die beste anleittung geben könte,
Nicht zweiflende ihr werdet solches in acht nehmen, Unnd weil ...
wol in Prag: als Politischen unnd haußsachen weiter vorgehet
wird, euch zu berichten nicht underlassen. Hieraneben beyleiben
wir euch mit genade wol gewogen, Datum ins Brandenhau...
den 9/19 2 Nouembris, anno 1621 /

[signature]

Bibliothec [margin note]

Promotionsurkunde Allaccis
Übergabe des Diploms
Rom, Collegio Greco, ACG 26

GREG

Dilecte fili Nobilis uir Salutem et Apostolicam benedictionem. Virtuti coelum faue
uestibus iucunditatis, quę in squallore, et luctu tamdiu iacuit deformata ærum
foederis arma concelebrans. Dominus regnauit, et dissipantur inimici eius.
tholicę Religioni restituunt, et Romani Imperij ditionem propagant, nec
tiam accepimus nuntiam tam optatę foelicitatis, manibus ad coelum passis
legionibus amantissime benediximus. Porro autem incredibile dictu est, qua
gloriosum, quod triumphator religiosissimus tamquam hæresis oppressæ monum
tuis consulet. Quis autem non uidet te, dum mirifica uoluminum copia opulen
gladios e sacrilegis hæreticorum manibus extorquere, quos illi ad ueritatem p
tem in amplissima hac Orbis patria, et nationum omnium Theatro, nouam
fortium. Ita quę illic fuerant hæreticę impietatis tela, fient hic Catholic
diabolicę falsitatis excidio decoranda. Iure quidem cum sanctissimo illo
præcipuum uictoribus decus est, hostium manubijs templa exornare, quas
interest, tanta librorum opulentia Bibliothecam Vaticanam amplificasse. Quot
Ducis triumphos, et munificentiam loquentur. Vt autem quamprimum V
decreuimus isthuc allegare dilectum filium Leonem Allatium Theologię
hendos accipiat non solum Palatinos omnes libros, sed etiam Bullas, Bre
gressa, uel clarissimorum ingeniorum, uel Principum monumenta. Expectamus
tradendum iubeas, eumque fauore tuo complectaris, ac patrocinio munias,
emet, et Italiam cunctam sibi arctissime deuinciet, Nos uero sui amantissim
mur. Datum Romę apud Sanctam Mariam Maiorem sub Annulo Piscatoris

Breve Papst Gregors XV. an Maximilian von Bayern vom 15. 10. 1622
Dank für die Schenkung der Bibliotheca Palatina
München, Geheimes Hausarchiv, Hausurkunde 1496

IVS·PP·XV.

ilitum fortitudinem plerumq triumphoꝝ gloria comitatur. Induat se tandem aliquando Germania
t moerore confecta, nouisq canticis personet, Bellatoris Omnipotentis trophaea, et Catholic
odi uocibus Heidelberga capta libet affari Nobilitatem tuam, cuius uictoriae securitatem Ca:
lici modo nominis decus sunt, sed gaudium vniuersae terrae. Nos quidem ubi epistolam
citum Deo gratias egimus, atq ex hac sede coelo proxima Nobilitati tuae, victricibusque
os gaudio cumulauerit donum illud Romanae Ecclesiae gratissimum, et Bauarico nomini
n Apostoloꝝ Principi, ac Nobis obtulisti. Id enim et Orthodoxam fidem iuuabit, et laudibus
Bibliothecam Palatinam Vaticanae adiungendam ex istis prouincijs asportari cupis, ancipites
ndam assidue distringunt, fabricatores mendacij, et cultores peruersoꝝ dogmatum? Tum au:
stianae sapientiae turrim extruxisse diceris, e qua mille clypei pendent, omnis armatura
rinae propugnacula, atq viri scientiam salutis edocti inde beneficio tuo arma lucis sument
laetari poterit Nobilitas tua super eloquia Dei, sicut qui inuenit spolia multa. Quod si
n inde haud multo post temporis iniuria detraxerit, ad perpetuitatem famae certe pluris
in ea codices erunt, tot Romae habebis tuaꝝ laudum testes, qui aeternis uocibus Bauarici
bile hoc tuae pietatis documentum Romanam Ecclesiam, et Pontificios oculos laetificet
m, Scriptoremq Bibliothecae Vaticanae, ut a Nobilitate tua, tuisq Ministris Romam aue:
nstrumenta, Relationes, ac quaecunque ibi reperiuntur, siue manuscripta, siue typis im:
Nobilitate tua, ut ei vniuersum illum, quantuscumque est, Palatinoꝝ libroꝝ thesaurum
li et aditus patefiant, atq itinera tuta sint. Hoc beneficio et nomini suo aeternam gloriam
ifico solatio afficiet Nobilitas tua, cui Apostolicam benedictionem amantissime imperti:
xv. Octobris MDCxxj. Pontificatus Nostri Anno Secundo.

Joannes Ciampolus.

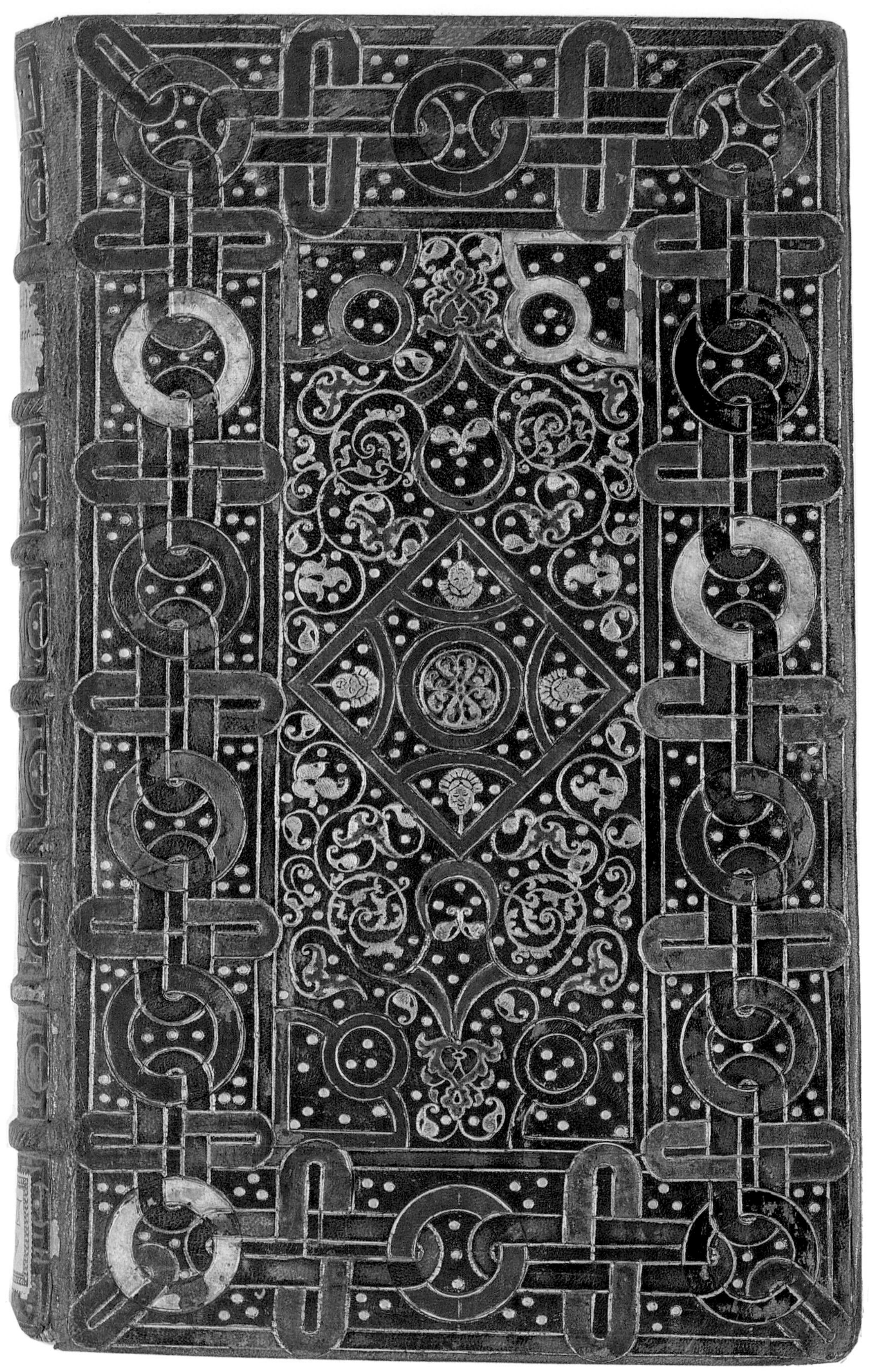

Ein Buch aus der Palatina für die Bibliothek Allaccis
Ausgabe des Diodorus Siculus, Genf 1559 im Einband des Scrimger-Meisters
Stamp. Pal. I 226

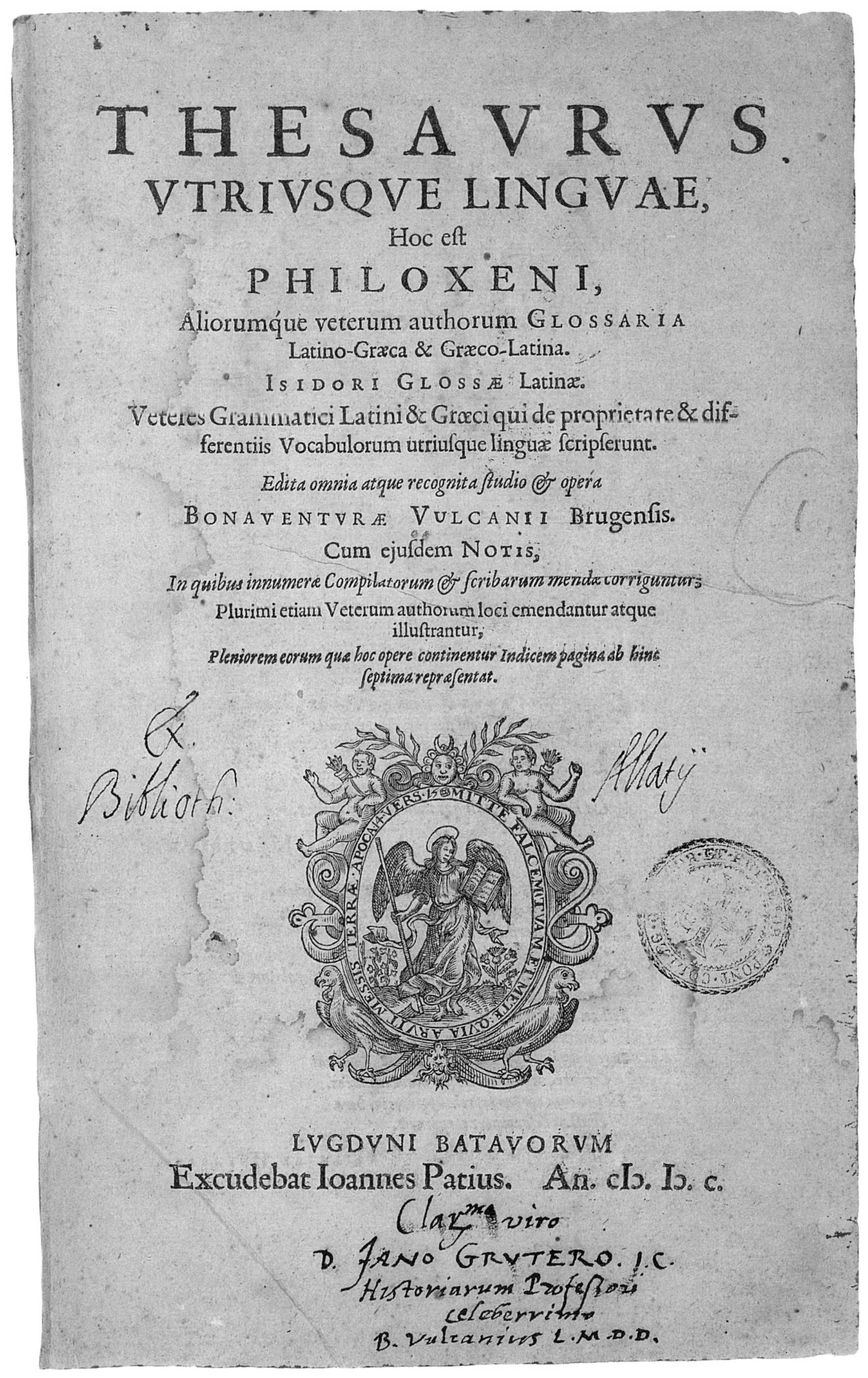

THESAVRVS
VTRIVSQVE LINGVAE,
Hoc est
PHILOXENI,
Aliorumque veterum authorum GLOSSARIA
Latino-Græca & Græco-Latina.
ISIDORI GLOSSÆ Latinæ.
Veteres Grammatici Latini & Græci qui de proprietate & differentiis Vocabulorum utriusque linguæ scripserunt.
Edita omnia atque recognita studio & opera
BONAVENTVRÆ VULCANII Brugensis.
Cum ejusdem NOTIS,
In quibus innumeræ Compilatorum & scribarum mendæ corriguntur;
Plurimi etiam Veterum authorum loci emendantur atque illustrantur;
Pleniorem eorum quæ hoc opere continentur Indicem pagina ab hinc septima repræsentat.

Ex Biblioth. Allatij

LVGDVNI BATAVORVM
Excudebat Ioannes Patius. An. cIↃ. IↃ. c.

Clar.mo viro
D. JANO GRVTERO. I.C.
Historiarum Professori
celeberrimo
B. Vulcanius L.M.D.D.

299 Widmungsexemplar aus der Bibliothek Gruters für die Bibliothek Allaccis
Vulcanius, Thesaurus utriusque linguae, 1600
Stamp. Pal. II 566

P. 401
Sum de Bibliotheca, quam Heidelberga
capta, Spolium fecit, &
P. M.
GREGORIO XV.
trophæum misit.
Maximilianus Vtriusq; Bauariæ Dux &c.
S.R.I. Archidapifer et Princeps Elector.
Anno Christi
CIƆ.IƆC.XXIII

Exlibris Maximilians von Bayern für die ehemaligen Heidelberger Bücherbestände
Cod. Pal. Gr. 401, Fol. I r

VAT. IND 38

Palmblattcodex aus dem 16. Jahrhundert in tamilischer Schrift;
Vorderseiten in Heidelberger Neuordnung
Cod. Vat. Ind. 38

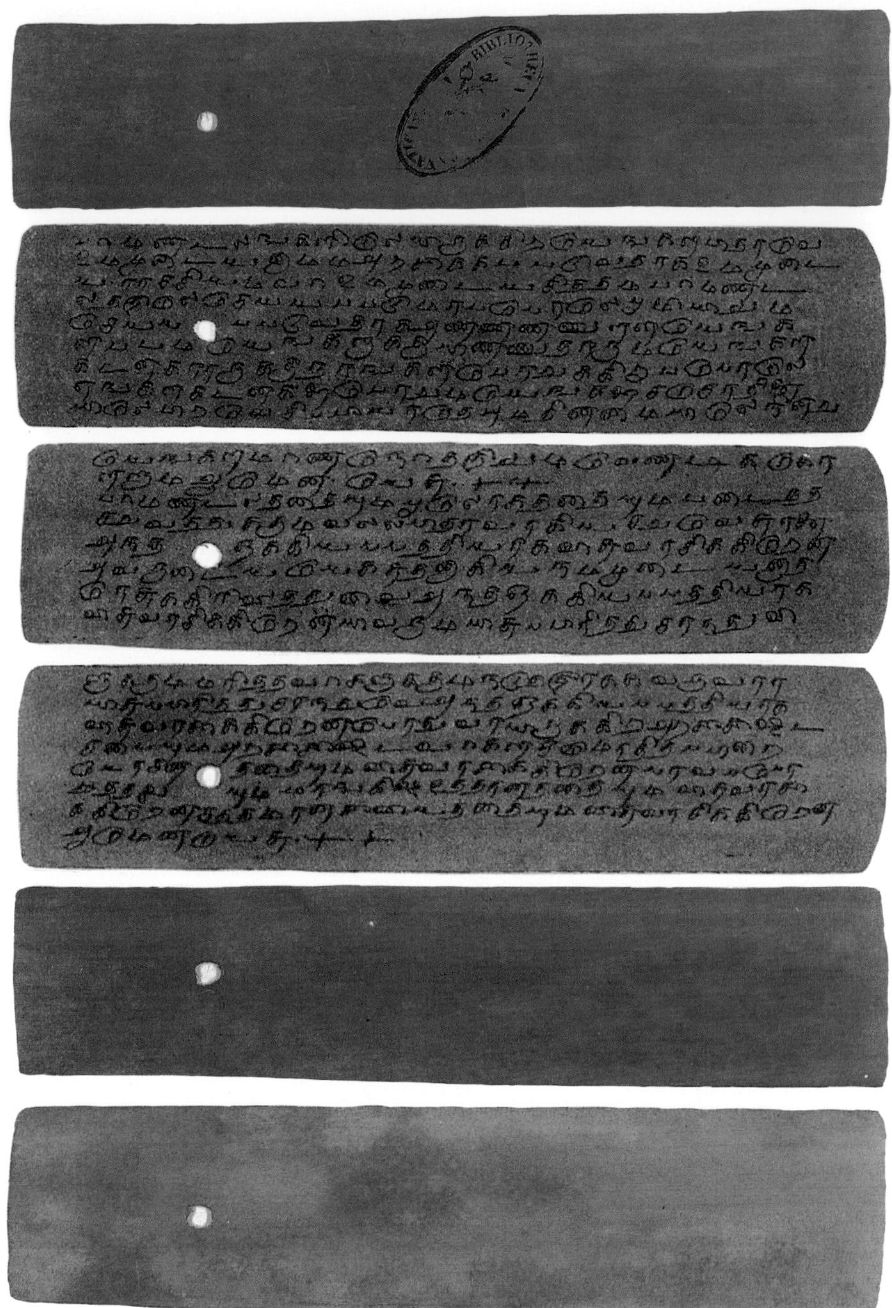

Palmblattcodex aus dem 16. Jahrhundert in tamilischer Schrift;
Rückseiten nach Drehung jedes Einzelblattes um
die Langseite in Heidelberger Neuordnung
Cod. Vat. Ind. 38

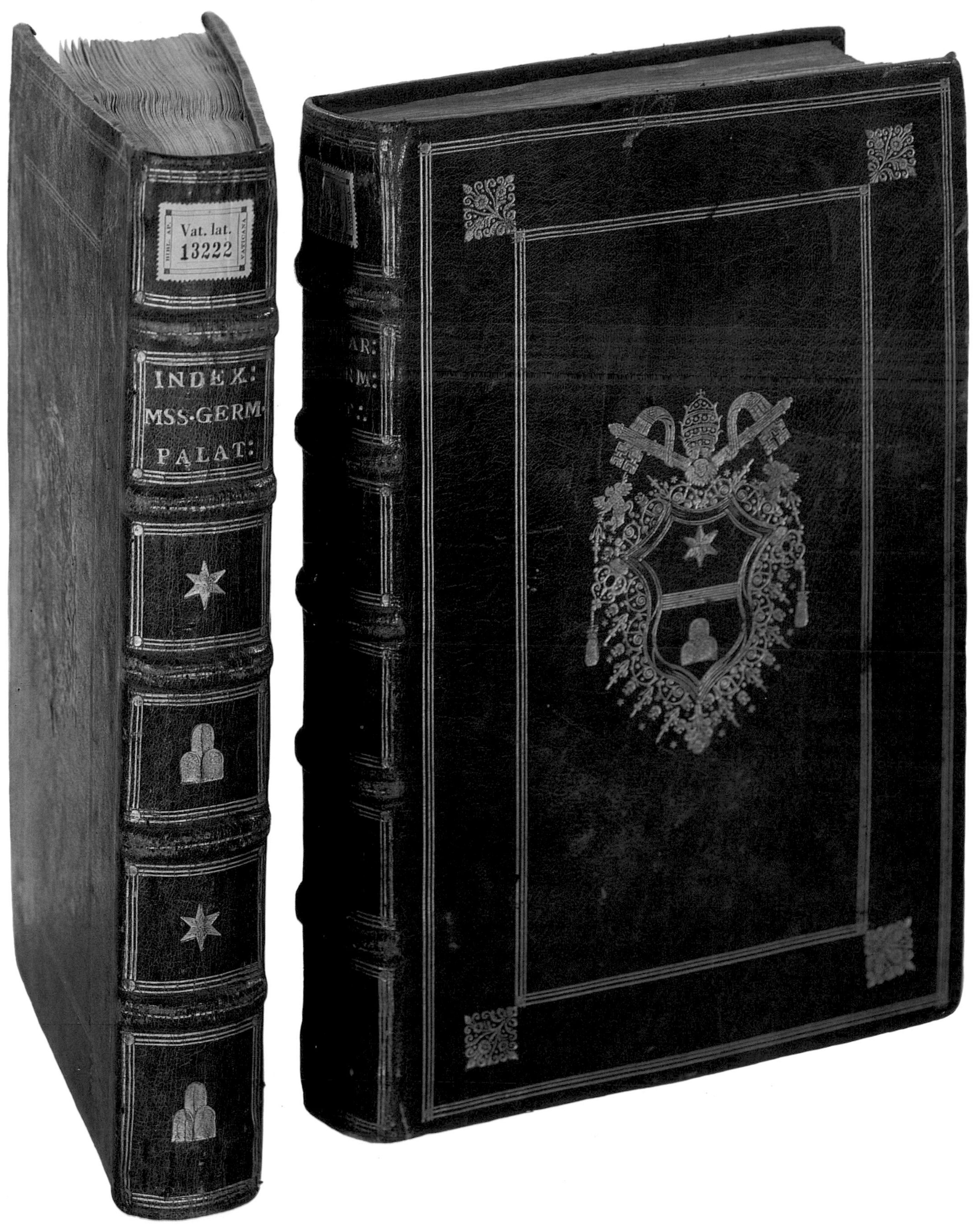

Vatikanische Kataloge der deutschen Palatinahandschriften
aus dem 18. Jahrhundert
Cod. Vat. Lat. 13221 und 13222

INDEX

MANVSCRIPTORVM
GERMANICORVM
IN

Bibliotheca Vaticana Existentium
EX
CONFVSISSIMO CHAO
Magno Labore In Ordinem Redactus Per
D. AVGVSTINV̄ GRIMANV̄

VERONENSEM
Eiusdem Bibliothecæ Vaticanæ Triū Linguarū
Hebraicæ Latinæ Et Germanicæ Scriptorem.
M·D·C·L·X·X·V·
Anno Etatis suæ LXXV

6

Erster vatikanischer Katalog der deutschen Handschriften
von Augustinus Grimanus
Cod. Vat. 132200, Fol. 6 r

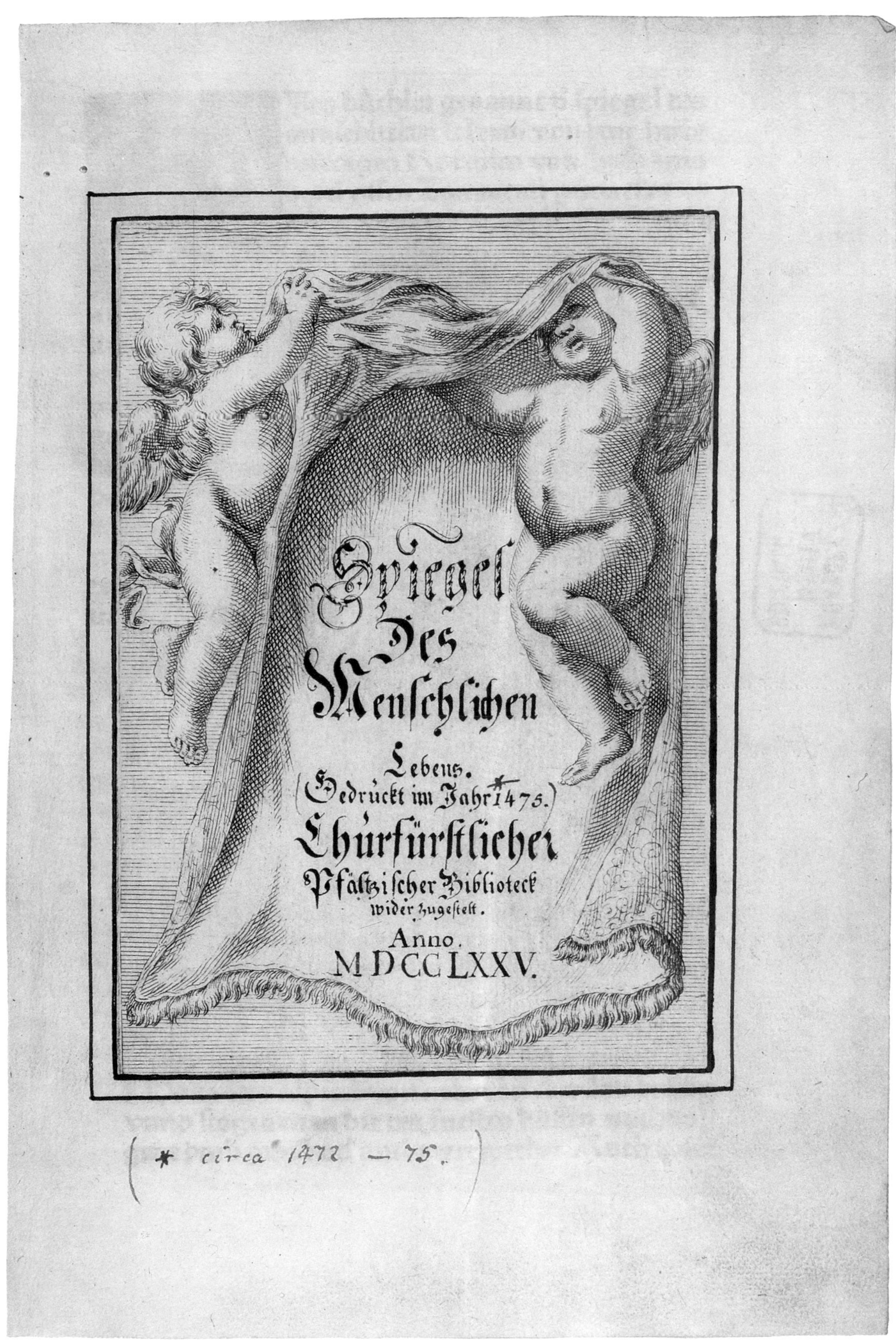

Spiegel
Des
Menschlichen
Lebens.
(Gedrückt im Jahr 1475.*)
Churfürstlicher
Pfältzischer Bibliotek
wider zugestelt.
Anno.
MDCCLXXV.

(* circa 1472 – 75.)

Fortführung der Tradition der Bibliotheca Palatina am Mannheimer Hof
Schmucktitel aus dem Jahre 1775 für einen Ottheinrichband
München, Bayerische Staatsbibliothek, 2° Inc. S. a. 1265

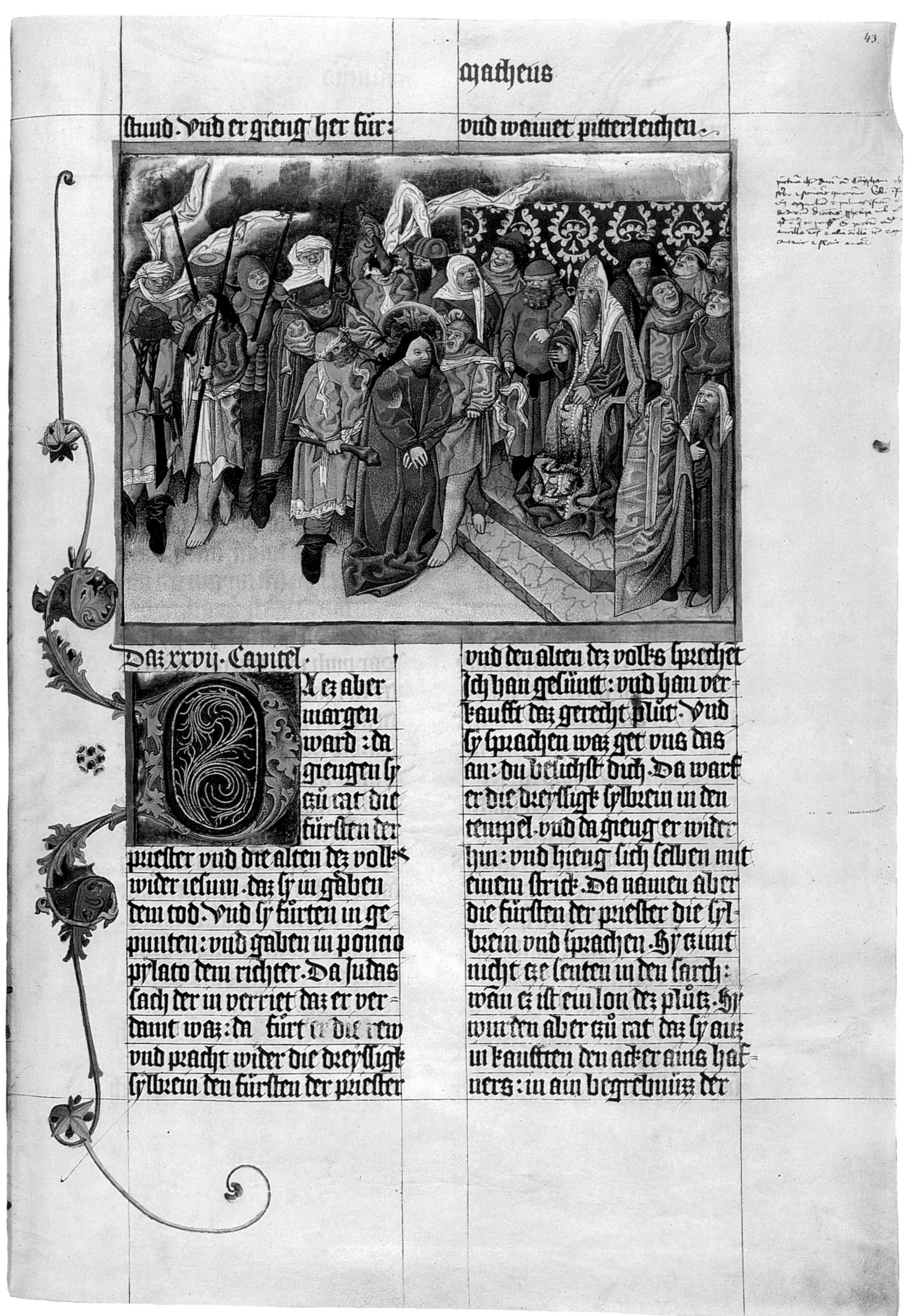

43

Matheus

stund. Vnd er gieng her für: vnd wainet pitterleichen.

Daz xxvij. Capitel.

DA ez aber margen ward: da giengen sy zů rat die fürsten der priester vnd die alten dez volks wider iesum. daz sy in gäben dem tod. Vnd sy fürten in gepunten: vnd gaben in poncio pylato dem richter. Da iudas sach der in verriet daz er verdamnt waz: da fürt er die rew vnd pracht wider die dreyssigk sylbrein den fürsten der priester vnd den alten dez volks sprechent Jch han gesünt: vnd han verkaufft daz gerecht plůt. Vnd sy sprachen waz get vns das an: du besichst dich. Da warf er die dreyssigk sylbrein in den tempel. vnd da gieng er wider hin: vnd hieng sich selben mit einem strick. Da namen aber die fürsten der priester die sylbrein vnd sprachen. Sy zimt nicht ze legen in den sarch: wan ez ist ein lon dez plůtz. Sy wurden aber zů rat daz sy aus in kaufften den acker ains hafners: in ain begrebnüzz der

Teilband der Ottheinrichbibel, 1. Hälfte 15. Jahrhundert
Jesus vor Pontius Pilatus, Matthäus 27
München, Bayerische Staatsbibliothek, Cgm 8010/1, Fol. 43 r

Choralbuch für Ottheinrich
wahrscheinlich 1623 von Heidelberg nach München gekommen
München, Bayerische Staatsbibliothek, Mus. Ms. C, Fol. 2 v

Rabanus.

De disputatione igitur
ueteris et noui testame-
ti ordine librorum et numero cursim. breuiterque parua summa narrationi
subiciam. Genesis iuxta fidem hystorie
describit fabricam mundi et hominis condicionem cathaclysmum et diuisionem terre co-
fusionemque linguarum. gestaque patriarcharum
usque ingressionem in egyptum. Exodus conti

Hrabanus Maurus, De rerum naturis
Süddeutschland, 1425
Mittelalterliche Schreiberszene: Schreiber mit Gänsefeder und zwei Tintenhörnchen
Cod. Pal. Lat. 291, Fol. 39 r

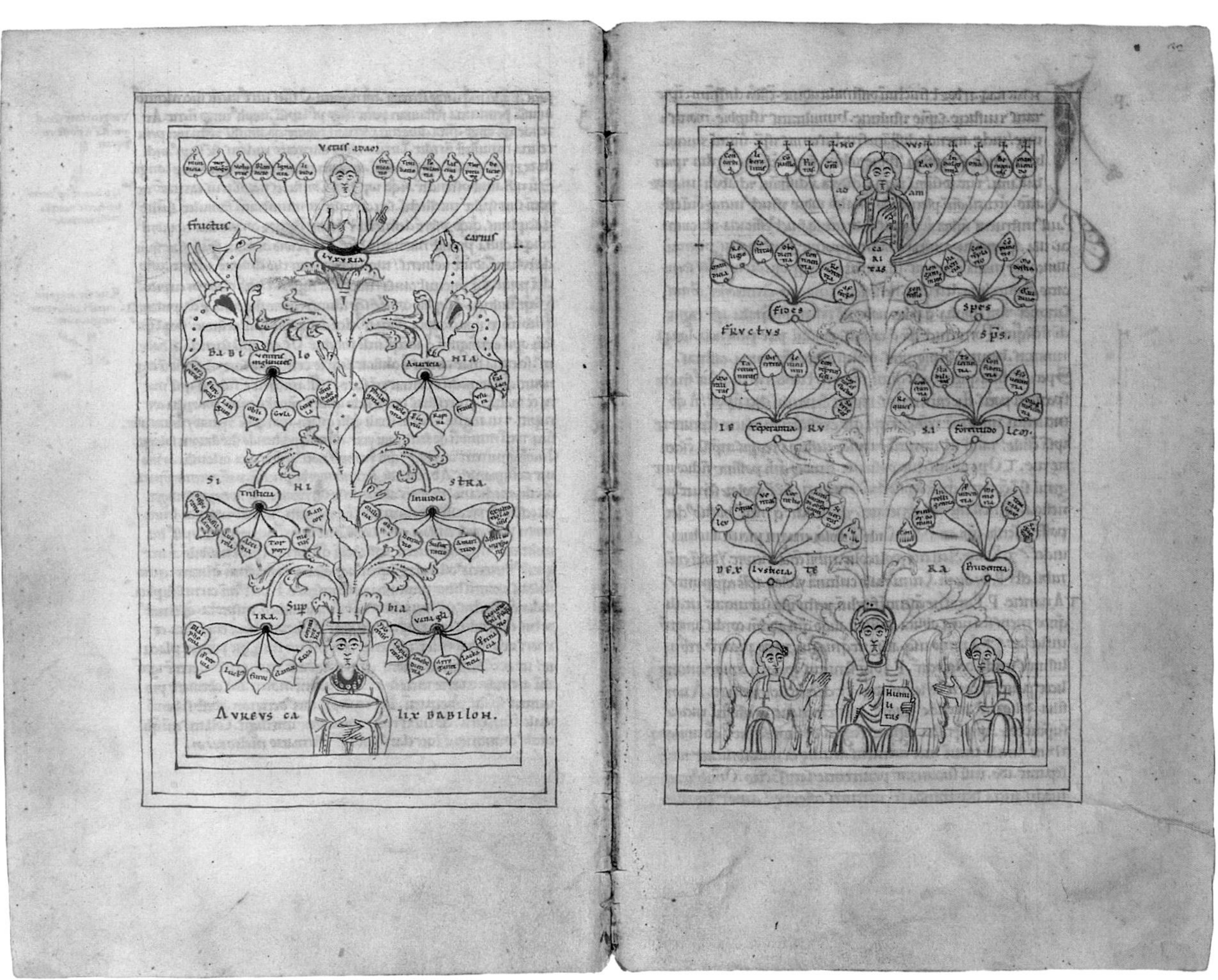

Speculum virginum
Frankenthal, um 1155
Baum der Laster und Baum der Tugenden
Cod. Pal. Lat. 656, Fol. 31 v/32 r

Ausschnitte aus Worms-Frankenthaler-Bibel
Frankenthal, 1148
London, British Library, Harley 2803, Bd. I., Fol. 176 r, 104 v, 288 v

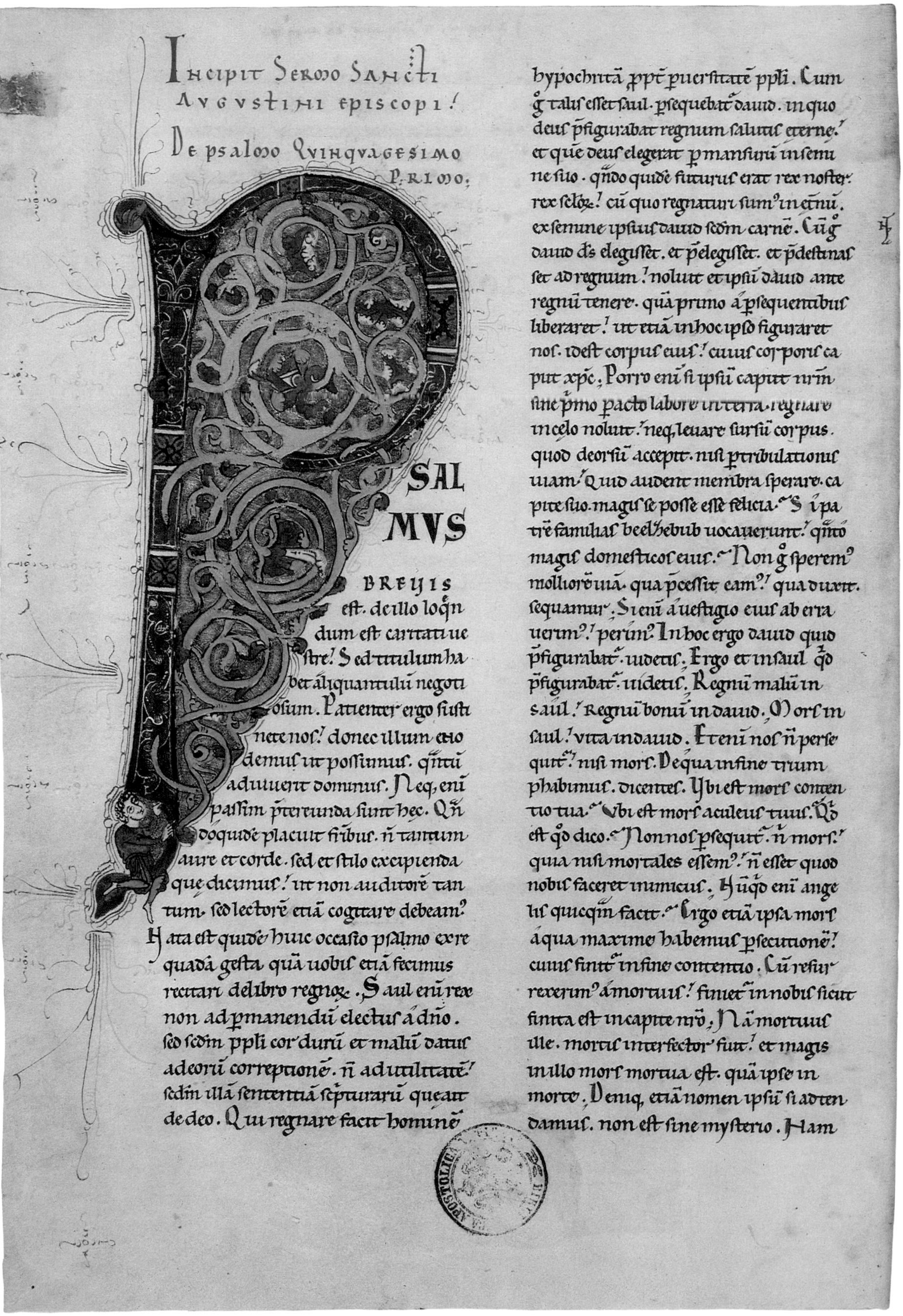

Incipit Sermo Sancti
Augustini episcopi.
De psalmo quinquagesimo
primo.

PSALMUS brevis est. de illo loquendum est caritati vestre. Sed titulum habet aliquantulum negotiosum. Patienter ergo sustinete nos. donec illum expediamus ut possimus. quantum adiuverit dominus. Neque enim passim praetereunda sunt haec. Quandoquidem placuit fratribus non tantum aure et corde. sed et stilo excipienda quae dicimus. ut non auditorem tantum. sed lectorem etiam cogitare debeam. Nata est quidem huic occasio psalmo ex re quadam gesta quam vobis etiam fecimus recitari de libro regnorum. Saul enim rex non ad permanendum electus a domino. sed secundum populi cor durum et malum datus ad eorum correptionem. non ad utilitatem. secundum illam sententiam scripturarum quae ait de deo. Qui regnare facit hominem hypocritam propter perversitatem populi. Cum ergo talis esset saul. persequebatur david. in quo deus praefigurabat regnum salutis aeternae. et quem deus elegerat permansurum in semine suo. quando quidem futurus erat rex noster. rex seculorum. cum quo regnaturi sumus in aeternum. ex semine ipsius david secundum carnem. Cum ergo david deus elegisset. et praeelegisset. et praedestinasset ad regnum. noluit et ipsum david ante regnum tenere. quam primo a persequentibus liberaret. ut etiam in hoc ipso figuraret nos. id est corpus eius. cuius corporis caput christus. Porro enim si ipsum caput nostrum sine primo pacto labore in terra regnare in caelo noluit. neque levare sursum corpus. quod deorsum accepit. nisi per tribulationis viam. Quid audent membra sperare. capite suo magis se posse esse felicia. Si patrem familias beelzebub vocaverunt. quanto magis domesticos eius. Non ergo speremus molliorem viam. quam processit eam. quam duxit. sequamur. Si enim a vestigio eius aberraverimus. perimus. In hoc ergo david quid praefigurabatur videtis. Ergo et in saul quod praefigurabatur videtis. Regnum malum in saul. Regnum bonum in david. Mors in saul. vita in david. Etenim nos non persequitur nisi mors. De qua in fine triumphum habebimus. dicentes. Ubi est mors contentio tua. Ubi est mors aculeus tuus. Quod est quod dico. Non nos persequitur nisi mors. quia nisi mortales essemus. non esset quod nobis faceret inimicus. Huic quod enim angelis quicquam facit. Ergo etiam ipsa mors a qua maxime habemus persecutionem. cuius finitur in fine contentio. Cum resurrexerimus a mortuis. finietur in nobis sicut finita est in capite nostro. Nam mortuus ille. mortis interfector fuit. et magis in illo mors mortua est. quam ipse in morte. Denique etiam nomen ipsius si adtendamus. non est sine mysterio. Nam

Augustinus, Enarrationes in psalmos,
Frankenthal, 3. Viertel 12. Jahrhundert
Cod. Pal. Lat. 204, Fol. 1 v

Augustinus, Enarrationes in psalmos
Frankenthal, 3. Viertel 12. Jahrhundert
Cod. Pal. Lat. 204, Fol. 10 v

fine hympnus. Quid intellect? Ipsi dd.
Intellectus contra illud. Vir imprudens
non cognoscet, et stultus non intelligit
hec. Intellectus ipsi david, cum uenerunt
hyphei et dixerunt ad saul. Nonne ecce david absconditus est apud nos? Et si
absconditus apud uos, dum modo non flo-
reat sicut uos. Audi ergo uocem eius,
DEVS IN NOMINE TVO SALVV
me fac, et inuirtute tua iudi-
ca me. Hoc dicat ecclesia, latens inter
hypheos, hoc dicat cor xpianum habens
in occulto bonum morum suorum, sperans de
occulto mercedem mertorum suorum, hoc dicat,
Ds innomine tuo saluum me fac, et inuirtute tua iudica me. Venisti o xpe, humilis apparuisti, conceptus es, flagella-
tus es, crucifixus es, occisus es, sed tertio
die resurrexisti, quadragesimo die in celum ascendisti, sedes ad dexteram patris, et
nemo uidet, spm tuum inde misisti, ac
ceperunt digni, impleti amore tuo,
laude ipsius humilitatis tue, prmun-
dum gentibus prdicauerunt nomen tuum.
V deo excellere ingenere humano, sed
tamen infirmus nobis prdicatus es. Neq,
enim et ille doctor gentium dixit aliquid
inter nos se scire nisi ihm xpm et hunc
crucifixum, ut eius eligerem obprbrium
magis quam glam florentium hypheorum.
V eritatem de illo quid ait. Et si mortuus
est ex infirmitate, sed uiuit inuirtute
dei. Venit ut morerer ex infirmitate,
uenturus est ut iudicet inuirtute
dei. Sed pr infirmitate crucis, clarificatum est nomen eius. Quisqs non credi-
derit innomen clarificatum pr infirmitatem, expauescet ad iudicem cum uenerit
inuirtute. Ne autem quondam ille infirmus cum uenerit fortis, uentilabro illo
ad sinistram nos mittat, saluet nos in
nomine suo, et iudicet nos inuirtu-

te sua. Quis enim hoc tam temerarius opta-
uerit ut dicat deo iudica me. Nonne pro
maledicto dici solet hominib? iudicet te
deus. Ita plane est maledictum si iudicat
te inuirtute sua, si non te saluauerit in
nomine suo. Cum uero innomine prcedenti
saluauerit, salubriter inuirtute consequen-
ti iudicabit. Securus esto, iudicium illud
non tibi erit punitio, sed discretio. Ha
et inquodam psalmo ita legitur. Iudica me
deus et discerne causam meam de gente non
sancta. Quid est iudica me? Discerne
me a hypheis, inter quos lateo. Pertuli
eorum florem, iam ueniat et flos meus.
Et illos flos quidem fuit temporalis, et arescen-
te feno decidit. Flos autem meus quis erit?
Plantati indomo dni, in atriis domus di
nri florebunt. Remanetque et nobis flos.
sed qui non cadit, sic folium plantati illius
ligni, iuxta aquas, de quo dictum est. Et
folium eius non decidet. Deus ergo innomine tuo
saluum me fac, et inuirtute tua iudica
me. Deus exaudi orationem meam, auribus prcipe uerba oris mei. P ueniant
ad aures tuas uerba oris mei, quia non
flores hypheorum itedesidero. Auribus prcipe
uerba oris mei. Tu prcipe, nam hypheis, et
si sonet oratio mea, non audiunt, quia non
intelligunt. Temporalibus quippe gauden-
do, bona eterna desiderare non norunt.
Adte prueniet oratio mea ex desiderio eter-
tuorum beneficiorum, excussa et iaculata ad
aures tuas emitto eam. Adiuua eam
ut prueniat, ne deficiat initinere medio,
et quasi conlapsa corruat. S, si mihi
ueniunt bona modo que postulo, secur?
sum tamen. quia postea ueniet. Nam in
delictis dicat quidam rogasse deum, et non
exauditus bono suo. Desideria enim secu-
laria incitauerunt illum ad orandum,
et in tribulationib temporalibus optaue-
rat. ut transirent tribulationes tem

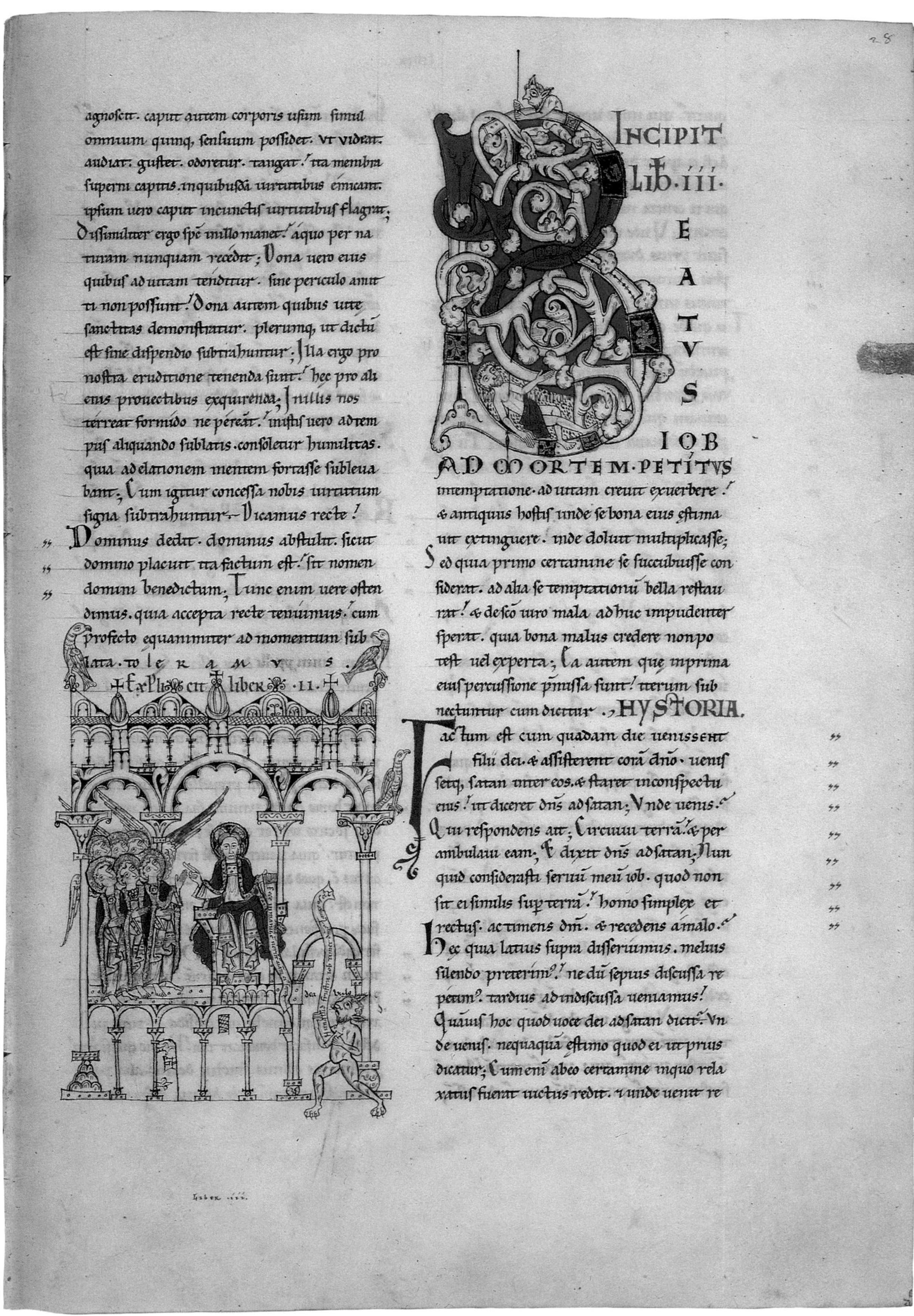

Gregor, Moralia in Job
Frankenthal, 3. Viertel 12. Jahrhundert
Gott gibt Hiobs Leib in die Hand des Satans
Der Teufel durchbohrt Hiob mit einer Lanze
Cod. Pal. Lat. 251, Fol. 28 r

agnoscit. caput autem corporis usum simul
omnium quinq; sensuum possidet. ut uideat.
audiat. gustet. odoretur. tangat. Ita membra
superni capitis. in quibusdam uirtutibus emicant.
ipsum uero caput in cunctis uirtutibus flagrat.
Dissimiliter ergo spe in illo manet. a quo per na
turam nunquam recedit. Dona uero eius
quibus ad uitam tenditur. sine periculo amit
ti non possunt. Dona autem quibus uite
sanctitas demonstratur. plerumq; ut dictu
est sine dispendio subtrahuntur. Illa ergo pro
nostra eruditione tenenda sunt. hec pro ali
enis prouectibus exquirenda. In illis nos
terreat formido ne pereat. in istis uero ad tem
pus aliquando sublatis. consoletur humilitas.
quia ad elationem mentem fortasse subleua
bant. Cum igitur concessa nobis uirtutum
signa subtrahuntur. Dicamus recte.

Dominus dedit. dominus abstulit. sicut
domino placuit ita factum est. sit nomen
domini benedictum. Tunc enim uere osten
dimus. quia accepta recte tenuimus. cum
profecto equanimiter ad momentum sub
lata TOLERAMVS.
Expliciet liber .II.

Gott gibt Hiobs Leib in die Hand des Satans
Der Teufel durchbohrt Hiob mit einer Lanze

liber .iii.

INCIPIT
LIB .III.
BEATVS
IOB
AD MORTEM PETITVS
in emptatione. ad uitam creuit exuerbere.
& antiquus hostis unde se bona eius estima
uit extinguere. inde doluit multiplicasse.
Sed quia primo certamine se succubuisse con
siderat. ad alia se temptationum bella restau
rat. & de sancto uiro mala ad huc impudenter
sperat. quia bona malus credere non po
test uel experta. Ea autem que in prima
eius percussione pmissa sunt. iterum sub
nectuntur cum dicitur. HYSTORIA.

Factum est cum quadam die uenissent
filii dei. & assisterent coram dno. uenis
setq; satan inter eos. & staret in conspectu
eius. ut diceret dns ad satan. Vnde uenis.
Qui respondens ait. Circuiui terram. & per
ambulaui eam. Et dixit dns ad satan. Nun
quid considerasti seruum meum iob. quod non
sit ei similis super terra. homo simplex et
rectus. ac timens dm. & recedens a malo.
Hec quia latius supra disseruimus. melius
silendo preterim9. ne du sepius discussa re
petim9. tardius ad indiscussa ueniamus.
Quamuis hoc quod uoce dei ad satan dicit9. Vn
de uenis. nequaquam estimo quod ei ut prius
dicitur. Cum enim ab eo certamine in quo rela
tatus fuerat uictus redit. & unde uenit re

6219 36 66.

Incip̄ ep̄la sc̄i iheronimi ad paulinū p̄sbite-
rū: de omībȝ diuine historie libris. ca. p̄mū.

FRater ambrosius tua
michi munuscula p̄fe-
rens. detulit simul et
suauissimas l̄ras: q̄ a
p̄ncipio. amiciciarȝ. fi-
dem. p̄bate iam fidei:
et veteris amicicie no-
ua p̄ferebant. Uera enī illa necessitudo ē.
et xp̄i glutino copl̄ata: q̄m non vtilitas rei
familiaris. non p̄ntia tantū corporū. non
subdola et palpās adulacō: ſʒ dei timor. et
diuinarȝ scripturarȝ studia cōciliāt. Legi⁹
in veteribȝ historijs. quosdā lustrasse p̄ui-
cias. nouos adijsse p̄plos. maria trāsisse: ut
eos quos ex libris nouerāt: coram q̄ȝ vide-
rent. Sic pitagoras memphiticos vates.
sic plato egiptū. et architā tarentinū. eam-
q̄ȝ orā ytalie. que quondā magna grecia
dicebatur. laboriosissime peragrauit: ut qui
athenis magister erat. et potēs. cuiusq̄ȝ do-
ctrinas achademie gignasia p̄sonabant.
fieret peregrinus atq̄ȝ discipulus: malēs aliena
verecūde discere. q̄ sua impudēter ingerē.
Denique cum l̄ras quasi toto orbe fugientes
p̄sequit̄ captus a piratis et venūdatus. ty-
ranno crudelissimo paruit. ductus captiuus
vinctus et seruus: tam q̄ philosophus: maior emente se fuit. Ad tytū liuiū lacteo elo-
quēcie fonte manantē. de vltimis hispanie
galliarūq̄ȝ finibȝ. quosdā venisse nobiles
legimus: et quos ad cōtemplacōem sui roma
non traxerat: vnius hominis fama p̄duxit.
Habuit illa etas inauditū omnibȝ seculis.
celebrandūq̄ȝ miraculū: vt vrbem tantam
ingressi: aliud extra vrbē quererēt. Appol-
lonius siue ille magus vt vulgus loquit̄.
siue p̄hus. ut pitagorici tradūt. intrauit p̄-
sas. p̄transiuit caucasū. albanos. scithas.
massagetas. opulentissima indie regna pe-
netrauit: et ad extremū latissimo phison
amne trāsmisso p̄uenit ad bragmanas. vt
hyarcam in throno sedentē aureo. et de tā-
tali fonte potantē: inter paucos discipulos.
de natura. de moribȝ. ac de cursu dierȝ et side-
rū audiret docentē. Inde p̄ elamitas. babi-
lonios. chaldeos. medos. assirios. parthos.
syros. phenices. arabes. palestinos. reuers̄
ad allexandriā. p̄rexit ad ethiopiā: vt gi-
gnosophistas et famosissimā solis mensam
videret in sabulo. Inuenit ille vir vbiq̄ȝ q̄d
disceret: et semper p̄ficiens. semp̄ se melior
fieret. Scripsit super hoc plenissime octo
voluminibus. philostratus. II

QUid loquar de seculi hominibȝ. cum
ap̄l's paulus. vas electōis. et magister gentiū. qui de cōsciēa tanti in se hospi-
tis loquebat̄ dicēs. an experimentū queritis
eius qui in me loquit̄ xp̄s: post damascū
arabiamq̄ȝ lustratā. ascendit iherosolimam
vt vidēt petrū. et māsit apud eū diebȝ q̄ndē-
ci: Hoc enī misterio ebdomadis et ogdoa-
dis. futurus gētiū p̄dicator instruēdus erat.
Rursūq̄ȝ post ānos q̄tuordecim assumpto
barnaba et tyto. exposuit cū ap̄lis euāge-
liū: ne forte in vacuū curret aut cucurrisset.
Habet nescio quid latentis energie. viue
vocis actus: et in aures discipli de auctoris
ore trāsfusa: fortius sonat. Unde et eschines
cū rodi exularet. et legeret illa demostenis
orō quā aduersus eū habuerat: mirantibȝ
cūctis atq̄ȝ laudātibȝ: suspirās ait. Quid si
ip̄am audissetis bestiā. sua v̄ba resonantē:

SEc hoc dico. q̄ sit aliquid in III
me t̄le. q̄d vel possis a me audire vel
velis discē: sed quo ardor tuus et discendi
studiū. etiam absq̄ȝ nobis p̄ se p̄bari debeat. Ingeniū docile. et sine doctore laudabi-
le est. Non quid inuenias: ſʒ quid queras
cōsideramus. Mollis cera et ad formandū
facilis: etiam si artificis et plaste cessent manus: tamē v̄tute totū est quicq̄d ēē potest.
Paulus ap̄lus ad pedes gamalielis. legē
moysi et p̄phetas didicisse se gloriat̄: ut ar-
matus sp̄ualibȝ telis. postea docēt cōfidēter.
Arma enī nostre milicie non carnalia sūt.
sed potentia deo. ad destructōnem municō-
num. et cogitacōnes destruentes. et omēm al-
titudinem extollentē se aduersus sciam dei:
et captiuantes omēm intellectū ad obedien-
dum xp̄o: et pati subiugare omēm inobedi-
entiam. Thimoteū scribit ab infantia sacris
l̄ris eruditū: et hortatur ad studiū lectōis:
ne negligat grām q̄ data sit ei p̄ impositōem
manus p̄sbiterij. Tyto p̄cipit: ut inter ceteras

Lateinische Bibel, Teil 1
Mainz, Fust-Schöffer 1462
Membr. S 13, Fol. 1 r

LXIp · ccxxxix ·

ſingulas. Et ſingle porte erant ex ſingulis
margaritiſ: et platea ciuitatis aurū mūdū:
tanꝗ̄ vitrū plucidū. Et templū non vidi in
ea. Dn̄s enim deus omnipotens templū illius
eſt: et agnus. Et ciuitas non eget ſole neqꝫ
luna: ut luceant in ea. Nam claritas dei il-
luminabit eam: et lucerna eius eſt agnus.
Et ambulabunt gentes in lumine eius: et
reges terre afferent gloriam ſuam ⁊ honorem in illam. Et porte eius non claudentur
per noctem. Nox enim nō erit illic. Et afferent gloriam ⁊ honorem gentium in illam:
nec intrabit in ea aliquid coinquinatū aut
abominationem faciens et mendaciū: niſi
qui ſcripti ſūt in libro vite agni. XXII
ET oſtendit michi fluuiū aque viue
ſplendidum tanꝗ̄ criſtallum: proce-
dentem de ſede dei ⁊ agni. In medio platee
eius ⁊ ex vtraqꝫ parte fluminis lignū vite
afferens fructus duodecim: per menſes ſin-
gulos reddens fructum ſuū: et folia ligni
ad ſanitatem gentiū. Et omne maledictū
non erit amplius: ſꝫ ſedes dei et agni in illa
erunt: et ſerui eius ſeruient illi. Et videbūt
faciem eius: et nomē eius in frontibꝫ eoꝝ.
Et nox vltra nō erit: et nō egebūt lumie lu-
cerne neqꝫ luīe ſolis qm̄ dn̄s deus illuīabit
illos: et regnabunt in ſecula ſeculoꝝ. Et dixit michi. Hec verba fideliſſima ſunt ⁊ vera.
Et dominus deus ſpirituū ꝓphetaꝝ miſit angelum ſuū: oſtendere ſeruis ſuis que oportet fieri cito. Et ecce venio velociter. Beatus
qui cuſtodit verba ꝓphetie libri huius. Et
ego iohānes ꝗ audiui et vidi hec. Et poſt-
ꝗ̄ audiſſem et vidiſſem cecidi ut adorarē
ante pedes angeli qui michi hec oſtende-
bat. Et dixit michi: Vide ne feceris. Con-
ſeruus enim tuus ſum ⁊ fratrum tuoꝝ ꝓphe-
tarū: et eoꝝ qui ſeruant verba ꝓphetie libri
huius. Deum adora. Et dixit michi. Ne ſi-
gnaueris verba ꝓphetie libri huius. Tempus enim prope eſt. Qui nocet noceat adhuc: et qui in ſordibꝫ eſt ſordeſcat adhuc.
Et qui iuſtus eſt iuſtificetur adhuc: et ſan-
ctus ſanctificetur adhuc. Ecce venio cito: et
merces mea mecum eſt: reddere vnicuiqꝫ
ſecundum opera ſua. Ego ſum alpha et o:
primus et nouiſſimus: principium et finis.

Beati qui lauant ſtolas ſuas in ſanguine a-
gni: ut ſit poteſtas eoꝝ in ligno vite: et per
portas intrent ciuitatem. Foris autē canes
et venefici et impudici et homicide et ydolis
ſeruientes: et omnis qui amat et facit men-
dacium. Ego iheſus miſi angelum meum te-
ſtificari vobis hec in eccleſiis. Ego ſū radix
et genus dauid: ſtella ſplendida et matuti-
na. Et ſpiritus et ſponſa dicunt veni. Et qui
audit: dicat veni. Et qui ſitit veniat: et ꝗ vult
accipiat aquā vite gratis. Conteſtor enim
omni audienti verba ꝓphetie libri huius. Si
quis appoſuerit ad hec. apponet deus ſuper
illū plagas ſcriptas in libro iſto: et ſi quis
diminuerit de verbis libri ꝓphetie huius. au-
feret deus partē eius de libro vite et de ciuitate ſancta: et de hiis que ſcripta ſunt in libro iſto. Dicit qui teſtimoniū phibet iſtoꝝ.
Etiam: Venio cito amen: Veni dn̄e iheſu.
Gra dn̄i nr̄i iheſu criſti cū omibꝫ vobis amē.
Explicit liber apocalipſ beati iohānis apl̄i.

Pn̄s hoc opuſculū Artificioſa adinuēcione
imprimendi ſeu caracterizandi. abſqꝫ calami
exaracōn. in ciuitate Moguntii ſic effigiatū.
⁊ ad euſebiā dei induſtrie per Iohēz fuſt ciuē
et Petrū ſchoiffher de gernſheym clericū di-
oceſ eiuſdem eſt conſūmatuꝫ. Anno dn̄i. M.
cccc. lxii. In vigilia aſſumpcōis virg. marie.

Lateinische Bibel, Teil 2
Mainz, Fust-Schöffer 1462
Kolophon mit Nennung des Druckers
Membr. S 14, Fol. 239 r

Mittelalterlicher Prachteinband
Ravengiersburg, 2. Hälfte 15. Jahrhundert
Emails: Maasgebiet, 1160–70, Walroßzahn-Relief: Köln, 3. Viertel 12. Jahrhundert
Cod. Pal. Lat. 502

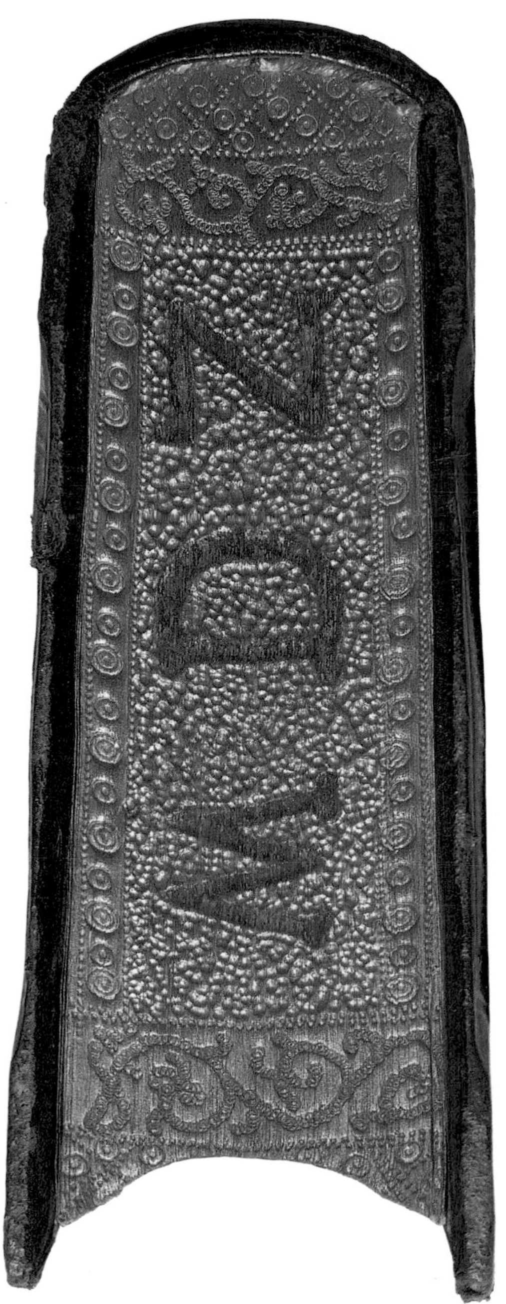

317

Schnitte des Alten Buchbinders, für Ottheinrich
Heidelberg
Stamp. Pal. IV 46

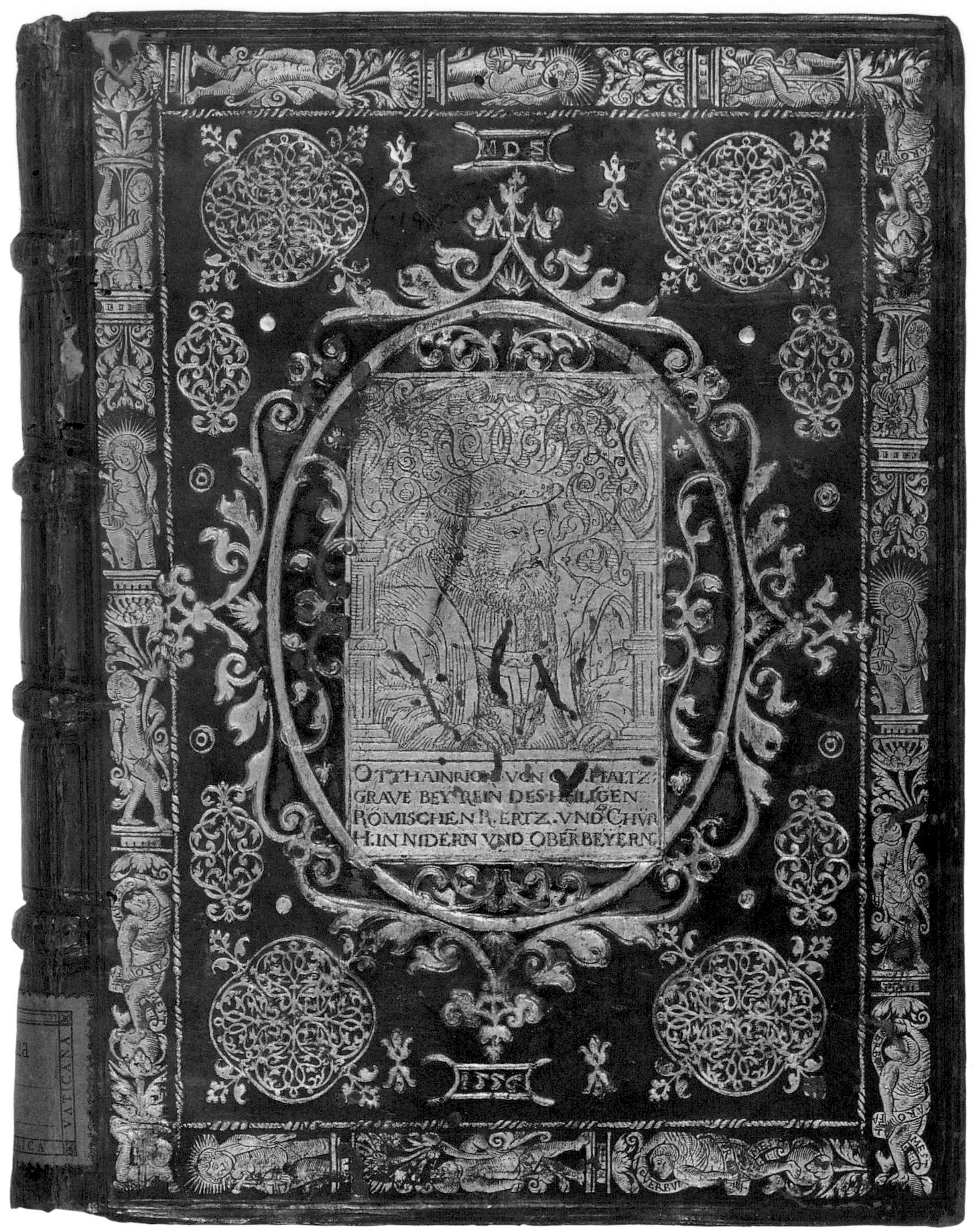

Ottheinrichband von Petrus Betz
Heidelberg, 1556
Stamp. Pal. V 1706

319

Einband des Perlrollenmeisters mit Bildnis Ottheinrichs
Heidelberg, 1558
Stamp. Pal. V 1707

Einband von Guillaume Plunion für Friedrich III.
Heidelberg, 1575
Stamp. Pal. I 211

321

Einband von Nikolaus Müller mit Bildnis Melanchthons
Wittenberg
Stamp. Pal. III 162

Einband von Elias Petersheim mit Bildnisplatte Luther
und den Wappen Ludwigs VI. sowie seiner Gemahlin Elisabeth
Heidelberg, 1582
Stamp. Pal. II 486

323 Einband des F.D. mit Bildnis Kurfürst Ludwig VI.
Heidelberg, 1580
Stamp. Pal. V 1256

Einband des Ebeleben-Meisters für Ulrich Fugger
Bologna, 1544
Membr. V 6

Einband vom Hieronymus-Wolf-Meister
Augsburg
Stamp. Pal. V 1726

Einband des Scrimger-Meisters für Ulrich Fugger
Augsburg
Racc. I II 1026

Einband des Goldast-Meisters
Genf
Stamp. Pal. V 1727

Einband vom Königsbuchbinder, Genf
Stamp. Pal. V 1978